Rolf Steininger

Berlinkrise und Mauerbau
1958 bis 1963

Rolf Steininger

Berlinkrise und Mauerbau 1958 bis 1963

Mit einem Kapitel zum Mauerfall 1989

OLZOG

Bibliografische Information der Deutschen Nationalbibliothek

Die Deutsche Nationalbibliothek verzeichnet diese Publikation in der Deutschen Nationalbibliografie; detaillierte bibliografische Daten sind im Internet über http://dnb.d-nb.de abrufbar.

ISBN 978-3-7892-8302-4

4. überarbeitete u. erweiterte Auflage

(1.–3. Aufl. erschienen unter dem Titel „Der Mauerbau")
Internet: http://www.olzog.de

Bildnachweis

Dwight D. Eisenhower Presidential Library, Abilene, Kansas: 1, 2
National Archives II, College Park, Maryland: 3–37, 40–50, 52–58, 65
Bundesbildstelle, Berlin: 38, 66
John F. Kennedy Presidential Library, Boston, Massachusetts: 59, 60–64
Privat: 67

Umschlagentwurf: Atelier Versen, Bad Aibling,
unter Verwendung eines Fotos vom Berliner Brandenburger Tor nach 1961
©ullstein/Eschen
Satz: EDV-Fotosatz Huber/Verlagsservice G. Pfeifer, Germering
Druck- und Bindung: freiburger graphische betriebe, Freiburg
Printed in Germany

Inhalt

Zur Neuauflage 2009

Als „Der Mauerbau“ im Jahre 2001 erschien[1], gab es von allen Seiten überschwängliches Lob für diese Darstellung. Für Gerhard Wettig war es ein „ganz hervorragendes Buch, sorgfältig recherchiert, überzeugend argumentierend, ungewöhnlich klar und lesbar geschrieben“, für Alexander Gallus „ein bedeutender Beitrag zum Verständnis der Berlinkrise“, für Hermann-J. Rupiper „eine faszinierende Darstellung“, für Hans-Jürgen Schröder eine in „jeder Hinsicht spannende und anregende Lektüre“. Selbst die Bild-Zeitung konzedierte: „spannend wie ein Krimi“. (Diese und weitere Besprechungen im Volltext auf der Website www.rolfsteininger.at/Mauerbau.html). Noch im Jahr 2001 gab es drei Auflagen. Dennoch war das Buch schon bald vergriffen. Das wurde besonders deutlich nach einer Fernsehsendung in der Reihe „Planet-Wissen“: *Die Mauer – getrennte Nationen, getrennte Familien*, gesendet im WDR, SWR, RRB, BR-Alpha im Jahr 2006, in der ich als Studiogast teilnehmen konnte. Damals entstand die Idee, sobald wie möglich eine Neuauflage herauszubringen, möglichst mit neuen Erkenntnissen, einer Bildstrecke und einem Kapitel zum Mauerfall. In meiner Arbeit hatte ich mich in erster Linie auf amerikanische und britische (und einige westdeutsche) Akten gestützt. Für die Sowjetunion und die DDR galt, was ich in einem meiner Aufsätze zum Thema im Jahr 2003 u. a. geschrieben hatte, dass es da

> „nach wie vor mehr Fragen als Antworten (gibt). Weshalb löste Chruschtschow die Krise aus? Warum das Ultimatum? Welche Rolle spielte die SED-Führung? Wann wurde die Entscheidung für den Bau der Mauer getroffen, und wer traf sie? Bei der Beantwortung dieser Fragen sind wir größtenteils immer noch auf Spekulationen angewiesen.“[2]

Noch im selben Jahr konnten einige dieser Fragen beantwortet werden. Matthias Uhl und Armin Wagner veröffentlichten 47 Dokumente aus ostdeutschen und russischen Archiven, darunter Akten der SED und der KPdSU-Führung, der Nationalen Volksarmee und des ehemaligen DDR-Ministeriums für Staatssicherheit. Darin wurde deutlich, dass Ostberlin und Moskau die Schließung der Grenzen in Berlin gemeinsam vorgenommen hatten, wobei Ostberlin wesentlich früher als bisher angenommen mit Überlegungen und Vorbereitungen dazu begann, ohne zu dieser frühen Zeit das Einverständnis des Kreml zu besitzen. Später sicherten die Sowjetunion und deren Streitkräfte die Aktion strategisch ab. Die DDR übernahm die Ausarbeitung der mit der Grenzschließung verbundenen praktischen und taktischen Maßnahmen.[3]

Am 26. Februar 1962 machte Chruschtschow Ulbricht klar, was Sache war: „Die Mauer war das Maximum dessen, was möglich war."[4] Daran wird deutlich, dass Ulbrichts Handlungsfreiheit nach der Moskauer Zustimmung zum Mauerbau nur noch begrenzt war. Moskau ließ keinerlei Eskalation mehr zu. Ein Konflikt mit dem Westen sollte beinahe um jeden Preis vermieden werden.

Im Jahre 2006 versuchte einer der besten Kenner der sowjetischen Deutschlandpolitik nach 1945, Gerhard Wettig, ehemals Forschungsbereichsleiter am Bundesinstitut für ostwissenschaftliche und internationale Studien in Köln und Chefredakteur der Zeitschrift „Außenpolitik", Antworten auf die oben genannten Fragen zu geben.[5] Wettig hatte sowjetische Dokumente auswerten können, in erster Linie Bestände des Archivs des russischen Außenministeriums und des russischen Staatsarchivs für Neueste Geschichte, dem ehemaligen Archiv des ZK der KPdSU. Ergänzend dazu hatte er Material aus Archiven der ehemaligen DDR benutzt. Keinen Zugang hatte er zum Präsidenten-Archiv in Moskau erhalten, dem zweifellos wichtigsten Archiv in der russischen Hauptstadt, das selbst russischen Forschern nur in seltenen Ausnahmen Zugang gewährt.

Welche Antworten gab Wettig? Die Berlinkrise war demnach Chruschtschows einsame Entscheidung, nicht einmal mit dem Außenministerium abgestimmt. Die Krise machte deutlich, dass die DDR zwar Alliierte der Sowjetunion war, aber nicht der von Hope Harrison vertretenen These des „Superalliierten". Chruschtschow bestimmte zu jedem Zeitpunkt die Politik.

Wann wurde die Entscheidung für die Mauer getroffen? Hier waren die Antworten nach wie vor unterschiedlich. Nach Wettig im Juli, während der sowjetische Historiker A. Fursenko, der Zugang zum Präsidentenarchiv hatte, der Meinung war, dass sich Chruschtschow für die Schließung der Sektorengrenze erst als Reaktion auf Kennedys berühmte Rede vom 25. Juli 1961 entschied. Neben vielen grundsätzlich neuen Erkenntnissen bot Wettigs Buch eine Fülle interessanter Details, die insgesamt einen interessanten neuen Blick auf den Ablauf jener Krise aus sowjetischer Sicht ermöglichten, dennoch blieben einige Fragen hinsichtlich der sowjetischen Politik offen.

Diese Fragen hat nun Matthias Uhl mit seinem neuen Buch definitiv beantwortet. Er untersucht die sowjetische Militär- und Sicherheitspolitik in der zweiten Berlinkrise 1958 bis 1962 und schlägt dabei einen großen Bogen über die sowjetische Militär- und Sicherheitspolitik zwischen der ersten und zweiten Berlinkrise, also 1948 bis 1958, um dann ausführlich über das sowjetische Militär in der zweiten Berlinkrise zu berichten. Für alle, die an Militärfragen interessiert sind, besonders interessant, weil wir hier zum ersten Mal etwas vom sowjetischen Militär erfahren. Bei Uhl steht die Rolle der sowjetischen Armee und des militärisch-industriell-akademischen Komplexes der UdSSR sowie der sowjetischen Nachrichtendienste im Mittelpunkt. Er untersucht dabei die Berlinkrise aus militär- und sicherheitspolitischer Perspektive. Uhl zeigt, dass sich die sowjetische Führung über das Risiko eines Krieges um Berlin bewusst war, und dass Chruschtschow noch Ende Mai 1961 sogar bereit war, ein Risiko einzugehen. Auf einer Sitzung des ZK der KPdSU hatte er erwogen, westalliierte Flugzeuge während einer Luftblockade Westberlins abzuschießen. Uhl gibt jetzt auch definitiv Antwort auf die Frage, wann wer die Schließung der Sektorengrenze festgelegt hat: Chruschtschow am 3. August 1961 in einer Besprechung mit Ulbricht in Moskau.[6]

Angesichts dieser neuen Sachlage wird im Folgenden das Kapitel VI, 6 etwas gekürzt und auf Wettig und Uhl verwiesen.

Gibt es Neues über die Westmächte, möglicherweise über Bonn? Hier waren die Bemühungen um Einsicht in neues Aktenmaterial zunächst gescheitert. Die Antwort, 47 Jahre nach dem Mauerbau, lautete lapidar: „Verschlusssachen Akten des Auswärtigen Amts zum Mauerbau in Berlin enthalten in so großer Zahl noch nicht herabgestufte Schreiben anderer Bundesministerien und Behörden sowie Schreiben dritter Staaten, dass eine Herabstufung noch nicht erfolgen kann." (Schreiben vom 30.4.2008) Im Jahre 2000 ging es noch um NATO-Dokumente, die „prinzipiell" nicht offengelegt werden konnten. Was dann doch freigegeben wurde, war wenig ergiebig. Neues Bildmaterial aus den USA ergänzt die Neuauflage dieses Bandes, die mit einem Kapitel über den Mauerfall abgeschlossen wird.

Einleitung

Am Abend des 11. August 1961, Freitag, fanden sich hochrangige Stasi-Offiziere bei ihrem Chef Erich Mielke zum Befehlsempfang ein.

> „Heute", so Mielke, „treten wir in einen neuen Abschnitt der tschekistischen Arbeit ein [...]. In der jetzigen Periode wird sich erweisen, ob wir alles wissen und ob wir überall verankert sind. Jetzt müssen wir beweisen, ob wir die Politik der Partei verstehen und richtig durchzuführen in der Lage sind."

Seine Befehle machten klar, dass eine außergewöhnlich drastische Aktion bevorstand. Gegen die „Republikflucht" würden Maßnahmen getroffen, „wobei besonders der Ring um Berlin der Schwerpunkt sein wird". Hauptaufgabe sei: „Größte Wachsamkeit üben, höchste Einsatzbereitschaft herstellen und alle negativen Erscheinungen verhindern. Kein Feind darf aktiv werden." Die wichtigsten Partei- und Regierungsobjekte müssten ausreichend gesichert sein, die notwendigen Alarmmaßnahmen seien einzuleiten, Maßnahmenpläne „zur schnellen und wirksamen Bekämpfung der Untergrundtätigkeit" aufzustellen, wobei besonders Kirche, Presse und Jugend zu beobachten seien. Mielke abschließend: „Alle vorbereitenden Arbeiten sind unter Wahrung der Konspiration und unter strengster Geheimhaltung durchzuführen. Die gesamte Aktion erhält die Bezeichnung ‚Rose'."[1]

In den frühen Morgenstunden des 13. August 1961 begann jene Aktion, die zu den einschneidendsten Ereignissen der deutschen Nachkriegsgeschichte gehört. Wenige Tage zuvor hatte der Kreml dafür grünes Licht gegeben. SED-„Kampfgruppen der Arbeiterklasse", Volkspolizei und Einheiten der Nationalen Volksarmee riegelten an diesem Tag die Sektorengrenze zwischen Ost- und Westberlin mit Stacheldraht ab. Mitten durch Berlin wurde „die Sperrwand eines Konzentrationslagers" gezogen, wie das der Regierende Bürgermeister von Westberlin, Willy Brandt, in einer emotionalen Rede vor dem Abgeordnetenhaus am selben Tag bezeichnete. Wenig später wurde aus dem Stacheldrahtverhau die Mauer, die Teilung der Nation im wahrsten Sinne des Wortes zementiert – und von den Deutschen in Ost und West auch so empfunden. Für den Vorsitzenden der CDU/CSU-Fraktion im Deutschen Bundestag, Heinrich Krone, war dieser 13. August „ein Schicksalstag der deutschen Nation“, wie er in sein Tagebuch schrieb.[2]

Mehr als 28 Jahre – genau 10.315 Tage – war die Mauer auch Symbol für den Kalten Krieg und den Ost-West-Konflikt. Mehrere Hundert Menschen verloren bei dem Versuch, sie zu überwinden, um in den freien Westen zu kommen, ihr Leben. Niemand ahnte wohl, dass es einen zweiten Schicksalstag geben würde: den 9. November 1989. An jenem Tag fiel die Mauer. DDR-Bürger – „Wir sind das Volk!“ – sorgten mit für die Öffnung der Grenze und schufen so eine der Voraussetzungen für die Wiedervereinigung. Eine der bedrückendsten Phasen der deutschen Geschichte ging damit zu Ende.

Den 13. August 1961 habe ich noch gut in Erinnerung. Ich war „Oberprimaner“, wie das damals noch hieß, gerade 19 geworden, und machte zum ersten Mal in meinem Leben Camping mit meinem älteren Bruder. Wir hatten unser Zelt südlich von Barcelona aufgestellt und waren technisch offensichtlich auf dem neuesten Stand. Wir waren nämlich die einzigen, die ein Radio besaßen, das Nachrichten aus der Bundesrepublik empfangen konnte. Und so standen an jenem Sonntag die Mitcamper um unser Auto herum und hörten mit wachsender Sorge die Meldungen aus der Heimat. Vier von ihnen brachen am nächsten Tag ihre Zelte ab und fuhren zurück nach Westberlin, wo inzwischen Hunderttausende wegen der ausgebliebenen Reaktion des Westens protestierten.

Vier Wochen später machte unsere Klasse ihre „Abiturfahrt“ – ganz bescheiden – nach Westberlin. Wir wohnten in Zehlendorf; die ausdrückliche Order hieß: „Niemand darf nach Ostberlin fahren.“ Ich fuhr trotzdem – mit meinem Klassenfreund. Es war irgendwie faszinierend und deprimierend zugleich; und es war unser erster Besuch im „Osten“ überhaupt. Überall Soldaten, Polizei, Kontrollen. Wir trafen Jugendliche in unserem Alter, die sich anboten, uns Ostberlin zu zeigen. Als wir daher am nächsten Tag ein zweites Mal in den Ostteil der Stadt wollten, wurden wir am Übergang Bahnhof Friedrichstraße verhaftet. Ich wurde nach wenigen Stunden zurückgeschickt, nachdem ich die für die Stabilität des SED-Regimes offensichtlich ungeheuer wichtigen Informationen über unsere Klasse und die Abiturfahrt prompt geliefert und alle Fragen beantwortet hatte; mein Freund wurde am nächsten Tag wieder freigelassen.

Zwei Jahre später, im Juni 1963, war der amerikanische Präsident John F. Kennedy in Westberlin, wo er seine Rede vor dem Schöneberger

Rathaus mit dem inzwischen allseits bekannten Satz „Ich bin ein Berliner“ beendete und Hunderttausende ihm begeistert zujubelten. Kennedy hätte lieber sagen sollen: „Ich bin ein Westberliner.“ Das hätte die Sache und seine Berlinpolitik wohl eher getroffen und deutlich gemacht, dass in jedem Fall weniger Jubel angebracht gewesen wäre – wie noch zu zeigen sein wird.

Mit einem Ultimatum an die Westmächte hatte der sowjetische Führer Nikita Chruschtschow im Herbst 1958 die Berlinkrise ausgelöst, die zu einer der gefährlichsten Krisen des Kalten Krieges wurde und die im Rückblick nach Einschätzung des damaligen stellvertretenden US-Verteidigungsministers Paul Nitze gefährlicher war als die Kubakrise 1962: wegen der Gefahr von Fehleinschätzungen, insbesondere von sowjetischen Fehleinschätzungen amerikanischer Ziele in Berlin. Der Mauerbau war der Höhepunkt dieser Krise, die erst 1963 endete und um die es im Folgenden geht.

Schon früh haben sich Historiker für dieses Thema interessiert – wobei im Mittelpunkt zumeist die Ereignisse des Jahres 1961 standen. Honoré M. Catudal legte 1980 als einer der ersten eine entsprechende Arbeit vor. Er konzentrierte sich dabei auf die Aktivitäten der Kennedy-Administration im Sommer 1961. Seiner Meinung nach verfolgte Kennedy einen Mittelweg zwischen den Hardlinern und jenen, die eher zum Nachgeben bereit waren.[3] Zwei Jahre später organisierte Hans-Peter Schwarz zusammen mit der Adenauer-Stiftung ein Kolloquium, an dem auch Zeitzeugen teilnahmen und wo mehr Fragen gestellt als Antworten gegeben wurden.[4] Marc Trachtenberg veröffentlichte 1991 einen interessanten Essay auf der Basis neuer amerikanischer Akten. Er betonte – ähnlich wie McGeorge Bundy, Kennedys nationaler Sicherheitsberater[5] – den Zusammenhang zwischen Nuklearwaffen und Diplomatie, insbesondere die sowjetische Furcht vor einer Atombewaffnung der Bundeswehr, und unterstrich den seiner Meinung nach insgesamt defensiven Charakter der sowjetischen Deutschlandpolitik.[6] Joachim Arenth legte 1993 seine überarbeitete Dissertation vor, leider sehr kompliziert strukturiert und teilweise mühsam zu lesen.[7]

Hope Harrison benutzte erstmals auch sowjetische Dokumente. Ihrer Meinung nach hat Walter Ulbricht eine größere Rolle gespielt als bisher angenommen und einen entscheidenden Anteil an der sowjetischen Deutschlandpolitik gehabt,[8] eine These, die von Hartmut Mehls (1990)[9], Michael Lemke (1995)[10] und Wilfriede Otto (1997)[11], denen für ihre Arbeiten ehemalige SED- und DDR-Materialien zur Verfügung standen, nicht unbedingt bestätigt wurde. In den Adenauer-Biografien von Hans-Peter Schwarz[12] und Henning Köhler[13] wurde die Berlinkrise primär aus der Sicht Adenauers geschildert. Ich habe deren Arbeiten mit großem Gewinn gelesen. Das Gleiche gilt auch für die bereits 1974 erschienenen Tagebuchaufzeichnungen von Heinrich Krone und die Erinnerungen von Wilhelm Grewe, der von Ende 1958 bis Mitte 1962 Botschafter in Washington war.[14] Gut zu lesen und interessant ist auch die Arbeit von Michael Beschloss.[15] Bei allem Bemühen um Ausgewogenheit des Urteils macht er doch vor allem Washington und damit Kennedy für die Verschärfung des Kalten Krieges und damit auch für die Berlinkrise verantwortlich.

Vladislav M. Zubok und Constantine Pleshakov sehen das ähnlich. Ihnen standen ebenfalls sowjetische Akten zur Verfügung. Wie Trachtenberg betonen auch sie den defensiven Charakter der sowjetischen Berlin- und Deutschlandpolitik: keine Annexion Westberlins, wohl aber definitive Anerkennung der Teilung Deutschlands und keine Atombewaffnung der Bundeswehr.[16] Aufschlussreiche SED-interne Dokumente über den Mauerbau (Befehle, Lageberichte etc.) kann man bei Werner Filmer und Heribert Schwan[17] sowie Peter Przybylski[18] finden.

Auf Quellen der jeweils beteiligten Mächte stützen sich Christian Bremen[19], Christof Münger[20] und John P. S. Gearson.[21] Bremen untersucht in seiner Dissertation auf 625 Seiten die Entwicklung von November 1958 bis Dezember 1960; er benutzt ausschließlich amerikanisches Material, genauso wie Münger. Gearson geht in seiner Darstellung auf 274 Seiten bis zum Mauerbau; er benutzt ausschließlich britisches Material aus dem Public Record Office in London; im Mittelpunkt steht bei ihm Premierminister Harold Macmillan.

Inzwischen stehen zahlreiche neue Akten zur Verfügung, in erster Linie amerikanische, aber auch britische und deutsche. Angesichts der vorliegenden Arbeiten und der neuen Aktenlage bot sich der Versuch einer Synthese geradezu an. Dabei war es nicht immer einfach, an das neue Material heranzukommen. Dazu einige Anmerkungen: Es gibt in den USA die Möglichkeit, Dokumente vor der offiziellen Freigabe zu erhalten, nämlich mithilfe des sogenannten Freedom of Information Act (FOIA). Man kann solche Anträge direkt im Department of State in Washington, D.C. und den National Archives stellen, aber auch in den Präsidentschafts-Bibliotheken, in unserem Fall der Dwight D. Eisenhower Library in Abilene, Kansas, der John F. Kennedy Library in Boston, Massachusetts, und der Lyndon B. Johnson Library in Austin, Texas. Ich war wohl einer der ersten Ausländer, der gleich nach Unterzeichnung der entsprechenden Executive Order durch Präsident Jimmy Carter 1979 damit begann, Dutzende solcher Anträge auf Freigabe von Akten zu stellen. Zunächst im State Department – wo ich schon damals neben dem Material über die Stalin-Note (die entsprechende Arbeit ist 1985 erschienen) auch einige Dokumente zum Mauerbau erhielt –, dann in der Eisenhower-Bibliothek und der Kennedy-Bibliothek. Die Dokumente werden nach Antragstellung „deklassifiziert" – in der Regel von pensionierten Diplomaten, die mit den Dingen zu tun gehabt haben –, und mit etwas Glück bekommt man sie. Wenn man noch mehr Glück hat, ohne große Textschwärzungen. Man kann auch Pech haben: So erhielt ich 1986 eine Kopie des berühmten Berlin-Memorandums von Dean Acheson (s. u., Kap. VI, 1). Bis auf das Deckblatt waren sämtliche Seiten geschwärzt. Die Anordnung hatte gelautet: „DENY." (Die restriktive Handhabung damals war das Ergebnis einer neuen, von Präsident Ronald Reagan unterzeichneten Executive Order.) Das änderte sich 1992 und 1993 wieder etwas, wo dann schon mehr zu erkennen war (s. Abbildung S. 204 f.). Ähnlich erging es mir auch bei den Wortprotokollen der Gespräche Kennedy-Chruschtschow in Wien Anfang Juni 1961 (die im Übrigen Michael Beschloss freibekam. Als „Nicht US-Bürger" hat man da manchmal schlechtere Karten als ein US-citizen).

1986 wurde in Washington das National Security Archive gegründet, eine „Non-profit"-Organisation, die sich zur Aufgabe gestellt hatte, bei der Freigabe von Akten den Freedom of Information Act intensivst zu nutzen, was allein schon durch die räumliche Nähe zum Department of State erleichtert wurde. Dort habe ich William Burr kennen- und schätzen gelernt. Er veröffentlichte 1992 im Rahmen der vom National Security Archive herausgegebenen Serie „Making of US Policy" die Dokumentensammlung „The Berlin-Crisis, 1958–1962". Im gleichen Jahr – und dann wieder 1997 – erhielt ich ein ganzes Paket freigegebener Dokumente aus dem State Department. Inzwischen hatte man dort in schneller Reihenfolge die entsprechenden Bände der Foreign Relations of the United States (FRUS) herausgegeben, was auch etwas mit dem Ende des Kalten Krieges zu tun hatte; in der Eisenhower-Serie die Bände VIII und IX, jeweils 1993; in der Kennedy-Serie die Bände XIV und XV, jeweils 1994; ein Microfiche-Supplement für die Bände XIII, XIV und XV, 1995, sowie Band VI, 1996. In Band VI wurde der Briefwechsel Kennedy-Chruschtschow veröffentlicht. Dieser Briefwechsel lief unter dem Codewort „pen pal“. Mein Antrag auf Freigabe dieses Materials war zuvor mit der Antwort abgelehnt worden, so etwas existiere nicht! Das wiederum macht deutlich, was mir ein Mitarbeiter im Office of the Historian im Department of State einmal gesagt hatte, nämlich Freedom of Information Act hin oder her, es gehe auch dem Office um „the glory of first publication“, d. h. sie wollen als erste die Dokumente veröffentlichen. Mit anderen Worten: Die Freigabe von Material wird so lange wie nötig verzögert – bis der entsprechende Band der Foreign Relations fertig gestellt ist. Erst danach wird weiteren Interessierten das Material zur Verfügung gestellt. Das o. g. Berlin-Memorandum von Dean Acheson wurde z. B. in Band XIV veröffentlicht. Oder es wird dem einen Antragsteller ein Teil eines Dokuments freigegeben, dem anderen ein anderer Teil desselben Dokuments. Auch mit einer anderen „trickreichen“ Methode kann eine Freigabe verzögert bzw. verhindert werden. Da heißt es dann, das Department of State habe seine „initial review“ abgeschlossen, 7.000 Seiten seien declassified, man könne Kopien haben: Kosten 2.100 US-Dollar. So in meinem Fall zuletzt geschehen bei den „Daily Staff Summaries for 1959–1961“ des State Department.

Obwohl in den erwähnten FRUS-Bänden ziemlich viele Dokumente abgedruckt worden sind (insgesamt 2.908 Seiten; ohne Microfiche), *alles* Wichtige enthalten sie noch lange nicht. Es liegt in der Tradition der Herausgeber, ganz wichtige Dokumente z. T. nur in Kurzzusammenfassungen in einer Fußnote zu erwähnen – und manche überhaupt nicht. Dies wiederum eröffnet dem Forscher die Chance, solche Dokumente zu suchen und zu finden. Hinzu kommt, dass in unserem Fall im Department of State auf Anordnung von Martin J. Hillenbrand – dem damaligen Leiter des „German Desk“ – im Jahr 1966 für die „Berlin-Task Force“ und das „Bureau of European Affairs“ eine zusammenfassende top secret-Studie „Crisis over Berlin“ verfasst wurde, mit Material, das in die FRUS-Bände nicht bzw. nur mit Auslassungen, d. h. Passagen, die nicht freigegeben wurden, aufgenommen worden ist (und die ich inzwischen mithilfe des FOIA erhalten habe; im Folgenden verweise ich auch jeweils auf diese Passagen). Ähnliches gilt auch für die – mit großen Streichungen freigegebene – top secret-Studie der Historical Division des Joint Secretariat der Joint Chiefs of Staff über „Germany and the Berlin Question“. Interessant ist auch eine Sammlung von CIA-Dokumenten, die die Central Intelligence Agency im Jahre 1999 veröffentlicht hat – ebenfalls mit Streichungen.[22]

Manchmal hat man auch das Glück, dass z. B. ein Dokument in der Eisenhower- oder Kennedy-Bibliothek anders deklassifiziert wurde als die entsprechende Kopie bzw. das Original im State Department. Wie bei einem Puzzle kann man dann aus den unterschiedlich deklassifizierten Teilen dieses Dokument wieder zusammensetzen. Dass diese Art der Dokumentensuche mehr als mühsam ist, muss nicht erläutert werden. Das in den FRUS-Bänden veröffentlichte und erwähnte Material wird den National Archives übergeben. Zahllose Dokumente bleiben jedoch im Department of State. Jene aufgrund des FOIA freigegebenen Akten werden im Folgenden mit der Original-Registriernummer angegeben, z. B. 762.00/3-1561 (762.00 = German political affairs, general reporting on Germany, Telegramm vom 15.3.1961). In den FRUS-Bänden werden jeweils in der Einleitung unter „Unpublished Sources" die einzelnen Quellenbezeichnungen erläutert.

In gewissem Sinne hat es das Politische Archiv des Auswärtigen Amts in Bonn mir da einfacher gemacht. Es wurden zwar zahlreiche hochinteressante Dokumente für mich freigegeben, aber natürlich längst nicht alle. Das Auswärtige Amt spendete immerhin Trost: „Hier sind viele Dinge zu bedenken und wenn in Ihrem Fall Akten nicht offengelegt und herabgestuft wurden, werden die entsprechenden Arbeitseinheiten dafür gute Gründe haben, die aber natürlich nicht in Ihrer Person zu suchen sind. In vielen Fällen sind auch unsere Verbündeten zu befragen – NATO-Dokumente können prinzipiell nicht offengelegt werden." Es gebe „begründete Bestimmungen, die im Interesse des Gemeinwohles in einer geordneten Verwaltung einzuhalten sind, auch wenn darunter (Forschungs-)Interessen Einzelner leiden mögen." Na denn ... Gelobt sei da sogar der Freedom of Information Act! Bemerkenswert ist, dass auch die Akten des ehemaligen DDR-Außenministeriums nunmehr vom Politischen Archiv ähnlich behandelt werden. Immerhin konnte ich in Berlin Akten aus dem ehemaligen Zentralen Parteiarchiv der SED und dem Ministerium für Staatssicherheit einsehen. Und NATO-Akten gab es jede Menge in anderen Archiven.

Bleibt als letztes Archiv das Public Record Office in London. In unserem Fall ist die Fülle des Materials geradezu überwältigend. Etliche Dokumente sind allerdings auch dort nicht freigegeben worden, was aber zumindest bei den Kabinettsmemoranden erkennbar ist. Über die Gründe muss man nicht einmal spekulieren, wenn man weiß, wie die britische Position damals aussah. Spannend ist das allemal.

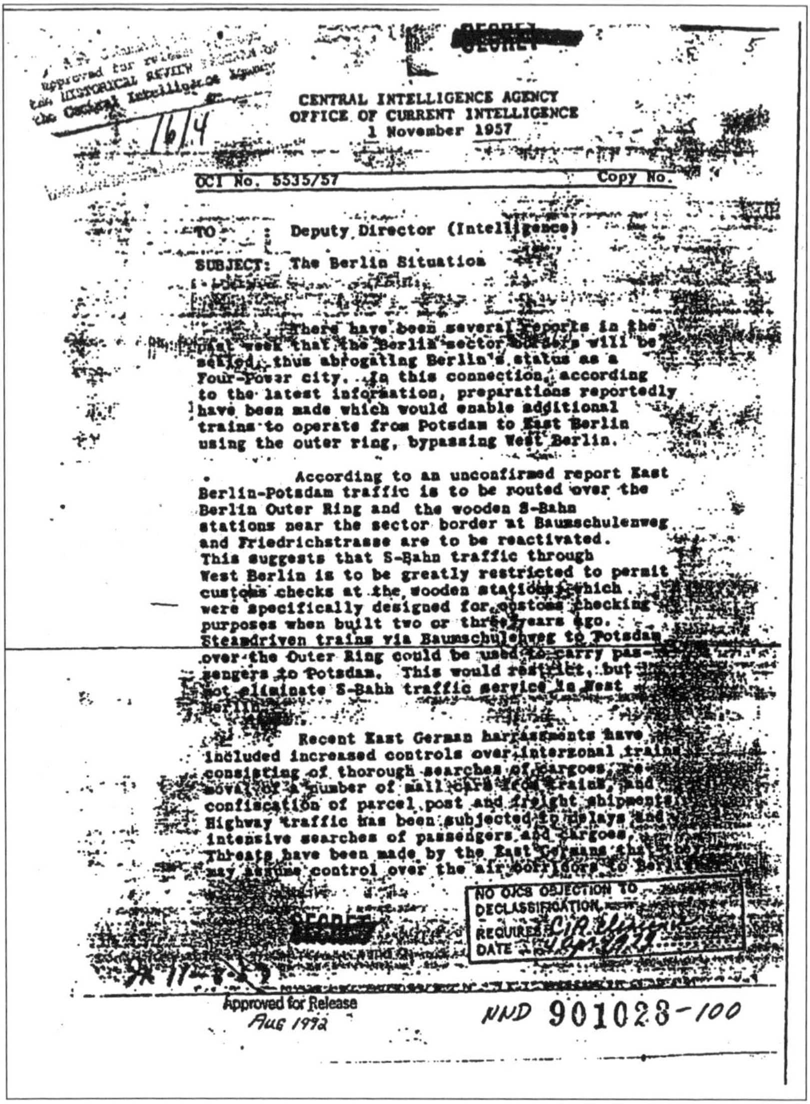

[redacted]

Approved for release by the Historical Review Program of the Central Intelligence Agency

CENTRAL INTELLIGENCE AGENCY
OFFICE OF CURRENT INTELLIGENCE
1 November 1957

OCI No. 5535/57 Copy No.

TO : Deputy Director (Intelligence)

SUBJECT: The Berlin Situation

There have been several reports in the past week that the Berlin sector borders will be sealed, thus abrogating Berlin's status as a Four-Power city. In this connection, according to the latest information, preparations reportedly have been made which would enable additional trains to operate from Potsdam to East Berlin using the outer ring, bypassing West Berlin.

According to an unconfirmed report East Berlin-Potsdam traffic is to be routed over the Berlin Outer Ring and the wooden S-Bahn stations near the sector border at Baumschulenweg and Friedrichstrasse are to be reactivated. This suggests that S-Bahn traffic through West Berlin is to be greatly restricted to permit customs checks at the wooden stations which were specifically designed for customs checking purposes when built two or three years ago. Steamdriven trains via Baumschulenweg to Potsdam over the Outer Ring could be used to carry passengers to Potsdam. This would restrict, but not eliminate S-Bahn traffic service in West Berlin.

Recent East German harrassments have included increased controls over interzonal trains consisting of thorough searches of cargoes, removal of a number of mail cars from trains, and confiscation of parcel post and freight shipments. Highway traffic has been subjected to delays and intensive searches of passengers and cargoes. Threats have been made by the East Germans that they may assume control over the air corridors to Berlin.

NO OJCS OBJECTION TO DECLASSIFICATION REQUIRED CIA ...
DATE ...

[redacted]

Approved for Release
Aug 1992

NND 901028-100

Bereits am 1. November 1957 spricht der amerikanische Geheimdienst CIA von einer möglichen Abriegelung der Sektorengrenze in Berlin.

[redacted]

Soviet interference with Allied traffic has been sporadic and inconsistent. Negotiations on new documentation procedures have been in progress for some time, but the Russians continue to raise objections to Allied procedures on a variety of pretexts.

The East Germans and the Russians have the capability to seal both the zonal and sector borders without prior warning if they should decide to take such a drastic step. An example was the East German regime's 13 October currency conversion with complete secrecy. In connection with the conversion, the regime sealed the Berlin sector borders, and stopped all autobahn traffic between West Germany and Berlin.

This series of harassments of Berlin has been undertaken by the East German regime apparently with the purpose of eroding the Allied position there and establishing East German authority over its zonal territory and East Berlin.

HUNTINGTON D. SHELDON
Assistant Director
Current Intelligence

Orig: GEN DIV
William McCall
ext. 3184

Dist: White House (General Goodpaster)
NSC (Mr. James Lay)
State Dept. (Mr. Hugh S. Cumming, Jr.)
ACSI (Maj. Gen. Robert A Schow)
ACSI (Maj. Gen. Millard Lewis)
ONI (Adm. L. H. Frost)
JCS (Brig. Gen. Richard Collins)
OCB (Mr. Roman Mrozinski)
DCI
DDCI
DDI
DDP
ADNE
ADSI
ADRR

[redacted]

901028-101

Für die folgende Darstellung habe ich die umfangreichen britischen Aktenbestände aus dem Public Record Office *und* bislang unveröffentlichte amerikanische Dokumente (neben den veröffentlichten) benutzt. Daraus ist erstmals für weite Bereiche eine *angloamerikanische* Sicht der Dinge entstanden, die noch durch Material aus Bonn und Berlin ergänzt wird. Dabei ging es mir weniger um den Bau der Mauer an sich, als um die Berlinkrise als Ganzes, d. h. es wird auch erstmals aus westlicher Sicht der gesamte Zeitraum der Krise – 1958 bis 1963 – behandelt.

Was erwartet den Leser? An dieser Stelle nur einige kurze Hinweise: Zunächst einmal eine britische Regierung, die von Anfang an für ein Nachgeben gegenüber den sowjetischen Forderungen war. Erstmals kann man auch schwarz auf weiß nachlesen, dass Premierminister Harold Macmillan und sein Außenminister die Wiedervereinigung Deutschlands nicht wollten und lieber die DDR anerkannt hätten. Sie waren keine Freunde der (West-)Deutschen. Für Berlin sollte auch kein Brite sterben. Macmillan war in vielfacher Hinsicht der beste Verbündete Chruschtschows und betrachtete sich in postkolonialer Überheblichkeit und Selbstüberschätzung geradezu als *die* Führungsgestalt des Westens. Dem standen erst der amerikanische Außenminister John Foster Dulles und Präsident Dwight D. Eisenhower entgegen – und dann John F. Kennedy, von dem Macmillan allerdings nicht viel hielt (anders als das der Öffentlichkeit vorgegaukelt wurde).

Die US-Administrationen haben damals ungeheure Mengen Akten produziert, in denen alle möglichen Szenarien durchgespielt wurden. Am Ende reduzierte sich fast alles auf die vertrauliche Aussage von Außenminister Dean Rusk vom 15. August 1961, wonach eine Lösung der Berlinkrise durch den Mauerbau „eher leichter" geworden sei. Am Tag zuvor hatte er seinem Botschafter in Belgrad, dem Spitzendiplomaten George F. Kennan, ganz geheime Instruktionen („Top Secret. Personal and eyes only") erteilt, um mit den Sowjets ins Gespräch zu kommen; bezeichnenderweise sollten die Deutschen davon auf keinen Fall etwas erfahren. In einem anderen State Department-Dokument vom 22. Juli 1961 kann man etwas über zu erwartende Maßnahmen des Ostens in Berlin lesen, nämlich die Abriegelung der Sektorengrenze. In geheimen Memoranden hatten das der amerikanische Botschafter in Moskau, Llewellyn Thompson, bereits im März 1961, der britische Botschafter in Bonn, Christopher Steel, Anfang August 1961 und der amerikanische Geheimdienst CIA sogar schon am 1. November 1957 (!) als

Möglichkeit erwähnt. Ganz so überrascht konnten Amerikaner und Briten von dem, was dann am 13. August geschah, wohl nicht gewesen sein. Bei ihnen hatte der Mauerbau im Sinne einer Teilung des Landes schon lange vorher begonnen. Was für die Deutschen ein Schock war, war für sie lediglich das logische Ende einer Entwicklung.

Und dann Adenauer. Bei der von Dulles vertretenen ganz harten Haltung trieben ihn die Zweifel um. Er fürchtete die möglichen – atomaren – Konsequenzen einer solchen Politik, die mit ziemlicher Sicherheit zuerst Deutschland zu tragen gehabt hätte. Dennoch: mit Eisenhower und Dulles ging es gerade noch; das änderte sich bei Kennedy. Der Kanzler gewann in dieser Krise mehr und mehr an Statur, in gleichem Maße, wie bei ihm Misstrauen und Enttäuschung gegenüber Kennedy zunahmen (ganz zu schweigen von Macmillan). Kennedy äußerte sich intern in nicht zu überbietender Arroganz über deutsche Politiker; sie sollten ihre „Schnauzen ruhig in den Schweinetrog Berlin stecken", wenn sie wollten (und möglicherweise selbst mit den Sowjets verhandeln). Macmillan war durchgehend noch schlimmer. Dean Rusk hatte noch vor dem Mauerbau – am 5. August – bei einem privaten Frühstück seinem britischen Kollegen Lord Home klargemacht, wie es weitergehen würde: „Die Westdeutschen werden viele Dinge schlucken müssen, die sie bis jetzt für unmöglich gehalten haben."

Der amerikanische Präsident suchte sofort nach dem Mauerbau das Arrangement mit den Sowjets. Und das ging nur auf Kosten der Deutschen: Anerkennung der Oder-Neiße-Grenze, entmilitarisierte Zonen, mindestens De-facto-Anerkennung der DDR, keine Atombewaffnung der Bundeswehr etc. Dabei verfolgte er z. T. ganz abstruse Ideen, die zeigen, wie viel er vom westdeutschen Bündnispartner hielt, z. B. dass bei einer Internationalisierung der Autobahnen nach Berlin durch DDR-Gebiet im Gegenzug gleichviele Kilometer Autobahn in der Bundesrepublik internationalisiert werden sollten. Amerikaner und Briten wollten Adenauer im Frühjahr 1962 sogar soweit bringen, dabei mitzuhelfen, ihre bisherige Deutschland- und Berlinpolitik zu Grabe zu tragen – „put his hand upon the coffin and help to carry it", wie Kennedy das vertraulich in seiner ihm eigenen Art gegenüber dem britischen Botschafter in Washington formulierte. Briten und Amerikaner waren sich einig ...

Adenauer ahnte das alles und spielte nicht mit. Er verhinderte oder besser verzögerte diese Entwicklung so gut es – noch – ging. Unterstützt wurde er dabei von Charles de Gaulle, der allerdings andere

Beweggründe hatte als Adenauer. Daraus entstand dann die vielzitierte Freundschaft „zweier alter Männer", die Anfang 1963 mit dem deutsch-französischen Vertrag gekrönt wurde – auch ein nicht zu unterschätzendes Ergebnis der Berlinkrise.

Eine der gefährlichsten Krisen des Kalten Krieges versandete 1962/63 einfach: Die Kriegsgefahr zwischen Ost und West wurde zwar vermindert, gleichzeitig aber die Teilung Deutschlands für alle sichtbar vertieft – und festgeschrieben. Westberlin wurde nicht aufgegeben. Es gab auch keinen Bevölkerungsaustausch. Auch so etwas ist überlegt worden! Der bereits erwähnte Llewellyn Thompson hatte Anfang 1961 einmal gesagt, man solle das Problem sieben bis zehn Jahre ruhen lassen. Genau das geschah. Mit Willy Brandts Ostpolitik wurden die neuen Realitäten dann auf Kosten der Deutschen – ganz im Sinne der „Großen" – endgültig festgeschrieben und die Berlin- und Deutschlandfrage „gelöst" – glaubten oder hofften jedenfalls viele, zumindest bis zum November 1989.

Zum Schluss ein Wort des Dankes: dem Fonds zur Förderung der wissenschaftlichen Forschung in Wien für die Finanzierung eines Forschungsaufenthaltes in den USA; William Burr vom National Security Archive in Washington für seine Unterstützung; jenen Beamten im Department of State in Washington und den Presidential Libraries in Boston und Abilene, die so manches Hindernis auf dem Weg zu den Akten beseitigen halfen; den Mitarbeitern des Public Record Office in London; Martin J. Hillenbrand in Athens, Georgia, und Frank Roberts in London – in dem hier behandelten Zeitraum britischer Botschafter in Moskau – für ausführliche Interviews sowie Eva Plankensteiner für die professionelle Texterfassung.

I. Chruschtschow löst die Krise aus

(November 1958 bis Februar 1959)

1. Chruschtschows Rede vom 10. November

Am 10. November 1958 hielt Nikita Sergejewitsch Chruschtschow, Erster Sekretär des ZK der KPdSU und Vorsitzender des Ministerrates der UdSSR, im Moskauer Sportpalast eine Rede, in der er u. a. sagte:

> „Wäre es nicht an der Zeit für uns, die gegebenen Schlussfolgerungen daraus zu ziehen, dass die wichtigsten Punkte des Potsdamer Abkommens [...] verletzt worden sind, und dass gewisse Kräfte mit dem Großziehen des deutschen Militarismus fortfahren und ihn dabei mit allen Mitteln in dieselbe Richtung hetzen, in die er vor dem Zweiten Weltkrieg gehetzt wurde – gegen den Osten? Wäre es nicht an der Zeit, unsere Einstellung zu diesem Teil des Potsdamer Abkommens zu revidieren – und ihn zu kündigen? Anscheinend ist der Zeitpunkt für die Signatarmächte des Potsdamer Abkommens gekommen, auf die Reste des Besatzungsregimes in Berlin zu verzichten und dadurch die Möglichkeit für die Herstellung normaler Zustände in der Hauptstadt der DDR zu schaffen. [...] Die Sowjetunion wird, was sie betrifft, alle Funktionen, die noch bei den sowjetischen Organen belassen sind, der souveränen Deutschen Demokratischen Republik übertragen. Ich denke, dass dies richtig sein würde. Sollen die USA, Großbritannien und Frankreich selbst ihre Beziehungen zur DDR aufbauen und selbst mit ihr Übereinkommen treffen, falls sie an irgendwelchen Berlin betreffenden Fragen interessiert sind.“[1]

Die neue Berlinkrise war da, auch wenn Adenauer meinte, Chruschtschow sei wohl „etwas betrunken“[2] gewesen. Er war es nicht. Noch am selben Tag – unmittelbar nach Bekanntwerden der Rede in Bonn – empfahlen Georg Ferdinand Duckwitz, Ministerialdirektor im Auswärtigen Amt in Bonn, Außenminister Heinrich von Brentano und Staatssekretär Karl Carstens als erste Reaktion „Konstatierung des Vertragsbruchs und energischer Protest der drei Westmächte“.[3] In einer weiteren internen Stellungnahme des Auswärtigen Amts hieß es am 11. November:

> „Diese Abkommen können nicht einseitig gekündigt werden. Maßnahmen, die sich auf ‚Kündigung‘ stützen und sich gegen Berlin und

> freien Berlinverkehr richten würden, wären als Bedrohung des Friedens in Europa und der Welt anzusehen."

Die Motive für die Äußerungen Chruschtschows seien noch nicht klar erkennbar, aber infrage kämen, wie Staatssekretär Hilger van Scherpenberg meinte, folgende:

> „Erprobung des westlichen Widerstandswillens, Nötigung der Westmächte zu Verhandlungen mit sog. DDR, Druckmittel gegen deutsche Aufrüstung, Festigung polnischer Bindung an Sowjetunion."[4]

Zunächst erfolgte ein „energischer Protest" der Bundesregierung, der allerdings etwas hilflos klang. Die Bundesregierung, so hieß es in einer offiziellen Erklärung, betrachte die Entwicklung mit „ernster Sorge". Die einseitige Aufkündigung völkerrechtlicher Verpflichtungen „wäre ein Bruch des geltenden Völkerrechts", der die Kreditwürdigkeit der Sowjetunion „ernstlich infrage stellen würde" und das deutsch-sowjetische Verhältnis „in Mitleidenschaft ziehen" müsse. Darüber hinaus würden dadurch „die bereits bestehenden weltpolitischen Spannungen in gefährlicher Weise verschärft werden. Die Sowjetunion müsste für eine solche Entwicklung die volle und alleinige Verantwortung tragen."[5]

Ganz im Sinne Bonns fielen die offiziellen Stellungnahmen in London, Paris und Washington aus. Ein Sprecher des Quai d'Orsay betonte, die Erklärung Chruschtschows könne „schwere Risiken" heraufbeschwören; Moskau könne ein von den vier Mächten unterzeichnetes Abkommen „nicht einseitig außer Kraft setzen". Die Erklärung des Foreign Office fiel noch schärfer aus. Chruschtschows Vorschlag laufe darauf hinaus, dass die Westmächte Westberlin „auf Gnade und Ungnade preisgeben würden". Dies würde allen westlichen Verpflichtungen, Berlin zu schützen, zuwiderlaufen, darunter der 1954 übernommenen Verpflichtung der drei Westmächte, „einen Angriff auf Berlin, von welcher Seite er auch kommen möge, als einen Angriff gegen ihre Truppen und gegen sich selbst zu betrachten".

Diese Passage zitierte auch der Sprecher des State Department, Lincoln White, und er ergänzte dies mit einer Erklärung von Außenminister John Foster Dulles, wonach der Westen verpflichtet sei, Westberlin zu halten, „notfalls mit militärischer Gewalt". Das sei eine sehr feierliche und formelle Erklärung der drei Westmächte, „zu der die Vereinigten Staaten stehen".[6]

Dulles zeigte sich öffentlich nicht überrascht von der neuen Berlinkrise. Die Kommunisten, so betonte er auf einer Pressekonferenz am 26. November, würden immer wieder solche Krisen auslösen, um Schwachstellen im Westen zu finden. Das sei in Taiwan der Fall gewesen und jetzt sei es eben Berlin. Würden sie auf Widerstand stoßen, würden sie nachgeben und das Problem würde sich von selbst erledigen.[7] Ganz so einfach war die Sache allerdings nicht, was Dulles nach vierzehn Tagen hektischer diplomatischer Aktivität sehr genau wusste.

Die Frage, die man sich nach der Rede Chruschtschows im Westen stellte, war zunächst, warum Chruschtschow zu diesem Zeitpunkt die Krise ausgelöst hatte, und was er mit diesem „äußerst gefährlichen Schritt", wie es US-Botschafter Llewellyn Thompson in Moskau am 11. November formulierte, bezweckte. Wollte er eine Gipfelkonferenz erzwingen und, um das zu erreichen, die internationalen Spannungen „bis zur Unerträglichkeit" steigern, oder wollte er nur die Stärke des Westens testen? Und wenn ja, warum? Wollte er seine Position für den XXI. Parteitag (27. Januar bis 5. Februar 1959) verbessern, wie der deutsche Botschafter in Moskau, Hans Kroll, vermutete? Mit Blick auf Deutschland schienen für Thompson die Motive klar: „Chruschtschow will uns zu irgendeiner Art Anerkennung des Regimes in Ostdeutschland zwingen." Chruschtschow befürchte wahrscheinlich, dass nach Abschluss der atomaren Aufrüstung der Bundeswehr, während sich die Lage in Ostdeutschland weiter verschlechtere, die Bundesrepublik bei einem Aufstand dort intervenieren würde und die Sowjetunion dann nur die Wahl zwischen Weltkrieg und Verlust Ostdeutschlands und in dessen Folge Verlust weiterer oder aller Satellitenstaaten habe.[8]

Das State Department kam am 13. November zu folgendem Schluss: Chruschtschow wolle

1. die Entschlossenheit der Westmächte testen, ihre Stellung in Berlin zu halten;
2. die Westmächte zur Anerkennung der DDR zwingen;
3. die atomare Bewaffnung der Bundeswehr verhindern;
4. die Westmächte zum Abzug ihrer Truppen aus der Bundesrepublik zwingen.

In einem Rundtelegramm an die diplomatischen Vertretungen wurde die Devise ausgegeben: „Keinerlei Aufgeregtheit oder besondere Unruhe." Chruschtschows Argumentation sei die altbekannte sowjetische

Position seit 1948; möglicherweise sei alles nur „Nervenkrieg und Propaganda".[9] In einem Memorandum des State Department vom selben Tag für Präsident Dwight D. Eisenhower wurde klargestellt, dass Chruschtschows Aktion eindeutig etwas mit dem altbekannten Wunsch der Sowjets nach De-facto-Anerkennung der DDR durch die Westmächte zu tun habe und dass im Zusammenhang mit den westlichen Zufahrtsrechten nach Berlin eine Situation geschaffen werden sollte, in der die Westmächte gezwungenermaßen anstelle der Sowjets DDR-Personal akzeptieren müssten.[10] Um die Sowjets von den angekündigten Maßnahmen abzuhalten und unliebsame Zwischenfälle von vornherein zu vermeiden, wollte das State Department in einer Dreimächte-Erklärung in Moskau mögliche sowjetische Zweifel an der Entschlossenheit der Westmächte erst gar nicht aufkommen lassen, während Thompson aus Moskau warnte:

> „Chruschtschow hat es eilig und glaubt, dass in diesem Punkt die Zeit gegen ihn arbeitet, insbesondere was die atomare Bewaffnung der Bundesrepublik betrifft. Ich glaube daher, dass sich die Westmächte auf eine entscheidende Auseinandersetzung („major show-down") in den kommenden Monaten vorbereiten sollten."[11]

Zu der geplanten Dreimächte-Erklärung kam es dann aber nicht. Die Verbündeten der Amerikaner spielten nicht mit. Briten und Deutsche argumentierten, ein solcher Schritt werde eher als Zeichen von Nervosität als von Entschlossenheit interpretiert. Die Franzosen meinten, man solle damit noch einige Tage warten. Das State Department war zunächst damit einverstanden, weil es die Lage nicht „überdramatisieren" wollte, drängte wenig später aber auf eine solche Démarche. Unmittelbarer Anlass war die Mitteilung des sowjetischen Botschafters in Bonn, Andrej Smirnow, gegenüber Bundeskanzler Konrad Adenauer und Außenminister Heinrich von Brentano am 20. November, dass die Sowjetunion die Westmächte in allernächster Zukunft über ihre Entscheidung, das „Besatzungsstatut" für Berlin zu beenden, informieren werde. Am selben Tag schrieb Adenauer an Dulles und den britischen Premierminister Harold Macmillan.[12]

Mit Blick auf die zu erwartende sowjetische Note und offensichtlich, um Adenauer zu beruhigen, wurde der amerikanische Botschafter in Bonn, David Bruce, am 23. November angewiesen, mit seinen britischen und französischen Kollegen eine Dreimächte-Erklärung vorzubereiten, die am nächsten Tag in Moskau übergeben werden sollte.

Unmissverständlich sollte darin deutlich gemacht werden, dass eine einseitige Aufkündigung bestehender Viermächtevereinbarungen nichtig sei und die Rechte und Verpflichtungen der vier Mächte in Berlin nicht berühre. Mit dieser Note wollte man die Dinge klarstellen, möglichst noch bevor die Sowjets ihre Note überreichten.

Aber wie so oft schon vorher und auch später war es schwierig, die Partner auf einen gemeinsamen Nenner zu bringen. Die Franzosen lehnten auch jetzt eine solche Démarche ab; man wollte nicht den Eindruck erwecken, als ob Paris in Panik verfallen sei. Die Briten hatten etwas an der Formulierung auszusetzen. Die USA gaben daraufhin diese Idee auf, wollten aber zumindest, dass der Text für eine Dreimächtenote in Bonn genutzt würde. Aber auch das war nicht machbar. Am 25. November machte General de Gaulle klar, dass er gegen jede Dreimächtenote war, sowohl in Moskau wie auch in Bonn.[13] Zwei Tage später überreichte der sowjetische Außenminister Andrej Gromyko den westlichen Botschaften in Moskau die Berlin-Note seiner Regierung.[14]

Nach der Rede Chruschtschows vom 10. November ging es auf westlicher Seite zunächst nicht nur darum, mit einer entsprechenden Démarche in Moskau – wozu es nicht kam – die Sowjetunion von dem angekündigten Schritt abzuhalten, sondern auch darum, wie man sich verhalten sollte, falls die Sowjets die bislang von ihnen ausgeübten Kontrollfunktionen tatsächlich der DDR-Regierung übertragen würden. Über einen „einfachen" Ausweg aus diesem Dilemma dachte Dulles am 17. November gegenüber dem deutschen Botschafter in Washington, Wilhelm Grewe, „laut nach": Wenn DDR-Organe die Identifizierung – nicht Kontrolle – der alliierten Fahrzeuge und Personen auf den Zufahrtswegen nach Westberlin durchführen würden, könnte man doch einfach so tun, als ob diese als Beauftragte („agents") der Sowjetunion handelten. Das habe mit Anerkennung der DDR nichts zu tun; man habe ähnliche Kontakte auch mit den chinesischen Kommunisten beim Abschluss des Waffenstillstandes in Korea (im Juli 1953) und der Genfer Indochinakonferenz (im Juli 1954) gehabt. Grewes Hinweis, über diese „Agententheorie", wie es auf deutsch sofort hieß, werde man in Bonn wohl nicht „sehr glücklich" sein, und sie werde zu „größten psychologischen Schwierigkeiten" führen, sollte nur zu wahr sein.[15] Diese Theorie stieß nicht nur in Bonn auf erbitterte Ablehnung, die Amerikaner „vor Ort" in Deutschland lehnten sie ebenso heftig ab, wie der US-Kommandant in Berlin, Generalmajor Barksdale Hamlett, mit allem Nachdruck deutlich machte. Für ihn wäre dies „der erste Schritt in die falsche Richtung“, der zu einer unhaltbaren Situation führen würde. Man könne in dieser ganzen Angelegenheit keine Schwäche zeigen, denn

> „die ganze Welt blickt auf Berlin. Wenn wir nicht zur letzten Entscheidung („show-down“) bereit sind, dann ist es immer noch besser, wir legen uns selbst eine Blockade auf, als den Fehler zu machen, mit dieser ‚Agententheorie‘ die DDR de facto anzuerkennen.“[16]

Ein erster „kleiner“ Test hatte bereits am 14. November stattgefunden. Die Sowjets hatten drei amerikanische Militärfahrzeuge am Checkpoint Babelsberg an der Weiterfahrt in die Bundesrepublik gehindert und etwa zehn Stunden festgehalten. Auch eine Rückfahrt nach Westberlin war nicht möglich. Die Amerikaner hatten eine sowjetische Kontrolle der Fahrzeuge abgelehnt, sogar einen Blick unter die Plane („a peep under the canvas“). Hamlett hatte mehrere Panzer an die Sektorengrenze beordert und General Henry Hodes, den Oberbefehlshaber der US-Truppen in Europa, um Genehmigung zur „Befreiung“ des Konvois gebeten. Diese Genehmigung war nicht erteilt worden; der negative Bescheid kam allerdings erst, nachdem die Fahrzeuge in ihre Garnison hatten zurückkehren können. Für die US-Mission Berlin war dies eine „gezielte Aktion“ der Sowjets, „die größte Herausforderung“ seit langer Zeit, um die Entschlossenheit der Amerikaner zu testen,[17] obwohl man intern zugestand, dass es nur schwer zu vermitteln sei, „warum wir so einen Aufstand wegen eines ‚peep under the canvas‘ machen“.[18]

NATO-Oberbefehlshaber General Lauris Norstad war jetzt jedenfalls entschlossen, im Ernstfall die Zufahrt von und nach Berlin freizukämpfen. US-NATO-Botschafter Randolph Burgess war zwar der Meinung, Norstad habe damit etwas zu schnell reagiert, gab aber zu bedenken, dass die Sowjets wohl so weitermachen würden, und man daher bald entscheiden müsse, wie man reagieren wolle. Dulles machte klar, dass man zwar „fest“ bleibe, aber auch versuchen müsse, die Regierungen in London, Paris und Bonn zum Mitmachen zu bewegen.[19] Die „Ansichten“ von Norstad und den Joint Chiefs of Staff hielt er jedenfalls für „ziemlich extrem“; man müsse sich mit Briten, Franzosen und Deutschen absprechen, „bevor wir eine Entscheidung treffen, die zu Kampfhandlungen führen kann“, wie er gegenüber Eisenhower am 18. November betonte.

Eisenhower war über die ganze Berlingeschichte gar nicht glücklich; er erinnerte an die Zeit der Berlinregelung 1944/45 und bedauerte, dass man sich überhaupt so stark in Berlin engagiert habe. Im Grunde sei die westliche Position dort genauso „unhaltbar“ wie in Quemoy und Matsu (den Taiwan vorgelagerten Inseln); da die Dinge aber nun einmal so seien, wie sie eben seien, müsse man jetzt da durch und „fest“ bleiben, allerdings müssten Briten, Franzosen und Deutsche mitmachen.[20] War die „Agententheorie“ nicht vielleicht doch die bessere Lösung? Dulles hatte diese Idee jedenfalls noch nicht aufgegeben. In einer Pressekonferenz am 26. November griff er sie wieder auf. Auf die Frage eines Journalisten, ob die Westmächte DDR-Vertreter als „Beauftragte der Sowjetunion“ an den Kontrollpunkten akzeptieren würden, antwortete er: „Ja, vielleicht“ („We might, yes“), und erläuterte dies dann so, wie er es schon gegenüber Grewe getan hatte. Auf die weitere Frage, ob dies die gemeinsame Position der drei Westmächte und der Bundesregierung sei, antwortete er, man sei sich einig, dass man die „Agententheorie“ akzeptieren „*könnte*“ („I think that it is agreed between us that we *might*“).[21]

Die Reaktionen in Bonn und Berlin blieben nicht aus, wie David Bruce in Bonn zu Recht befürchtet hatte. Bruce war im Übrigen höchst unzufrieden mit dieser Art amerikanischer Diplomatie.[22] Willy Brandt (SPD), der Regierende Bürgermeister von Berlin, war „schockiert und entsetzt“ über diese „unverständliche“ Position; die Stimmung in der westdeutschen Presse reichte von „nicht zu glauben“ bis „Entsetzen und direkter Verärgerung“.[23] Nach Meinung von US-Senator Bourke B. Hickenlooper, der am 27. November in Berlin eingetroffen war, war man in Berlin und Westdeutschland „alarmiert und konsterniert“; und er warnte, die „Agententheorie“ zeige bereits katastrophale Auswirkungen auf das deutsch-amerikanische Verhältnis.[24] Das State Department beeilte sich denn auch, Bruce eine Art „Sprachregelung“ zu übermitteln, mit der die Wogen in Bonn geglättet werden sollten, was allerdings nur ansatzweise gelang.[25]

2. London: Atomkrieg oder Anerkennung der DDR?

In Bonn lagen zu diesem Zeitpunkt die Nerven bereits ziemlich blank. Der beste Verbündete verfolgte „merkwürdige“ Ideen; darüber war man besorgt. Über einen anderen Verbündeten war man geradezu entsetzt: Großbritannien.

Der öffentliche Protest Londons nach der Rede Chruschtschows vom 10. November war zwar schärfer als jener in Paris und Washington ausgefallen, wohl in erster Linie, um den deutschen Bündnispartner zu beruhigen, intern dachte man allerdings völlig anders. Das wird nirgends so deutlich wie in einem geheimen Strategiepapier des Foreign Office, das am 14. November vorlag und der Botschaft in Washington am nächsten Tag übermittelt wurde. In diesem Papier ging es zunächst um eine Analyse der Motive Chruschtschows. Chruschtschow sei davon überzeugt, so hieß es da, dass es noch nicht zu spät sei, die Amerikaner von ihrer Absicht abzubringen, die Bundeswehr mit Atomwaffen auszurüsten. Er hoffe vielleicht,

> „dass er durch die Schaffung einer Krisenstimmung und des Bewusstseins einer Gefahr für Berlin im Westen ein Meinungsklima schaffen kann, das sich günstig auf die Beratungen der Regierungen über die Zukunft Deutschlands auswirken wird. Das schließt auch – und daran besteht kein Zweifel – die neue Version des Rapacki-Planes ein."

Mit anderen Worten: Die am Rapacki-Plan beteiligten Länder, deren Armeen noch nicht mit Atomwaffen ausgestattet waren, würden auch in Zukunft keine bekommen. (Der polnische Außenminister Adam Rapacki hatte am 2. Oktober 1957 einen ersten Plan zur Schaffung einer kernwaffenfreien Zone in Mitteleuropa – Polen und die beiden deutschen Staaten – vorgelegt und am 4. Februar 1958 die neue Version präsentiert: Jetzt sollte auch die Tschechoslowakei dazugehören.)

Als weiteres Motiv wurde der Versuch genannt, die DDR als unabhängigen Staat aufzubauen und den Westen zur Anerkennung zu zwingen, „um das Imperium der Satellitenstaaten zu konsolidieren und vor allem Polen auf den Status quo festzunageln". Im Foreign Office ging man davon aus, dass Chruschtschow das, was er angekündigt hatte, auch tun werde, d. h. der DDR die Rechte übertragen werde, die die Sowjets in Berlin besaßen und ausübten, und dass man ihn daran nicht hindern könne. Die „Hauptfrage" sei daher, zu entscheiden, „wie sollen wir reagieren, wenn er das tut?" Man könne, wie ja bereits geschehen, öffentlich sagen, dass die sowjetische Regierung ihre Verantwortlichkeiten nicht einseitig aufkündigen könne, da sie kein Recht dazu habe, „doch Tatsache ist, dass sie genau dies jederzeit tun kann".

Was also sollte man tun? Die Briten standen noch zu der auch öffentlich zitierten Erklärung vom Oktober 1954, d. h. bevor Berlin ausgehungert würde, würde man militärische Gewalt anwenden, um das zu verhindern, „mit allen Risiken, die damit verbunden sind". Alles andere wurde als „unheilvoll und unehrenhaft" für Großbritannien bezeichnet. Allerdings: Würden die Sowjets ihre angekündigten Maßnahmen durchführen, würde es nicht um diese Fragen gehen, sondern darum, „ob wir einverstanden sind, praktische Fragen des Transports und der Verbindungswege mit Vertretern der DDR zu regeln“, wie man das bislang mit sowjetischen Vertretern getan habe. Man könne das ablehnen und eine „kleine Luftbrücke“ zur Versorgung der Garnisonen einrichten; der nächste Schritt der anderen Seite würde dann die Sperrung des Zivilverkehrs sein, d. h. eine neue Blockade Westberlins. Im Foreign Office ging man davon aus, dass der Westen nicht in der Lage war, Berlin länger als ein Jahr mithilfe einer Luftbrücke zu sichern, und von daher sah man „nur die Wahl zwischen Verhandlungen mit den DDR-Behörden und Gewaltanwendung“, wobei es „eindeutig in unserem Interesse (liegt), die erste Alternative zu wählen“.

Chruschtschow habe sich wahrscheinlich ausgerechnet, dass der Westen im Fall einer solchen Wahl es vorziehen würde, die DDR anzuerkennen. Dazu das Foreign Office:

> „Was das Vereinigte Königreich angeht, hat er wohl recht. Er versucht nicht, uns mit Gewalt aus Berlin hinauszuwerfen; er wird dies nicht tun, weil er weiß, dass Gewalt mit Gewalt beantwortet werden wird. Aber er treibt uns in eine Situation, in der wir zwischen der möglichen Anwendung von Gewalt und der Anerkennung der DDR wählen müssen, eine Wahl, für die, wie er wohl weiß, im Westen niemand einen Krieg riskieren will.“

Aus britischer Sicht hatte der Westen demnach die Wahl zwischen folgenden Alternativen:

„(a) Rückzug aus Berlin;
(b) Anwendung von Gewalt;
(c) Verbleib in Berlin, wobei wir mit der DDR verhandeln und, falls dies notwendig sein sollte, sie auch anerkennen“,

wobei für London „klar“ war, „dass der Kurs (a) nicht infrage kommt, und dass Kurs (c) auf jeden Fall dem Kurs (b) vorzuziehen ist“.[26] Dieses Memorandum sollte als Telegramm an die britische Botschaft Washington geschickt werden.

Am Abend des 14. November wurde Außenminister Selwyn Lloyd der Entwurf dieses Telegramms zur Genehmigung vorgelegt. Er erklärte sich ausdrücklich einverstanden mit den drei genannten Alternativen und den Antworten darauf. Demnach kam Kurs (a) auch für ihn nicht infrage; Kurs (c) – Verhandlungen mit den DDR-Behörden auf Basis einer De-facto-Anerkennung – war aus seiner Sicht eine „vernünftige Sache“, wobei er noch einen vielsagenden Satz hinzufügte, nämlich:

„Ich hätte nicht viel dagegen, wenn am Ende dieser Verhandlungen die Anerkennung der DDR-Regierung stünde.“ („I would not much mind if it ended up with the recognition of the DDR Government.“)

Aber es kam noch schlimmer. Lloyd ging auch auf die mögliche Luftbrücke ein („für ein Jahr, d. h. in der Praxis unbegrenzt“). Er sah überhaupt nicht ein, dass die Westmächte das finanzieren sollten:

> „Es gibt jetzt ein unabhängiges und reiches Westdeutschland. Die Hauptverantwortung für die Versorgung der Westberliner Bevölkerung liegt bei den Deutschen selbst. Sie sind es, die gegen eine Anerkennung der DDR sind. Wenn sie das mit dieser kostspieligen Operation verhindern wollen, warum sollen sie dann nicht auch dafür zahlen?“ [Das war genau die Position, die Premierminister Harold Macmillan noch fast zwei Jahre später einnahm, s. u., S. 197]

Lloyd war sich im Klaren darüber, dass dies eine „delikate“ Angelegenheit war, die man den Westdeutschen „schonend“ beibringen müsse – „genauso wie den USA und Frankreich.[27] Als ersten Schritt dieser Verhandlungen mit der DDR beabsichtigten die Briten, einen DDR-Vertreter in die Berliner Luftsicherheitszentrale aufzunehmen.

Mit diesem Memorandum wollten die Briten die Initiative in der Berlinfrage übernehmen. Sie gingen dabei von – aus ihrer Sicht – ganz pragmatischen Überlegungen aus. Eine Anerkennung der DDR würde so oder so kommen. Warum also nicht diesen Schritt frühzeitig tun und es erst gar nicht zu einer Konfrontation mit den Sowjets kommen lassen? „Wenn man weiß, was man zu tun hat, kann man es in Würde tun“ („if you know where you are going you can do it gracefully“)[28], wie der britische Botschafter in Washington formulierte. Das britische Volk, so ein Vertreter des Foreign Office gegenüber dem amerikanischen Botschafter in London, John Whitney, werde „niemals“ wegen einer Anerkennung der DDR in den Krieg ziehen. Im Übrigen sei man sich auch über die Haltung der Bundesregierung in dieser Frage nicht so sicher; Bonn werde auch kein Kriegsrisiko eingehen, falls die Westdeutschen nicht bereit seien, entsprechende Opfer zu bringen, und außerdem – und das entsprach der Grundhaltung Londons – sei die Bundesrepublik ein unsicherer Verbündeter, „unzuverlässig“ und „nicht kooperativ".[29] Wenn man am Ende nur aufgrund der Anerkennung der DDR in Berlin bleiben könne, dann, so der britische Botschafter in Moskau, Patrick Reilly,

> „sollten wir die Sache jetzt beherzt anpacken und Verhandlungen über die deutsche Frage insgesamt, unter Beteiligung der DDR, vorschlagen. Falls die Bundesregierung zögert, warum sollten wir päpstlicher als der Papst sein?"[30]

In Washington und Paris war man mehr als überrascht über das britische Memorandum, in Bonn geradezu entsetzt. Die Reaktion war entsprechend: „Unsere Verbündeten haben uns völlig niedergemacht" („came down on us like a ton of bricks"), wie die Briten das später selbst formulierten.[31] Adenauer hatte den Briten nie hundertprozentig getraut, jetzt war sein Misstrauen – berechtigterweise – grenzenlos und bestimmte in der Folgezeit in mehrfacher Hinsicht seine Politik.

Wenn ein Motiv für den Vorstoß Chruschtschows dessen Besorgnis über die Ausrüstung der Bundeswehr mit Atomwaffen war, dann hatte er im britischen Premierminister einen Verbündeten. Macmillan trieb die gleiche Sorge um; er misstraute den Deutschen, die für ihn auch noch „reich und selbstsüchtig" waren, zutiefst.[32] Das wird u. a. in einer Aufzeichnung deutlich, die er am 18. November an Lloyd schickte. Sie ist nicht freigegeben; es finden sich aber Auszüge in Macmillans Memoiren, die schon Hans-Peter Schwarz zitiert. Da heißt es u. a.

> „Doch hinter all dem steht ein Gefühl, dass die Deutschen eine ziemlich ambivalente Politik betreiben. Niemand weiß zurzeit, wie viele Ex-Nazis tatsächlich in der Armee, der öffentlichen Verwaltung oder im Gerichtswesen tätig sind. Das Wiederaufleben von Krupp ist hierzulande nicht sehr populär."[33]

Für die US-Botschaft in Bonn war das britische Memorandum „defätistisch"; es gehe von der Annahme aus, dass der Westen den Sowjets in Berlin nichts entgegensetzen könne, eine Annahme, die die Botschaft nicht teilte, „solange die Sowjets keinen Krieg führen wollen".[34] Ähnlich sahen es auch US-Botschafter Whitney in London und der engste Berater von Außenminister Dulles, Assistant Secretary of State Livingston T. Merchant („needlessly defeatist"). Dieser Ansicht schloss sich auch der französische Außenminister Maurice Couve de Murville an – „zu viel zu schnell" –, nachdem er zunächst allerdings der Meinung gewesen war, es sei ein „vernünftiges" Papier, und es sei „unrealistisch", weiter darauf zu bestehen, dass die DDR nicht existiere. Er ließ sich dann von den Amerikanern und der Dreimächte-Arbeitsgruppe in Paris überzeugen, die entsetzt war über die „Schwäche" des Memorandums und über den britischen Pessimismus hinsichtlich der Luftbrücke.[35] Der Generalsekretär des Quai d'Orsay, Louis Joxe, machte gegenüber US-Assistant Secretary of State Christian Herter klar, dass die Briten mit dieser Haltung die westliche Position „kompromittierten".[36]

Die entscheidende Frage war, ob Macmillan und Selwyn Lloyd hinter diesem Memorandum standen. Lloyd hatte offensichtlich nicht mit einer so ablehnenden Reaktion gerechnet; er befürchtete jetzt, dass das Foreign Office zu früh losgeprescht war („had loosed off a premature rocket") und betrieb schon einen Tag nach Übergabe des Memorandums Schadensbegrenzung. Nach einem Dinner in Gray's Inn fragte Botschafter Whitney ihn, ob man jetzt in der Berlinfrage verschiedene Wege gehe. Damit hatte er offensichtlich einen empfindlichen Nerv getroffen. Lloyd lud Whitney zu sich nach Hause ein, wo er versuchte, die Dinge so darzustellen, als ob er das ganze Memorandum, bevor es nach Washington geschickt worden sei, nicht gesehen und im Übrigen auch nicht ausdrücklich genehmigt habe. Dies war eine glatte Lüge. Für Whitney war klar, dass das Memorandum „eine ganze Menge seiner [Lloyds] Gedanken enthält". Lloyd bat Whitney, Washington „sofort" von diesem Gespräch zu informieren; man vereinbarte dann eine weitere Unterredung für den nächsten Tag. Hier betonte Lloyd, London müsse mit Washington „auf derselben Wellenlänge" bleiben; das Memorandum sei nur als „Stimulans" für eine Diskussion gedacht. Man befinde sich jedenfalls nicht auf einer „abschüssigen Bahn" mit Blick auf De-facto-Arrangements mit der DDR. Das Ende der Bahn werde mit der Anerkennung der DDR erreicht sein; allerdings gebe es keinen Grund, dass das zur Aufgabe Berlins durch die Westmächte führen müsse. Lloyd akzeptierte dann allerdings das Argument, dass das *nicht* das Ende der Bahn sein müsse, dass es vielmehr bedeuten würde, dass der Westen seine Politik der Nichtanerkennung der Teilung Deutschlands damit aufgebe, und dass alles davon abhänge, ob die Bundesregierung das akzeptieren würde. Würden die Westdeutschen mit den Ostdeutschen irgendwelche Arrangements treffen statt die Last einer Berlinblockade zu tragen und würde dies zur Anerkennung der DDR durch Bonn führen, hätten die Briten nichts dagegen und würden, so Lloyd, „nicht päpstlicher als der Papst" sein. Es hänge alles davon ab, was die Westdeutschen wollten. Lloyd versuchte dabei, den Eindruck zu verwischen, dass in diesem Memorandum die Anerkennung der DDR geradezu begrüßt worden war. Er hoffte, dass man in Bonn nicht diesen Eindruck bekomme.

Botschafter Whitney unterrichtete sofort das State Department von diesem Gespräch[37], während Lloyd die britischen Vertretungen in Washington, Paris, Moskau und Bonn informierte. Seine größte Sorge war, dass die Deutschen „Wind“ von der Sache bekämen und ihnen der volle Wortlaut des Memorandums mitgeteilt würde. Die Amerikaner könne man leicht davon überzeugen, dass man nicht gemeint habe, was man geschrieben hatte, es würde aber sehr viel komplizierter, wenn Adenauer erst einmal den Verdacht hätte, „dass wir dabei sind, ihn zu verraten“. („We were preparing in some way to sell him down the river.“) Es sollten daher in Bonn nur Teile des Memorandums mitgeteilt werden.[38]

Lloyds Hoffnung und Vorsichtsmaßnahmen waren vergebens. Selbst Teile des britischen Memorandums machten einen verheerenden Eindruck in Bonn, der noch verstärkt wurde durch die Art und Weise, wie Außenminister von Brentano davon erfuhr. Es geschah eher beiläufig während eines Gesprächs am Vormittag des 20. November, in dem er die Vertreter der drei Westmächte über die Unterredung Smirnow-Adenauer informierte und noch einmal die Bonner Sicht der Dinge darlegte: dass die Sowjets in Berlin nicht zu brutalen Mitteln greifen würden wie 1948, sondern langsam, Schritt für Schritt, die Westmächte zu Verhandlungen mit der DDR zwingen würden und dass Berlin daher zum „Testfall“ für die westliche Politik werde. Das erste Gespräch mit der DDR bedeute das Ende dieser Politik; schon jede Bereitschaft dazu bedeute eine Kapitulation gegenüber den Sowjets und würde von der Weltöffentlichkeit auch so gesehen werden.

In diesem Moment überreichte Botschafter Christopher Steel eine Kopie des britischen Memorandums. Brentano las es sorgfältig; seine Gesichtszüge veränderten sich während der Lektüre, er war „angewidert“ („visibly disgusted“, „visibly found it most distasteful“). Die Situation war mehr als peinlich. US-Botschaftsrat William Trimble versuchte, die Bedeutung des Papiers herunterzuspielen; er habe bereits eine Zusammenfassung gesehen und sei mit verschiedenen Punkten nicht einverstanden. Noch ungewöhnlicher war Steels Reaktion: Das Memorandum sei nur als Diskussionsgrundlage gedacht. Brentano fing sich wieder. Als Beweis, wie stark Bonn beim Thema Berlin engagiert sei, wies er auf den von Bundestagspräsident Eugen Gerstenmaier vor der CDU-Bundestagsfraktion gemachten Vorschlag hin, bei entsprechenden sowjetischen Maßnahmen in Berlin die diplomatischen Beziehungen zur Sowjetunion abzubrechen. Er teilte dann mit, dass er die deutschen Botschafter in Washington, London und Paris zu Konsultationen nach Bonn beordert habe; sollte etwas in Berlin „passieren", werde er ein sofortiges Treffen der drei westlichen Außenminister mit ihm in London, Paris oder Washington vorschlagen. Zum Abschluss des Gesprächs betonte er noch einmal, dass jedes Zugeständnis an die DDR „sehr gefährlich" sei; Berlin sei ein „Testfall" und jedes Zeichen von Schwäche führe am Ende zu einer Katastrophe für den Westen.[39]

Brentano berichtete sofort Adenauer von diesem Gespräch, der noch am selben Tag Briefe an Dulles, Macmillan und de Gaulle schrieb. Gegenüber Dulles beschwor Adenauer die Einheit und Stärke der freien Welt und dass man in Berlin den Anfängen wehren müsse. Würde man auch nur *ein* Zugeständnis machen, seien die politischen, wirtschaftlichen und insbesondere psychologischen Auswirkungen nicht nur in Berlin und Deutschland unberechenbar, sondern auch in anderen Staaten. Auch in jenen der Atlantischen Gemeinschaft würde der Eindruck erweckt, dass dies nicht das einzige Zugeständnis bleibe:

> „In der historischen, weltweiten Auseinandersetzung zwischen dem Kommunismus und der freien Welt würde die Sowjetunion damit problemlos die erste und vielleicht entscheidende Schlacht gewonnen haben."[40]

Gegenüber Macmillan sprach er von einer „sehr ernsten" Lage und bat ausgerechnet den britischen Premierminister, den Kreml auf die verhängnisvollen Konsequenzen der sowjetischen Politik hinzuweisen. Man dürfe nichts unversucht lassen, was die Sowjetunion möglicherweise in letzter Minute davon abhalten könne, „einen Stein ins Rollen zu bringen, der eine verheerende Lawine auslösen kann".[41] Das britische Memorandum erwähnte er mit keinem Wort. In einem ergänzenden Memorandum für Macmillan warnte er allerdings vor den „Folgen der Hinnahme eines sowjetischen Rechtsbruches". Ein solcher Rechtsbruch würde „schwerste politische Gefahren heraufbeschwören". Zwar sollte die Lage nicht unnötig dramatisiert werden,

> „doch würde die Bundesregierung ein Nachgeben auf westlicher Seite für verhängnisvoll halten. Insbesondere muss die Bundesregierung vor der Aufnahme von Verhandlungen mit dem Sowjetzonen-Regime war-

nen. Alle Erfahrungen sprechen dafür, dass mit solchen Verhandlungen oder auch nur mit einer Hinnahme einer Kontrolle des Berlin-Verkehrs durch sowjetzonale Behörden lediglich für den Augenblick eine Scheinlösung gefunden wird. Es ist zwar durchaus möglich, dass die Sowjetregierung und das Sowjetzonen-Regime sich in der ersten Zeit korrekt verhalten, mit Sicherheit jedoch wird ein Nachgeben auf lange Sicht weitere Forderungen und sowjetzonale Erpressungen nach sich ziehen. Es ist daher die feste Überzeugung der Bundesregierung, dass der Westen sich schon mit kleinen Konzessionen auf einen Weg begeben würde, der schließlich zu einer Anerkennung des Sowjetzonen-Regimes und zur Preisgabe Berlins führen würde. Die Bundesregierung sieht nur in einer entschlossenen Reaktion des Westens die Möglichkeit, eine Krise ohne schweren Prestigeverlust zu überwinden."

Warnend wies er dann darauf hin, dass sich die ernsten politischen Folgen der Hinnahme eines sowjetischen Rechtsbruches nicht nur auf Berlin und die Bundesrepublik beziehen würden, sondern

„wenn die Westmächte den Bruch eines Vertrages an einem Brennpunkt des Kalten Krieges hinnehmen und sich überdies die Bedingungen für eine ‚Ersatzlösung' diktieren lassen – und das würden sie tun, wenn sie Verhandlungen mit Pankow aufnehmen –, könnte nur eine Erschütterung des Vertrauens der gesamten freien Welt in die Abwehrbereitschaft der führenden westlichen Staaten die Folge sein. Besonders unter den Völkern der NATO-Staaten wird sich dann unabweisbar die Frage nach dem Wert dieses Bündnisses erheben. Damit erhält der Fall Berlin eine entscheidende Bedeutung für die gesamte freie Welt."[42]

Im Foreign Office war man nicht sonderlich beeindruckt von diesem Memorandum. „Kein besonders konstruktiver Beitrag", meinte Arthur Rumbold, einer der höchsten Beamten dort, „aber er macht zumindest klar, wie die Deutschen über die Sache denken."[43]

Am 21. November traf Brentano mit Bruce zusammen und setzte im gleichen Stil wie Adenauers Schreiben an Macmillan fort. Er beschwor den amerikanischen Botschafter, dass, würde der Westen nicht beim ersten sowjetischen Schritt „mit äußerster Entschlossenheit und Härte" reagieren, eine Lawine losgetreten würde, die nichts mehr aufhalten könne, mit katastrophalen Auswirkungen für Europa und die freie Welt: „Der Westen wird dann ohne Blutvergießen die erste Schlacht des Dritten Weltkrieges verloren haben."

Er ging dann noch einmal auf das britische Memorandum ein: Er sei „konsterniert" gewesen, vor allen Dingen wegen der drei Alternativen am Schluss mit der implizierten Anerkennung der DDR. Die Verfasser dieses Memorandums hätten absolut keine Ahnung („grossly ignorant") von den Folgen und Konsequenzen einer solchen Politik.[44]

Nach Meinung von Bruce hatten die Briten mit ihrer Aktion in Bonn einen „schweren taktischen Fehler" begangen, der, zusammen mit der „Agententheorie", das Vertrauen der Bonner Regierung in die Entschlossenheit der Westmächte, Berlin um jeden Preis, notfalls auch mit Gewalt zu verteidigen, erschüttert hatte. Er selbst war davon überzeugt, dass der Westen die sowjetische Herausforderung annehmen und jeden Kompromiss ablehnen musste.[45] Er wollte am Schluss von Brentano wissen, wie er die Reaktion der Westdeutschen bei amerikanischen Maßnahmen, die möglicherweise zum Krieg führen würden, einschätze. Dessen Antwort kam ohne Zögern: „Die übergroße Mehrheit der Deutschen betrachtet Berlin als Testfall."[46]

Am selben Tag fiel in Washington eine Grundsatzentscheidung. Das britische Memorandum, d. h. Anerkennung der DDR, wurde abgelehnt, und zwar aus folgenden Gründen:

1. Mit einer Anerkennung würde das Problem nur kurzfristig gelöst, bis man wieder vor die Alternative gestellt werde, militärische Gewalt anzuwenden oder weiter nachzugeben.
2. Gleichzeitig habe man aber den deutsch-alliierten Beziehungen und dem Ansehen der Alliierten in der Welt schweren Schaden zugefügt.
3. Die Beziehungen der Sowjetunion zu ihren Satellitenstaaten würden sich grundlegend verändern, mit unschätzbarem Vorteil für die Sowjets und entsprechendem Nachteil für den Westen.
4. Während der Westen von einigen sicher dafür gelobt würde, eine realistische Position eingenommen und Gewaltanwendung – mit all den Konsequenzen im Atomzeitalter – vermieden zu haben, würde dem Vertrauen, „das die Verbündeten und die übrige freie Welt in uns haben, dass wir nämlich Drohungen nicht nachgeben, ein schwerer Schlag zugefügt".
5. Das Ziel einer Wiedervereinigung nach westlichen Vorstellungen würde man damit aufgeben.
6. Die Sowjets würden ihre These bestätigt finden, dass die Wiedervereinigung Sache der beiden deutschen Staaten sei, die souverän und gleichberechtigt darüber miteinander verhandeln könnten.[47]

Drei Tage später versicherte Dulles Adenauer der Solidarität der USA. Niemand werde den Eindruck erhalten, dass es der westlichen Politik an Stärke und Verlässlichkeit mangle.[48]

Inzwischen waren die Militärs an dem Punkt, wo sie diese Entschlossenheit und Stärke auch demonstrieren wollten. Nach Meinung Norstads mussten die Sowjets sofort darüber informiert werden, dass man sich nicht mit der DDR abgeben werde und dass man, falls notwendig, zur Aufrechterhaltung der eigenen Rechte Gewalt anwenden werde; gleichzeitig sollte eine Viermächtekonferenz über Deutschland – und nicht allein über Berlin – vorgeschlagen werden. Klar war dabei, dass Engländer und Franzosen ebenfalls eine eindeutige Position beziehen mussten. In einem Satz fasste Norstad zusammen, worum es ging:

> „Wenn wir nicht wollen, dass wir uns jetzt auf einen erniedrigenden Weg begeben, auf dem wir der DDR Schritt für Schritt nachgeben müssen, dann müssen wir jetzt klarmachen, was Sache ist, und die Russen müssen erkennen, dass wir notfalls Gewalt anwenden werden, um unsere Position zu halten."[49]

Auch das offizielle Washington zeigte Wirkung; jeder sei „aufgeregt" („stirred up"), wie Dulles es gegenüber Eisenhower formulierte; die Vereinigten Stabschefs wollten schnell und entschlossen handeln, „und Norstad will, dass wir uns den Weg [nach Berlin] freikämpfen".[50]

Die Briten dachten völlig anders – und blieben ziemlich unbeeindruckt von der verheerenden Wirkung, die das Memorandum des Foreign Office auf die Verbündeten gehabt hatte. Das wird deutlich in einer am 27. November fertig gestellten Kabinettsvorlage des Foreign Office – von der Ministerrunde am 18. November angefordert –, die dann allerdings von den Ereignissen, d. h. der sowjetischen Note vom selben Tag, überholt und daher nicht mehr im Kabinett diskutiert wurde.

Die Ziele der Sowjets wurden in einer Begleitnote zu dieser Kabinettsvorlage folgendermaßen formuliert:

1. langfristig: die Bundesrepublik zum Austritt aus der NATO zu bewegen und damit das Bündnis zu zerstören;
2. kurzfristig: Anerkennung der DDR durch die Westmächte; sollte es dazu kommen, würde damit a) das Vertrauen der Bundesregierung in den Westen untergraben, b) die Teilung Europas verschärft, und es würde c) am Ende zu Verhandlungen zwischen BRD und DDR kom-

men, möglicherweise als Schritt auf dem Weg zu einem wiedervereinigten, neutralen Deutschland.

Die Westmächte wurden in dieser Note in diesem Zusammenhang als „Gefangene“ der Bonner Politik bezeichnet. Die mögliche Annahme der Sowjets, wonach eine Anerkennung der DDR durch die Westmächte zum Austritt der BRD aus der NATO führen würde, wurde nur insofern als richtig beurteilt, als dass Bonn diesen Schritt der Westmächte als „Verrat“ betrachten würde. Wie also sollte man verfahren? Die Briten sahen keinen Grund, die DDR nicht zumindest de facto anzuerkennen, wenn es letztlich – so ihre Sichtweise der Dinge – doch dazu kommen würde und nicht gleichzeitig an der Theorie festzuhalten, dass die BRD allein für Deutschland spreche und eine Wiedervereinigung nur auf der Grundlage freier Wahlen stattfinden könne. Jeder Schritt mit Blick auf Berlin sollte daher nur mit Blick auf mögliche Reaktionen in Bonn gemacht werden; wobei allerdings die Sowjets das Tempo bestimmten.

In London ging man davon aus, dass der Kreml „sehr vorsichtig und überlegt“ vorgehen und nicht etwa auf einen Schlag alle Verbindungswege nach Berlin unterbrechen würde. Die Briten rechneten damit, dass die Sowjets der DDR als erstes die Kontrolle des alliierten Verkehrs nach Berlin übertragen würden. Aus britischer Sicht hatten die Westalliierten dann drei Möglichkeiten: 1. dies zu akzeptieren, 2. es abzulehnen und eine Luftbrücke zur Versorgung der westlichen Garnisonen einzurichten, und 3. militärische Gewalt anzuwenden.

Die dritte Möglichkeit kam für London auch jetzt nicht infrage und wurde sofort ausgeschlossen, da die Russen dies mit Sicherheit als Angriff auf den Warschauer Pakt und somit als Auftakt zum Krieg betrachten würden. Die zweite Möglichkeit stellte kein Problem dar, die erste erst recht nicht – falls die Bundesregierung zustimmen würde, wovon nicht auszugehen war. Würde man aber ohne deren Zustimmung handeln, würde das – und darüber war man sich auch im Klaren – „die Grundlage unserer Beziehungen zur Bundesregierung zerstören“.

Würden die Russen den ersten Schritt „in den nächsten Tagen“ tun, blieb also nur die Luftbrücke, in deren Verlauf man Zeit genug habe, Amerikaner und Franzosen davon zu überzeugen, dass die De-facto-Anerkennung der DDR am vernünftigsten war, vor allem mit Blick auf die erwarteten nächsten Schritte der Sowjets, nämlich Blockade des Zivilverkehrs nach Berlin wie im Jahre 1948. Dann hatte man wieder zwei Möglichkeiten: 1. die Kontrolle durch die DDR zu akzeptieren oder 2. wie 1948 eine großangelegte Luftbrücke aufzubauen, wobei die zweite Möglichkeit sogleich ausgeschlossen wurde; eine solche Luftbrücke sei auf Dauer nicht mehr durchführbar. Blieb als allgemeine Schlussfolgerung:

> „Wir müssen alles in unserer Macht Stehende tun, um unseren Verbündeten die Fakten vor Augen zu führen und sie davon zu überzeugen, dass es letztlich besser ist, die DDR de facto anzuerkennen als eine großangelegte Luftbrücke zu organisieren oder militärische Gewalt anzuwenden."

Die Taktik war demnach klar. Man müsse

> „am Anfang genauso entschlossen reagieren, wie unsere Verbündeten das von uns erwarten [...], und darauf hoffen, sie langfristig davon zu überzeugen, dass die De-facto-Anerkennung der DDR der bessere Weg ist und sie ihre Haltung ändern."[51]

Inzwischen wartete man auf das von Chruschtschow angekündigte sowjetische Memorandum. Die Verzögerung führte zu allen möglichen Spekulationen auf westlicher Seite. Der britische Botschafter in Moskau, Patrick Reilly, vermutete, dass sich die Sowjets über die Implikationen ihrer Politik nicht völlig im Klaren seien, Chruschtschow aber in jedem Fall entschieden habe, nur mit „ungewöhnlicher Vorsicht" vorzugehen.[52] Der deutsche Botschafter in Moskau, Kroll, berichtete, Chruschtschow habe Schwierigkeiten mit dem Präsidium des Obersten Sowjet gehabt; das am 27. November überreichte Memorandum sei die dritte Version gewesen.[53] Gegenüber US-Senator Hubert Humphrey betonte Chruschtschow später, er habe den größten Teil der Note selbst entworfen, was Humphrey auch glaubte, nachdem Chruschtschow längere Passagen auswendig zitiert hatte.[54]

3. Das sowjetische Ultimatum vom 27. November

Am 27. November überreichte die sowjetische Regierung den drei Westmächten eine gleichlautende umfangreiche Note. „Zwei Drittel historischer Schwachsinn", wie Arthur Rumbold das im Foreign Office nannte; das verbleibende Drittel hatte es allerdings in sich. Die Sowjets forderten die „Umwandlung Westberlins in eine selbständige politische Einheit –

eine Freie Stadt", die entmilitarisiert sein müsse und „in deren Leben sich kein Staat, auch keiner der beiden bestehenden deutschen Staaten", einmischen dürfe. Obwohl diese Stadt „auf dem Gebiet der DDR" liege, sollte die Bevölkerung das Recht erhalten, „bei sich die Gesellschaftsordnung einzuführen, die sie selbst wünscht". Für die Klärung der mit diesem Vorschlag verbundenen Fragen setzten die Sowjets eine Frist: sechs Monate. Während dieser Zeit wollten sie keine Änderung am bestehenden Zustand vornehmen. Dann aber kam die Drohung:

> „Sollte die genannte Frist nicht zur Erreichung einer entsprechenden Übereinkunft genutzt werden, so wird die Sowjetunion durch ein Abkommen mit der DDR die geplanten Maßnahmen verwirklichen. Dabei ist daran gedacht, dass die Deutsche Demokratische Republik, wie auch jeder andere selbständige Staat, in vollem Umfange für die ihr Gebiet angehenden Fragen zuständig sein muss, dass heißt, dass sie ihre Souveränität zu Lande, zu Wasser und in der Luft ausüben muss."[55]

Für Dulles war die Note „bösartig" und „inakzeptabel"[56]: „Wer gibt den Russen das Recht dazu?" fragte er Livingston Merchant. „Wie sollen wir mit solchen Leuten zusammenleben („coexist"), die so handeln?"[57] Im Quai d'Orsay hielt man die Note ebenfalls für „sehr schlecht" und fand „nichts Gutes" darin.[58] Wenn man genauer hinsah, konnte man möglicherweise etwas Positives entdecken, und zwar in dem Sinne, dass Chruschtschow nicht nur den Westen, sondern auch sich selbst unter extremen Druck gesetzt hatte. Beide mussten bis zum 27. Mai in irgendeiner Weise Farbe bekennen. „Was tun wir am 27. Mai?" Das war nach Meinung des Foreign Office von nun an „die wichtigste Frage, von deren Beantwortung alle anderen Fragen abhängen".[59] Die Sowjets hatten dem Westen mit ihrer Note eine „Gnadenfrist" gewährt, wie Steel das auf sechs Monate befristete Ultimatum nannte.[60]

Was wollte Chruschtschow? Und war er bereit, dafür Krieg zu führen? Nach eigener Aussage steckte ihm Westberlin „wie ein Knochen im Hals", wie er gegenüber US-Senator Hubert Humphrey formulierte, mit dem er sich am 3. Dezember acht Stunden im Kreml unterhielt.[61] Möglicherweise würde Chruschtschow zum Krieg bereit sein, um sein Ziel zu erreichen; wahrscheinlicher war, dass er glaubte, dies ohne Krieg zu erreichen. George Morgan vom Politischen Planungsstab des State Department meinte, Chruschtschow habe die Krise aufgrund einer Fehlperzeption ausgelöst, und zwar in dem Sinne, dass er die Bedeutung Westberlins für den Westen nicht erkannt habe und nicht glaube, dass der Westen deswegen Krieg führen würde. Wie konnte man aus dem Dilemma heraus und zu einem Modus Vivendi kommen? Nach Meinung Morgans nicht durch irgendwelche Konferenzen, sondern nur durch „offene, direkte" Gespräche zwischen Eisenhower und Chruschtschow, dem „bis dato bei weitem zugänglichsten Sowjetführer". Und dann machte Morgan einen bemerkenswerten Vorschlag: Man sollte Chruschtschow einfach in die USA einladen.[62]

Wir wissen inzwischen, dass Chruschtschow nichts lieber gehabt hätte, aber bis dahin war noch ein weiter Weg. Zunächst wurde im Westen weiter über die Intentionen des Kremlchefs spekuliert. Nach Meinung Thompsons ging es Chruschtschow 1. kurzfristig darum, das Schlupfloch Westberlin für DDR-Flüchtlinge zu schließen (zu diesem Zeitpunkt täglich etwa 400 Flüchtlinge), und 2. langfristig um die Übernahme der Stadt durch die DDR. Den ersten Fall hatte Walter Ulbricht schon in einem Interview mit der „Daily Mail" angedeutet: Man werde die Sektorengrenze in eine Staatsgrenze verwandeln – und entsprechend absichern.[63] Willy Brandt hatte am 28. November auf dieses Interview hingewiesen und zwei Tage später wiederholt, den Sowjets gehe es wohl auch darum, den Flüchtlingsstrom zu stoppen; das könnten sie allerdings jetzt schon tun und würden von daher scharfe Kontrollmaßnahmen an den Sektorengrenzen einführen.[64]

Eisenhower lehnte in einer ersten Reaktion eine „Freie Stadt" Westberlin ab; wenn, dann könnte dies nur für ganz Berlin gelten.[65] Der britische Botschafter in Moskau, Reilly, sah keinen grundsätzlich neuen Ansatz in der sowjetischen Note, war allerdings beeindruckt von der ungewöhnlich gekonnten Art, wie darin die historischen Fakten verdreht worden waren. Nach sowjetischem Standard war es eine „ernst gemeinte und ehrenwerte" Note, für Reilly ein Zeichen dafür, dass die Sowjets eine erheblich geschicktere Taktik als bisher anwendeten, möglicherweise sogar zu größerem Risiko bereit sein würden – was allerdings von der Reaktion des Westens abhänge. „Wir müssen jedenfalls damit rechnen, dass demnächst sehr schwerer Druck auf Berlin ausgeübt wird, verbunden mit Drohungen und Nervenkrieg von Seiten der Sowjets."[66]

Nach einer ersten Analyse der Note sahen die Franzosen drei Möglichkeiten, auf die sowjetischen Vorschläge zu reagieren:

1. „ein kategorisches Nein"; das wurde abgelehnt, da die öffentliche Meinung das nicht akzeptieren würde;

2. dem sowjetischen Druck – „langsam oder schnell" – nachgeben; das wurde als „zweites München" bezeichnet;
3. neue Verhandlungen über die deutsche Frage insgesamt; das aber hieß, der Westen müsste neue Vorschläge vorlegen; mit den alten sei nichts mehr zu bewegen („dangereusement usées").

Als Ausgangspunkt für neue Vorschläge wurde an eine diplomatische Gegenoffensive in der Berlinfrage gedacht – allerdings nur nach Zustimmung der Bonner Regierung –, und zwar Durchführung freier Wahlen unter Aufsicht der UNO in *ganz* Berlin. Das mit diesem Vorschlag verbundene Risiko wurde als gering bezeichnet. Würden die Russen zustimmen – „höchst unwahrscheinlich" –, würde das Wahlergebnis zu einer großen moralischen Niederlage des Sowjetblocks werden und der Status von Groß-Berlin durch die Anwesenheit von UNO-Truppen gesichert. Würden die Russen ablehnen – „wahrscheinlich" –, würde man gegenüber der Weltmeinung gut dastehen, „mit Sicherheit besser, als wenn wir einfach auf dem jetzigen Status bestehen".[67] Die Möglichkeit eines Plebiszits in Westberlin oder ganz Berlin als diplomatische Grundlage wurde in jenen Tagen mehrfach diskutiert. Botschafter Reilly war für ein Plebiszit in Westberlin unter UNO-Aufsicht. Das Ergebnis war vorhersehbar – eine schwere Niederlage für die Sowjets. Um das zu verhindern, würden sie diesen westlichen Vorschlag ablehnen, unter Hinweis darauf – und im Gegensatz zu ihrer bisherigen Argumentation beim Thema „deutsche Frage" –, dass die Zukunft Berlins eine Angelegenheit der Vier Mächte und nicht der Deutschen sei. Darüber hinaus sei damit aber gleichzeitig auch die moralische Basis, mit der sie die Westmächte aus Berlin vertreiben wollten, zerstört.[68]

Anfang Dezember erfuhren österreichische und westdeutsche Diplomaten von sowjetischer Seite, dass die Sowjets angeblich zustimmen würden, *ganz* Berlin unter den Schutz der UNO zu stellen. Botschafter Kroll hatte gehört, dass das Präsidium des Obersten Sowjet diese Möglichkeit diskutiert, aber als einen „Schritt zurück" abgelehnt hatte. Für Thompson war dies alles nur reine Spekulation oder ein absichtlich in die Welt gesetztes Gerücht.

In einem Strategiepapier für die anstehende westliche Außenministerkonferenz in Paris griff Arthur Rumbold am 3. Dezember den Gedanken eines Deutschland-Statuts unter UNO-Schutz, d. h. mit UNO-Truppen in Berlin, möglichst ganz Berlin, auf – nach Annahme eines solchen Statuts durch die Bevölkerung. „Eine solche Lösung hätte den großen Vorteil, dass wir damit aus unserer misslichen Lage befreit wären" („get us off the hook"). Sie hatte nur einen Nachteil:

> „Die Bundesregierung und die öffentliche Meinung in Deutschland wird dies als Verrat ihrer Interessen und Beweis dafür sehen, dass wir nicht wirklich bereit sind, zu unseren öffentlich gemachten Zusagen zu stehen, notfalls wegen Westberlin zu kämpfen. Unglücklicherweise",

so Rumbold weiter,

> „können wir in dieser ganzen Angelegenheit bis zu einem gewissen Grad immer von den Deutschen erpresst werden. Solange wir nicht in jedem Punkt genauso unnachgiebig sind wie das Dr. Adenauer von uns erwartet, wird er uns immer wieder zu verstehen geben, dass für Westdeutschland die Gefahr besteht, neutralisiert zu werden."[69]

Die britische Mission in Berlin warnte vor den „erheblichen Gefahren" dieses Vorschlages. Die Westmächte würden in eine schwierige Situation geraten, wenn die Sowjets wider alle Erwartung einem Plebiszit in ganz Berlin zustimmen würden. Um ihr gegenwärtiges Los zu verbessern, würden die Ostberliner wahrscheinlich für die „Freie Stadt" votieren, einige Westberliner, aus Mitgefühl aufgrund verwandtschaftlicher Beziehungen etc., wohl auch. Es könnte also eine Mehrheit für die Errichtung der „Freien Stadt" stimmen; Ostberlin wäre dann frei, aber das Ganze sei ein Fall von *reculer pour mieux sauter*. Eine Abstimmung nur in Westberlin – selbst wenn die Russen sie ablehnten – würde den Sowjets ein anderes Argument in die Hand geben: Wenn die Westmächte bereit wären, das Ergebnis zu akzeptieren, würden die Sowjets argumentieren, dass die Westmächte ihre Siegerrechte aufgegeben hätten und damit das Viermächtesystem beendet sei – was im Übrigen auch für ein Plebiszit in *ganz* Berlin gelten würde. Es wurde daher davon abgeraten, diesen Gedanken weiter zu verfolgen.[70] Das geschah dann auch – bis ihn Adenauer im März 1960 bei seinem Besuch in Washington zur Überraschung seiner Gesprächspartner auf einer Pressekonferenz wieder hervorholte.

Im Westen zerbrach man sich inzwischen weiter den Kopf darüber, wie die sowjetische Note beantwortet werden sollte. Die Briten waren für ein Gesprächsangebot über die deutsche Frage als Ganzes – und nicht nur über Berlin –, allerdings mit neuen Elementen, z. B.

CONFIDENTIAL
~~SECRET~~

[redacted]

OCI NO. 5647/58

11 December 1958

CURRENT INTELLIGENCE WEEKLY SUMMARY

[redacted]

CENTRAL INTELLIGENCE AGENCY
OFFICE OF CURRENT INTELLIGENCE

CONFIDENTIAL
~~SECRET~~

[redacted]

Approved for Release
Date SEP 1993

(13)

Der amerikanische Geheimdienst CIA erstellt wöchentlich Berichte zur Berlinkrise. Hier Seite 3 (von 15) des Berichts vom 11.12.1958.

SE[redacted]ET

CURRENT INTELLIGENCE WEEKLY SUMMARY

11 December 1958

NR

[redacted]

PART III

PATTERNS AND PERSPECTIVES

NR

[redacted]

The Berlin issue has been brought forward at a time when Walter Ulbricht has completed the consolidation of his control of the East German party and government. He has purged his opponents and obtained the strong backing of Khrushchev; but his regime faces grave problems, and only sustained Soviet support will keep him in power. Control of access to West Berlin would solve two of East Germany's major problems--the exodus of refugees to the West and the influx of anti-Communist influences. [redacted]

SE[redacted]ET

vi

THE WEEK IN BRIEF

a) separate Wahlen in der BRD und der DDR unter UNO-Aufsicht und dann Bildung eines gesamtdeutschen Ausschusses entsprechend der Bevölkerungszahl, d. h. mit westdeutscher Mehrheit;
b) bei einer möglichen Wiedervereinigung völlige Entmilitarisierung Ostdeutschlands – falls die gesamtdeutsche Regierung sich für einen Verbleib Deutschlands in der NATO entscheiden würde;
c) Errichtung von Inspektionszonen;
d) mögliche Anerkennung der Oder-Neiße-Grenze.

Nur für den Fall, dass sich die Außenminister nicht einigen konnten, sollte Berlin im o. g. Sinne als Verhandlungsthema vorgeschlagen werden. Was aber, wenn es bei Ablauf des Ultimatums noch zu keinen Verhandlungen gekommen war? „Wir wissen alle", so Rumbold, „wie die Alternativen dann aussehen, nämlich a) Luftbrücke, b) Krieg, c) Umgang mit DDR-Behörden". Er plädierte nachdrücklich für c), wobei er sich jetzt damit tröstete, dass es bei diesem „Umgang" verschiedene Stufen bis zur vollständigen Anerkennung gab.[71]

Botschafter Steel in Bonn warnte mit Nachdruck vor diesem Ansatz; der Verdacht bei Amerikanern und Deutschen, die Briten seien Defätisten, werde damit nur verstärkt. Er habe überall erklärt, dass die Briten hart bleiben würden, habe jetzt aber das ungute Gefühl, dass man in London anders denke; und das werde bei den Verbündeten und in der NATO zu großen Problemen führen. Wenn es ernst werde, müsse man zusammenstehen, d. h. Amerikaner und Deutsche müssten von den Tatsachen und nicht von einer „britischen Cassandra" überzeugt werden. Bei der bevorstehenden westlichen Außenministerkonferenz und NATO-Ministerratstagung in Paris müssten die Westmächte daher eine „absolut klare" Stellungnahme abgeben; dann werde man weitersehen.[72]

Am 1. Dezember 1958 hatte Steel als möglichen Verhandlungsvorschlag seine alte Idee erwähnt, die angloamerikanischen Truppen hinter den Rhein zurückzuziehen, als Gegenleistung für den Rückzug der sowjetischen Truppen hinter die Oder.[73] Wie die Stimmung im Foreign Office Anfang Dezember 1958 war, zeigt auch eine Aufzeichnung von P. F. Hancock, dem Leiter des Western Department. Als ihm ein Bericht des britischen Botschafters in Brüssel über dessen Gespräch mit dem belgischen Premier, dem Außenminister und dem Präsidenten des Senats, in dem diese Vorschläge zur Berlinkrise gemacht hatten, auf den Tisch gelegt wurde, kommentierte er dies folgendermaßen:

„Es besteht überhaupt kein Grund, warum wir uns mit diesen Überlegungen beschäftigen sollten. In den meisten außenpolitischen Fragen haben Länder wie Belgien sowieso keine eigene Meinung; sie wollen sich nur an die wichtigeren Verbündeten anhängen. Unsere Aufgabe mit Blick auf die Belgier besteht darin, ihnen klarzumachen, welche Meinung sie zu vertreten haben und nicht anzuhören, was sie glauben, was ihre Meinung ist."[74]

Zu dieser wenig schmeichelhaften Feststellung hatten wohl auch Äußerungen von Paul Henri Spaak beigetragen; Spaak war zwar NATO-Generalsekretär, aber eben auch „nur" Belgier. Spaak hatte an einer Stelle gesagt, dass man ja wohl keinen Krieg führen könne, um die Russen in Berlin zu halten. Damit waren die Briten einverstanden, nicht aber mit einer anderen Äußerung. Spaak hatte nämlich auch gemeint, wenn die Sowjets ihre Rechte an die DDR abtreten würden, sollten die Westmächte ihre einfach an die BRD abtreten und Berlin zu einem Bundesland machen – damit sei dann die Krise gelöst. Spaak hatte nicht begriffen, worum es eigentlich ging.

Adenauer war nicht ohne Grund nach wie vor davon überzeugt – und blieb es auch in der Folgezeit –, dass das schwächste Glied in der Abwehrfront des Westens die britische Regierung unter Führung von Premierminister Macmillan war. Er wollte daher noch vor der Außenministerkonferenz in Paris nach London fahren, um Macmillan den Ernst der Lage klarzumachen. Wegen einer Erkältung verboten ihm die Ärzte diese Reise, und daher schrieb er am 11. Dezember einen persönlichen, geheimen Brief an Macmillan. Ihm ging es um die Entscheidungen der Außenminister in Paris; in dem zu verabschiedenden Kommuniqué kam es seiner Meinung nach darauf an,

„jeden Zweifel an der festen Haltung der drei Westmächte in der Frage Berlin auch für die Russen zu beseitigen. Sollte die Sowjetregierung oder die Bevölkerung Berlins in dieser Verlautbarung irgendwelche Anzeichen von Nachgiebigkeit entdecken können, so glaube ich, dass dieser Irrtum den Frieden der Welt ernstlich gefährden könnte. Wir haben ja die Erfahrung gemacht, dass die Sowjets jedes Mal dann zurückgewichen sind, wenn ihnen energischer Widerstand entgegengesetzt wurde, und ich bin überzeugt, dass die Russen auch im Falle Berlins bei einer klaren und eindeutigen Haltung der für die Freiheit der Stadt verantwortlichen Mächte nichts unternehmen werden, was den Frieden gefährden könnte. Wir haben aber auch wohl die Erfahrung gemacht, dass schon jeder Schein von Nachgiebigkeit bei klarer Rechtslage die Sowjets veranlasst hat, weiterzugehen."

Eine Luftbrücke lehnte Adenauer ab; anders als 1948 könnte damit der Lebensstandard Westberlins „auch nicht annähernd" aufrechterhalten werden. Und weiter:

> „Ich glaube, es ist von entscheidender Bedeutung für die Entwicklung Westberlins und der Bundesrepublik, auf die sich Unruhe und Panik Berlins übertragen müssten, sowie Europas und der freien Welt, dass nicht der geringste Zweifel daran aufkommt, dass die Berliner Garantiemächte und darüber hinaus die NATO auch im ernstesten Falle zu ihren Verpflichtungen stehen werden."

Verhandlungen über die deutsche Frage als Ganzes lehnte Adenauer nicht ab; sie konnten allerdings erst nach einer „klaren Zurückweisung des sowjetischen Angriffs gegen Berlin" stattfinden. Es dürfe jedenfalls im Kreml nicht der Eindruck entstehen,

> „dass durch eine Vermengung der Frage Berlin und der Frage der Wiederherstellung der deutschen Einheit Konzessionen ausgehandelt werden könnten, die durch Druck und Gewaltanwendung zustande kommen".[75]

Einen Verbündeten fand Adenauer von Anfang an in Charles de Gaulle. Daraus entstand dann die viel zitierte „Freundschaft zweier alter Männer" – mit dem deutsch-französischen Vertrag vom Januar 1963 als Höhepunkt. Für den General gab es überhaupt nichts zu verhandeln, da man Chruschtschow nichts anbieten konnte, was diesen zufriedenstellen würde. Eine Kriegsgefahr sah er nicht, wie er dem britischen Botschafter Gladwyn Jebb anvertraute; von daher gab es für ihn nur die Möglichkeit, „in den Schützengräben hockenzubleiben" und sich nicht zu rühren – für Jebb eine „ziemlich fatalistische" Haltung.[76]

Der stellvertretende amerikanische Außenminister Christian Herter fragte damals drei altgediente Deutschlandkenner um ihre Meinung: Lucius D. Clay (ehemals Militärgouverneur), John McCloy (ehemals Hoher Kommissar) und James Conant (ehemals Hoher Kommissar und Botschafter). Clay und McCloy plädierten dafür, notfalls mit Waffengewalt die Berlinrechte aufrechtzuerhalten und zum Krieg bereit zu sein; nur wenn das den Sowjets klar sei, könne man sinnvoll verhandeln. Zu dieser Bereitschaft gehörte es ihrer Meinung nach auch, Westberlin zu einem Land der Bundesrepublik zu machen, womit es unmittelbar unter den Schutz der NATO falle; dann könnten die westalliierten Truppen in Berlin reduziert und durch Bundeswehrsoldaten ersetzt werden. (Der bekannte amerikanische Publizist Cyrus Sulzberger schlug genau dies am 12. Dezember 1958 in der „New York Times“ vor. Botschafter Wilhelm Grewe hielt dies für nicht durchführbar: Die Sowjets würden es ablehnen, die Westberliner hätten nichts gegen die Anwesenheit der Westalliierten, und vor allen Dingen werde damit das Problem des Zuganges nicht gelöst.[77]) Beide erinnerten an 1945, als sich die Angloamerikaner aus Sachsen und Thüringen zurückgezogen hatten, um dafür Westberlin einzutauschen. Wenn die Sowjets jetzt die Aufgabe Berlins von den Westmächten forderten, dann habe man das Recht, sie zum Rückzug aus den 1945 aufgegebenen Gebieten aufzufordern, eine Idee, die immer wieder auftauchte und noch 1962 erwähnt wird (s. u., S. 335).[78]

Conant war ebenfalls dafür, bestehende Rechte mit Waffengewalt zu verteidigen. Dabei sollte gleich soviel Gebiet der DDR besetzt werden, wie man brauchte, um freien Zugang auf Straße und Schiene sicherzustellen. Falls die Ostdeutschen zuerst schießen würden, was er bezweifelte, stehe die Öffentlichkeit in den USA und der freien Welt auf der Seite des Westens.[79]

Auch für Botschafter Bruce gab es von Anfang an keinen Zweifel, die Berlinrechte mit Waffengewalt zu verteidigen, bis hin zum „großen Krieg“, der dann allerdings „nicht in Berlin, sondern zwischen den USA und der Sowjetunion“ ausgetragen würde.[80]

Was war die bessere Strategie? Abwarten, was die Sowjets machen würden, um dann zu reagieren, oder den Sowjets von Anfang an klarmachen, dass man die bestehenden Rechte sofort und mit allen Mitteln verteidigen würde, mit den Worten Eisenhowers, „that our whole stack is in this play“.[81] In jedem Fall kam es darauf an herauszufinden, wie weit die Sowjets gehen würden, wobei wichtig war, dass sie im Ernstfall den ersten Schuss abfeuerten.[82]

Für den 14. Dezember war die Außenministerkonferenz in Paris zur Vorbereitung der NATO-Ministerratssitzung am 16. Dezember angesetzt. Die amerikanische Delegation traf am 13. Dezember zu einer internen Sitzung zusammen, in der es noch einmal um grundsätzliche Positionen und schon um das Kommuniqué des NATO-Ministerrats ging. Sollte man den Sowjets Verhandlungen anbieten? Dulles verwies auf Adenauer. Der Kanzler habe ihm klargemacht, dass nur Härte erfolgversprechend sei; keinerlei Nachgeben in Berlin; das Kommuniqué der Außenministerkonferenz müsse entsprechend „sehr klar und unmissverständlich“ sein; würden die Sowjets einen anderen Eindruck bekommen, könnte dies zu einer „ernsten Gefahr für den Weltfrieden“ werden. Verhandlungen über die deutsche Frage als Ganzes, „zur rechten Zeit und nach sorgfältiger Vorbereitung“, hatte er nicht abgelehnt; Verhandlungen unter dem Druck eines Ultimatums, das „wie ein Damoklesschwert“ über diesen Verhandlungen hänge, konnte es seiner Meinung nach allerdings nicht geben.[83]

Bruce war jetzt davon überzeugt, dass Adenauer unter dem Druck der öffentlichen Meinung einem Verhandlungsangebot wohl zustimmen werde. Es ging dann um die möglichen Absichten der Sowjets und um die Glaubwürdigkeit der westlichen Position. Dulles vertrat die Meinung, dass die Sowjets keinen Krieg wollten und ihn auch nicht bewusst auslösen würden; man müsse die eigene Position allerdings „glasklar“ machen, sonst könnte es passieren, dass aus einem kleinen Zwischenfall der große Krieg entstünde. Bruce wiederholte seine bekannte Position: von Anfang an Härte zeigen; falls nicht, würden auch die Verbündeten nicht mitmachen; die Briten gingen seiner Meinung nach die Sache zu zögerlich an und wollten die De-facto-Anerkennung der DDR und damit die Teilung Deutschlands quasi auf Dauer anerkennen („semi-permanent division of Germany“) – womit er recht hatte.[84] Merchant wies darauf hin, dass man, falls Briten und Franzosen nicht mitmachten, vor der Frage stehe, ob man die Sache allein durchstehen wolle; wenn ja, sollte man das den Sowjets mitteilen – je früher, desto besser, um mögliche unliebsame „Zwischenfälle“ zu vermeiden. Auch Norstad schlug vor, dies den Sowjets klarzumachen und ihnen gleichzeitig als Ausweg Verhandlungen vorzuschlagen; damit würde man es Briten und Franzosen leichter machen, eine harte Position einzunehmen.

Die Diskussion drehte sich dann darum, wie die Sowjets gegen die Rechte der Alliierten vorgehen würden und wann für den Westen der richtige Zeitpunkt für militärische Maßnahmen gekommen sei. Dulles glaubte nicht an eine direkte Blockade, sondern eher an ein „langsames Strangulieren“. Als Bruce auf die Luftkorridore verwies, wo es eher zu kriegerischen Zusammenstößen kommen könne, griff der Vorsitzende der Stabschefs, General Nathan Twining, mit einer grundsätzlichen und klaren Stellungnahme in die Diskussion ein. Seiner Meinung nach musste man die Sache irgendwie zu Ende bringen und die Furcht vor dem großen Krieg ignorieren, denn „der kommt sowieso“. Man müsse eine Sache, die man für richtig halte, zur Entscheidung bringen und dann dazu stehen. Chruschtschow wolle die Menschen in Schrecken versetzen;

wenn er Erfolg habe, habe man verloren. („We must ignore the fear of general war. It is coming anyway. Therefore we should force the issue of a point we think is right and stand on it.") Niemand bezweifle, so Dulles gegen Ende der Sitzung, dass es ein Desaster sei, wenn der Westen nachgebe, und dass man später, unter schlechteren Bedingungen, mit der gleichen Drohung konfrontiert werde. Jeder wisse, worum es gehe, aber es sei schwierig, die Sache richtig in den Griff zu bekommen.[85]

Beim Treffen der Außenminister erreichte Brentano zwar, dass ein deutscher Entwurf als Grundlage für das Kommuniqué genommen wurde, aber das Kommuniqué selbst war nicht genau das, was Adenauer gewollt hatte. Der Grund hierfür war eine Intervention von NATO-Generalsekretär Spaak bei Dulles. Für Spaak war es eine „furchtbare" Aussicht, wenn die vier Außenminister Entscheidungen treffen und die NATO-Kollegen damit konfrontieren würden. Dulles akzeptierte Spaaks Position, gleichzeitig formulierten die Außenminister das Kommuniqué – ebenfalls auf der Basis eines deutschen Entwurfs – für die NATO-Ministerratssitzung vom 15. bis 18. Dezember, die, wie vor allen Dingen Adenauer wusste, eine der entscheidendsten Sitzungen der NATO überhaupt werden und die weitere Entwicklung der Berlinkrise bestimmen würde.

Außenminister Brentano eröffnete diese Sitzung mit einem langen Statement entlang der bekannten Bonner Linie: Härte zeigen, keinen Millimeter nachgeben, Status quo halten, es gibt nichts zu verhandeln über Berlin. Berlin kann nur die Hauptstadt eines vereinten, freien Deutschland sein; wer unter der Drohung eines Ultimatums verhandelt, hat nicht nur keine Chance in diesen Verhandlungen, sondern wird auch seine Freiheit verlieren. (Botschafter Bruce hatte sich zwei Tage zuvor darüber gewundert, dass die Parteien in Bonn von den Amerikanern entschlossene Härte und notfalls militärisches Vorgehen erwarteten, und dass dies auch die Gewerkschaftsführer erwarteten – während dieselben Leute die atomare Bewaffnung der Bundeswehr entschieden ablehnten.)[86]

Anschließend ergriff Dulles das Wort. Angesichts der Unsicherheit unter den Verbündeten wusste er, was zu tun war und was von ihm erwartet wurde: Zuversicht, klare Linie, kein Schwanken! Er sprach von einem Psychokrieg, bei dem man starke Nerven haben müsse. Chruschtschow sei „impulsiv", habe „Züge eines Spielers"; damit müsse man rechnen. Aber wenn die Sowjets meinten, was sie in einer Note am 13. Dezember gesagt hatten, nämlich dass sie mit ihren Atomwaffen

Europa ausradieren würden, so stellte er jetzt klar, dass er erstens nicht glaube, dass die Sowjets tatsächlich Krieg wollten, und dass zweitens die USA ein Abschreckungspotenzial aufgebaut hätten, das größer als jemals zuvor sei und mit dem die Sowjetunion zerstört werden könnte. Die Sowjets wüssten das; von daher sei alles eine leere Drohung, von der sich niemand beeindrucken lassen solle; man brauche keine Angst zu haben. Er zog dann einen Vergleich mit Hitler und wies darauf hin, dass man einen Aggressor schon am Anfang in die Schranken weisen müsse. Die Botschaft war klar, bei einigen Verbündeten aber blieben Zweifel. Italiener, Kanadier und Briten waren zwar auch für Härte, wollten aber gleichzeitig Verhandlungen.[87]

Öffentlich reagierte der Westen dann am 15./16. Dezember auf die sowjetische Drohung. Im Kommuniqué des NATO-Ministerrats wurden die Sowjets deutlich gewarnt, dass sie eine ernste Lage geschaffen hätten, der „mit Entschlossenheit" begegnet werde; die NATO-Mitgliedstaaten könnten keine Lösung gutheißen, die das Recht der drei Westmächte in Berlin infrage stelle und die nicht die Freiheit der Verbindungslinien zwischen dieser Stadt und der freien Welt gewährleiste. Die Sowjetunion sei für jede Handlung verantwortlich, die dazu führen würde, „diese freie Verbindung zu behindern oder diese Freiheit zu gefährden". Gleichzeitig wurde aber die Bereitschaft zu Verhandlungen über die „gesamte Deutschlandfrage" sowie europäische Sicherheit und Abrüstung erklärt.[88]

Am nächsten Tag sprach Dulles noch einmal mit Selwyn Lloyd und Couve de Murville. Lloyd hatte eigene Vorstellungen, wie man die Entschlossenheit der Sowjets testen sollte: im Luftkorridor nach Berlin, nicht bei den Landverbindungen. Dulles lehnte das ab; wenn schon ein Test, dann am Boden. Gegenüber Couve de Murville machte er klar, dass es darum gehe, die Sowjets in eine Situation zu manövrieren, in der sie den ersten Schuss abfeuern würden. Noch einmal betonte er, dass er nicht an eine sowjetische Aggression glaube, da das Land sich in einer Phase „relativer Schwäche" befinde, in einem Übergangsstadium von der „Bombenphase" zur „Raketenphase".[89]

Dulles war mit dem Ergebnis der NATO-Ratssitzung insgesamt „sehr zufrieden". Seine Erklärung, dass die USA notfalls zum Krieg bereit seien, hatte einen „ungeheuren Eindruck" auf die Verbündeten gemacht, wie Bruce seinem Tagebuch anvertraute.[90]

Am 31. Dezember übergaben die Westmächte ihre Antwort auf die sowjetische Note vom 27. November. Die sowjetische Argumentation wurde darin entschieden zurückgewiesen, gleichzeitig aber die Bereitschaft erklärt, mit der Sowjetunion über das Thema freie, gesamtdeutsche Wahlen auf der Basis der westlichen Vorschläge oder über andere Vorschläge zu verhandeln, mit denen die Wiedervereinigung in Freiheit erreicht werden könnte. Neu war dabei, dass man sich auch bereit erklärte, über das Berlinproblem in größerem Zusammenhang mit der deutschen Frage und dem Thema „europäische Sicherheit" zu verhandeln.

Jetzt war es Sache der Sowjets, den nächsten Zug zu machen. Die Frage war, wie sie reagieren würden. Sie reagierten zweifach – zum einen mit einem USA-Besuch des stellvertretenden Ministerpräsidenten Anastas Mikojan, zum anderen mit einer weiteren Note am 10. Januar.

Noch während die drei westlichen Außenminister in Paris tagten, kam aus Moskau die Nachricht, dass Mikojan für Anfang Januar einen Besuch in den USA plane. Für Dulles, Lloyd und Couve de Murville war dies eine „höchst interessante Entwicklung".[91] Mikojan hielt sich vom 4. bis 20. Januar in den USA auf und führte am 5. Januar Gespräche mit Dulles und – nach Abschluss einer Rundreise durch die USA – am 16. Januar noch einmal mit Dulles, und am 17. Januar mit Eisenhower und Dulles. In diesen Gesprächen wiederholte er die bekannten sowjetischen Vorstellungen und wies gleich am 5. Januar darauf hin, dass die Sowjetunion keinesfalls mit militärischen Aktionen gedroht habe, dass sie keinen Krieg wolle und dass man in Moskau auch nicht glaube, dass die USA Krieg wollten; vor allen Dingen aber – und das war der entscheidende Punkt –, dass die am 27. November genannten sechs Monate kein Ultimatum oder eine Drohung seien. Dulles machte die amerikanische Position klar: Die USA wollten keinen Krieg, seien notfalls aber dazu bereit. Am 17. Januar betonte Mikojan die gemeinsamen Interessen der USA und der Sowjetunion und schlug vor, „den Kalten Krieg zu beenden" – man müsse nur das Berlinproblem lösen, bei dem sich die Amerikaner „vollkommen negativ" verhielten. Eisenhower sah das logischerweise anders. Es gebe Vereinbarungen, und wenn man daran festhalte, könne man das ja wohl kaum als „negativ" bezeichnen.[92]

Inzwischen lag die sowjetische Note vom 10. Januar vor – einschließlich des Entwurfs eines Friedensvertrages. Die sowjetische Regierung lehnte darin die westlichen Vorstellungen – Wiedervereinigung durch freie Wahlen – ab; die Wiedervereinigung sei eine „interne deutsche Angelegenheit", zu lösen zwischen BRD und DDR; sie werde durch den

Abschluss eines Friedensvertrages beschleunigt. Zu diesem Zweck sollte innerhalb von zwei Monaten in Warschau oder Prag eine Friedenskonferenz unter Teilnahme aller ehemals am Krieg gegen Deutschland beteiligten Staaten plus BRD und DDR stattfinden, um mit den beiden deutschen Staaten („unter dem Begriff Deutschland werden die beiden bestehenden deutschen Staaten – die DDR und die BRD – verstanden") den Friedensvertrag zu unterzeichnen. In einem „Gedankenaustausch" könnte zuvor über den Inhalt des Friedensvertrages gesprochen werden. Weiter hieß es: „Bis zur Wiederherstellung der Einheit Deutschlands [...] erhält Westberlin die Stellung einer entmilitarisierten Freien Stadt auf der Grundlage ihres besonderen Status." Gleichzeitig wurde die Bereitschaft erklärt, mit den Westmächten über die Berlinfrage zu verhandeln. Ergänzend hieß es, die Lösung der europäischen Sicherheitsfrage sei für die sowjetische Regierung von „außerordentlicher Bedeutung"; dies dürfe allerdings nicht mit anderen Fragen, einschließlich der Berlinfrage, durcheinandergebracht werden.[93]

Wie nicht anders zu erwarten, führte die Note zu unterschiedlichsten Reaktionen im Westen. Für die Briten war am wichtigsten, „dass die Russen verhandeln wollen" und dass sie sich „flexibel" gezeigt hatten. In diesem Sinne wollte London jetzt herausfinden, was die Sowjets mit „Gedankenaustausch" meinten, um überhaupt in ein Gespräch zu kommen, das es beiden Seiten ermöglichte, „aus dem Berlindilemma herauszukommen" („to get off the Berlin hook").[94]

Adenauer sah das völlig anders. Er war über die sowjetische Note geradezu außer sich und schockiert. Einen solchen „furchtbaren", „unglaublichen", „offen provokativen" Friedensvertragsentwurf hatte er nicht erwartet; der Vorschlag, mit zwei deutschen Staaten einen Vertrag zu schließen, lief seiner Meinung nach auf die Anerkennung der Teilung Deutschlands hinaus. Der Westen müsse die Vorschläge „glatt" ablehnen, gleichzeitig aber Möglichkeiten für Verhandlungen eruieren, in jedem Fall aber bereit sein, die Stellung in Berlin notfalls mit Gewalt zu verteidigen. Er ging dann so weit, Ministerialrat Herbert Dittmann als Sondergesandten mit einem Brief an Dulles nach Washington zu schicken,[95] in dem er dringend darum bat, dass Eisenhower Mikojan nicht empfangen solle; es sei schon ein großer Fehler gewesen, dass die amerikanische Öffentlichkeit Mikojan so begeistert empfangen habe, wie er gegenüber Bruce am 13. Januar meinte.[96]

Es sollte noch schlimmer kommen. Am 13. Januar hielt Dulles eine weitere Pressekonferenz ab, in der er auf das Gespräch mit Mikojan verwies: es gebe kein Ultimatum mehr, Gespräche würden stattfinden, alles sei nur noch eine Sache der Tagesordnung für solche Gespräche. Und dann kam ein Satz, der in Bonn zu einem Sturm der Entrüstung führte. Wiedervereinigung durch freie Wahlen, so Dulles, sei zwar die beste Methode, „aber nicht die einzige". Auf die Frage, was er damit meine, weigerte er sich, darüber zu spekulieren.[97] Am Tag vorher hatte er dem britischen Botschafter Harold Caccia anvertraut, was er damit meinte: eine Konföderation zwischen BRD und DDR. Das war eine ganz neue Idee, die er noch mit niemandem besprochen hatte. Die DDR war seiner Meinung nach nur eine „Fassade und sonst nichts". Nach Meinung seines Bruders Allen – dem Chef der CIA – seien 95 Prozent der DDR-Bevölkerung gegen das Regime. Eine Konföderation sei zwar nur eine mögliche Idee, zeige aber, dass der Westen flexibel sein könne, und habe zumindest einen Vorteil: „Westdeutschland hat alle Möglichkeiten, Ostdeutschland zu kontrollieren und möglicherweise am Ende aufzusaugen." Und dann sagte Dulles etwas über Adenauer, was diesen wohl überrascht hätte und nicht so ganz in das bekannte Bild von der nahezu vollkommenen Übereinstimmung zwischen Adenauer und Dulles passt. Das Problem bei diesen Überlegungen war nach Meinung Dulles' nämlich Adenauer, der offensichtlich gegen jeglichen Neuansatz sei und nur an den bisherigen Rechten der Westmächte festhalte. Auf die Frage von Caccia, ob Dulles mit Blick auf Adenauer eine Idee habe, konnte dieser nur sagen: „Noch nicht".[98] Es verwundert nicht, dass man im Foreign Office das entsprechende Telegramm des Botschafters als „sehr bemerkenswert" einstufte; zusammen mit der Pressekonferenz zeige sich, dass Dulles jetzt seine harte Linie aufgebe („‚softening up' considerably"), und das sei „wahrscheinlich keine schlechte Sache".[99]

Für die Briten war das wohl so – nicht jedoch für Adenauer. Unmittelbar nach Bekanntwerden der o. g. Passage der Pressekonferenz in Bonn bat Adenauer Botschafter Bruce zu sich, um in ganz ungewöhnlich scharfer Form („little short of violence") zu protestieren. Er befürchte „ungeheure" Auswirkungen der Pressekonferenz; damit würde seine Deutschlandpolitik – Wiedervereinigung durch freie Wahlen – „zerstört"; fast alle führenden SPD- und FDP-Politiker seien für Gespräche mit „Pankow" – „tatsächlich nur eine Erweiterung der Sowjetunion" –, was er absolut ablehne; jede Form einer Konföderation sei vollkommen inakzeptabel, jene „naiven" Leute, die mit Pankow verhandeln wollten, seien jetzt ermutigt worden. Bruce versuchte, Adenauer und Brentano zu besänftigen – ohne Erfolg.[100]

Grewe erhielt Anweisung, bei Dulles vorstellig zu werden. Das geschah am Nachmittag des 14. Januar. Grewe berichtet in seinen Erinnerungen über dieses Gespräch, dass das, was Dulles ihm gesagt habe, kaum geeignet gewesen sei, die Theorie der neuen „Flexibilität" zu bestätigen. Für die praktische Politik hielt Dulles demnach daran fest, dass freie Wahlen „die beste und logischste Methode" für die Wiedervereinigung seien.[101]

Am 29. Januar schrieb Dulles einen langen Brief an Adenauer, um den Kanzler zu beruhigen und ihn gleichzeitig davon zu überzeugen, dass eine Konferenz mit den Sowjets notwendig sei; zuallererst deshalb, um Chruschtschow den Rückzug aus der von ihm selbst geschaffenen gefährlichen Berlinkrise zu ermöglichen.[102] Als Bruce den Brief übergab, hatte Adenauer gerade ein langes Memorandum an Dulles abgeschickt, in dem er seine Sicht der Dinge wiedergab.[103]

Adenauer gab sich hart, sah die Probleme, aber hatte keine Lösung. Macmillan notierte, was sein scharfsinniger Botschafter in Bonn, Christopher Steel, Mitte Januar berichtet hatte:

> „Adenauer ist in schlimmer Lage und altert rasch. Die übrigen (Brentano usw.) sind unfähig oder nicht gewillt, unter diesen Umständen neue Ideen zu entwickeln. […] In Sachen Berlin usw. tritt er – offiziell – für absolute Härte und eine feste Front gegen Russland ein. Hinter den Kulissen aber ringt er die Hände und sagt, Russland und der Westen seien wie zwei D-Züge, die aufeinander zurasen."[104]

Und Adenauers alter Weggefährte Herbert Blankenhorn schrieb am 3. Februar in sein Tagebuch, Adenauer

> „sieht die ungeheure Gefahr mit aller Deutlichkeit, aber wie wir alle ist er sich noch nicht im Klaren, wie man ihr begegnen könnte. Der alte Mann hat mich sehr bewegt. Er steht in seinem hohen Alter mehr oder weniger allein diesen Problemen gegenüber; denn er hat nur sehr wenige Menschen, mit denen er sich gern über derartige Fragen beredet."[105]

Zu diesem Zeitpunkt hatte Dulles bereits entschieden, nach London, Paris und Bonn zu reisen, um in persönlichen Gesprächen mit den europäischen Partnern zu einer gemeinsamen westlichen Position zu gelangen.

4. London: Deutschland neutral?

Am 16. Januar 1959 notierte Harold Macmillan in sein Tagebuch: „Adenauer ist bald heftig pro-französisch und pro-de Gaulle, bald hochgradig kritisch. Aber es hat den Anschein, als ob er mich immer noch mag.“[106] Das war zwar schon zu diesem Zeitpunkt nicht ganz richtig, aber hätte Adenauer gewusst, was in London lief, hätte Macmillan mit Sicherheit etwas anderes über Adenauer in sein Tagebuch schreiben müssen. In London stellte man nämlich unterdessen Überlegungen für eine „neue Deutschlandpolitik“ an.

Arthur Rumbold, einer der höchsten Beamten im Foreign Office, legte am 14. Januar ein bemerkenswertes, 15 Seiten umfassendes Memorandum vor. Darin ging es um die westliche und sowjetische Position mit Blick auf Deutschland, die sich aus der bestehenden Pattsituation ergebenden Gefahren und um einen möglichen Neuansatz. Der Neuansatz war eigentlich kein wirklicher Neuansatz; es ging vielmehr um die Frage, die insbesondere 1952 und 1953 eine wichtige Rolle gespielt hatte, nämlich um das Problem eines wiedervereinigten und neutralen Deutschland.

Rumbold begann mit einem Zitat aus einem britischen Kabinettsmemorandum vom 4. März 1957, in dem die unterschiedlichen Ziele des Westens und der Sowjets noch einmal definiert worden waren. Bekanntlich plädierte der Westen öffentlich für eine Wiedervereinigung durch freie Wahlen sowie innen- und außenpolitische Handlungsfreiheit für die so entstandene gesamtdeutsche Regierung; damit verbunden war die Hoffnung, dass auf diese Weise Gesamtdeutschland Mitglied der NATO werden würde. Die Sowjets dagegen wollten die Zerschlagung der NATO, Rückzug der Amerikaner aus Europa und am Ende die Eingliederung Gesamtdeutschlands in den Sowjetblock. Sie hatten freie Wahlen abgelehnt mit dem Argument, dass die Wiedervereinigung Sache der beiden deutschen Staaten sei. Gab es einen Ausweg aus dieser Sackgasse?

Rumbold sah eine Möglichkeit. Zunächst stellte er fest, dass die o. g. Analyse durch die von den Sowjets ausgelöste Berlinkrise nichts von ihrer Gültigkeit verloren habe; die Entwicklung zeige allerdings, dass die Sowjets die Dinge beschleunigen wollten. Die einzige Erklärung dafür sah Rumbold in der „echten Furcht“ der Sowjets vor der atomaren Aufrüstung der Bundeswehr, die sie verhindern wollten, bevor es zu spät sei. Auch für den Westen ergab sich seiner Meinung nach eine

Gefahr aus der gegenwärtigen Pattsituation, je länger sie andauerte. Bislang habe man sich im Westen damit getröstet, dass die Sowjets die atomare Bewaffnung der Bundeswehr hinnehmen würden, genauso wie 1954 die konventionelle. Ihre gegenwärtige Politik zeige, dass dieser Optimismus nicht gerechtfertigt gewesen sei. Auch wenn sie möglicherweise keinen Krieg wollten, sie fühlten sich jetzt stärker als im Jahr 1954. Durch die Berlinkrise werde die Gefahr noch erhöht, dass die Sowjets diesen Hebel solange benützen würden, bis sie ihr Ziel erreicht hätten. Und dann nannte Rumbold die Optionen in der Berlinkrise, die er schon seit Wochen vertrat: Krieg oder Anerkennung der DDR, wobei er nun aber die Warnung der Amerikaner akzeptierte, dass man sich bei einer Anerkennung der DDR auf einen gefährlichen Weg begebe; allerdings war seine Begründung anders. Er sah die mit einer DDR-Anerkennung verbundene Gefahr jetzt darin, dass die Russen dann davon überzeugt seien, dass, wenn man den Westen erst einmal so weit gebracht habe, dann auch der Widerstand in der BRD gegen eine Konföderation schwinden und diese Konföderation als nächsten Schritt auch die Neutralität akzeptieren würde. Ein neutrales, vereintes Deutschland aber, so die seit Jahren akzeptierte Sicht, wäre ein „Desaster" für den Westen.

An diesem Punkt setzte Rumbold an. Er analysierte zunächst die zwei Haupteinwände gegen ein neutrales Deutschland – nach dem Modell Österreich –, nämlich:

1. Die in einigen europäischen NATO-Ländern vorherrschenden Neutralismustendenzen, vor allen Dingen in Frankreich, würden gestärkt. Diesen Einwand lehnte er jetzt als „absurd" ab; Frankreich werde immer an der Seite des Westens stehen.
2. „Politisch gewichtiger": Ein so großes und starkes Land wie Deutschland würde nicht sehr lange neutral bleiben und entweder von der einen oder anderen Seite vereinnahmt werden. In der Zwischenzeit stelle es dann aber eine größere Gefahr dar als das geteilte Deutschland. Ein solches Deutschland, militärisch schwach, da ohne Atomwaffen, sei besonders anfällig für kommunistische Wühlarbeit und sowjetischen Druck. Auch diese Überlegungen lehnte Rumbold jetzt ab (mit fast den gleichen Argumenten wie Churchill im Jahre 1953[107]):

> „Die Deutschen werden die Russen so hassen und fürchten, dass sie niemals russische Methoden oder Einflussnahme in ihre inneren Angele-

genheiten akzeptieren werden. Deutschland wird auch in Zukunft wirtschaftlich, gesellschaftspolitisch und ideologisch zu Westeuropa gehören – unabhängig von seinem politischen und militärischen Status."

Im Übrigen mussten seiner Meinung nach in einem Neutralitätsvertrag entsprechende Vorkehrungen gegen sowjetische Pressionen getroffen werden. Sollten die Sowjets Druck ausüben, mit einem direkten Angriff oder Wiedereinmarsch drohen, würden die übrigen Vertragspartner reagieren:

„Darüber hinaus haben die Russen keine Möglichkeit, Deutschland zu bolschewisieren. Im Gegenteil, ein in hohem Maße erfolgreiches wiedervereintes Deutschland sollte gegen die Gefahr einer kommunistischen Unterwanderung immun sein."

Rumbold beschäftigte sich dann mit den militärischen Argumenten, die gegen ein neutrales Deutschland sprächen, in erster Linie mit der Frage, wohin die amerikanischen Truppen nach einem Abzug aus Deutschland verlagert werden und welche Rolle diese Truppen überhaupt spielen sollten. Die US-Truppen waren demnach das „Schutzschild" gegen eine sowjetische Aggression, wobei nach Meinung Rumbolds diese „Schutzschildfunktion" nicht so klar war, wie es schien. Den effektivsten Schutz sah er in erster Linie bei den Atombomben und Raketen, inklusive der „Polaris".

Welche Vorteile würde ein neutrales Deutschland dem Westen bringen? Polen, die Tschechoslowakei und Ungarn müssten ebenfalls neutral werden – mit der Möglichkeit, dass sich dort eines Tages nicht-kommunistische Regime entwickeln könnten. Die Sowjets müssten ihre Truppen abziehen – ein erheblicher militärischer Gewinn für den Westen.

Für Rumbold war klar, dass es zzt. aus politischen Gründen noch unmöglich war, diese Ziele offen zu verfolgen. Aber es müsse darum gehen, von dem alten Stereotyp wegzukommen, dass dieses oder jenes zur Neutralisierung Deutschlands führe. Zwei Faktoren, die die bisherige Politik bestimmt hätten, würden sich in den nächsten drei Jahren mit Sicherheit ändern, zum einen das militärische Gleichgewicht zwischen Amerikanern und Russen, zum anderen der Einfluss Adenauers: „Wenn er abtritt, werden sich in Deutschland die Schleusen öffnen."

Rumbold bot dann konkrete „neue Ideen" mit Blick auf Berlin und Deutschland als Ganzes an. Für Berlin nannte er folgende Möglichkeiten:

1. Austausch der westlichen Truppen in Westberlin gegen UNO-Truppen; deren Rechte sollten in einem Vertrag zwischen UNO-Generalsekretär Dag Hammarskjöld und der DDR festgelegt werden;
2. als Verbesserung von 1.: Verlegung des UNO-Hauptquartiers von New York nach Berlin;
3. als Alternative zu 1.: DDR-Vertreter als Beauftragte („agents") der Sowjets – ohne dass die Westmächte die Übertragung der sowjetischen Rechte an die DDR de jure akzeptieren würden;
4. als weitere Alternative: Übernahme aller sowjetischen Funktionen durch die UNO (nach Übergabe an die DDR, die ihrerseits diese Funktionen der UNO übergeben würde);
5. als weitere Alternative – aber unannehmbar für die Sowjets: Plebiszit in ganz Berlin.

Zur Lösung der Frage „Deutschland als Ganzes" plädierte Rumbold für die Einberufung eines Kongresses, der – im Unterschied zur Konferenz – „mehrere Monate oder Jahre" tagen könnte; Minister müssten dort nicht immer präsent sein. Dieser Kongress sollte allgemeine Richtlinien für einen Friedensvertrag erarbeiten. Den Deutschen dürfe dabei nichts aufoktroyiert werden. Würden die beiden deutschen Staaten oder die Konföderation die von den Sowjets in deren Vertragsentwurf vorgeschlagene Neutralität akzeptieren,

> „dann würden wir das auch akzeptieren. Wir würden die Westdeutschen allerdings dazu bringen, diese Art von aufgezwungener Neutralität und Denuklearisierung abzulehnen, falls der Friedenskongress nicht Ähnliches für Polen, die Tschechoslowakei, Ungarn und Teile Russlands vorschlagen würde. […] Wir könnten dann sehen, welchen Preis die Russen bereit wären zu zahlen, um von ihrer Furcht befreit zu werden, dass Deutschland Atomwaffen bekommt."[108]

Permanent Under Secretary of State (und damit höchster Beamter im Foreign Office) Frederick Hoyer Millar fand dieses Memorandum „sehr interessant" und ließ es an Außenminister Lloyd weiterreichen. Dessen Reaktion ist nicht bekannt. Für Rumbolds Überlegungen war es entweder zu spät – oder noch zu früh. Sie sind jedenfalls nicht in die Verhandlungen eingebracht worden. Rumbold hatte auch davon gesprochen, dass seine Ideen in Verhandlungen mit den Sowjets der erste Schritt zur Errichtung von Inspektionszonen gegen Überraschungsangriffe sein könnten. Diese Inspektionszonen waren auch ein Thema der Militärs, etwa von General Norstad, dem NATO-Oberbefehlshaber. Eisenhower griff diese Idee im März 1959 beim Besuch Adenauers in Washington auf – und stieß auf dessen erbitterte Ablehnung. Hätte Adenauer etwas von den weitergehenden Überlegungen Rumbolds erfahren, ihm wären wahrscheinlich die Haare zu Berge gestanden und sein Misstrauen gegenüber den Briten noch verstärkt worden.

Auf der Basis des Memorandums von Rumbold wurden damals in London dann weitere Überlegungen zur friedlichen Lösung der deutschen Frage – und das hieß auch der Berlinkrise – angestellt. Diese Lösung konnte nach landläufiger Auffassung langfristig nur Wiedervereinigung heißen, eine Wiedervereinigung, die für Ost und West gleichermaßen akzeptabel sein musste. Wiedervereinigung musste daher eingebettet sein in eine europäische Friedensregelung, die wiederum abhängig war von den Konsequenzen, die eine Wiedervereinigung mit sich bringen würde.

War die Wiedervereinigung nur möglich, wenn Deutschland neutral sein würde? „Die Debatte über dieses Thema beginnt jetzt“[109], wie P. F. Hancock am 16. Januar notierte. Macmillan ging am 23. Januar in einer Sitzung des britischen ministeriellen Verteidigungsausschusses auf die Wiedervereinigungsproblematik ein und stellte fünf Fragen, die vom Foreign Office und den Stabschefs „untersucht“ werden sollten. Diese Fragen lauteten:

„1. Wird die Sowjetunion ein wiedervereintes Deutschland akzeptieren, das Mitglied der NATO ist?
2. Ist ein wiedervereintes Deutschland, das Mitglied der NATO ist, vereinbar mit einer allgemeinen Entspannung in Europa und einem erheblichen Maß von Disengagement zwischen Ost und West?
3. Wie groß ist die Wahrscheinlichkeit, dass Deutschland nach Adenauers Tod ein sowjetisches Angebot zur Wiedervereinigung akzeptiert, unter der Bedingung, dass das wiedervereinte Deutschland aus der NATO austritt?
4. Kann die NATO als schlagkräftige Organisation überleben, wenn Deutschland neutral ist?
5. Falls sich die NATO, aus welchen Gründen auch immer, auflöst, kann Großbritannien gemeinsam mit den USA und Frankreich eine angemessene Verteidigung gegenüber der Sowjetunion aufrechterhalten?“[110]

Die Dinge wurden und werden so geheim gehalten, dass nur ein Teil der Dokumente deklassifiziert an das Public Record Office abgegeben wurde. So fehlt z. B. die Stellungnahme der Stabschefs; vom Foreign Office sind nur Anmerkungen von Hoyer Millar zu den o. g. Fragen vorhanden; er notierte bei 1. „No", 2. unleserlich, bei 3. „A lot", 4. „Yes", 5. „Yes".[111]

Wenige Tage zuvor war im Foreign Office allerdings ein Memorandum mit dem Titel „German Reunification by Integration" fertiggestellt worden. Es ging dabei nicht um die von der DDR vorgeschlagene Konföderation, sondern um immer enger werdende deutsch-deutsche Kontakte auf allen Ebenen, insbesondere im wirtschaftlichen und technischen Bereich. Parallel zur Weiterentwicklung dieser Kontakte sollten sicherheitspolitische Schritte der Alliierten implementiert werden, z. B. Inspektionen gegen Überraschungsangriffe. In dem Moment, in den BRD und DDR formell eine „Union" schließen würden, sollten sämtliche Besatzungstruppen Berlin verlassen, die BRD aus der NATO und die DDR aus dem Warschauer Pakt austreten, die ausländischen Truppen in Deutschland um 50 Prozent reduziert und Abrüstungsverhandlungen begonnen werden (keine Atomwaffen oder sowjetische Truppen in Polen und evtl. in der Tschechoslowakei und Ungarn). Bei definitiver Wiedervereinigung Abzug aller ausländischen Truppen aus Deutschland und den sowjetischen Satellitenstaaten.[112]

Am 14. Februar berieten Harold Macmillan und Selwyn Lloyd auf dem Landsitz des Premierministers in Chequers die Lage. Das Ergebnis war eine „Direktive" Macmillans an das Foreign Office, in gemeinsamen Beratungen mit dem Verteidigungsminister und den Stabschefs einen Plan zum Thema „Deutschland und die europäische Sicherheit" auszuarbeiten, der aus drei Elementen bestehen sollte, und zwar

a) De-facto-Disengagement nicht-deutscher Truppen in einem kleinen Gebiet;
b) Truppen„verdünnung" in einem großen Gebiet;
c) keine Atomwaffen für NATO- oder Warschauer-Pakt-Staaten, die noch nicht atomar ausgerüstet waren; das sollte insbesondere für die beiden deutschen Staaten, Polen und die Tschechoslowakei gelten (das entsprach der ersten Stufe des Rapacki-Plans).

Von diesem Plan erwarteten sich die Briten unmittelbare politische Vorteile, nämlich

1. er könnte für die Russen so verlockend sein, dass sie bereit wären, darüber und über eine für den Westen akzeptable Berlin-Regelung zu verhandeln;
2. man würde Zeit gewinnen;
3. die Öffentlichkeit in Großbritannien und Deutschland würde eine solche Initiative begrüßen;
4. er würde den Polen und Tschechen gefallen.

Als akzeptable Berlin-Regelung wollten die Briten eine UNO-Lösung anbieten. Eine UNO-Kommission sollte all jene Funktionen übernehmen, die die Sowjets an die DDR übergeben wollten; die Kommission sollte dafür sorgen, dass alles so weiterlaufen würde wie bisher, insbesondere die Zufahrt nach Berlin; sie sollte im Übrigen auch dafür sorgen, dass weder in Ost- noch in Westberlin „subversive" oder „Propaganda-Aktionen" durchgeführt würden.

Unterm Strich waren das weitgehende Zugeständnisse an die Sowjets, und von daher stellte sich die Frage, ob und wann man dies den Verbündeten vorlegen sollte. Wollte man nicht Gefahr laufen, dass sie abgelehnt oder als weiterer Beweis für britische Unzuverlässigkeit („evidence of weak-kneed British unreliability") angesehen würden, dann konnte man erst im „allerletzten Moment" damit kommen, unmittelbar vor Abbruch der Verhandlungen mit den Sowjets vor jenem ominösen 27. Mai, wenn allen die Gefahr eines Krieges bewusst würde: „Dann wird ein solcher Plan möglicherweise mit Erleichterung angenommen."

Zwei Punkte waren bei diesem „Emergency Plan" auch noch bemerkenswert: Wiedervereinigung und „freie Wahlen" nahmen einen geringeren Stellenwert als bislang ein; sie spielten jedenfalls keine entscheidende Rolle mehr. Es wurde nämlich genau so formuliert:

> „Es ist wichtig, immer daran zu denken, dass eine ‚große' Lösung die Wiedervereinigung Deutschlands nicht einzuschließen braucht. Wir können uns viele Disengagement/Abrüstungsmaßnahmen vorstellen – bei Fortsetzung der Teilung Deutschlands."[113]

Die Verbündeten, insbesondere Bonn – das sah man in London sehr deutlich –, würden einem „Disengagement" ohne gleichzeitige Fortschritte bei der Wiedervereinigung aber wohl kaum zustimmen. Jedenfalls „noch nicht". Genau aus diesem Grund sollten diese beiden Punkte erst vorgelegt werden, „wenn wir in eine ziemlich verzweifelte Situation geraten sind“ – nämlich nach Ablauf des sowjetischen Ultimatums.[114] Es ging jetzt nur noch darum, in den anlaufenden Verhandlungen mit den Verbündeten diese Position nicht erkennen zu lassen („interim cover plan“). Macmillan war im Grunde seines Herzens gegen eine Wiedervereinigung. Im Frühjahr 1962 hieß es unmissverständlich: „We do not ourselves want to see Germany reunited.“ (Vgl. Kap. VII, 2).[115]

II. Auf dem Weg zur Aussenministerkonferenz (Februar bis Mai 1959)

1. John Foster Dulles in London, Paris und Bonn

Inzwischen befand sich Außenminister Dulles auf dem Weg nach Europa. Er verließ Washington am Nachmittag des 3. Februar 1959. Nach seiner Ankunft in London am Mittag des nächsten Tages traf er zunächst mit General Norstad zusammen. Er informierte ihn über die militärischen Überlegungen Washingtons, die Norstad als „intelligent und machbar“ bezeichnete.[1] Anschließend fand das erste Treffen mit Selwyn Lloyd statt. Man war sich grundsätzlich einig über das weitere Vorgehen: Beide waren für eine Konferenz mit den Sowjets. Dulles hatte sie ursprünglich vor dem 27. Mai (dem Ablauf des sowjetischen Ultimatums) haben wollen, ließ den Termin jetzt aber offen, da die Franzosen dagegen waren; für sie, so hatte Botschafter Hervé Alphand in Washington klargemacht, sei ein solcher Terminvorschlag ein Zeichen der Schwäche.

Die Frage war, worüber – wenn überhaupt – verhandelt werden sollte. Für Dulles war der Ausgangspunkt jene Position, die die Westmächte auf der Außenministerkonferenz in Genf vom November 1955 vertreten hatten. Er war aber bereit, auch neue Ideen einzubringen, etwa Truppenreduzierungen in Deutschland, Polen und der Tschechoslowakei; möglicherweise noch in weiteren Ländern. Als Lloyd die „grundsätzlichen Fragen“ ansprach, ob die Deutschen die Wiedervereinigung überhaupt wollten, verwies Dulles auf das Schreiben Adenauers. Lloyd kommentierte, die Westmächte hätten aus Loyalität zu Adenauer immer betont, auch wenn man das nicht ganz ehrlich gemeint habe, dass die Teilung Deutschlands die eigentliche Ursache für die Spannungen sei. Dulles verwies wieder auf Adenauer; dessen Überlegung, dass man sich auf das Thema Abrüstung konzentrieren müsse, hielt er allerdings nicht für zielführend; man könne damit das Problem nicht lösen, mit dem die Sowjets die Westmächte konfrontiert hätten, nämlich Deutschland und Berlin. Im weiteren Verlauf des Gespräches ging es dann um eine mögliche Rolle der UNO in Berlin, an der Lloyd „Gefallen“ fand. Dulles hielt gar nichts davon; würden die westlichen Truppen erst einmal aus Berlin abgezogen, hätten die Westmächte seiner Meinung nach „das Spiel verloren"; die ganze UNO-Sache sei nur eine „vage Formel", es gebe keinen Ersatz für die Anwesenheit der eigenen Truppen.[2]

Am Abend und am nächsten Morgen traf Dulles mit Macmillan zusammen. Die Gespräche verliefen „weniger zufriedenstellend als sonst", wie er Eisenhower anschließend berichtete. Macmillan sei „unpräzise, unentschlossen und abschweifend" und mit seinen Gedanken offensichtlich bei den bevorstehenden Wahlen oder bei seiner „einsamen Pilgerfahrt" („solitary pilgrimage") nach Moskau gewesen (s. Kap. II, 2). Dieser Begriff war Dulles offensichtlich noch in schlechter Erinnerung. Churchill hatte ihn gegenüber Eisenhower 1953 geprägt, als er nach dem Tod Stalins allein nach Moskau fahren und den Versuch machen wollte, den Kalten Krieg zu beenden.[3]

Mit Blick auf Deutschland und die eigenen Interessen war Macmillan allerdings ziemlich präzise gewesen, und zwar so, dass fünf Zeilen des offiziellen Protokolls für den FRUS-Band nicht freigegeben wurden.[4] Hätte Adenauer dieses Protokoll gesehen und gelesen, was Macmillan gesagt hatte, er hätte keine Freude gehabt und wäre in seinem Misstrauen gegenüber den Briten nur bestätigt worden.

Der britische Premierminister hatte die „langfristige Perspektive" für die Westmächte im Auge, die seiner Meinung nach von folgender Prämisse ausgehen sollten:

1. Die Westdeutschen seien nicht so versessen auf eine Wiedervereinigung, wie die westliche Politik dies vorgebe. Und dann kamen die fünf nicht im FRUS-Band enthaltenen Zeilen, die die Punkte 2 und 3 betrafen, nämlich:
2. Die Nachfolger Adenauers könnten sich auf einen Handel mit den Sowjets einlassen, der die Grundlagen „unserer gesamten Europapolitik zerstören" würde.

Daher sollten

3. die Westmächte jetzt auf Nummer Sicher gehen und eine Lösung finden, „die sich für uns lohnt".

Auch wenn

4. der Status quo in Europa den USA, den Westdeutschen und der Sowjetunion gefalle, sollte der Westen über eine militärisch „verdünnte"

und überwachte Zone in Europa nachdenken; wenn diese Zone groß genug sei, könnte dies eines Tages zu einer Wiedervereinigung führen, „mit der wir leben können", insbesondere, wenn man damit erreichen könnte, dass sich die Rote Armee in die Sowjetunion zurückziehen würde.

Dies sei
5. ein Erfolg für den Westen, da ein großes Gebiet aus den „Fängen des Kommunismus" befreit werde und erhebliche politische und ideologische Auswirkungen zum Nachteil Moskaus habe.

Dulles äußerte seine Zweifel, ob die mit diesen Überlegungen verbundenen militärischen und politischen Risiken akzeptabel waren, da dies ein Plan sei, der vom Status quo und der Hinnahme der langfristigen Teilung Deutschlands ausgehe.[5]

In diesem Punkt gab es jedenfalls keine Einigung. Einig war man sich über die technische Vorbereitung der geplanten Konferenz. Was die mögliche Übergabe von Kompetenzen an die DDR durch die Sowjets betraf, so sprach sich Macmillan jetzt zwar für die amerikanische Position aus, aber, so Dulles an Eisenhower, es sei leicht zu merken gewesen, dass die Briten bereit seien, DDR-Vertreter zu akzeptieren. Gemessen an den eigenen Vorstellungen seien die Briten in dieser Angelegenheit eher nachgiebig. Von de Gaulle erwartete Dulles hingegen „jede Menge Entschlossenheit, wenn auch möglicherweise nicht in der Art, wie wir es gerne hätten".[6]

Das Treffen mit den Franzosen verlief dann aber „überraschend" gut. Couve de Murville war sich mit Dulles über den Ernst der Lage einig; das Problem werde sich nicht, wie von der Öffentlichkeit erwartet, „in Luft auflösen"; gleichzeitig war er mit Dulles für eine harte Haltung in Berlin; er akzeptierte auch, dass man in der anstehenden Konferenz von der Position des Jahres 1955 ausgehen sollte, und lehnte wie Dulles Adenauers Vorschlag, sich auf die Abrüstung zu konzentrieren, als „unrealistisch" ab. An eine Lösung der Probleme mit den Sowjets glaubte er allerdings nicht; von daher müsste der Westen nach einer Art Modus Vivendi suchen; und wenn eine Wiedervereinigung nicht möglich sei, dann müsste ein Weg gefunden werden, der es den Westmächten erlaube, „die nächsten Jahre zu überstehen".

Beim Thema Wiedervereinigung hatte auch Dulles seine Zweifel, ob das wirklich gewollt werde, auch wenn viel darüber geredet werde.

Selbst in Deutschland spräche einiges gegen den Wiedervereinigungsenthusiasmus, z. B. dass dann die Sozialisten stärker würden.[7]

Als Dulles gegenüber de Gaulle seine Einschätzung wiederholte, dass die deutsche Frage auf der Konferenz nicht gelöst werde, wollte de Gaulle wissen, wie er sich denn eine Lösung vorstelle. Dulles musste passen; er habe keine Lösung, und im Übrigen sei er sich nicht sicher, wie viele Länder die Wiedervereinigung wirklich wollten, „einschließlich der Bundesrepublik selbst". Auf seinen Hinweis, dass de Gaulle 1947 auch kein großer Befürworter der deutschen Einheit gewesen sei, antwortete dieser, das sei 1947 so gewesen „und ist heute auch noch so", einmal wegen der Situation in Frankreich, zum anderen wegen der Furcht der Bevölkerung – nicht Regierungen – in ganz Osteuropa, in Polen, der Tschechoslowakei etc.[8]

Auf dem Weg zum Flughafen wurde Dulles von Couve de Murville begleitet. Wieder ging es um die Wiedervereinigung. Dulles wies auf die positive Entwicklung in der Bundesrepublik hin, deren Bindungen mit Frankreich und den übrigen westlichen Ländern in der NATO, ihre Mitgliedschaft in der EWG, um dann klarzumachen, dass es ein großer Fehler sei, dies alles aufs Spiel zu setzen, um dafür die Wiedervereinigung zu erreichen („to buy reunification")[9] – so als ob der Franzose ein Verfechter der Wiedervereinigung sei!

Auch wenn sich de Gaulle zur Überraschung von Dulles für Adenauers Vorschlag ausgesprochen hatte, das Thema Abrüstung in die Verhandlungen mit den Sowjets einzubringen, war man sowohl in Paris wie in London der Meinung, dass Adenauer den Blick für die Realitäten verloren habe und dass es Dulles' Aufgabe sei, ihm die Augen zu öffnen für das, was möglich war – nur, so Dulles, die Aussichten seien nicht so rosig, als dass er mit Zuversicht in die Gespräche mit Adenauer gehen könne. Seiner Meinung nach sprach viel dafür, den Status quo zu erhalten; jede Änderung sei eine Wende zum Schlechteren und würde zu großen Problemen führen. Öffentlich könne man das natürlich nicht sagen, und die Unterstützung der Öffentlichkeit würde man dafür auch nicht erhalten.[10]

Am 7. und 8. Februar hielt sich Dulles in Bonn auf. Adenauer berichtet in seinen „Erinnerungen" ganz ausführlich über die Gespräche am ersten Tag, in denen es um grundsätzliche Aspekte der westlichen Politik ging und in denen die „Seelenverwandtschaft" zwischen ihm und Dulles in diesem Punkt deutlich wurde. Man war sich wie immer einig in der Einschätzung der sowjetischen Politik und dass der Westen fest und geschlossen bleiben müsse. Adenauer schreibt dann noch viel über das Rezept jener berühmten Hafergrützesuppe, das er Dulles zukommen ließ,[11] allerdings nur einen Satz über das wichtige Gespräch am zweiten Tag. Adenauer: „Wir erörterten im Einzelnen eventuell zu ergreifende Maßnahmen für den Fall, dass die Sowjets die Zufahrtswege nach Berlin behindern würden." Aus dem amerikanischen Protokoll erfahren wir Einzelheiten dieses Gesprächs. Adenauer konnte keine Lösung des Berlinproblems anbieten, beschrieb lediglich im Negativen, welche Grenzen bei einer Lösung auf keinen Fall überschritten werden dürften, nämlich:

1. Die Einheit des Westens sei absolut wichtig. Auf Nachfrage von Dulles präzisierte er: Er denke an Großbritannien, Frankreich und die USA und äußerte die Befürchtung, „dass die Briten schwach werden" (Dieser Halbsatz wurde für den entsprechenden FRUS-Band nicht deklassifiziert).
2. Der Westen dürfe keine Position einnehmen, die er später wieder aufgeben müsse, da das dem westlichen Prestige schaden würde. Auf Nachfrage von Dulles präzisierte er: keine physische Position.

Und dann die große Angst bei Adenauer:
3. Die Situation dürfe nicht so weit eskalieren, dass es zum Atomkrieg käme.[12]

Dieser letzte Punkt war mehr als legitim. Aber wenn Atomwaffen eingesetzt würden, dann wohl nicht nur in Deutschland! Auch das musste der Bündnispartner wissen. In seinen „Erinnerungen" schreibt Adenauer zwar, „es galt, starke Nerven zu behalten", aber jetzt überkamen ihn doch Zweifel. Den „ganz harten Kurs", den Schwarz für den damaligen Adenauer konstatiert,[13] hat Köhler nicht gefunden.[14] Es gab diesen Kurs nicht wirklich, konnte es angesichts der Möglichkeit eines globalen Atomkrieges – als letzte Konsequenz der Berlinkrise – auch gar nicht geben. Dulles war zwar todkrank, schien aber noch starke Nerven zu haben. Oder bluffte er besonders gut? Er war „von letzter Härte", notierte jedenfalls Heinrich Krone.[15] Für Dulles war klar – zumindest machte er das Adenauer gegenüber deutlich –, dass man zum Atomkrieg bereit sein müsse; ein konventioneller Krieg in Europa würde zwar den Sowjets angesichts deren Überlegenheit in diesem Bereich gefallen, für den Westen allerdings in einer Katastrophe enden. Krone notierte: „Dulles ging weiter, als der Kanzler zu gehen bereit ist."[16]

Adenauer beeilte sich, Solidarität zu bekunden. Möglicherweise, so der Kanzler, sei er missverstanden worden. Er sei lediglich dagegen, dass nur gegen die DDR Atomwaffen eingesetzt würden. Dulles setzte mit der Beschreibung des militärischen Szenarios fort. Sollten die Zufahrtswege nach Berlin gewaltsam blockiert werden, „wird eine Panzerdivision in Marsch gesetzt, um den Weg freizukämpfen. Stößt sie auf Widerstand, dann hat offensichtlich der große Krieg begonnen, bei dem wir logischerweise auf den Einsatz von Atomwaffen nicht verzichten werden." Adenauer war mehr als nervös, wie seine Antwort deutlich machte: Die Einheit Großbritanniens, Frankreichs und der USA sei noch wichtiger als Atombomben. Erneut äußerte er seine Furcht, dass die Briten nicht mitmachen würden. Als Beispiel erwähnte er die Reaktion amerikanischer und britischer Soldaten, die in Marienborn aufgehalten worden waren. Die amerikanischen Fahrer hätten mehr als 50 Stunden jede Inspektion abgelehnt, die Briten hätten protestiert, dann die Inspektion akzeptiert und hätten weiterfahren können.[17]

Dulles merkte jedenfalls, was los war. Die Einheit der drei Länder sei vorhanden; es sei allerdings genauso wichtig, dass die Bundesrepublik mitmache; wenn sie seine Politik nicht mittrage, „dann ist jetzt der Zeitpunkt gekommen, uns das mitzuteilen". Die Bundesregierung werde mitmachen, beeilte sich Adenauer zu versichern, aber die öffentliche Meinung in den vier Ländern werde nicht hinter einem Krieg wegen Berlin stehen. Dulles machte klar, dass dies in den USA, Frankreich und Großbritannien kein Problem sei. Dann ging es wieder um eine politische Lösung; Adenauer hatte in seinem Schreiben vom 30. Januar von einem „Stillhalteabkommen" über Berlin gesprochen.[18] Als Dulles jetzt wissen wollte, was er damit gemeint hatte, blieb Adenauer eine konkrete Antwort schuldig. Die beste Übergangslösung sei eine Verschiebung des 27. Mai-Termins auf den St.-Nimmerleinstag („indefinite"). Das war natürlich keine Lösung – und keiner wusste das besser als Adenauer, denn, so gab er gleichzeitig zu bedenken: „Ich bin mir nicht sicher, ob wir das erreichen können."[19]

Das „Stillhalteabkommen" enthielt Gedankengänge, die Adenauer in jenen Tagen als mögliche Lösung der deutschen Frage entwickelt hat und die später als „Globke-Plan" oder „Österreichlösung" bekannt wurden: für fünf – später hieß es zehn – Jahre den Status quo halten, anschließend über die Wiedervereinigung abstimmen. Am 6. Januar hatte Adenauer gegenüber Krone vage Andeutungen gemacht. Krone notierte in sein Tagebuch:

„Da mit der Wiedervereinigung auf Jahre nicht zu rechnen sei, solle man sie als jetzt nicht durchführbar ansehen; die Zone bleibe in der Macht Pankows, die Bundesrepublik im Bündnis des Westens; es müsse im Wissen um die Lage, wie sie ist, zu Gesprächen kommen, die auf eine Humanisierung der Verhältnisse in der Zone hinausgingen."[20]

Während der gesamten Dauer der Berlinkrise sprach Adenauer nur im allerengsten Kreis über diesen Plan, ließ vor allem die Westmächte rätseln, wie er sich eine Lösung vorstellte. Erst am 6. Juni 1962 äußerte er sich gegenüber dem sowjetischen Botschafter in Bonn, Andrej Smirnow.[21] Die Sowjets lehnten ab – genauso, wie Präsident Kennedy vorhersagte, als Adenauer bei seinem Besuch in Washington im November 1962 den Plan erwähnte.[22]

Zurück zu Dulles. Bei seiner Rückkehr nach Washington am 9. Februar betonte er auf einer Pressekonferenz als Ergebnis seiner Reise, „Einheit und Festigkeit" der Westmächte seien bestätigt worden; man sei zu einer Außenministerkonferenz mit der Sowjetunion bereit, „auf der sämtliche Aspekte der deutschen Frage" behandelt werden sollten, nicht nur Berlin und der Friedensvertrag, wie von den Sowjets vorgeschlagen, sondern auch die Themen Wiedervereinigung und europäische Sicherheit, wie von den Westmächten vorgeschlagen.

Am Nachmittag des 9. Februar traf er zum letzten Mal mit einem deutschen Politiker zusammen. Willy Brandt war nach Washington gekommen, um u. a. Dulles – im Beisein von Botschafter Grewe – für die amerikanische Haltung zu danken und etwas über das weitere Vorgehen zu erfahren. Dulles informierte ihn über den Stand der Dinge, dass die USA keinen Schritt nachgeben würden („we mean business"). Nach Aussage des amerikanischen Protokolls war es ein freundlicher Gedankenaustausch, beschränkt auf die Berlinproblematik. Nach Aussage Brandts ging es aber noch um andere Dinge. Dulles gab ihm demnach zu verstehen, „mit den Standardforderungen nach freien Wahlen komme man nicht weiter"; und auf die Frage von Brandt nach einem „möglichen Sonderstatus für Deutschland" antwortete Dulles – „mit einiger Kälte", wie sich Brandt erinnert:

„Die Russen und wir mögen uns über tausend Dinge uneins sein: Doch über eines gibt es zwischen uns keine Meinungsverschiedenheit: Wir werden es nicht zulassen, dass ein wiedervereinigtes, bewaffnetes Deutschland im Niemandsland zwischen Ost und West umherirrt."

Für Brandt war in diesem Moment klar, dass es „so etwas wie eine stille Übereinkunft zwischen Moskau und Washington über die Respektierung der Einflusssphäre in Europa" gab; und das schloss seiner Meinung nach die Hinnahme der Spaltung Deutschlands auf sehr lange Sicht ein.[23]

Von der Einheit und Festigkeit der Verbündeten, die Dulles auf seiner Pressekonferenz verkündet hatte, war Dulles selbst am wenigsten überzeugt, wie er am selben Tag gegenüber Eisenhower deutlich machte. Eine seiner Schlussfolgerungen aus seiner Reise war, dass zwischen Briten, Franzosen und Deutschen bei der Frage, wie man der sowjetischen Drohung begegnen sollte, einiges durcheinanderlief; für die kommenden Monate sah er sogar die Gefahr eines direkten Zusammenstoßes („even danger of head-on collision"). Offensichtlich erwarteten die Regierungen von ihm, die Probleme zu lösen und diese Gefahr abzuwenden.[24] Dulles war es nicht mehr vergönnt, diese Aufgabe zu übernehmen. Er war bereits ein vom Krebs gezeichneter, schwerkranker Mann. Am 10. Februar begab er sich ins Walter Reed-Krankenhaus; er sollte nicht mehr zurückkehren. Am 30. März bat er Eisenhower um die Entlassung aus dem Amt. Eisenhower entsprach der Bitte am 15. April; am 24. Mai starb Dulles.[25]

2. Harold Macmillans „Entdeckungsreise" in die Sowjetunion (21. Februar bis 3. März)

Die schwere Krankheit von Dulles betrachtete Macmillan als Möglichkeit, die Führung im westlichen Lager zu übernehmen – eine Sache, die Adenauer ihm persönlich übel nahm. Macmillan wollte seine Führungsqualität durch ein persönliches Treffen mit Chruschtschow demonstrieren. Ende Januar/Anfang Februar stand für ihn fest, dass er zu einer Entdeckungsreise („voyage of discovery")[26] in die Sowjetunion aufbrechen würde, um, wie er im Kabinett am 3. Februar meinte, „den gegenwärtigen toten Punkt zu überwinden und eine Grundlage für eine Vereinbarung mit dem Westen zu finden".[27]

In Washington, Paris und Bonn stießen Macmillans Reisepläne auf Kritik. Dulles nannte sie erneut eine „solitary pilgrimage"[28] – das war wieder abfällig gemeint und eine Anspielung auf das, was Churchill im Sommer 1953 nach Stalins Tod unternehmen wollte.[29]

In einem Telefonat mit Eisenhower am 20. Januar meinte Dulles, Macmillan betreibe Wahlkampf und sehe sich offensichtlich als denjenigen „fellow“, der die Berlinkrise löse; man war sich einig, dass er nur für Großbritannien sprechen könne. Eisenhower sagte voraus, dass Macmillan und Lloyd schwer enttäuscht „mit eingezogenen Schwänzen“ („with their tails between their legs“) zurückkehren würden.[30]

Am 3. Februar unterrichtete Außenminister Lloyd seinen französischen Kollegen Couve de Murville von dem bevorstehenden Besuch; am selben Tag übergab in Bonn Botschafter Steel Adenauer eine persönliche Botschaft Macmillans. In London wusste man natürlich, dass Adenauer jeden Schritt der Briten misstrauisch beobachtete. Von daher schien es Macmillan besonders angebracht, dem Kanzler den Sinn der Reise zu erläutern. Er wolle herausfinden, so der britische Premier, „was in den Köpfen der Sowjetführer vor sich geht“; er werde ihnen klarmachen, dass er nicht komme, um zu verhandeln. Sein Besuch werde aber möglicherweise einen positiven Eindruck in der westlichen Öffentlichkeit hinterlassen; und die Unterstützung der öffentlichen Meinung brauche man, wenn man eine feste Politik betreibe. Das britische Volk sei bereit, Opfer zu bringen und Risiken auf sich zu nehmen, wenn es wisse, dass seine Führer alles versucht hätten, eine Lösung auf friedlichem Weg zu finden.[31]

Als Steel Adenauer die Botschaft überbrachte, kam es zu einem wenig erfreulichen Gespräch („far from a happy interview“), wie Steel nach London berichtete. Adenauer konnte nicht glauben, was er las. Nach ein, zwei Minuten hörte er denn auch auf zu lesen, blickte Steel an und meinte, da man sich ja nun schon etliche Jahre kenne, dürfe er ihm wohl eine direkte Frage stellen. Als Steel „natürlich“ sagte, kam die Frage: „Ist das ein Wahlmanöver?“ Steel versuchte, das Beste daraus zu machen und verwies auf den o. g. letzten Punkt – öffentliche Meinung –, aber ohne Erfolg. Adenauer hielt Macmillans Besuch für falsch; er würde zu allen möglichen Spekulationen und zur Schwächung des Westens führen und zu einem großen Triumph für Chruschtschow werden. Es sei sinnlos, mit Chruschtschow verhandeln zu wollen; die Russen seien dabei, einen Vertrag mit dem Westen einseitig aufzukündigen, „und wir rennen hinter ihnen her, um mit ihnen darüber zu verhandeln“. Nur wenn die Konservative Partei der Meinung sei, damit die Wahlen gewinnen zu können, lasse sich darüber reden: „Paris ist eine Messe wert.“ Steel meldete nach London, der Kanzler sei „total unflexibel“, sein Misstrauen werde immer größer.[32]

War das in diesem Fall berechtigt? Die Frage lässt sich nur schwer beantworten, was die Vorbereitung der Russlandreise betrifft. Alles war und ist extrem geheim. Von den entsprechenden Dokumenten wurde nicht eines an das Public Record Office abgegeben; die Zahl der Kopien wurde schon im Februar 1959 auf ein absolutes Minimum reduziert. Das ging so weit, dass unter Hinweis auf diese Geheimhaltung nicht einmal Botschafter Steel mehr als vier Dokumente erhielt – er hatte um den gesamten Satz gebeten –, und dies auch noch mit der ausdrücklichen Weisung, sie nach Lektüre „sofort zu verbrennen".[33]

Was auch immer so Geheimnisvolles an diesen Papieren gewesen sein mag, Macmillan konnte gar nicht aus der Solidarität des Westens ausbrechen – falls er daran gedacht haben sollte. Und als Führungspersönlichkeit des Westens konnte er sich auch nicht profilieren; dafür sorgte Chruschtschow. Dieser blieb in allen Fragen bei seiner bekannten Haltung und behandelte Macmillan auch noch in rüder, geradezu beleidigender Art und Weise (Foreign Office: „unerhörte Angriffe"). An den ersten beiden Tagen des Besuchs in Moskau war er zwar um besondere Freundlichkeit bemüht („exceedingly friendly"), blieb in der Sache aber hart. Am Ende der ersten Gesprächsrunde am 22. Februar stellte Macmillan fest, dass die Lage „sehr ernst" sei, und falls die sowjetische Position so sei, wie von Chruschtschow beschrieben, dann sei die Lage auch „sehr gefährlich". Am nächsten Tag ging es um Abrüstung und Sicherungen gegen Überraschungsangriffe; die Gespräche verliefen noch in „herzlicher" Atmosphäre. Aber dann geschah es – zur völligen Überraschung der Briten: In einer öffentlichen Wahlrede forderte Chruschtschow kompromisslos die Realisierung seiner Berlinvorschläge, andernfalls drohe Krieg; westliche Abrüstungsvorschläge lehnte er ab, gleichzeitig griff er Adenauer, die Franzosen und gleich auch noch den Schah von Persien scharf an. Jetzt war von Macmillan Solidarität gefordert. Am Nachmittag des 25. Februar bot sich dazu auf Chruschtschows Datscha Gelegenheit. Die Atmosphäre bei diesem Treffen war „kühl". Macmillan betonte, dass sich wegen der sowjetischen Berlinpolitik eine „sehr gefährliche Situation" entwickle und es daher seine Pflicht sei, „absolut klarzumachen", dass Großbritannien an der Seite seiner Verbündeten stehe. Er wies dann noch mit Nachdruck auf zwei Punkte hin und bat Chruschtschow, genau aufzupassen:

1. Die deutsche Frage sei gefährlich und könne zu einer „tragischen" Entwicklung führen, und
2. sollte es möglich sein, dies durch vernünftige Zusammenarbeit zu verhindern.

Chruschtschow reagierte hart und „kriegerisch": Er betrachte Macmillans Feststellung als Drohung; die Sowjetregierung werde mit der DDR einen Friedensvertrag abschließen und jede anschließende Verletzung der DDR-Grenzen als „Kriegshandlung" betrachten.

Am nächsten Tag ging es im gleichen Stil weiter. „In allem Ernst" teilte Chruschtschow Macmillan die Entschlossenheit der sowjetischen Regierung mit, „die Sache durchzuziehen" („to carry this thing through"). Würde die NATO der Sowjetunion ihren Willen aufzwingen, werde man mit allen zur Verfügung stehenden Mitteln zurückschlagen. Das Ende aller Freundlichkeiten war endgültig gekommen, als Chruschtschow mitteilte, er könne Macmillan auf dessen Fahrt nach Kiew nicht wie geplant begleiten, da einer seiner Zähne plombiert werden müsse, und Mikojan mitteilte, er könne nicht mit nach Leningrad kommen, da er seinen Wahlkreis in Rostow besuchen müsse, und Gromyko feststellte, auch er könne die Briten nicht begleiten.[34]

Die Briten waren geschockt, fanden Chruschtschows Verhalten „rüde und beleidigend". Aus London kam die Empfehlung, die Reise abzubrechen. Macmillan, der sich nach eigener Aussage von den Russen „erniedrigt" fühlte,[35] unterrichtete seine westlichen Partner über das Geschehene (de Gaulle: Chruschtschows Rede sei niederträchtig und proletenhaft – „caddish" –, ein weiterer Beweis für die immer ernster werdende Lage).[36] Der NATO-Rat trat auf Antrag der Briten zu einer geheimen Sondersitzung zusammen; die Mitglieder reagierten bedrückt („gloom") auf das, was sie hörten.[37] Eisenhower wollte Macmillan immerhin eine aufmunternde Botschaft zukommen lassen, „damit er sich nicht so einsam und verlassen vorkommt".[38]

Am 2. März hatte sich die Stimmung in Moskau wieder etwas gebessert, wie Macmillan de Gaulle und Adenauer mitteilen ließ. Die Russen seien sehr bemüht, die Unhöflichkeit Chruschtschows wieder gutzumachen, denn „sie sind wie Kinder. Sie wollen das letzte Wort haben und sie haben Anfälle von schlechter Laune. Ich glaube, es war gut, dass ich auf Chruschtschows Rede so reagiert habe, wie ich reagiert habe."[39]

Chruschtschow war für ihn, wie er Eisenhower später anvertraute, „eine Mischung aus Napoleon und Lord Beaverbrook" (dem einflussreichen, exzentrischen Großverleger, der schon im Ersten Weltkrieg Propagandaminister und im Zweiten Weltkrieg u. a. für den Flugzeugbau verantwortlich gewesen war).

Am selben Tag waren Briten und Sowjets noch einmal im Kreml zusammengekommen. Chruschtschow hatte klargemacht, was die Sowjets „wirklich“ wollten: De-facto-Anerkennung der DDR in den bestehenden Grenzen; in Bezug auf Berlin sei der 27. Mai „ohne besondere Bedeutung“; es könnte der 27. Juli oder 27. August oder ein anderes Datum sein, das der Westen vorschlage; entscheidend sei, dass Westberlin zur „Freien Stadt“ werde – mit Garantien für freie Zufahrt.[40]

Ganz in diesem Sinne fiel die Note aus, die die sowjetische Regierung am 2. März den drei westlichen Regierungen als Antwort auf deren Note vom 16. Februar überreichen ließ.[41] Darin wurde eine Gipfelkonferenz in Wien oder Genf mit anschließender, zwei bis drei Monate dauernder Außenministerkonferenz vorgeschlagen; sollte der Westen dem nicht zustimmen können, sei die sowjetische Regierung mit dem umgekehrten Weg einverstanden: erst Außenministerkonferenz, dann Gipfeltreffen.

Zum Abschluss der Gespräche in Moskau veröffentlichten Sowjets und Briten ein Kommuniqué, in dem u. a. die „Begrenzung von Truppen und Waffen, konventioneller und nuklearer Art in einem vorher vereinbarten Gebiet Europas“ erwähnt wurde,[42] und auch, dass Meinungsverschiedenheiten zwischen Nationen auf dem Verhandlungswege und nicht durch Gewalt beigelegt werden sollten. In einem vom Foreign Office „inspirierten“ Artikel konnte man am 4. März in der „Times“ das in London erwartete Ergebnis der Russlandreise nachlesen (was allerdings Wunschdenken bleiben sollte). „Nunmehr“, so hieß es mit seltener Offenheit, werde Premierminister Macmillan („Super Mac“)

> „mit größerer Autorität sprechen. Dies hat Bedeutung für den Westen als Ganzes. Angesichts eines amerikanischen Staatschefs von sich vermindernder Stärke, eines deutschen Kanzlers, der ein alter, unglücklicher Mann ist, und eines französischen Präsidenten, der von anderen Problemen voll beansprucht ist, ist die auf den britischen Premierminister fallende Verantwortlichkeit, die Allianz in den kommenden Wochen feinfühlend und doch stark zu führen, von überragender Bedeutung. Sowohl die unaufhaltsame Kraft des Pentagon als auch die Unbeweglichkeit der deutschen Starrheit müsse geschlichtet werden. Die größere Kraft von Chruschtschow ist, dass er eine Politik hat. Der Westen muss auch eine haben.“[43]

Nach den Gesprächen mit Chruschtschow glaubten die Briten tatsächlich, dass, wie es im Kabinett hieß, „die Führung der westlichen Welt Sache der britischen Regierung ist“ und dass *sie* eine Politik hatten, näm-

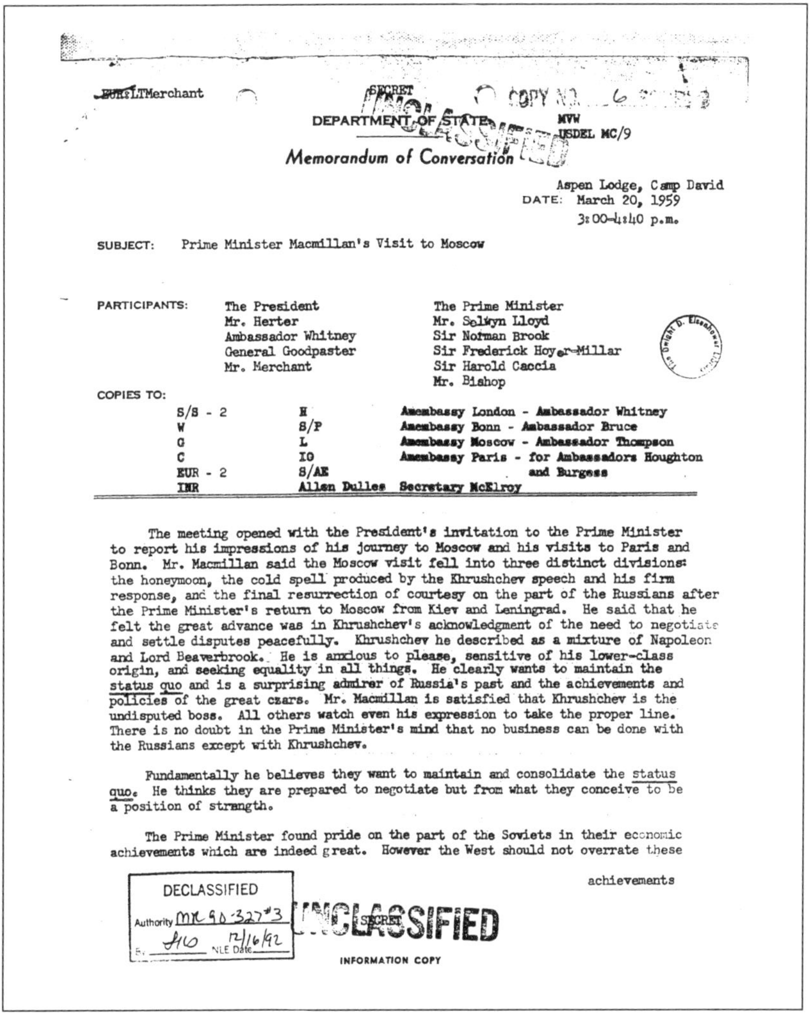

EUR:LTMerchant

SECRET

COPY NO. 6

DEPARTMENT OF STATE

MVW
USDEL MC/9

Memorandum of Conversation

Aspen Lodge, Camp David
DATE: March 20, 1959
3:00-4:40 p.m.

SUBJECT: Prime Minister Macmillan's Visit to Moscow

PARTICIPANTS:

The President	The Prime Minister
Mr. Herter	Mr. Selwyn Lloyd
Ambassador Whitney	Sir Norman Brook
General Goodpaster	Sir Frederick Hoyer-Millar
Mr. Merchant	Sir Harold Caccia
	Mr. Bishop

COPIES TO:

S/S - 2	H	Amembassy London - Ambassador Whitney
W	S/P	Amembassy Bonn - Ambassador Bruce
G	L	Amembassy Moscow - Ambassador Thompson
C	IO	Amembassy Paris - for Ambassadors Houghton and Burgess
EUR - 2	S/AE	
INR	Allen Dulles	Secretary McElroy

The meeting opened with the President's invitation to the Prime Minister to report his impressions of his journey to Moscow and his visits to Paris and Bonn. Mr. Macmillan said the Moscow visit fell into three distinct divisions: the honeymoon, the cold spell produced by the Khrushchev speech and his firm response, and the final resurrection of courtesy on the part of the Russians after the Prime Minister's return to Moscow from Kiev and Leningrad. He said that he felt the great advance was in Khrushchev's acknowledgment of the need to negotiate and settle disputes peacefully. Khrushchev he described as a mixture of Napoleon and Lord Beaverbrook. He is anxious to please, sensitive of his lower-class origin, and seeking equality in all things. He clearly wants to maintain the status quo and is a surprising admirer of Russia's past and the achievements and policies of the great czars. Mr. Macmillan is satisfied that Khrushchev is the undisputed boss. All others watch even his expression to take the proper line. There is no doubt in the Prime Minister's mind that no business can be done with the Russians except with Khrushchev.

Fundamentally he believes they want to maintain and consolidate the status quo. He thinks they are prepared to negotiate but from what they conceive to be a position of strength.

The Prime Minister found pride on the part of the Soviets in their economic achievements which are indeed great. However the West should not overrate these

achievements

DECLASSIFIED
Authority MR 90-327 #3
By HO NLE Date 12/16/92

UNCLASSIFIED

SECRET

INFORMATION COPY

Für den britischen Premierminister Harold Macmillan ist Chruschtschow „eine Mischung aus Napoleon und Lord Beaverbrook“.

lich: verhandeln mit den Sowjets und deren Vorschlag akzeptieren, sowjetische Truppen als „Symbol" in Westberlin zu stationieren, verbunden mit dem Recht der Westmächte, in Berlin zu bleiben. Was das hieß, war auch klar, nämlich: Eine solche Lösung, so das britische Kabinett, nachdem Macmillan über seine Russlandreise Bericht erstattet hatte, „bedeutet die fortdauernde Teilung Deutschlands", sie müsse daher den Deutschen sehr „umsichtig" beigebracht werden.[44] Es sei wichtig, immer daran zu denken, so hatte es ja schon im Februar geheißen, dass eine „große" Lösung mit der Sowjetunion nicht unbedingt die Wiedervereinigung mit einschließen müsse. Es gebe auch bei einer fortdauernden Teilung Deutschlands viele Möglichkeiten der Entspannung. („It is important to always keep in mind that a ‚grand' settlement need not include the reunification of Germany. You could always have a wide measure of disengagement/disarmament based on the continuation of the division of Germany.")[45] Für Bonn war diese britische Politik sicherlich nicht die richtige; ob sie die richtige für den Westen war, war die Frage. Selwyn Lloyd wollte zunächst die Franzosen auf die britische Linie einschwören. In der Berlinfrage (so gegenüber Botschafter Chauvel am 5. März im Foreign Office) gebe es „Spielraum für Verhandlungen"; als Lösungsmöglichkeit sah er „UNO-Anwesenheit und Präsenz sowjetischer Truppen in den Westsektoren"; die Sowjets hätten „interessante Anmerkungen" gemacht, wie den Westmächten ihre Zufahrtsrechte garantiert werden könnten.[46]

Steel unterrichtete Adenauer am 9. März. Dessen erste Reaktion war, dass Chruschtschows Ziel die Anerkennung der DDR sei, gefolgt von den üblichen Angriffen gegen Chruschtschow: Man könne kein Wort von dem glauben, was er sage; habe er die Sache in Moskau überhaupt im Griff nach all den demagogischen Ausfällen und endlosen Reisen? Die Briten, so Steel, seien der Meinung, dass Chruschtschow ziemlich fest im Sattel sitze. Steel erläuterte dann die im Kommuniqué erwähnte Truppenreduzierung; das bedeute auf gar keinen Fall Disengagement oder ein Wiederaufleben des Rapacki-Planes. Adenauers Kommentar war knapp: Die Truppen des Westens seien ohnehin schon so reduziert, dass man wohl kaum noch mehr reduzieren könne. Der Rest der Unterhaltung wurde von Adenauer „abschweifend wie sonst auch immer" geführt, wie Steel nach London berichtete.[47] Adenauers Meinung über Macmillan und dessen Reise stand ohnehin fest. Durch dessen Verhalten, so klagte Adenauer im Kabinett, „ist die Krise der NATO, die von der Sowjetunion ausgelöst wurde, außerordentlich vorangetrieben worden". Auch an der NATO-Nordflanke seien Tendenzen zur Nachgiebigkeit erkennbar – „heute England, morgen Skandinavien".[48]

In seinem – wie wir jetzt wissen – nur allzu berechtigten Misstrauen gegenüber Macmillan und der britischen Politik insgesamt ging Adenauer aber doch wohl einen Schritt zu weit. Das ganze „perfide Albion" stand seiner Meinung nach nämlich gegen Deutschland; in Großbritannien herrsche „ein großer Hass gegen die Deutschen, ein wirklicher Hass, der übrigens zum Teil von Sowjetrussland systematisch geschürt wird", wie er sich Anfang März ziemlich offen gegenüber dem amerikanischen Starkolumnisten Walter Lippmann äußerte.[49]

3. Gipfelkonferenz – ja oder nein?

Macmillan war jetzt von der Notwendigkeit einer Gipfelkonferenz geradezu besessen und versuchte nun, auch seine westlichen Partner davon zu überzeugen. Die Antwortnote an die Sowjets „wird so etwas wie eine Wendemarke in der Geschichte unserer Nachkriegsbeziehung mit den Russen sein. Wir sollten daher nichts überstürzen", ließ Lloyd dem amtierenden US-Außenminister Christian Herter ausrichten.[50] Sinnvolle Verhandlungen über Deutschland, Berlin oder „irgend etwas anderes", so der britische Botschafter in Washington, Harold Caccia, „müssen mit Chruschtschow selbst geführt werden, und das bedeutet eine Gipfelkonferenz." Würde man in der Berlinfrage keinen Kompromiss finden und der Westen nicht nachgeben, dann gebe es für den Westen nur die Alternative Krieg oder diplomatische Niederlage, verbunden mit dem Verlust von Westberlin. Entscheidungen von solcher Tragweite könnten nur auf einer Gipfelkonferenz getroffen werden.[51]

Bei seinem Besuch in Bonn am 12. und 13. März versuchte Macmillan zunächst einmal, Adenauer für eine Gipfelkonferenz zu gewinnen. Außenminister Gromyko sei nur eine kleine Figur in Moskau, viel weniger wichtig als sein Vorgänger Molotow, „ein Techniker, ein Werkzeug"; entsprechend behandle Chruschtschow ihn. Chruschtschow würde es nicht zulassen, dass Gromyko wichtige Entscheidungen treffe, von daher wolle auch Chruschtschow eine Gipfelkonferenz. Der Westen sollte nach Meinung Macmillans einen festen Termin für einen solchen Gipfel vorschlagen, nämlich August; die Außenministerkonferenz würde dann wahrscheinlich eher zu Ergebnissen führen, und die Russen hätten dann keinen Anlass mehr, die Krise zu verschärfen; würden sie es dennoch tun, hätten sie die Weltmeinung gegen sich.

Adenauer reagierte nicht ungeschickt. Er habe etwas gegen *eine* Gipfelkonferenz, bei der nur „wenig" herauskommen werde, und sprach sich gleich für eine *Serie* von Gipfelkonferenzen aus. Dafür hatte er auch schon eine Bezeichnung: „Erste Stufe, zweite Stufe etc." Die erste Gipfelkonferenz konnte seiner Meinung nach acht Tage dauern, gefolgt von Expertengesprächen etc. Würde der Westen Chruschtschow eine Gipfelkonferenz anbieten, dann allerdings nur unter einer entscheidenden Bedingung: Chruschtschow müsste für fünf Jahre den Status quo anerkennen; während dieser Zeit sollten die Probleme in Ruhe geprüft und konstruktive Verhandlungen geführt werden.[52]

Macmillan war einigermaßen überrascht, dass Adenauer bereit war, den Status quo für fünf Jahre zu akzeptieren – in einer größeren Gesprächsrunde wurde die zeitliche Begrenzung ausdrücklich fallengelassen[53] („fundamental andere" Position, wie er später Eisenhower mitteilte) – und meinte, etwas Ähnliches wolle ja auch Chruschtschow. Macmillans Frage, ob die Deutschen den gegenwärtigen Zustand weitere fünf Jahre hinnehmen würden, beantwortete Adenauer mit „ja". Als Endziel könne die Wiedervereinigung nicht explizit aufgegeben werden; sie müsse das Licht am Ende eines möglicherweise sehr langen Tunnels sein; bis dieses Licht erreicht sei, gehe es darum, das Los der Ostdeutschen zu erleichtern, z. B. durch Besuche der Ostdeutschen in Westdeutschland, weniger Druck auf die Kirchen etc.[54] Das waren Elemente jenes „Stillhalteabkommens", das Adenauer bereits im Vorfeld des Dulles-Besuches entwickelt hatte und das letztlich nichts anderes bedeutete als das Eingeständnis des Scheiterns seiner bisherigen Wiedervereinigungspolitik. Es ging ihm nur noch darum, den Status quo zu halten – was allerdings immer schwieriger wurde. Als Adenauer am 16. März vor dem Vorstand der Fraktion über seine Gespräche mit Macmillan berichtete und ein offenes Bild der Lage zeichnete, notierte Krone denn auch in sein Tagebuch: „Entscheidend der Satz: Wenn wir den Status quo für Berlin und die Zone behalten, haben wir für heute so gut wie alles erreicht. Wiedervereinigung – wer weiß wann!" Bundestagspräsident Eugen Gerstenmaier brachte die Sache auf den Punkt, als er zu diesem Satz feststellte, „dass damit klar gesagt sei, dass wir unsere bisherige These, Wiedervereinigung durch Geschlossenheit und Stärke des Westens, vorläufig nicht realisieren könnten. Also geteiltes Deutschland."[55]

Was hätte der Fraktionsvorstand wohl gesagt, hätte er die geheime Aufzeichnung gesehen, die der britische Botschafter in Paris, Gladwyn Jebb, am 9. März für Außenminister Selwyn Lloyd angefertigt hatte? Es ging darin um jene Punkte, in denen offensichtlich Übereinstimmung zwischen den beiden Regierungen in Paris und London herrschte. Und da hieß es zur Wiedervereinigung, man sei sich einig, dass dies angesichts der gegenwärtigen Umstände unmöglich sei und „unterm Strich unerwünscht, obwohl wir dies den Deutschen nicht offen sagen können".[56] Das Misstrauen Adenauers war jedenfalls in jedem Punkt gerechtfertigt.

Über das von Adenauer eingebrachte Junktim – Gipfelkonferenz nur bei fünfjährigem Stillhalteabkommen – kam es dann noch zu erheblichen Differenzen zwischen Adenauer und den Briten. Adenauer behauptete, Macmillan habe seiner Idee zugestimmt, Macmillan dagegen, er habe das lediglich mit Interesse zur Kenntnis genommen. Zurück in London war das für Macmillan und Lloyd „ein wichtiger Punkt", der geklärt werden musste; es sei „gefährlich", Adenauer in seinem Glauben zu lassen. Dem britischen Wortprotokoll jedenfalls war eine Zustimmung Macmillans nicht zu entnehmen.[57]

Noch am 25. März beharrte Adenauer auf seiner Version; stundenlang sprach er mit Bruce darüber, las aus dem deutschen Protokoll und habe so ziemlich alles durcheinandergebracht, wie Steel anschließend nach London berichtete, nachdem Bruce ihn informiert hatte.[58] Am Ende wurde das Thema nicht weiterverfolgt. Dies alles war auch Ausdruck wachsenden Misstrauens – fast schon Zerwürfnisses – zwischen Adenauer und Macmillan. Bei Macmillans Besuch in Bonn hatte sich Adenauer über wachsende antideutsche Aktivitäten in Großbritannien beschwert. Macmillans Antwort: „Geben Sie uns die Freihandelszone, dann wird es besser werden",[59] klang für Adenauer nach Erpressung. Dies, zusammen mit Macmillans Bereitschaft, die DDR anzuerkennen, war für Adenauer zuviel. Für Eisenhower entwickelte Adenauer geradezu eine „psychopathische Angst vor dem, was er die ‚britische Schwäche' nennt", wie Eisenhower im Mai meinte.[60] Den Briten blieb dies nicht verborgen; Eisenhower schloss schon im März einen Bruch zwischen ihnen und Adenauer nicht aus.[61] Macmillans Tagebucheintragungen machen deutlich, wie er das sah: „Adenauer ist, wie viele alte Männer, eitel, misstrauisch und habgierig. [...] Für ihn bin ich Neville Chamberlain re-incarnatus, und so weiter." (28. Mai); „Adenauer ist jetzt halb verrückt." (18. Juni); „De Gaulle und Adenauer hoffnungslos!

Adenauer, weil er ein treuloser und streitsüchtiger alter Mann ist." (27. Juni); „[...] ein halb verrückter Adenauer." (23. Juli).[62] Schon an dieser Stelle stellt sich wohl die Frage, wer hier halb verrückt war: Adenauer oder Macmillan?

Ohne die Fünfjahres-Frist zu nennen, informierte Botschafter Caccia am 14. März Herter über die deutsch-britischen Gespräche.[63] Eisenhower und Herter waren gegen eine Gipfelkonferenz. Würde man Chruschtschow jetzt ein Datum für eine Gipfelkonferenz nennen, dann sei die Außenministerkonferenz zum Scheitern verurteilt. Darüber hinaus hatte der Westen bis zu diesem Zeitpunkt die Position vertreten, dass eine Gipfelkonferenz nur dann sinnvoll wäre, wenn Vorbesprechungen erfolgreich verlaufen seien und Aussicht auf die Regelung wichtiger Fragen bestünde. Herter:

> „Moskau weiß das genau, genauso wie unsere Völker das wissen. Wenn wir jetzt, zu diesem Zeitpunkt, von dieser Position abgehen, riskieren wir, dass uns das als gefährliche Schwäche ausgelegt wird."[64]

Am 20. März kam Macmillan für zwei Tage nach Washington, um Eisenhower doch noch für eine Gipfelkonferenz zu gewinnen. Auf britischen Antrag waren die Arbeiten in der Vierergruppe, die die Antwortnote an die Sowjets konzipierte, am 14. März mit Hinweis auf diesen Besuch unterbrochen worden. In sein Tagebuch hatte Macmillan zuvor geschrieben, es gehe darum, einen Termin festzulegen; damit würden die Alliierten gezwungen, sich auf das eigentliche Problem zu konzentrieren, nämlich einen akzeptablen Kompromiss in der Berlin- und Deutschlandfrage zu finden.[65] Das erste Gespräch fand im Walter Reed-Krankenhaus statt, wo Dulles zum letzten Mal Gelegenheit hatte, seine Position klarzumachen. Dabei wurde deutlich, dass Amerikaner und Briten in entscheidenden Punkten völlig anderer Meinung waren. Dulles verwies auf das letzte Gipfeltreffen im Juli 1955 in Genf. Die Sowjets hätten dafür zuvor einen Preis bezahlt, nämlich die Zustimmung zum Abschluss des österreichischen Staatsvertrages. Auf seine Frage, ob Macmillan bei seinem Besuch in der Sowjetunion irgendetwas herausgefunden habe, was auf eine erfolgreiche Gipfelkonferenz schließen lasse, antwortete dieser eher negativ und fing dann an, über die Wiedervereinigung und sein Gespräch mit Adenauer zu berichten. Dulles blieb hartnäckig: jetzt einer Gipfelkonferenz zuzustimmen, sei „ein schwerer Fehler" und „außerordentlich gefährlich".

Macmillan sah das anders. Für ihn betrieben die Sowjets keine aggressive Politik; sie wollten lediglich die gegenwärtige Lage verändern. (Dass sie das nicht zu ihrem Nachteil wollten, kam ihm dabei offensichtlich nicht in den Sinn.) Vier mögliche Szenarien sah er:

1. Nachgeben der Sowjets;
2. Nachgeben des Westens;
3. Verhandlungslösung für Berlin und die Probleme in Mitteleuropa;
4. Krieg.

Sollte es zum Krieg kommen, werde seine Regierung die notwendigen Vorbereitungen treffen; u. a. müssten die Kleinkinder nach Kanada evakuiert werden, damit das britische Volk nach einem Atomangriff erhalten bleibe. In allen folgenden Gesprächen kam er immer wieder auf dieses Thema zurück: Acht Atombomben würden Großbritannien auslöschen und 29 bis 30 Millionen Briten töten. Man müsse mit den Sowjets reden; erst nach einem Fehlschlag werde die britische Öffentlichkeit bereit sein, Kriegsvorbereitungen zu akzeptieren.

Dulles sah das anders. Die USA hätten ein Abschreckungspotenzial aufgebaut, gäben jedes Jahr 40 Mrd. Dollar dafür aus; man müsse dann auch bereit sein, diese Waffen einzusetzen; wenn die Sowjets das wüssten, gebe es keinen Krieg. Wolle man aber jedes Mal, wenn die Sowjets drohten, verhandeln und Kompromisse eingehen, dann sollte man das Geld lieber sparen.

In der abendlichen Gesprächsrunde in Camp David machte Eisenhower klar, dass bei einem Atomkrieg mindestens 67 Millionen Amerikaner sterben würden. Aber man könne dennoch keiner Erpressung nachgeben; er lasse sich auch nicht in eine Gipfelkonferenz hineinziehen. Macmillan wurde außerordentlich emotional und von seinen Gefühlen beinahe übermannt. Es ging seiner Meinung nach um eine Frage, „die die Zukunft der ganzen Welt betrifft". Er erinnerte an den Ersten Weltkrieg, den Krieg, den niemand wollte, und der nur ausgebrochen sei, weil sich die verantwortlichen Politiker nicht auf ein Gipfeltreffen hätten einigen können; Außenminister Grey sei stattdessen angeln gegangen; Großbritannien habe zwei Millionen Menschen verloren. (Zumindest die letzte Aussage stimmte.)

Eisenhower wies darauf hin, dass es vor dem Zweiten Weltkrieg sehr wohl Gipfeltreffen gegeben habe, die aber dennoch den Krieg nicht verhindert hätten, worauf Macmillan erwiderte, damals habe man es mit einem Verrückten zu tun gehabt – mit Hitler. Er, Macmillan, sei jetzt ein alter Mann, und er habe eine Verpflichtung gegenüber seinem Volk.

Die zu treffende Entscheidung über eine Gipfelkonferenz sei wahrscheinlich „die schwerwiegendste Entscheidung, die er jemals zu treffen gehabt habe". Er müsse darüber eine Nacht schlafen und wolle nicht mehr weiter diskutieren.

Die Diskussion ging am nächsten Tag weiter. Eisenhower blieb bei seiner Entscheidung; er war unter keinen Umständen („come hell or high water") bereit, jetzt einer Gipfelkonferenz zuzustimmen. Die Arbeitsgruppen konnten sich auf keinen Text für das westliche Antwortschreiben einigen. Daraufhin machten sich Macmillan und Eisenhower selbst an die Arbeit.[66]

Am 26. März wurde die westliche Note in Moskau überreicht. Darin wurde eine Außenministerkonferenz in Genf – Beginn 11. Mai – vorgeschlagen, auf der Fragen im Zusammenhang mit Deutschland, einschließlich des Friedensvertrages, und Berlin erörtert werden sollten. Am 30. März akzeptierte die sowjetische Regierung Ort und Datum für diese Konferenz.

4. Die Viermächte-Arbeitsgruppe in Paris

In Paris war am 9. März eine Viermächte-Arbeitsgruppe zusammengekommen, die zwar die Endredaktion der o. g. westlichen Antwortnote besorgt hatte, deren eigentliche Aufgabe aber die Erarbeitung eines Positionspapiers für die Außenministerkonferenz war. Dieses Papier sollte dann auf einem Treffen der westlichen Außenminister in Washington vom 31. März bis 4. April beraten und abgesegnet werden. Die Leiter der jeweiligen Delegationen waren Martin Hillenbrand (USA), Jean Laloy (Frankreich), Patrick Hancock (Großbritannien) und Georg Graf von Baudissin (BRD).

Am 21. März legte diese Arbeitsgruppe ihren Bericht vor. Er enthielt weitreichende Empfehlungen für Berlin, Deutschland und die europäische Sicherheit und stieß wenig später auf der Außenministerkonferenz in Washington auf allerschärfste Kritik von Brentano – zur Überraschung seiner Kollegen.

Wie war so etwas möglich? Worum ging es überhaupt? Folgt man den amerikanischen Vertretern in der Arbeitsgruppe, so hatten die Deutschen wenig zu den Beratungen beizusteuern („little to contribute").[67] Am Ende verstärkte Botschafter Grewe die deutsche Delegation und legte sogar einen eigenen Plan vor.[68] Bonn war demnach bereit, mit DDR-Vertretern über Wiedervereinigung, Bildung einer gesamtdeutschen Regierung und die Wiederherstellung wirtschaftlicher und kultureller Beziehungen zu verhandeln. Voraussetzung dafür sollte allerdings die Wiederherstellung der Bürgerrechte und der Handlungsfreiheit für politische Parteien und Organisationen in der DDR sein. Dieser Plan war so unrealistisch, dass die Arbeitsgruppe entschied, nichts davon in ihren Abschlussbericht aufzunehmen. Um die Deutschen aber nicht zu sehr vor den Kopf zu stoßen, wurde er als ergänzendes Material beigelegt.

Die Briten präsentierten zwar ein eigenes Papier, halfen dann auch bei der Formulierung des Abschlussberichtes, wollten sich aber nicht festlegen und gaben auch nicht zu erkennen, was sie tatsächlich über Berlin und das Thema „europäische Sicherheit" dachten. Die Franzosen waren vorsichtig und „grundsätzlich negativ" eingestellt. Sollte es tatsächlich zur Wiedervereinigung kommen, dann sollte dieses wiedervereinigte Deutschland ihrer Meinung nach einen Sonderstatus in der NATO und seine Regierung nicht die Freiheit haben, selbst über die Mitgliedschaft in einem Bündnis zu entscheiden.[69]

Die Amerikaner gingen davon aus, dass eine grundsätzliche Einigung mit den Sowjets nicht möglich sein würde. Der eigene Plan sollte daher zwei Zielen dienen: 1. den Westen in die bestmögliche taktische Position zu bringen, und es 2. ermöglichen, so lange wie nötig zu verhandeln, um den Sowjets „Zeit für ihren Rückzug" zu lassen. Abrüstung war ein wichtiger Bestandteil des Planes – nicht zuletzt auch deshalb, weil ja Adenauer besonderen Wert darauf gelegt hatte. Truppenreduzierungen etc. sollten allerdings erst dann stattfinden, wenn der Weg zur Wiedervereinigung frei war.

Für Berlin sah der amerikanische Plan fünf Schritte vor:

1. Wiederherstellung der Einheit Berlins durch freie Wahlen in ganz Berlin unter UNO-Aufsicht;
2. gleichzeitig Plebiszit über die fortdauernde Präsenz ausländischer Truppen in Berlin;
3. Falls ja, Truppen aus welchen Ländern?
4. Ostberlin sollte nicht weiter „Hauptstadt der DDR" sein, um Berlin als Hauptstadt für das vereinigte Deutschland vorzubereiten;
5. Viermächte-Garantie für die Zufahrt für die Zeit bis zur Wiedervereinigung.

Der Bericht, den die Arbeitsgruppe vorlegte, war letztlich eine Variante des Eden-Plans vom Januar 1954 und des westlichen Plans von der Außenministerkonferenz im November 1955 – allerdings mit einigen neuen Ansätzen. So wurde zum ersten Mal auf die stereotype Forderung nach freien Wahlen als Ausgangspunkt für die Wiedervereinigung verzichtet. Diese Wahlen sollten erst nach einer Übergangszeit von ein bis drei Jahren erfolgen. Eine BRD-DDR-Kommission (11 zu 6 Mitglieder) sollte diese Wahlen vorbereiten, technische, wirtschaftliche und kulturelle Kontakte wiederherstellen und für freien Austausch von Ideen und Gütern sorgen. Die Nationalversammlung sollte dann eine Verfassung ausarbeiten und eine gesamtdeutsche Regierung bilden. Der amerikanische Plan ging hier einen Schritt weiter (und wurde als Empfehlung beigegeben): Demnach sollte ein gesamtdeutscher Rat (je zwei Delegierte für ein Land sowie aus Ost- und Westberlin) ein Wahlgesetz und eine Verfassung erarbeiten; in einer Volksabstimmung sollte dann darüber entschieden werden; nach Ablauf von drei Jahren sollten gesamtdeutsche Wahlen stattfinden.

Beide Pläne sollten sicherstellen, dass die DDR auf gar keinen Fall irgendeinen Einfluss auf die Bonner Politik ausüben konnte, weder im Rahmen des gesamtdeutschen Rates noch in irgendeiner Form von „Konföderation". Um den Ostdeutschen die Furcht zu nehmen, die Westdeutschen würden nach der Wiedervereinigung mit ihrer Mehrheit die „sozialistischen Errungenschaften" einfach liquidieren, sollte den ostdeutschen Ländern das Recht zugestanden werden, darüber selbst zu entscheiden.

Um bei diesem Unternehmen erst gar kein Sicherheitsrisiko aufkommen zu lassen, hatte die Arbeitsgruppe Fortschritte auf dem Weg zur Wiedervereinigung von Fortschritten im Bereich der Abrüstung abhängig gemacht. Das Ganze sollte in vier Stufen parallel ablaufen: In einer kurzen Stufe I sollten die vier Mächte Nichtangriffserklärungen etc. abgeben und darauf verzichten, in einem „besonderen Sicherheitsgebiet" (Deutschland, Polen, Tschechoslowakei und evtl. auch Ungarn) Atomwaffen zu lagern. In Stufe II (vor den gesamtdeutschen Wahlen) würde der Westen nichts unternehmen, was das militärische Gleichgewicht ändern würde; erst in Stufe III (nach den Wahlen) war an militärische Kontrollmaßnahmen für Deutschland gedacht; in Stufe IV sollte der Friedensvertrag unterzeichnet werden. Würde eine militärische Sicherheitszone eingeführt, sollte dies mit entsprechenden Abrüstungsmaßnahmen mit der Sowjetunion (Reduzierung der Truppenstärken etc.) gekoppelt werden. Wie das alles im Einzelnen aussehen sollte, darüber konnte sich die Arbeitsgruppe nicht einigen. Immerhin, so die Einschätzung der amerikanischen Delegation am Ende der Beratungen, „ist mehr dabei herausgekommen, als wir erwartet hatten".[70] Wie sich schon bald herausstellen sollte, war es viel zu viel für Adenauer und viel zu wenig für die Sowjets.

In den Wochen, in denen sich der Westen auf die Außenministerkonferenz in Genf vorbereitete, entstanden zahlreiche Analysen, die sich sämtlich mit dem Thema „Wiedervereinigung" und der Frage beschäftigten, was man der Sowjetunion ohne Gefährdung der eigenen Interessen anbieten konnte, wollte und sollte. Stellvertretend für die beiden amerikanischen „Denkschulen" waren dabei Botschafter Bruce in Bonn und sein Kollege Thompson in Moskau. Für Bruce war die Teilung Deutschlands nicht die Ursache, sondern nur ein Ergebnis des globalen Konfliktes zwischen der freien Welt und dem Kommunismus. Seiner Meinung nach durfte man den Sowjets weder in Berlin noch sonst wo auch nur einen Millimeter nachgeben. Würde man das tun, hätte man wahrscheinlich schon verloren; und er erinnerte gleichzeitig an das Münchener Abkommen („To give an inch might lead to surrendering all; Munich stares us in the face."). Würden die Sowjets die gegenwärtige Lage mit Gewalt ändern wollen, müsse der Westen letztendlich bereit sein, den großen, globalen Krieg, d. h. den Atomkrieg, zu führen. Mit allem Nachdruck lehnte er auch eine Konföderation der beiden deutschen Staaten ab. Dies würde seiner Meinung nach zum Rückzug der beiden Staaten aus NATO und Warschauer Pakt und zur Neutralisierung Deutschlands führen und damit das Ende der Adenauerschen Westintegrationspolitik und auch das Ende einer Politik in Europa bedeuten, die seit Jahrhunderten nicht so Erfolg versprechend gewesen sei. Deutschland würde ohne Halt in Europa herumirren, von den Freunden abgelehnt, von den Feinden umworben. Mit einem neutralen Deutschland würden die USA darüber hinaus den wichtigsten Verbündeten in Europa verlieren und Deutschland zu einer Treibmine machen („turn Germany into a floating mine").[71]

Thompson sah die Dinge anders. Eine Wiederholung der alten westlichen Forderung – Wiedervereinigung durch freie Wahlen – hielt er für sinnlos. Als Antwort auf das von Chruschtschow provozierte „russische Roulette" konnte man ein solch „tödliches Spiel" seiner Meinung nach nur spielen, wenn die Verbündeten der USA hundertprozentig mitmachen würden. Falls nicht – und davon ging er aus –, sollte man für Berlin nach einer Kompromisslösung suchen. Wie die aussehen sollte, sagte Thompson nicht. Er sah die Dinge auch mehr im gesamtdeutschen und europäischen Rahmen. Auch da hielt er neue Vorschläge für dringend notwendig. Die Behauptung des Westens, dass man aus einer Wiedervereinigung keine Vorteile für sich herausschlagen wolle, hielt er nicht für sehr überzeugend. Der Ostblock würde nämlich nicht nur 200.000 Soldaten verlieren, deren größter Teil den Westen verstärken würde, er würde auch das Industrie- und Militärpotenzial Ostdeutschlands verlieren. Von den negativen psychologischen Folgen wollte Thompson erst gar nicht reden.

Seiner Meinung nach war für die Sowjets Folgendes akzeptabel:

1. Ein wiedervereinigtes Deutschland, das keinem Militärbündnis angehörte (aber Mitglied der EWG sein konnte) und auf dessen Territorium sich keine ausländischen Militärstützpunkte befanden (ähnlich dem österreichischen Staatsvertrag – und der Stalin-Note vom März 1952);
2. Regelung der deutsch-polnischen Grenzfrage, d. h. Anerkennung der Oder-Neiße-Grenze;
3. Reduzierung bzw. Abzug der ausländischen Truppen aus Deutschland;
4. keine Atomwaffen für die Bundeswehr.

Er hatte allerdings seine Zweifel, ob man Adenauer so etwas überhaupt vorschlagen konnte, ohne dessen Vertrauen in die USA zu erschüttern. Auch bei den Franzosen sah er Probleme.[72]

Adenauer, so machte Bruce jedenfalls klar, „wird bis zum letzten Atemzug für die weitere Integration seiner Republik in die Atlantische Gemeinschaft kämpfen".[73]

Genauso war es – auch ohne jene Überlegungen, die Thompson angestellt hatte. Dafür reichte bereits das sehr zurückhaltend formulierte o. g. Positionspapier der Viermächte-Arbeitsgruppe, gegen das Außenminister von Brentano auf Weisung Adenauers auf der westlichen Außenministerkonferenz in Washington massive Einwände vorbrachte. Adenauer hatte das Papier erst erhalten, nachdem Brentano per Schiff bereits zur Konferenz nach Washington abgereist war und ging nun einen ganz ungewöhnlichen Weg. Er schickte nämlich Staatssekretär van Scherpenberg mit einem Brief an Brentano in die USA, der die strikte Weisung enthielt, dem Bericht der Arbeitsgruppe „unter keinen

Umständen zuzustimmen, sich sogar einer Verhandlung über ihn zu widersetzen".[74] Bei der Ankunft in New York waren Brentano Adenauers Instruktionen übergeben worden. Brentano selbst wollte ursprünglich nur einige kleinere Änderungen an dem Papier vorschlagen. Nach der massiven Intervention Adenauers sahen die Dinge jetzt ganz anders aus. Jetzt lehnte er die Pläne als „absolut inakzeptabel" ab (und bot Adenauer gleichzeitig seinen Rücktritt an).[75] Das Ganze laufe auf eine Konföderation hinaus; für zwei Staaten mit unterschiedlichen Ideologien sei das unmöglich. Schwerste Bedenken hatte er auch dagegen, dass ein gesamtdeutsches Gremium, in dem Kommunisten vertreten seien, eine Verfassung ausarbeiten solle („besonders gefährlich"). Er lehnte auch die geplante Volksabstimmung ab. Die Menschen würden „völlig unkritisch" sein, „emotional aufgewühlt", wenn sie über eine Verfassung abstimmen würden, mit der sie gleichzeitig für die Wiedervereinigung stimmen würden. Bei einer solchen Verfassung bestünde die große Gefahr, dass die Kommunisten der sowjetischen Zone alle Möglichkeiten erhielten, die Bundesrepublik zu unterwandern.

Einige Leute in der Bundesrepublik würden mit den ostdeutschen Kommunisten zusammenarbeiten; das Ergebnis wäre eine kommunistische Verfassung. Eine Volksabstimmung sei keine Sicherheit dagegen. Als „impraktikabel" verwarf Brentano auch den Gedanken, den ostdeutschen Ländern Sonderrechte zuzugestehen; am Ende lehnte er jetzt das gesamte Arbeitspapier als „vollständig falsch" ab.

Herter war einigermaßen konsterniert und verwies auf die Tatsache, dass in der Arbeitsgruppe doch auch ein deutsches Mitglied gewesen sei. Man habe die Dinge dort gemeinsam diskutiert. Brentano ging darauf gar nicht ein und machte nur nachdrücklich klar, dass er es als außerordentlich befremdlich empfinden würde („he would be very disturbed"), wenn seine Kollegen das Arbeitspapier akzeptieren würden; er schloss mit der Warnung, in diesem Fall würde es in Deutschland zu einer ähnlichen Situation kommen wie in der Tschechoslowakei (womit er wohl den Umsturz vom Februar 1948 meinte).

Seine Kollegen wollten jetzt allerdings wissen, wie er sich denn die Sache vorstellte. Brentano ging darauf am folgenden Tag ein. Demnach wollte Bonn Folgendes:

Die gemischte Kommission sollte lediglich die Wahlen vorbereiten, d. h. in erster Linie überprüfen, inwieweit die Artikel betreffend Menschenrechte in der DDR im sowjetischen Vertragsentwurf realisiert worden seien. Die Mitglieder sollten im Übrigen nicht von den Ländern, sondern von den jeweiligen Regierungen bestimmt werden. Die Wahlen müssten „wirklich frei" sein und von der UNO überwacht werden.

Dies waren „maximale Forderungen" an die Adresse der Sowjets, wie Brentano selbst zugab, um dann zu ergänzen, der Westen solle keine Bedenken haben, solche Forderungen zu stellen, die Öffentlichkeit habe Verständnis für ein solches Vorgehen; würde man weniger fordern, würde man den eigenen Spielraum einengen. Dann ging Brentano noch einen Schritt weiter: Sämtliche Vorschläge betreffend Deutschland, Berlin, Abrüstung, europäische Sicherheit etc. müssten als „Paket" eingebracht werden; es dürfe keine isolierte Behandlung einzelner Punkte geben. Eine entsprechende schriftliche Ausarbeitung reichte er nach.[76]

Damit waren die Gespräche festgefahren. Die Amerikaner prüften das deutsche Memorandum sehr sorgfältig und kamen dabei aus dem Staunen nicht mehr heraus. Ihrer Meinung nach enthielt es „nur Negatives"; für Bonn gab es überhaupt keinen Ansatz für eine Änderung der gegenwärtigen Lage, und es sah so aus, als ob die Bundesrepublik überhaupt keine Wiedervereinigung wollte. Damit gerieten die Amerikaner in eine schwierige Lage, hatten sie doch bislang immer Adenauers Position unterstützt, wobei sie davon ausgegangen waren, dass die Beseitigung einer der Ursachen für die Spannungen Möglichkeiten für die Abrüstung eröffnen konnte. Das war jetzt offensichtlich auch nicht mehr möglich, und die Gespräche mussten auf Berlin beschränkt bleiben.

5. Das Gespräch zwischen Christian Herter und Heinrich von Brentano am 4. April

Für den 4. April bat Herter daher Brentano um ein klärendes Gespräch. Brentano gab zu, dass die deutsche Position zwar „überwiegend negativ", aber „realistisch" sei. Und dann folgte eine Lektion in Sachen „Bonner Deutschlandpolitik": Wer sage, Westdeutschland mit seinen über 50 Millionen Einwohnern und seiner florierenden Wirtschaft etc. sei den 17 Millionen in Ostdeutschland überlegen, der wisse nicht, wie ein totalitäres Regime operiere. Es gebe keine andere Möglichkeit als die im Memorandum vorgeschlagene, wenn man nicht das Risiko eingehen wolle, dass ganz Deutschland kommunistisch werde. Würde man z. B. den Deutschlandplan der SPD akzeptieren,[77] dann würde er persönlich dafür garantieren, dass innerhalb von fünf Jahren der Kommunismus in Deutschland so weit sei wie in Jugoslawien. Es gebe auch keine sinnvolle Übergangslösung; man könne Feuer und Wasser nicht miteinander verbinden; das Regime in Pankow wolle gar nicht mit der Bundesrepublik zusammenarbeiten, sondern nur ganz Deutschland unterwandern. Hinter diesem Regime stünden die Sowjets.

Das war selbst für Herter etwas zu viel. Er gab zu bedenken, dass dies offensichtlich der Punkt sei, an dem man völlig anderer Meinung sei: Die USA seien optimistischer, was die Stärke der Bundesrepublik angehe; man glaube, dass die Westdeutschen jetzt kommunistischen Verlockungen widerstehen würden; die Bundesrepublik sei stärker, als die eigene Regierung glaube; die USA hätten großes Vertrauen in das freiheitliche System dort.

Brentanos Antwort klang dramatisch. Es sei nicht sehr erfreulich, was er jetzt sage; er sei zwar auch der Meinung, dass man aus der gegenwärtigen Sackgasse heraus müsse, aber die Bundesregierung habe eine große Verantwortung gegenüber den 50 Millionen Westdeutschen und müsse ganz genau überlegen, worauf man sich einlasse. Die politischen Führer in Bonn hätten eine Diktatur erlebt, sie hätten auch erlebt, wie eine Demokratie zusammengebrochen sei, nicht weil die Regierung, sondern weil die Menschen schwach gewesen seien. In Ostdeutschland gehe es nicht um die Frage, dass dort *nur* 17 Millionen Menschen lebten; die Rote Armee sei immer noch da; und würden die ostdeutschen Politiker einer Wiedervereinigung zustimmen, würden sie politischen Selbstmord begehen. Sie würden das nicht tun, solange die Rote Armee im Lande sei. Man spreche auch zu leichtfertig von deutsch-deutschen Kontakten; die gesamte soziale Struktur in der DDR sei völlig verändert worden; jeder Versuch einer Zusammenarbeit bedeute Subversion in Westdeutschland. Herter habe vielleicht recht, wenn er sage, die Bundesregierung unterschätze die Stärke des eigenen Landes, das sei aber in jedem Fall besser, als wenn man sie überschätze.

Herter hatte mit dieser Analyse seine Probleme. Wenn sie zutreffend sei, wenn also die Bundesregierung eine Zusammenarbeit zwischen SPD und Ostdeutschen befürchte, wie, so wollte er von Brentano wissen, stelle sich denn die Bundesregierung die Entwicklung langfristig vor? Hoffe man auf eine Kursänderung der SPD oder auf eine Änderung der Lage in der DDR?

Brentano wurde erneut ernst; noch einmal betonte er, dass er das, was er jetzt sage, nicht gern sage. Aber: Jeder Versuch, das deutsche Problem isoliert zu behandeln, berge mehr Gefahren als Erfolgsmöglichkeiten in sich. Es sei daher besser, für etliche Zeit den Status quo beizubehalten, als nicht kalkulierbare Risiken auf sich zu nehmen. Es sei nicht sehr angenehm für einen Deutschen, so etwas zu sagen, aber er habe das Gefühl, dass jeder das deutsche Problem wie eine Art verschlossene Türe sehe und jeder diese Türe öffnen wolle, nur um der allgemeinen Gefahr zu entkommen. Die Deutschen hätten die Verantwortung für das, was vor 1945 passiert sei, akzeptiert; für das, was nach 1945 geschehen sei, seien sie nicht verantwortlich. Auch an der bestehenden Teilung Deutschlands könnten sie nichts ändern.

Herter verwies auf den Eindruck, den man in Washington habe, dass die Bundesregierung im Grunde überhaupt keine Wiedervereinigung wolle, da sie sich offensichtlich keine Situation vorstellen könne, in der das attraktiv für sie sei. Damit aber würden die USA in eine schwierige Lage geraten; Gespräche mit den Sowjets müssten dann auf das Thema Berlin beschränkt bleiben. Die Sowjets würden dann mühelos einen Sieg erster Klasse erringen, wenn die Westmächte in eine Konferenz gingen, in der erklärten Absicht, nichts zu ändern.

Wie aber sollte es weitergehen? Brentano fiel nichts mehr ein; er bat den „hervorragenden" Botschafter Bruce um dessen Meinung, wohl wissend, dass dieser ganz auf seiner Linie war. Für Bruce war es denn auch unrealistisch, auch nur daran zu denken, für irgendwelche sowjetischen Gegenleistungen irgendetwas in der Bundesrepublik aufzugeben. Wegen der öffentlichen Meinung könne man aber die Forderung nach freien Wahlen nicht einfach wiederholen; es sei besser, den Sowjets ein „Paket" mit verschiedenen Angeboten vorzulegen – selbst wenn diese das dann ablehnen würden. Man dürfe keine Prinzipien aufgeben, gleichzeitig müsse man aber taktisch flexibler agieren, damit die Öffentlichkeit erkenne, dass es die Sowjets seien, die jeden Fortschritt verhinderten.[78]

Grewe stimmte Bruce vorbehaltlos zu. Brentanos Analyse – die in diesem Fall Adenauers Analyse war – war für die Amerikaner aufschlussreich und in mancher Hinsicht ernüchternd. Sie ließ sich in einem Satz zusammenfassen: Adenauer – die Bundesregierung – wollte offensichtlich keine Wiedervereinigung und vorerst lieber den Status quo beibehalten. Das hatten die Amerikaner in dieser Offenheit und Klarheit bislang nicht gewusst. Jetzt wussten sie es – und akzeptierten es, auch wenn zumindest Eisenhower von dieser Haltung nicht begeistert war. Eisenhower erinnerte sich, was Chruschtschow ihm 1955 gesagt hatte, dass Adenauer die Wiedervereinigung nicht ernsthaft wolle; sein Reden von der Wiedervereinigung sei nur „show", lediglich Taktik, um an der Macht zu bleiben.[79] An diesem 4. April bestätigte Herter diese Einschätzung. Unmittelbar nach dem Gespräch mit Brentano rief er Eisenhower an und teilte ihm mit, was der deutsche Außenminister ihm gesagt hatte: Die Bundesregierung sei dagegen, dass über freie Wahlen geredet werde, weder auf irgendeiner Außenministerkonferenz noch auf einem Gipfeltreffen, auch wenn Adenauer das nicht öffentlich sage. Der Grund: „Es ist offensichtlich, dass Adenauer und die CDU Angst davor haben, dass als Ergebnis freier Wahlen die oppositionelle SPD mit gewissen ostdeutschen Parteien eine Koalitionsregierung bilden und die CDU aus dem Amt jagen wird." Eisenhowers Antwort: „Wenn es aufgrund von freien Wahlen zur Wiedervereinigung kommt, dann muss die CDU damit leben."[80]

Am 23. April wiederholte Herter seine Einschätzung. Eisenhower machte erneut deutlich, dass er sich darüber keine Gedanken machte; am besten sei es, wenn die Deutschen diese Sache unter sich ausmachten („the best we can do is leave it to the Germans to govern themselves").[81]

Brentano merkte an, die Deutschen wüssten, dass sie von den Alliierten manchmal „sehr viel verlangten". Jetzt ging es nur noch darum, in der Arbeitsgruppe, die ein neues Papier ausarbeiten sollte, für entsprechende Klarheit zu sorgen. Dies geschah denn auch. Noch einmal gelang es – allerdings zum letzten Mal –, für die Konferenz in Genf die Westmächte auf das Junktim „Abrüstung – Wiedervereinigung" wenigstens im Ansatz festzulegen. Der schließlich ausgehandelte Plan verband Berlin-Frage, Wiedervereinigung, europäische Sicherheit und allgemeine Abrüstung miteinander.

Man wollte „ernsthafte Verhandlungen", um zu einer Vereinbarung mit der Sowjetunion zu kommen, und sei es auch nur, „um für eine Reihe von Jahren mit dem Status quo zu leben". Sollte auch dies nicht möglich sein, wollte man die Konferenz zumindest so beenden, dass ein entsprechendes Ergebnis auf einer nachfolgenden Gipfelkonferenz erreichbar war. Mit diesem „Herter-Plan"[82] gingen die Westmächte am 14. Mai in Genf in die Verhandlungen mit den Sowjets.

Adenauer war auch von diesem sogenannten „Friedensplan" nicht begeistert. Er hielt ihn immer noch für viel zu nachgiebig. Entsprechend sarkastisch waren seine Kommentare, auch wenn er sich diesmal den Realitäten fügen musste. Die Arbeiten der Planungsgruppe bezeichnete er gegenüber Herter, der am 10. Mai auf dem Weg nach Genf Station in Bonn machte, als „umfassend, geradezu überwältigend". Das Thema „europäische Sicherheit" war für ihn ein „leeres Konzept, leere Worte"; Sicherheit konnte es für ihn angesichts der neuen Waffen nur global geben. Die vorgesehene „Sicherheitszone" für Mitteleuropa lehnte er erneut als „nicht akzeptabel" ab, nicht so sehr wegen der damit verbundenen Diskriminierung der Bundesrepublik, sondern wegen der möglichen Inspektion westdeutscher Industrieanlagen durch die Sowjets. (An anderer Stelle hatte er sie „eine Tarnung des Rapacki-Plans" genannt.[83]) Die Bundesregierung werde so etwas „niemals akzeptieren"; würde es dazu kommen und die SPD möglicherweise noch die Wahlen im Jahre 1961 gewinnen, sei das das Ende der NATO; Sicherheit könne es nur durch weltweite, kontrollierte Abrüstung geben. Und er gab noch einen Ratschlag: Für eine Gipfelkonferenz müssten die Sowjets einen möglichst hohen Preis zahlen; der Westen dürfe vorher keine Konzessionen machen. Und in diesem Zusammenhang kritisierte er noch einmal Macmillan, der den Sowjets Kredite in Höhe von 250 Millionen Pfund und eine Gipfelkonferenz „für nichts" angeboten habe.[84]

6. Planungen für den Ernstfall

Aus westlicher Sicht hatte Chruschtschows Berlin-Ultimatum zur „gefährlichsten Situation seit Kriegsende" geführt, wie u. a. Adenauer und de Gaulle bei ihren Gesprächen am 4. März feststellten.[85] Die Lage war offensichtlich ernst, sehr ernst. Der 27. Mai war der Tag, an dem das sowjetische Ultimatum ablief, der Tag, an dem es nach Meinung der Joint Chiefs of Staff in Washington aller Wahrscheinlichkeit nach zur „Entscheidung" („showdown") kommen würde. Was würde geschehen und wie sollte man reagieren, falls Chruschtschow seine Drohung wahrmachen und die Zufahrt nach Berlin sperren würde? Würde der sowjetische Diktator vor einer harten Haltung des Westens zurückschrecken und es erst gar nicht dazu kommen lassen? Sollte man Verhandlungsbereitschaft signalisieren, um Chruschtschow damit einen Ausweg ohne Gesichtsverlust aus dem von ihm selbst provozierten Dilemma aufzuzeigen? Und wenn ja, worüber sollte man verhandeln? Etwa über die Anerkennung der DDR? Gab es nur die Alternative zwischen dieser Anerkennung und dem globalen Atomkrieg, wie die Briten zunächst meinten? Waren sich die Völker im Westen überhaupt über den Ernst der Lage im Klaren?

Und – noch wichtiger – waren sie bereit, für Berlin möglicherweise zu sterben?

Nach dem 27. November war das westliche Bündnis einer schweren Belastungsprobe ausgesetzt. Adenauer bot wenig zur Lösung des Problems an. Der Westen musste seiner Meinung nach jetzt erst recht einig sein, Stärke demonstrieren und den Status quo halten. Dies war sein Rezept, das er in den folgenden Wochen und Monaten allen Gesprächspartnern immer wieder mit auf den Weg gab. Um die Position in Berlin zu halten, mussten die Westmächte seiner Meinung nach notfalls auch militärisch vorgehen, auch gegen DDR-Streitkräfte. Und immer wieder betonte er, was er seit Jahren ebenfalls immer wieder wiederholt hatte: Die Sowjets hätten nicht die Absicht, die Welt zu zerstören, sondern sie zu beherrschen. Das einzige Hindernis auf diesem Weg seien die USA. Die EWG, so der Kanzler am 13. Januar 1959 zu Botschafter Bruce, habe ein Wirtschaftspotenzial von 17 zu 20 gegenüber den USA. Würden die Sowjets dieses Potenzial in ihren Besitz bekommen, würden sie damit der amerikanischen Wirtschaft weit überlegen sein und sie zerstören; am Ende stünde die politische Katastrophe.[86] Würde es zum Atomkrieg kommen, dann sollte der Einsatz von Atomwaffen nicht auf das Gebiet der DDR beschränkt bleiben, wie er gegenüber Dulles am 8. Februar betonte[87] (wohl in der – legitimen – Hoffnung, dass es dazu dann überhaupt nicht kommen würde). Als Dulles als eine Kompromisslösung öffentlich die Möglichkeit andeutete, dass der Westen DDR-Vertreter als „Beauftragte" („agents") der Sowjets akzeptieren könnte, um westalliierte Transitpapiere abzustempeln – nicht zu kontrollieren –, wurde diese „Agententheorie" von Adenauer scharf abgelehnt, ohne dass er allerdings eine Ersatzlösung anbot. Ähnlich war es, als Dulles auf einer Pressekonferenz am 13. Januar erklärte, dass er sich auch andere Wege als freie Wahlen zur Wiedervereinigung vorstellen könnte. Über dieses Thema wurden die Amerikaner dann am 4. April vom deutschen Außenminister aufgeklärt. Adenauers ganzes Denken wurde damals vom Misstrauen gegenüber den Briten geprägt.[88] Der Schock des britischen Memorandums vom November saß tief. Hinzu kam Macmillans Reise in die Sowjetunion im Februar 1959. Die Briten gefährdeten nach Meinung Adenauers nicht nur Einheit und Stärke des Westens, er sah bei ihnen auch die Bereitschaft, sich auf Kosten der Deutschen mit den Sowjets zu arrangieren. Bei diesem letzten Punkt lag er nicht ganz falsch.

Frankreich, d. h. Charles de Gaulle, war von Anfang an entschlossen, der sowjetischen Drohung nicht nachzugeben und notfalls mit

Waffengewalt den Weg nach Berlin offenzuhalten,[89] wobei er allerdings auch zugab, dass diese harte Haltung abhängig war von der „Stärke und Führung" der USA, worauf die Amerikaner denn auch öfters intern hinwiesen.[90] Im Übrigen spielte die Berlinkrise in der französischen Öffentlichkeit keine große Rolle. Im Mittelpunkt standen der Algerienkrieg und damit verbunden innenpolitische Probleme. Die französischen Politiker machten sich darüber hinaus wenig Gedanken über die Folgen eines möglichen Atomkrieges, da sie, wie der amerikanische Botschafter in Paris, Douglas Houghton, an einer Stelle berichtete, keine Erfahrung mit Atomwaffen hatten und davon auch nichts verstanden.[91] So einfach war das damals bei einigen Politikern.

Würde der französischen Öffentlichkeit oder den übrigen westeuropäischen Völkern allerdings bewusst, dass es in der Auseinandersetzung mit den Sowjets auch zum Atomkrieg kommen konnte, würden diese Völker – so die Einschätzung der amerikanischen Botschaft in Paris – ihren Regierungen nicht mehr folgen, da, wie Umfragen in Westeuropa gezeigt hätten, die Angst vor dem atomaren Holocaust groß sei („Fear of nuclear holocaust runs deep").[92]

In diesen Wochen der Unsicherheit zeigten die USA – und hier in erster Linie Eisenhower und Dulles – erstaunliche Führungsqualitäten, die sich in zwei Worten zusammenfassen lassen: Stärke *und* Verhandlungsbereitschaft. Dabei waren beide – wie auch die übrigen Mitglieder der Administration – von Anfang an entschlossen, die Westberliner auf gar keinen Fall ihrem Schicksal zu überlassen und sich keinem sowjetischen Ultimatum zu beugen, notfalls auch unter Einsatz von Atomwaffen, obwohl man hier zögerlicher war als die Militärs.

Zunächst ging es darum, die verunsicherten Verbündeten zu beruhigen, was Dulles auf der NATO-Ministerratssitzung am 16. Dezember in Paris weitgehend gelang. Würde der Westen die dort demonstrierte Entschlossenheit durchhalten, so Brentano, würde das Risiko eines großen Krieges reduziert.[93] Das war auch die Überzeugung von Dulles. Die USA hatten das Potenzial, um die Sowjetunion zu vernichten. Es kam seiner Meinung nach entscheidend auf den politischen Willen an, dieses Potenzial im Ernstfall auch einzusetzen. Nur wenn man dazu bereit war und die Sowjets von dieser Bereitschaft überzeugt waren, würde es nicht zum Krieg kommen.

Immer mehr setzte sich dabei im Westen die Überzeugung durch, dass die Sowjets bei ihrem Versuch, Westberlin zu strangulieren, dies nicht in *einer* großen Aktion machen, sondern eine „Salamitaktik" anwenden würden. Wenn nach dem 27. Mai anstelle sowjetischer Soldaten DDR-Beamte westalliierte Fahrzeuge kontrollieren wollten oder der sowjetische Vertreter in der Viermächte-Luftsicherheitszentrale – der sowieso „ständig betrunken" war oder „einen schweren Kater" hatte – durch einen DDR-Kollegen ersetzt werden sollte, konnte man das wohl kaum mit dem Einsatz von Atomwaffen beantworten. Die Frage war, ob man das akzeptieren konnte und wie weit man gehen sollte. Es gab Überlegungen, zunächst mit kleineren „Testfahrten" nach Berlin die Absichten der Sowjets zu erkunden.

Botschafter Bruce hielt nichts von dieser Idee. Schon mit kleinen Aktionen – einige Schienen entfernen, Brücken sprengen – „machen wir uns lächerlich". Am 27. Dezember war er in Berlin und machte einen Abstecher in den Ostsektor, um dort Flagge zu zeigen („flying the flag"). Anschließend schrieb er in sein Tagebuch:

> „Ostberlin sah so trist wie eh und je aus, und die einfallslosen Häuser an der Stalinallee sind stinklangweilig. Man sagt uns, dass die Bewohner gesund sind und genug zu essen haben, aber ihr freudloses Leben muss unsagbar langweilig sein. Zurück auf dem strahlenden Kurfürstendamm sind wir ins Hilton gegangen, um an der Bar einen zu trinken; zum Mittagessen dann nach Hause. Die meisten Häuser in Westberlin sind noch weihnachtlich geschmückt; und überall gibt es Weihnachtsbäume. Im Ostteil war nichts dergleichen zu sehen."

Er und der US-Kommandant in Berlin, Generalmajor Barksdale Hamlett, waren mehr denn je davon überzeugt, dass eine einsatzbereite Division nach Helmstedt verlegt werden müsste, falls die Sowjets der DDR die Kontrollen übertragen würden, um ihnen zu zeigen, dass man nicht mit sich spaßen lasse („to show we really mean business"). Ein Unsicherheitsfaktor waren Briten und Franzosen, aber: „Notfalls müssen wir wohl alleine handeln."[94]

Die amerikanischen Stabschefs waren der gleichen Meinung. Auch sie gingen davon aus, dass die Sowjets die Zufahrtswege nach Berlin sperren würden – und zwar effektiver als 1948; diesmal, so die Überlegungen, würden Brücken gesprengt etc. Anfang Januar legten sie einen detaillierten Plan vor: Für den 27. Mai sollten demnach Vorbereitungen getroffen werden, um mit mindestens einer Division den Weg nach Berlin freikämpfen, Brücken instand setzen, Hindernisse beseitigen zu können etc. Gewalt sollte mit Gewalt beantwortet werden.

Dieses Konzept wurde erstmals am 29. Januar auf höchster Ebene in Washington beraten. Die Position der Stabschefs vertrat deren Vorsitzender, General Nathan Twining. In dieser Sitzung traten die Differenzen zwischen den Joint Chiefs of Staff auf der einen und Eisenhower und Dulles auf der anderen Seite deutlich zutage. Dulles war für ein stufenweises, vorsichtiges Vorgehen, und zwar:

1. militärische Vorbereitungen, die dem sowjetischen Geheimdienst nicht verborgen bleiben sollten;
2. nach dem 27. Mai nur einen kleinen Konvoi nach Berlin schicken; sollte die Durchfahrt verwehrt werden, dann
3. Anrufen des UNO-Sicherheitsrates; sollten die Sowjets ihr Veto einlegen, dann
4. Anrufung der UNO-Vollversammlung und
5. Verstärkung der militärischen Vorbereitungen.

Zwischen dem ersten Konvoi und einem militärischen Vorgehen sollte eine bestimmte Zeit vergehen. Er nannte dies den „doppelten Ansatz" („double-barrel approach"). Im Übrigen verwies er auf die Notwendigkeit zu Verhandlungen mit den Sowjets – Beginn Mitte April –, um ihnen einen Rückzug ohne Gesichtsverlust zu ermöglichen. Eisenhower stimmte bei diesem Punkt „begeistert" zu und kritisierte dann – ganz ehemaliger Militär – die Stabschefs. *Eine* Division sei ja wohl nicht ausreichend, um den „Job" richtig durchzuführen. Wenn man schon Gewalt anwende, „dann müssen wir die gesamte Ostzone erobern". Dulles ergänzte, mit einer Division würde man eine beschämende Niederlage riskieren, worauf der stellvertretende Verteidigungsminister Donald Quarles konterte, das sei ja wohl auch bei dem von Dulles empfohlenen Vorgehen der Fall. Mit Nachdruck verteidigte Twining die Position der Stabschefs. Deren Befürchtung sei, dass die USA die Sache nur halbherzig angehen und auf halbem Wege stehen bleiben würden. Wenn die USA nicht zum Letzten, d. h. zum globalen Atomkrieg entschlossen sei, dann sollte man sich lieber aus Europa zurückziehen. Eisenhower wies auf die Schwierigkeit mit den Alliierten hin; man brauche deren Hilfe, um Verbindungs- und Nachschubwege offenzuhalten. Im Übrigen hatte er auch Zweifel, ob Adenauer wegen Berlin bereit war, „alles oder nichts" zu riskieren. Am Ende wurde nichts entschieden; allerdings machte Eisenhower klar, dass der von Dulles vorgeschlagene Weg der bessere sei, d. h. zunächst Verhandlungen mit den Sowjets, möglicherweise in Berlin, zu führen.[95]

Nur mit Mühe gelang es Eisenhower, die „Falken“ in Washington von dieser Taktik zu überzeugen. Selbst die ihm sonst freundlich gesinnten Journalisten in Washington hatten ihre Zweifel. Merriman Smith wollte auf einer Pressekonferenz am 4. März wissen, warum SAC, das Strategische Bomberkommando (Strategic Air Command), nicht in Alarmbereitschaft versetzt werde. Eisenhower konnte nur antworten, das sei sinnlos; wenn die Flugzeuge am Boden seien, sei das im Ernstfall bedeutend besser. Der Vorgänger von Dulles, Dean Acheson, schlug vor, für die NATO-Länder eine allgemeine Mobilmachung anzuordnen; was der Präsident von dieser Idee halte, wollte John Scali wissen. Eisenhower hielt nichts davon, wie seine Antwort deutlich machte:

> „Hat jemand einmal darüber nachgedacht, was eine allgemeine Mobilmachung in einer Krisensituation bedeutet? [...] Wenn man diesen Zustand eine Zeit lang aufrechterhält in unseren Ländern – in Demokratien –, dann haben wir über kurz oder lang einen Militärstaat. Die allgemeine Mobilmachung anzuordnen wäre das Schlimmste, was wir machen könnten.“[96]

Und in der Sitzung des Nationalen Sicherheitsrates am 5. März meinte er, eine allgemeine Mobilmachung sei „ein Sieg für die Russen“.[97]

Vor einem Konferenzausschuss hatte Verteidigungsminister Neil McElroy die Möglichkeit eines Präventivschlags gegen die Sowjetunion angedeutet. Eisenhower wies solche Überlegungen öffentlich und mit Nachdruck zurück. Man solle nicht jeden Augenblick darüber nachdenken, dass auch Washington bombardiert werden könnte. Über einen Präventivschlag wolle er nicht einmal nachdenken, „weil wir damit mehr zur Verwirrung als zum Verständnis beitragen“.[98] Am 13. März machte er im Kabinett klar, dass die USA in der Berlinfrage nicht nachgeben und notfalls zum Krieg bereit sein würden, obwohl er und das State Department davon überzeugt seien, dass es „nicht zu einer solch furchtbaren Tragödie“ kommen dürfe.[99]

Intern gingen – wenn auch eher mühsam – die militärischen Planungen weiter. Dabei war – und blieb für lange Zeit – die Frage offen, welche Gegenmaßnahmen der Westen unterhalb der Atomschwelle ergreifen konnte. Schon früh kam im State Department die Idee einer Wirtschaftsblockade der Sowjetunion und des gesamten Ostblocks auf; sie sollte bis zum Ende der Krise 1962/63 eine große Rolle spielen. Gedacht war an eine Blockade der Zufahrtswege in die Ostsee und ins

Schwarze Meer. Herter legte ein entsprechendes Memorandum am 4. März vor.[100] Eisenhower war davon nur wenig beeindruckt, wie er am nächsten Tag deutlich machte. Die Sowjets könnten eine solche Blockade mindestens zwölf Monate durchstehen, während Westberlin wahrscheinlich schon in zwei Wochen erledigt sei. Er wollte von Twining wissen, ob die Vereinigten Stabschefs zur Öffnung der Zufahrtswege nach Berlin eine groß angelegte militärische Aktion planten, um gleich zu ergänzen, falls das mit drei oder vier Corps durchgeführt werden sollte, „bedeutet das mit Sicherheit Krieg", worauf Herter antwortete, dies sei eine Entscheidung, „die wir zu treffen haben". Eisenhower machte klar, was das bedeutete: Man müsse zurückschlagen, „und der nächste Schlag muss dann gegen Moskau geführt werden". Er hatte Zweifel, ob die USA ohne die Hilfe der Briten, Franzosen und Westdeutschen die Zufahrt nach Berlin erzwingen konnten. Er ging dann noch einen Schritt weiter: Die gesamte NATO müsse mitmachen, „oder es geht nicht". Als Herter meinte, man müsse dann die Entscheidung möglicherweise bis nach der Sitzung des NATO-Ministerrates Anfang April verschieben, zeigte Eisenhower abschließend noch einmal die Alternativen auf: Sollte die Zufahrt nach Berlin gesperrt werden, gehe es nur noch darum, zu entscheiden, „ob wir Moskau bombardieren". Würde man sich dagegen aus Europa zurückziehen, würde man genau das tun, was die Russen wollten.[101]

Am nächsten Tag wurden die führenden Vertreter von Senat und Repräsentantenhaus über die Lage unterrichtet. Eisenhower machte klar, dass man seiner Meinung nach nicht in der Lage war, wegen Berlin einen konventionellen Bodenkrieg zu führen; wenn die Sowjets Berlin mit Gewalt nehmen würden, dann müsse man die „große Entscheidung" treffen; würden die Sowjets diese Entschlossenheit erkennen, würden sie nachgeben, worauf Senator Lyndon B. Johnson fragte: „Und falls nicht, bedeutet das dann, auf den Knopf zu drücken?" McElroy bestätigte, dass es keinen anderen Weg gebe, während Eisenhower betonte, in der Zwischenzeit alles nur Mögliche zu tun, um zu Verhandlungen zu kommen.[102]

Allen war der Ernst der Lage klar. Als Herter Dulles telefonisch am nächsten Tag über die Sitzung informierte, machte dieser noch einmal deutlich, wie er die Dinge sah. Wenn man den sowjetischen Drohungen nachgebe, sei das der Anfang vom Ende; wenn man absolut fest bleibe, dann sei er persönlich davon überzeugt, dass die Chancen nicht einmal 1:1000 stünden, „dass die Sowjets die Sache bis zum Krieg treiben".[103]

NLE MR Case No. 93-550

Document No. 1

~~TOP SECRET~~

TS# 141931b

CENTRAL INTELLIGENCE AGENCY

27 March 1959

MEMORANDUM

SUBJECT: Soviet and Other Reactions to Various US Courses of Action in the Berlin Crisis

THE PROBLEM

To estimate Soviet and other reactions to four US courses of action in the event of failure of negotiations in the Berlin crisis and Soviet interference with Western access. The courses of action are: (a) a substantial effort to reopen ground access to West Berlin by local action; (b) a substantial effort to reopen air access; (c) reprisals against the Communists in other areas; and (d) preparations for general war.

INTRODUCTION

1. The consequences of any US course of action on the international scene will always depend on the context of events

~~TOP SECRET~~

APPROVED FOR RELEAS[E]
APRIL 1994

Dieses Memorandum des amerikanischen Geheimdienstes CIA vom 27.3.1959 umfasst 15 Seiten und ist als Faksimile vollständig abgebildet bei Donald P. Steury (ed.), On the Front Line of the Cold War: Documents on the Intelligence War in Berlin, 1946 to 1961, Washington, D.C. 1999, S. 474–488.

Diese Einschätzung der Lage konnte nicht darüber hinwegtäuschen, dass es Anfang März immer noch keine klare US-Strategie mit Blick auf Berlin gab. Besonders unzufrieden und besorgt äußerten sich die Stabschefs am 11. März gegenüber McElroy. Man nähere sich immer mehr dem 27. Mai, „dem Tag, an dem es wahrscheinlich zur Entscheidung kommt", und für diesen „Ernstfall" bleibe noch viel zu tun, politisch, militärisch und psychologisch. Die Stabschefs gehörten eindeutig zu den „Falken" in Washington. In den bisherigen Planungen bemängelten sie die fehlende Entschlossenheit, für die Sicherheit Berlins einen Krieg gegen die Sowjetunion zu riskieren. Ein Verlust Berlins war für sie ein „politisches und militärisches Desaster"; für genauso gefährlich hielten sie mögliche Konzessionen, die zu diesem Verlust führen könnten. Sie waren mit Botschafter Bruce der Meinung und zitierten ihn auch so, dass „wir entschlossen und bereit sein müssen, falls alles andere scheitert, einen Atomkrieg gegen die Sowjetunion zu führen".[104]

Sechs Tage später legten McElroy und Herter Eisenhower ein gemeinsames Papier von Pentagon und State Department vor, das noch am selben Tag mit dem Präsidenten besprochen wurde. Erstmals wurde darin formuliert, dass der Zugang nach Berlin notfalls mit militärischer Gewalt erzwungen werden sollte – „selbst auf das Risiko eines allgemeinen Krieges hin". Vier Maßnahmen wurden zur Diskussion gestellt:

A. Eine gewichtige, räumlich begrenzte Aktion („local action");
B. Öffnung der Luftkorridore;
C. Gegenmaßnahmen in anderen Gebieten, z. B. Blockade der Ostblockschifffahrt;
D. Kriegsvorbereitungen.

State Department, Pentagon, Stabschefs und CIA sollten die politischen und militärischen Konsequenzen dieser vier Alternativen im Einzelnen prüfen.[105]

Eisenhower blieb skeptisch. Die Seeblockade – die später zur Lieblingsidee Adenauers wurde – lehnte er ab; dann wollte er wissen, was mit „local action" gemeint war. Die Antworten waren nicht klar; Eisenhower insistierte, bis es Twining erklärte und Eisenhowers Befürchtungen, dass die Stabschefs nur die Formulierung geändert hatten, bestätigt wurden: Bei der „local action" sollte mit einer Division der Weg nach Berlin freigekämpft werden; würde das nicht reichen, sollte auf eine andere Art „action“ umgeschaltet werden. McElroy bestätigte, was das bedeuten würde: „Wenn wir das tun, ist Feuer am Dach“ („the ‚fat is in the fire‘“).[106]

Ein von State Department, Pentagon, CIA und Stabschefs gemeinsam erarbeitetes Memorandum wurde in einer Sondersitzung des Nationalen Sicherheitsrates am 23. April diskutiert. Es ging zunächst um Maßnahme A. Eisenhower war immer noch zögerlich und wies darauf hin, dass vor einem entsprechenden Befehl der Verteidigungsminister und er selbst informiert werden müssten. Eine solche Sache sei eine sehr ernste Angelegenheit: „Dies ist eine Bedrohung der Sowjetunion, ohne dass wir wirklich genug Streitkräfte haben, mit denen wir uns deren Streitkräften entgegenstellen könnten.“

Wie würden die Sowjets reagieren? Die Meinungen gingen auseinander, da auch die Geheimdienste zu unterschiedlichen Schlussfolgerungen gekommen waren. Der Geheimdienst der Luftwaffe lag auf der Linie von Dulles: Die Sowjets würden eine solche Aktion als Entschlossenheit der USA zum großen Krieg interpretieren und einen Weg aus der Krise suchen. Herter war eher der Meinung der CIA, dass die Sowjets kämpfen würden, es sei denn, sie hätten die Division sowieso nach Berlin hereinlassen wollen. Die Diskussion ging hin und her; es ging um die Reaktion der NATO-Verbündeten, um die Alternative D, dann wieder um C: Blockade. Eisenhower hielt Letzteres nach wie vor für keine gute Idee, war aber dann davon überzeugt, dass die USA für den Fall A gerüstet sein müssten. In jedem Fall müssten auch die Alliierten mitmachen. Als konkrete Maßnahme wurde eine Arbeitsgruppe unter Leitung von Robert Murphy, dem amtierenden Außenminister, eingesetzt. Weitere Mitglieder waren je ein Vertreter des Verteidigungsministeriums, der Joint Chiefs of Staff, der CIA, und Gordon Gray, Eisenhowers Sicherheitsberater. Auf Weisung Eisenhowers sollte diese Gruppe täglich zusammenkommen und notfalls den Nationalen Sicherheitsrat zusammenrufen. Er mache diese Empfehlung in der Annahme, so betonte er,

> „dass Chruschtschow wirklich gemeint hat, was er gesagt hat, dass er nämlich die Welt nicht auf den Kopf stellen wird („to upset the applecart“), wenn der Westen und die UdSSR mit ihren Verhandlungen über Berlin begonnen haben“.

Mit Blick auf Berlin gebe es drei Möglichkeiten:

1. Irgendeine Verhandlungslösung – am besten Beibehaltung des Status quo für drei bis vier Jahre;
2. ein mögliches Zurückweichen der Sowjetunion;
3. Weltkrieg.

> „Wenn wir uns einmal entschlossen haben, militärische Gewalt anzuwenden, dann“, so der Präsident warnend, „sind dieser Gewalt keine Grenzen mehr gesetzt. Dies ist eine Tatsache, über die wir uns im Klaren sein müssen.“[107]

Knapp drei Wochen später begann die Außenministerkonferenz in Genf. Schon bald zeigte sich, dass Chruschtschow gemeint hatte, was er gesagt hatte. Als am 27. Mai das sowjetische Ultimatum ablief, wurde die Welt jedenfalls von ihm nicht auf den Kopf gestellt.

III. Die Aussenministerkonferenz in Genf (Mai bis August 1959)

1. Die erste Phase (11. bis 26. Mai)

Am Nachmittag des 11. Mai wurde das „Großereignis“ Außenministerkonferenz – außer den Diplomaten hatten sich 1.800 Journalisten in Genf eingefunden – von UNO-Generalsekretär Dag Hammarskjöld mit fast dreistündiger Verspätung eröffnet. Die Verzögerung war symptomatisch für die ganze Konferenz, an der erstmals Vertreter aus der BRD und der DDR teilnahmen. Es ging zunächst um formale Fragen, nämlich wo und wie die beiden deutschen Delegationen sitzen sollten. Die Sowjets wollten die DDR-Delegation aufwerten und bestanden auf einem runden Tisch, an dem alle sechs Delegationen gleichberechtigt sitzen und gleiches Rederecht haben sollten. Die Westmächte lehnten das ab; sie verlangten separate Tische für die Deutschen, die auch nur nach Aufforderung Rederecht erhalten sollten. Einen ganzen Tag lang wurde über dieses Thema mit Gromyko gestritten, wobei die Auseinandersetzung geradezu „lächerliche Proportionen“ annahm, wie Herter Eisenhower mitteilte.[1] Am Ende einigte man sich darauf, dass die Deutschen an zwei separaten, rechteckigen Tischen sitzen sollten; die Tische durften nicht weiter als „sechs Bleistiftbreiten“ vom runden Verhandlungstisch der vier Großmächte aufgestellt werden. Anschließend wurden, wie Herter berichtete, „viele Bleistifte verschiedener Größen“ begutachtet, bis endlich alle zufrieden waren.[2] Gromyko wollte zwölf Stühle für die Deutschen, die Westmächte beharrten auf sechs Stühlen und setzten sich schließlich durch. Was das Rederecht der Deutschen betraf, so einigte man sich darauf, dass die Deutschen das Wort ergreifen konnten, wenn sie das wünschten und wenn keiner der vier Außenminister Einwände erheben würde.[3] Nach Meinung Herters war damit die DDR-Delegation auf die ihr zukommende „beratende“ Funktion reduziert worden. Dies wurde noch dadurch unterstrichen, dass sich die Westmächte für die Dauer der Konferenz auf eine interne Sprachregelung verständigten: Die DDR-Delegation war nur die Delegation der „sogenannten DDR“, was die Sowjets und die Ostdeutschen mehr und mehr verärgerte.

Das nächste Problem war die von den Sowjets verlangte Teilnahme der Polen und Tschechen. Die Westmächte argumentierten, dass dann auch all jene Länder teilnehmen müssten, die am Krieg gegen Deutschland beteiligt gewesen waren. Die Sowjets gaben nach. Man einigte sich darauf, dieses Thema zu einem späteren Zeitpunkt wieder aufzugreifen, wenn möglicherweise die Erörterung von Themen, die über das deutsche Problem hinausgingen, eine Erweiterung des Teilnehmerkreises rechtfertigen würde.

Die Plenarsitzungen in Genf verkamen schon sehr bald zu reinen Propagandaveranstaltungen. Die Westmächte präsentierten ihren „westlichen Friedensplan", wie sie ihr „Paket" nannten, Gromyko präsentierte den Friedensvertragsentwurf vom 10. Januar. Was folgte, war „Schattenboxen"[4], wie Herter meinte, für das man, wie er schon am 11. Mai prophezeit hatte, „Geduld" und „Durchhaltevermögen" brauchte.[5]

Wichtiger als die Plenarsitzungen im „Palast der Nationen", bei denen jeweils 150 Teilnehmer anwesend waren (und wo die Erklärungen der Minister sogleich 800-mal kopiert und an die Presse verteilt wurden), waren die privaten Zusammenkünfte der Außenminister.

Bei einem solchen Treffen mit Selwyn Lloyd am 18. Mai nannte Gromyko drei mögliche Lösungen für Westberlin:

a) Abzug der westlichen Truppen, Westberlin wird „Freie Stadt";
b) sowjetische Truppen auch in Westberlin;
c) Truppen neutraler Staaten (anstelle der westlichen Truppen).

Lloyd schien dies nur ein „taktisches Manöver" Gromykos zu sein.[6] Drei Tage später versuchte Herter, Gromyko auf die Formel „Wiedervereinigung durch freie Wahlen" festzulegen. Gromyko stellte klar, dass er nichts dagegen habe, wiederholte dann aber seine Formel, dies sei Sache der beiden deutschen Staaten. Er bat um westliche Gegenvorschläge und schlug dann vor, dass man die „privaten" Gespräche offiziell einführen solle.[7]

Interessant ist ein persönlicher Stimmungsbericht, den Arthur Rumbold am 16. Mai an Frederick Hoyer Millar im Foreign Office schickte. Darin beschrieb er zunächst die Taktik des Westens, das tägliche Prozedere etc. und ging dann auf die Stimmung im westlichen „Lager" ein. An der Oberfläche sei zwar alles eitel Sonnenschein („everything is sweetness and light"), tatsächlich aber seien Amerikaner und Franzosen voller Misstrauen gegenüber britischer Nachgiebigkeit; sie würden es zwar nicht sagen, „aber man spürt es geradezu durch die Art, wie sie uns anschauen und wie sie in den Ecken stehen und sich unterhalten". Mit einer gewissen Genugtuung und zur Rechtfertigung der eigenen Position zitierte er dann, was ein Mitglied der französischen Delegation, Jean-Marie Souton, der ehemalige Kabinettschef von Ministerpräsident Mendès-France – „bei weitem der Intelligenteste von allen" –, zu ihm gesagt hatte, dass nämlich eines klar sei: „Wegen Berlin wird niemand einen Krieg führen."

Nach Meinung Rumbolds wollten die Sowjets in Genf überhaupt keine Berlin-Regelung; sie wollten etwas anderes, nämlich a) eine Gipfelkonferenz und b) Fortschritte bei den Verhandlungen über einen Atomteststopp und die Nicht-Weiterverbreitung von Atomwaffen, wobei b) dazu dienen sollte, um a) zu erreichen. Gromyko hatte ihm gegenüber schon zu verstehen gegeben, dass die Sowjets für eine Gipfelkonferenz in den USA im Juli seien („Ost- oder Westküste ist egal; beides passt"; Lloyd war für eine Gipfelkonferenz auf einem Schiff!). Die Franzosen, die im nuklearen Bereich nichts mitzureden hatten, waren denn auch gegen die Verknüpfung von a) und b) und wollten ihrerseits a) abhängig machen von Fortschritten in der deutschen Frage. Solange verhandelt werde, so Rumbold, seien jedenfalls keine einseitigen Aktionen der Sowjets zu befürchten; im Übrigen habe sich Gromyko bei der Ablehnung des westlichen Planes moderat gegeben.[8]

Hatten die Briten so etwas wie einen „Geheimplan" für Genf? Es ist interessant, dass einige Leute offensichtlich davon ausgingen, und zwar zu Recht, wie ein „ganz geheimes" Gespräch zwischen Lloyd und Herter am 22. Mai deutlich machte. Lloyd ließ ansatzweise erkennen, was er sich vorstellte und worüber man in London ja schon lange nachgedacht hatte. Würde der Westen ein neues Berlinabkommen bekommen – „mit mehr Sicherheit für uns" –, dann liege es im westlichen Interesse, den Sowjets Inspektions- und Rüstungskontrollzonen vorzuschlagen – logischerweise in der BRD.

Herter lehnte dies ab – mit Blick auf die Bonner Regierung. Sein Urteil ist interessant.

> „Leute wie Strauß, der ein Bayer ist, haben keine Skrupel, Berlin und Ostdeutschland den Russen zu überlassen. Strauß mag die Ostdeutschen nicht. Er würde eher Berlin und die Aussicht auf Freiheit für die Ostdeutschen aufgeben, als irgendwelche Kontrollen für Westdeutschland zu akzeptieren."

Herter war überzeugt davon,

> „dass Strauß wegen der Zufahrtswege nach Berlin keinen Krieg führen wird. Die übrigen Westdeutschen werden so wie Strauß reagieren. Sie machen sich mehr Gedanken darüber, russische Kontrolleure aus der BRD rauszuhalten, als um das mehrheitlich sozialdemokratische Berlin."

Der einzige Kommentar von Lloyd war, dass er nichts dagegen hätte, wenn Strauß etwas stärker an die Kandare genommen würde („considerable limitations being placed on Mr. Strauss").[9]

Am 23. Mai besuchte Gromyko Brentano in dessen Genfer Quartier. In dem etwa 90 Minuten dauernden Gespräch wurden, wie Brentano am Ende formulierte, „erneut die Gegensätze der Standpunkte aufgezeigt". Liest man das elf Seiten umfassende deutsche Protokoll, so kann man dies nur bestätigen. Gebetsmühlenartig wiederholte Gromyko die aus seiner Sicht „reale Tatsache der Existenz zweier Staaten", an der man nun einmal nicht vorbeigehen könne. Brentano betonte, „was in erster Linie existiere, sei *ein* deutsches Volk"; verstehe Gromyko denn nicht, „wie viel größer, aus sowjetischer Sicht gesehen, die Chance für ein Gespräch sei, wenn es mit dem ganzen deutschen Volk geführt würde, und wie viel eher auf diese Weise gute Beziehungen zwischen den beiden Völkern erzielt werden könnten?" Die Welt sollte dem deutschen Volk ein Recht nicht verweigern, „das sie allen anderen Völkern zugesteht, nämlich das Recht auf Vereinigung und auf ein Leben in einem selbstgewählten System". Gromyko verstand nicht oder wollte nicht verstehen. Die Ablehnung des sowjetischen Friedensvertragsentwurfes sei Beweis dafür, dass Bonn „die Vermehrung der Spannung zwischen den beiden deutschen Staaten und damit in Europa", die Sowjetunion dagegen ein „friedliebendes und unabhängiges" Deutschland wolle. Brentano widersprach: Bonn lehne den sowjetischen Vorschlag ab, weil man nicht von einer Regelung ausgehen könne, „bei der dem deutschen Volk das primitive Recht der Selbstbestimmung verweigert werde"; Bonn, so Gromyko, wolle die Bundesrepublik in einen „Militärstaat" verwandeln. Brentano: Er glaube nicht, dass es gut sei, diese Vorwürfe immer wieder zu wiederholen. Es habe keinen Zweck, anderen vorzuwerfen, was man selber tue. Und so ging das hin und her. Bonn, so Gromyko, verweigere der DDR die Anerkennung und spreche ihr darüber hinaus die Existenz ab,

„was nicht hindere, dass sie trotzdem existiere. Dabei müsse die Bundesregierung doch wissen, dass die Grenzen der DDR mit einem starken Schloss verschlossen seien. Die Politik der Bundesregierung führe also lediglich dazu, den Graben zwischen den beiden deutschen Staaten immer mehr zu vertiefen und eine Wiedervereinigung immer schwieriger zu machen, was weder im Interesse des deutschen Volkes noch im Interesse der europäischen Sicherheit liege."

Brentano erwiderte, er wisse sehr wohl, „dass an der Grenze der DDR ein starkes Schloss hinge, die Bundesregierung wisse aber auch, dass die Sowjetunion den Schlüssel zu diesem Schloss habe".[10]

Gegenüber Lloyd gab sich Gromyko an anderer Stelle – noch vor Beginn der Konferenz – ganz offen: Die Sowjetunion, so der sowjetische Außenminister, „will keine Wiedervereinigung, und Großbritannien auch nicht"; der einzige Unterschied sei der, dass Moskau so ehrlich sei und das auch zugebe. Es sei Zeit für die Briten, „realistisch zu sein und die Tatsache zu akzeptieren, dass die Fortdauer der Teilung das sei, was beide in Wirklichkeit wollten".[11] Die Antwort Lloyds ist zwar nicht dokumentiert – aber Gromyko hatte natürlich recht: Auch die Briten wollten keine Wiedervereinigung (vgl. hierzu auch Kap. VIII, 2). Lloyd unterrichtete lediglich Macmillan von diesem Gespräch. Es hat in Genf dann noch mehrfach Gespräche zwischen Lloyd und Gromyko gegeben (so am 20. Juni und 16. Juli), von denen Lloyd lediglich Macmillan unterrichtete. Am 16. Juli bemühte Gromyko Stalingrad: Man sei in einer Position wie die Rote Armee 1942/43; im Rücken habe man nur Wasser, d. h. „wir haben keine Möglichkeit mehr für Manöver oder Rückzug".[12]

Wer wollte überhaupt die Wiedervereinigung? Die in Bonn Regierenden offensichtlich nicht – jedenfalls sahen die Briten das so (wohl auch, um ihre eigene Position zu rechtfertigen). Wörtlich hieß es in einem Telegramm von Lloyd an Macmillan am 21. Mai 1959: „Sie wollen ein geteiltes Deutschland, aber trauen sich nicht, es zu sagen" („they want a divided Germany but dare not say so").[13] Dieser Satz führte wenig später zu einer interessanten Darstellung des Problems durch P. F. Hancock im Foreign Office. Anlass war ein Schreiben des britischen Botschafters Sir Douglas Busk in Helsinki, der sich fragte, warum die Bundesregierung die Teilung wolle bzw. was Lloyd veranlasst habe, einen solchen Satz zu schreiben, der u. a. als „guidance" an verschiedene britische Botschaften gegangen war.

In dem entsprechenden Telegramm hatte noch mehr gestanden. Aus britischer Sicht kamen demnach aus Bonn zum Thema „Wiedervereinigung“ nur „Lippenbekenntnisse“. Der Grund klang simpel: Bei einer aktiven Wiedervereinigungspolitik müssten nämlich Kontakte mit Ostberlin aufgenommen werden, was Bonn ablehne – aus Furcht vor subversiver DDR-Tätigkeit. Das schloss einen anderen Grund mit ein: Adenauers Furcht, bei Wahlen die Macht zu verlieren, denn „mit ziemlicher Sicherheit wird die Mehrheit der Ostdeutschen eher SPD als CDU wählen“.

Botschafter Busk hatte ein anderes, ehrenwertes Argument genannt: Möglicherweise wollten die Westdeutschen aus Rücksicht auf die europäischen Nachbarn und die NATO-Verbündeten keine Wiedervereinigung. Hancock lehnte das glatt ab:

> „Falls die Westdeutschen die Chance zur Wiedervereinigung nach ihren Bedingungen bekommen, d. h. durch freie Wahlen, dann werden sie sich nicht durch irgendwelche Gefühle gegenüber den NATO-Verbündeten leiten lassen.“

Wollten die Briten damals die Wiedervereinigung? Die Antwortet lautet: ja, aber – nämlich nur aufgrund freier Wahlen mit einem im Westen verankerten Gesamtdeutschland (Anfang 1962 galt allerdings auch das nicht mehr). Was wäre mit einem vereinigten, neutralen Deutschland? Konnte man das akzeptieren, oder war der gegenwärtige Zustand nicht in jedem Fall besser? Bei dieser Frage gab es keine einhellige Meinung. Im ersten Entwurf hieß es, würden die Sowjets ein solches Angebot machen, würden die Westdeutschen ja sagen – dabei wurde auf den Deutschlandplan der SPD verwiesen –, „und wir müssten diese Lösung wohl oder übel akzeptieren“. Zurzeit sähe es aber nicht so aus, als ob die Russen ein solches Angebot machen würden. Diese Passage des Entwurfs eines Antwortschreibens an Busk wurde von Hancock gestrichen und durch folgende ersetzt:

> „Ein neutrales Deutschland ist aus zwei Gründen eine gefährliche Lösung, nämlich a) es wird Ost gegen West ausspielen und b) die Russen werden dem nur zustimmen, wenn es ihnen Vorteile bringt. So wie die Lage zurzeit ist, ist sie für alle Beteiligten nicht allzu schlecht.“

Die Russen waren demnach zu Spielverderbern geworden: „Sie sind mit der Berlinkrise aus der Reihe getanzt, um den Status quo zu verändern.“[14]

Die Aufregung über die Teilnahme der beiden deutschen Delegationen an der Genfer Konferenz legte sich schon bald. Die Deutschen aus

Ost und West durften nur nach vorheriger Anmeldung das Wort ergreifen. Auf DDR-Seite machte das Außenminister Lothar Bolz; auf westdeutscher Seite Wilhelm Grewe, da Brentano sich weigerte, den Konferenzraum in Anwesenheit von Bolz zu betreten. Als die Briten Anfang Juni darüber nachdachten, ob auch die Reden von Bolz und Grewe in ein geplantes „Weißbuch" über die Konferenz aufgenommen werden sollten, lehnte Hancock das ab und formulierte gleich, was er von der Arbeit der zwei deutschen Vertreter hielt: „Beide haben keinerlei konstruktiven Beitrag zur Konferenz geleistet."[15]

Nach zwei ergebnislosen Verhandlungswochen gab es Ende Mai eine für alle willkommene Unterbrechung, auch wenn der Anlass wenig erfreulich war. John Foster Dulles war am 24. Mai gestorben; die Konferenz wurde für zwei Tage ausgesetzt, um allen die Möglichkeit zur Teilnahme an der Beerdigung in Washington am 27. Mai zu geben, genau an jenem Tag, an dem das sowjetische Ultimatum auslief. Herter bot Gromyko einen Platz in seinem Flugzeug an; dieser lehnte ab.

Am 27. Mai lud Eisenhower die Außenminister zum Mittagessen ins Weiße Haus ein. Das Treffen fand in einer ausgesprochen freundlichen und entspannten Atmosphäre statt.[16] Anschließend schrieb Eisenhower in sein Tagebuch, Gromyko sei „persönlich sehr angenehm. Er hat ständig gelacht und die Hoffnung auf echte Fortschritte geäußert. Ich habe ihm gesagt, dass ich das persönlich sehr wünschen würde, weil ich nur dann einer Gipfelkonferenz zustimmen könnte." Zur Überraschung Eisenhowers hatte Gromyko nicht widersprochen, obwohl jeder wusste, dass Chruschtschow eine Gipfelkonferenz wollte, egal, was in Genf passieren würde. Gromykos Reaktion war für Eisenhower ein Hinweis auf die, wie er notierte, „relativ unbedeutende Stellung, die Gromyko in der Hierarchie in Moskau einnimmt. Dort gibt es nur einen Boss, und Gromyko ist nichts weiter als ein Laufbursche (‚errand boy')"[17].

2. Die zweite Phase (28. Mai bis 20. Juni)

Die zweite Phase der Außenministerkonferenz begann praktisch „in der Luft", d. h. im Flugzeug, mit dem Lloyd, Couve de Murville und diesmal auch Gromyko als Herters Gäste von Washington zurück nach Genf flogen. Man unterhielt sich in entspannter Atmosphäre. Auf die Frage von Herter, was die Sowjets eigentlich an der Situation in Westberlin störe, wiederholte Gromyko die altbekannten Argumente, allerdings in moderater Form.[18]

Am nächsten Tag sahen die Dinge schon wieder anders aus. Gromyko beharrte auf seinen alten Forderungen, u. a. „Freie Stadt" Westberlin. „Im Gegensatz zu dem Gespräch im Flugzeug hat sich seine Haltung verhärtet", notierte Herter. Die Stimmung wurde in den nächsten Tagen nicht besser. Bei einer privaten Zusammenkunft mit Gromyko wies Herter darauf hin, dass Berlin auch Ostberlin einschließe; auch für Ostberlin gebe es ein Besatzungsregime. Gromyko lehnte das ab; Ostberlin sei die Hauptstadt der DDR; die DDR habe das in Ausübung ihrer souveränen Rechte so entschieden, worauf Herter konterte, sie hätte ja auch Dresden oder Leipzig wählen können.[19] In der Plenarsitzung am 30. Mai griff Couve de Murville eine Bemerkung Gromykos auf, wonach die beste Lösung die sei, dass die DDR sich Westberlin einverleibe. So etwas gebe Anlass zu ernsten Befürchtungen.[20]

Am 1. Juni legte Gromyko ein Papier vor, das die bekannten sowjetischen Vorstellungen für Westberlin enthielt[21] – für Eisenhower „ein typischer sowjetischer Trick"[22] – und schlug eine private Sitzung unter Teilnahme der Ostdeutschen vor. Herter lehnte entschieden ab. Daraufhin kam es am nächsten Tag zu einer Plenarsitzung, in der DDR-Außenminister Bolz seine Version der Viermächte-Regelung über Berlin zum Besten gab: Berlin sei eindeutig Teil der sowjetischen Besatzungszone gewesen, keine „fünfte Besatzungszone". Herter antwortete nur, Bolz möge sich über die grundlegenden Kapitulationsdokumente klug machen – mit Unterstützung seines sowjetischen Kollegen –, bevor er die Westmächte über ihre Rechte in Berlin belehre.[23]

Herter war frustriert und suchte Unterstützung bei Eisenhower. Die Gegensätze zwischen Ost und West schienen offensichtlich unüberbrückbar, wie auch eine Rede von Chruschtschow in Tirana am 31. Mai gezeigt hatte, in dem dieser die westlichen Vorschläge abgelehnt hatte; sie enthielten keinen einzigen Punkt, über den man verhandeln könne; die Verfasser hätten überhaupt nicht begriffen, worum es eigentlich gehe. In einem Telegramm an Eisenhower am 2. Juni wies Herter auf diese „Drohgebärden" hin, die „wahrlich nicht hilfreich" seien, zumal auch Gromyko keinerlei Kompromissbereitschaft zeige. Auch die Privattreffen hätten überhaupt nichts gebracht, mit einer Ausnahme: Die Russen würden allmählich begreifen, dass die Westmächte nicht bereit seien, Besatzungs- und Zufahrtsrechte in Berlin aufzugeben. Um die Sache voranzutreiben, schlug Herter vor, Eisenhower solle in einer

Pressekonferenz klarstellen, dass die Entwicklung in Genf keine Gipfelkonferenz rechtfertige.[24]

Eisenhower tat genau das am 3. Juni, um zu sehen, „ob wir nicht etwas Bewegung in die Sache bringen können“, und informierte auch Macmillan, dem er erneut mitteilte, dass er eine Gipfelkonferenz, die auf Wunschdenken aufbaue, für ein „Desaster“ halte.[25] Das Minimum sei „ein vernünftiges Papier“ als Grundlage für die Arbeit der Regierungschefs, „verbunden mit der Zusage, dass nicht weiter versucht wird, unsere Rechte in Berlin einzuschränken“. Macmillan war nicht begeistert. Wenn das die Haltung der Amerikaner sei, dann seien die Aussichten für eine Gipfelkonferenz „gleich Null“. Und eine Gipfelkonferenz war das, was er „auf jeden Fall als Ergebnis von Genf“ wollte; daneben möglicherweise auch noch Fortschritte in der Berlinfrage und in anderen Bereichen. Auf keinen Fall sollte die Genfer Konferenz einfach abgebrochen werden. Seiner Meinung nach sollte die Gipfelkonferenz Ende Juli stattfinden; um das zu erreichen, so der Premierminister am 4. Juni an Selwyn Lloyd, müssten die Briten notfalls in Genf die Initiative übernehmen.[26]

In Genf wurden inzwischen die Argumente geradezu gebetsmühlenartig wiederholt. Fortschritte waren nicht erkennbar. Die Westmächte lehnten die sowjetischen Vorschläge ab und beharrten auf ihren Rechten, während Gromyko die westlichen Vorschläge ablehnte und ein Ende des „Besatzungsregimes“ in Westberlin forderte. Am Abend des 8. Juni berieten die drei westlichen Außenminister die Lage. Couve de Murville war überzeugt davon, dass man an einem toten Punkt angelangt und kein Ergebnis zu erwarten sei, was im Übrigen von Chruschtschow bestätigt worden sei, der am Tag zuvor erklärt hatte, es könne keine Berlinregelung mit Fortdauer des „Besatzungsregimes“ geben. Couve war für eine sofortige Vertagung der Konferenz bis Mitte Juli. Lloyd widersprach zunächst heftig, sprach sich für eine 4- bis 5-tägige Unterbrechung aus, war am nächsten Tag aber auch für eine vierwöchige Vertagung. An beiden Tagen plädierte er allerdings für eine Gipfelkonferenz, die jetzt mehr denn je notwendig sei. Die Außenminister sollten die Details eines möglichen Abkommens ausarbeiten und die umstrittenen Fragen bezüglich der grundsätzlichen westlichen Rechte der Gipfelkonferenz überlassen. Ohne ein Abkommen würden die Berliner „langsam stranguliert“, mit einem neuen Abkommen würden Freiheit und Lebensfähigkeit Berlins bis zur Wiedervereinigung gesichert.

Herter fand diese Argumente „größtenteils nicht akzeptabel“, wie er Eisenhower berichtete. Er und Couve de Murville unterstützten auch Lloyds Gipfelkonferenz-Enthusiasmus nicht, zumal auch de Gaulle, wie Couve mitteilte, nichts davon hielt, da beim gegenwärtigen Stand der Dinge ein Fehlschlag vorprogrammiert sei.[27]

Am Abend des 9. Juni verschlechterte sich die Stimmung noch mehr. Bei einem privaten Treffen der vier Außenminister präsentierte Gromyko neue Vorschläge. Die Sowjetunion war jetzt zwar bereit, den gegenwärtigen Zustand in Westberlin für ein Jahr zu akzeptieren, während dieser Zeit sollte aber ein paritätisch zusammengesetzter gesamtdeutscher Rat über die Wiedervereinigung beraten, die Grundsätze eines Friedensvertrages erarbeiten und die Aufnahme von Kontakten zwischen BRD und DDR vorbereiten. Als Voraussetzung für diese Regelung nannte Gromyko folgende Bedingungen:

a) Reduzierung der westlichen Truppen in Westberlin auf eine symbolische Zahl;
b) Einstellung aller feindlichen Propaganda und Spionage gegen die DDR und „andere sozialistische Länder“ von Westberlin aus;
c) keine Stationierung von Raketen oder Lagerung von Atomwaffen in Westberlin.

Bei Ablehnung dieser Vorschläge durch die Westmächte würde die Sowjetunion eine Fortsetzung des „Besatzungsregimes“ ablehnen. Sollte der gesamtdeutsche Rat nach einem Jahr keinen Friedensvertragsentwurf erarbeitet haben, würde die Sowjetunion einen separaten Friedensvertrag mit der DDR abschließen.

Die westlichen Außenminister waren gleichermaßen schockiert und empört – selbst Lloyd, der die Vorschläge eine „Drohung“ nannte; Herter betonte, damit sei das alte Sechs-Monate-Ultimatum in ein neues Ein-Jahres-Ultimatum verwandelt worden, was Gromyko logischerweise verneinte.[28] In der Plenarsitzung am nächsten Tag ging die Auseinandersetzung weiter. Herter, unterstützt von Lloyd und Couve de Murville, sprach von „unglaublichen“ Vorschlägen, die „völlig inakzeptabel“ seien aufgrund des Inhalts und des drohenden Tons. Damit sei man nicht nur bis zum 11. Mai, wo man mit der Konferenz begonnen habe, sondern bis zum November 1958 zurückgeworfen worden, „als die Sowjetunion die Berlinkrise erfunden hat“. Die Westmächte seien nicht bereit, angesichts einer solchen Drohung zu verhandeln. Lloyd wollte wissen, ob Gromyko mit diesen Vorschlägen die Konferenz beenden wollte.[29]

Obwohl Gromyko alle Anschuldigungen zurückwies, war die Krise da. Herter gab Anweisungen, für seinen Rückflug nach Washington ein Flugzeug bereitzustellen, das innerhalb von vier Stunden startklar sein musste. Dies teilte er Gromyko am nächsten Tag in einem privaten Gespräch mit, um den Ernst der Lage zu unterstreichen. Die sowjetischen Vorschläge seien ein Ultimatum, die Fortsetzung der Verhandlungen unter diesen Umständen fast unmöglich. Er wollte wissen, ob dieser Eindruck richtig sei. Obwohl Gromyko ausgezeichnet Englisch sprechen konnte – und dies in den bisherigen privaten Treffen auch getan hatte –, zog er jetzt einen Übersetzer hinzu. Mehrmals betonte er, die Vorschläge seien weder ein Ultimatum noch eine Drohung. Herter könne dies der Presse auch so mitteilen – was Herter tun wollte. Gromyko sagte aber auch, er habe den Eindruck, dass es dem Westen nicht ernsthaft um den Abschluss eines Abkommens gehe. Umgekehrt hatte Herter den Eindruck, dass Gromyko in dieser zweistündigen Unterredung mangels Instruktionen aus Moskau lediglich Zeit gewinnen wollte („stalling"); von daher auch der Übersetzer.[30]

In der Plenarsitzung am nächsten Tag ging es wieder um das „Ultimatum". Herter forderte Gromyko auf, öffentlich zu erklären, was dieser ihm am Abend privat gesagt hatte, dass die Vorschläge keine Drohung seien – was Gromyko dann auch tat. Ansonsten trat man weiter auf der Stelle.[31]

Couve de Murville und Brentano waren jetzt für sofortige Vertagung. Die Franzosen und die Deutschen „wollen die Krise aussitzen", hatte Lloyd schon am 22. Mai nach London berichtet.[32] Er befürchtete, dass das dann auch das Aus für eine Gipfelkonferenz war, auf die sich Macmillan öffentlich festgelegt hatte. Herter machte dann plötzlich den Vorschlag, dass Macmillan die Staatschefs zu einer Konferenz ohne Tagesordnung nach London einladen sollte.

Eisenhower war von dieser Idee überhaupt nicht begeistert und lehnte ab. Immerhin war er bereit, in einem persönlichen Schreiben an Chruschtschow auf die schwierige Situation in Genf hinzuweisen und dass es ohne Fortschritte dort zu keiner Gipfelkonferenz kommen könne. Am 15. Juni schrieb er diesen Brief. Als Herter Couve de Murville davon unterrichtete, war dieser etwas überrascht und meinte, am Ende würde es wohl zu einem Besuch Chruschtschows in Washington kommen – womit er in der Tat recht haben sollte.[33]

Macmillan war schon einen Schritt weiter. Er hoffte zwar, dass Eisenhowers Brief einen „heilsamen" Effekt auf Chruschtschow haben werde, rechnete aber mit einem möglichen Fehlschlag der Genfer Konferenz und einer Initiative Chruschtschows für eine Gipfelkonferenz. Dem müsse Eisenhower mit einer Einladung zu einer „informellen" Gipfelkonferenz (Staatschefs, Außenminister, wenige Berater) zuvorkommen; dies sei der Weg, um mit Chruschtschow zu einer Regelung zu kommen. Notfalls würde er, Macmillan, eine Einladung nach London – oder Genf – aussprechen.[34] Auch wenn er von einem „wichtigen Wendepunkt" in der Auseinandersetzung mit den Sowjets sprach und die Ernsthaftigkeit des Westens beschwor: Eisenhower blieb unbeeindruckt und konnte keinen Unterschied zwischen einer „informellen" und einer „formellen" Gipfelkonferenz feststellen. Immerhin schloss er am 17. Juni nicht aus, mit Chruschtschow zusammenzutreffen – falls dieser die in New York geplante sowjetische Ausstellung besuchen würde –, um auf diese Weise den Karren in Genf wieder flottzumachen.[35]

Während man im Westen auf die Antwort Chruschtschows wartete, ging das Schattenboxen in Genf weiter. Nach einem weiteren „privaten" Gespräch mit Gromyko hatten die Westmächte den Eindruck, dass sich dessen Haltung noch mehr verhärtet hatte, dass allerdings auch der Kern des Konflikts deutlicher geworden war, dass nämlich die Westmächte ihre Präsenz in Berlin nicht aufgeben würden und die Sowjetunion genau diese beseitigen wollte. Herter gab Gromyko zu verstehen, dass die Westmächte die zwei Millionen Westberliner niemals im Stich lassen würden.[36]

Am 12. Juni trafen Gromyko und Brentano noch einmal zusammen. Der deutsche Außenminister hatte seinen sowjetischen Kollegen und den sowjetischen Botschafter in Bonn, Smirnow, zum Abendessen in die Residenz des deutschen Generalkonsuls eingeladen. Das Gespräch verlief genauso unergiebig und unerfreulich wie jenes vom 23. Mai. Gromyko kam immer wieder auf die geplante atomare Aufrüstung der Bundeswehr und insbesondere die Errichtung amerikanischer Atom- und Raketenstützpunkte in der Bundesrepublik zurück. Dadurch sei ein „entscheidendes Moment der Verschärfung" in die internationale Lage gebracht worden, das die Lösung aller internationalen Probleme erschwere. Brentano machte dagegen geltend, dass die Bundesregierung die notwendigen Maßnahmen zur Selbstverteidigung nur „nach Überwindung schwerer Skrupel" ergriffen habe und dass sie jederzeit bereit sei, diese Schritte rückgängig zu machen, sobald es zu einem internationalen Abkommen komme. Die Bundesregierung werde sich jeder solchen Abrüstungsabsprache durch die Großmächte „bedingungslos" anschließen.

Man sprach dann über die Genesis des Kalten Krieges, welche Rolle Roosevelt gespielt habe etc. Brentano erwähnte den Hitler-Stalin-Pakt, Hitler und Stalin hätten Polen gemeinsam überfallen. Gromyko gab seine Version der Geschichte zum Besten. Man redete aneinander vorbei. Brentano ging dann auf die deutsche Frage ein: Die Sowjetunion habe es wesentlich in der Hand, dass gerade das für die Spannungen in Europa entscheidende deutsche Problem gelöst werde; die Sowjetunion habe die Chance, sich das ganze deutsche Volk zum Freund zu machen. Könne man nicht in beiden Teilen Deutschlands eine Volksbefragung darüber abhalten, ob die Bevölkerung freie Wahlen wünsche oder nicht? Gromyko gab die Standardantwort: Das sei Sache der Deutschen; diese Frage müsse zwischen Vertretern der Bundesregierung und der DDR in dem gesamtdeutschen Ausschuss, den die Sowjetunion vorgeschlagen habe, erörtert werden; sie selbst könne auf eine solche Entscheidung keinen Einfluss nehmen. Und so ging es weiter. Am Ende bestätigte man sich, was schon vorher klar gewesen war, nämlich grundsätzliche Meinungsverschiedenheiten.[37]

Vier Tage später wurde im Auswärtigen Amt ein Memorandum über „gegenwärtige Tendenzen der sowjetischen Außenpolitik" fertig gestellt. Die Kernthese lautete: Ziel der Sowjetunion ist nach wie vor die kommunistische Weltrevolution; deren expansive außenpolitische Vorstöße

> „können als Anzeichen dafür gedeutet werden, dass die sowjetische Außenpolitik infolge der besseren gesamtstrategischen und wirtschaftlichen Lage der Sowjetunion und des Ostblocks heute ungleich günstigere Aktionsmöglichkeiten besitzt als während der gesamten Stalin-Ära".

Diese Politik sei „außerordentlich gefährlich" und bringe die Westmächte „in höchst prekäre Situationen". Die Aufhebung des Besatzungsstatuts in Berlin sei kein selbstständiges Ziel der Sowjets, sondern diene ihnen nur als Mittel, um die Westmächte zur Anerkennung der Zone zu zwingen. An einer wirklichen Beendigung des Kalten Krieges sei die Sowjetunion nicht interessiert. Alle dahin gehenden Vorschläge seien im Wesentlichen nur aus propagandistischen Gründen „und mit dem Ziel der Zersetzung der westlichen Bündnisse und der westlichen Verteidigungsbereitschaft" unterbreitet worden. Im Auswärtigen Amt sah man die Gefahr darin, dass die Sowjetunion „die bestehenden Kriegsrisiken nicht richtig einschätzt". Diese Gefahr werde dadurch erheblich vergrößert, „dass eine so selbstbewusste und dynamische Persönlichkeit wie Chruschtschow nunmehr den ausschlaggebenden Einfluss auf die sowjetische Außenpolitik ausübt".[38]

Am 16. Juni präsentierten die Westmächte in Genf einen neuen Plan, um aus der Sackgasse herauszukommen. Es war eine Variante ihrer Vorschläge vom 8. Juni – mit zwei bemerkenswerten Änderungen. Erstmals war man bereit, eine Begrenzung der Truppenstärke in Westberlin zu akzeptieren (11.000 Mann) und diese nur mit konventionellen Waffen auszurüsten. Wichtiger war allerdings, dass nicht mehr ausdrücklich auf die Rechte der Westmächte verwiesen wurde und dass man sich jetzt bereit erklärte, das Prozedere bei der Zufahrt von DDR-Personal durchführen zu lassen. Das war das weiteste Zugeständnis, das der Westen mit Blick auf die „Agententheorie" jemals gemacht hat. Es verwundert denn auch nicht, dass Brentano „größte Besorgnis" äußerte.

Zum Glück konnte Gromyko keinerlei Zugeständnisse erkennen. Für ihn enthielten diese Vorschläge nichts Neues; er lehnte auch die Truppenstärke von 11.000 ab; die „symbolische" Zahl war für ihn 3.000 bis 4.000.[39]

Am 17. Juni beantwortete Chruschtschow Eisenhowers Brief. Er wiederholte darin all die bekannten sowjetischen Argumente und wies auf die Notwendigkeit einer Gipfelkonferenz hin. Das Schreiben war „geschickt" formuliert, wie Douglas Dillon im State Department meinte. Eisenhower war „positiv beeindruckt" von dem versöhnlichen Ton; er glaubte, in Genf könne man damit etwas anfangen. Dort sah man das anders. Selbst Herter hatte große Schwierigkeiten, etwas Versöhnliches in diesem Schreiben zu finden; Brentano fand es geradezu „grotesk"; es enthalte nicht einen einzigen Hinweis, dass die Sowjets in einem Punkt nachgeben würden.[40] In der Plenarsitzung am 19. Juni bot Gromyko eine Verlängerung der 12-Monats-Frist auf 18 Monate an. Die westlichen Außenminister beantragten sofort eine Unterbrechung der Sitzung für zwei Stunden – Herter und Couve de Murville waren außer sich, „geradezu feindlich" zu Gromyko, wie Lloyd nach London berichtete.[41] Zurück im Plenarsaal lehnten sie Gromykos Vorschlag ab und schlugen eine Vertagung der Konferenz vor. Gromyko akzeptierte sofort; man einigte sich schließlich auf eine Vertagung bis zum 13. Juli.

Nach mehr als sieben Wochen Verhandlungen war man keinen Schritt weitergekommen. Beide Seiten hatten auf ihren Standpunkten beharrt. Die Frage stellte sich, was sich eigentlich bis zur Wiederaufnahme der Gespräche am 13. Juli ändern würde, und ob sie überhaupt wieder aufgenommen werden sollten.

Lloyd zog trotz allem eine optimistische Zwischenbilanz. Die Gespräche hätten in einer „herzlichen Atmosphäre“ stattgefunden; nichts, was in den vergangenen sechs Wochen gesagt worden sei, habe bei ihm zu dem Eindruck geführt, dass es unmöglich sei, einen befriedigenden Modus Vivendi für Berlin zu finden.[42]

3. Unterbrechung und Ende (21. Juni bis 5. August)

Der schwächste Partner in der westlichen Allianz waren zweifelsohne die Briten. Das war schon so zu Beginn der Krise im November 1958 gewesen, das war nach wie vor so im Sommer 1959 – und sollte auch in den folgenden Jahren so bleiben. Während sie mit ihrer Haltung nach Meinung Adenauers „die westliche Einheit gegen den Kreml“ durchbrachen und ihr Verhalten ein „Sieg des Kreml“ war, wie Krone im März notiert hatte,[43] war für die Briten die De-facto-Anerkennung der DDR „Realpolitik“, mit der man im Grund nur einen allseits akzeptierten Zustand bestätigte. Es musste ja nicht gleich die De-jure-Anerkennung sein … (die dann allerdings auch kommen würde). Ihre Sicht der Dinge war einfach: Die Westdeutschen hatten vielfachen Kontakt mit den Ostdeutschen, also konnten die Westalliierten das ebenfalls akzeptieren. Dem „Mann auf der Straße“ war sowieso immer schwerer verständlich zu machen, was so Furchtbares daran sein sollte, wenn irgendwelche Papiere anstatt von den Sowjets von DDR-Beamten kontrolliert würden. Es darüber zur militärischen Auseinandersetzung kommen zu lassen, war für die britische Regierung, allen voran Macmillan und Lloyd, absurd. Überdies war es aus der Sicht Macmillans nicht einfach, wie er Eisenhower am 23. Juni schrieb, seinen Landsleuten klarzumachen, dass sie verpflichtet seien, wegen Westberlin Krieg zu führen. Sie würden es, „milde formuliert, als geradezu paradox empfinden, noch einen schlimmen Krieg auf sich zu nehmen, um die Freiheit eines Volkes zu verteidigen, das zweimal in diesem Jahrhundert versucht hat, uns zu vernichten“. Man solle tun, was für einen normalen Menschen vernünftig sei; unverständlich sei es jedenfalls für einen normal denkenden Menschen, dass die Westdeutschen, die immer wieder den Wunsch nach engeren Kontakten und der Wiedervereinigung mit den Ostdeutschen äußerten, absolut dagegen seien, diese Dinge in irgendeinem Gremium mit den Ostdeutschen zu besprechen.[44] In einem weiteren Schreiben an Eisenhower, sechs Tage später, bemühte er wieder die „Geschichte, die uns niemals vergeben wird, falls wir einen Fehler machen. Alles hängt von Ihnen und mir ab."[45]

Es mutet schon einigermaßen ironisch an, dass Adenauer am selben Tag in einem persönlichen Schreiben an Selwyn Lloyd den „aufrichtigen Dank der Bundesregierung" wie auch seinen persönlichen Dank dafür aussprach, dass sich der britische Außenminister „in so unermüdlicher und nachdrücklicher Weise für eine freiheitliche und gerechte Lösung der deutschen Probleme eingesetzt" habe.[46]

Was Macmillan wollte, war klar: eine Vereinbarung mit den Sowjets, „die den Weg für eine Gipfelkonferenz freimachen" würde. Jetzt war die Rede von einem etwa Zweieinhalb-Jahre-Moratorium. Um dies zu erreichen, müsste man einer Veränderung der bestehenden Lage in Berlin zustimmen, etwa in Bezug auf die „Aktivitäten" in Berlin, die Beteiligung der (Ost-)Deutschen, möglicherweise auch hinsichtlich der westlichen Truppenstärke. Der Vorteil eines solchen Moratoriums sei, dass während dieser Zeit „viel passieren" könne.[47] Eisenhower und Herter hatten im Prinzip nichts gegen diese Idee, entscheidend war allerdings für sie, dass die Westmächte nach Ablauf des Moratoriums nichts von ihren Rechten in Berlin eingebüßt hätten.

Während Macmillan in der Folgezeit Eisenhower weiter verzweifelt auf eine Gipfelkonferenz festlegen wollte und zu diesem Zweck Erfolge in Genf sah, die es nach Auffassung der übrigen Verbündeten einfach nicht gab, wurde Adenauer immer misstrauischer. Er hatte der Konferenz sowieso nur mit größtem Unbehagen und auf Druck der Partner zugestimmt; er hielt die Ausgangsposition des Westens für falsch, und als die Vier Mächte in der zweiten Phase aus dem „Paket" des westlichen Friedensplans das Berlinproblem herausnahmen und versuchten, nur für Berlin eine Lösung zu finden, schrillten bei ihm die Alarmglocken. Seiner Meinung nach musste der Westen mindestens wieder zurück zur Ausgangsposition des 11. Mai. Entsprechend sahen die Strategiepapiere aus, mit denen Brentano am Vorabend der Wiederaufnahme der Verhandlungen seine drei westlichen Kollegen konfrontierte. Er machte ihnen zunächst klar, dass die Vorschläge vom 16. Juni bis an die Grenze des für Bonn Akzeptablen gegangen seien, dass kein Zugeständnis mehr möglich sei und dass sie, falls die Sowjets sie ablehnen sollten, zurückgezogen werden müssten, um dann auf den Kern der Sache zu kommen, dass es nämlich wieder um die deutsche Frage als Ganzes und um die Abrüstung insgesamt und nicht um Berlin allein gehen müsse. Um „konstruktiv" zu sein, sollten die Westmächte die Einrichtung einer Viermächtekommission vorschlagen, die – unter Hinzuziehung deutscher Experten – Fragen der Kontakte zwischen BRD und DDR, der Wiedervereinigung und der Grundsätze eines Friedensvertrages beraten sollte. Im Übrigen sprach er sich für die Teilnahme von Polen und Tschechen an der Konferenz aus, um eine einseitige westdeutsche Nichtangriffserklärung gegenüber diesen Ländern vorbereiten zu können.

Es waren Vorschläge, mit denen das Scheitern der Konferenz vorprogrammiert gewesen wäre. Brentanos Kollegen ließen sich denn auch nicht festlegen. Eine Teilnahme Polens und der Tschechoslowakei lehnten sie aus den gleichen Gründen ab, die sie schon zu Beginn der Konferenz genannt hatten; Brentano zog seinen Vorschlag daraufhin zurück. Couve de Murville lehnte die Viermächtekommission nachdrücklich ab; zum einen, weil damit eine Verbindung zwischen dem Berlinproblem und der deutschen Frage insgesamt hergestellt würde, zum anderen, weil damit die Sowjetunion in die Lage käme, bei Angelegenheiten der BRD mitzureden. Herter und Lloyd fanden Brentanos Vorschlag dagegen nicht so schlecht. Man einigte sich, die Dinge auf einer späteren Sitzung weiterzuberaten.[48]

Die US-Stabschefs waren vom Sinn weiterer Verhandlungen in Genf ebenfalls nicht überzeugt. Sie brachten am 22. Juli einen alten Vorschlag ein, der das Scheitern garantiert hätte: die Forderung nach einem 160 Kilometer breiten Landkorridor zwischen Helmstedt und Berlin (ein Viertel des DDR-Territoriums). Damit, so Verteidigungsminister McElroy, könne der Westen in Genf die Initiative ergreifen; die Stabschefs seien bereit, auch einen 100 Kilometer breiten Korridor zu akzeptieren. Dieser Vorschlag war im State Department schon vor Beginn der Konferenz als „so offensichtlich ungeeignet für Verhandlungen" bezeichnet worden, dass er in den westlichen Plan nicht aufgenommen worden war. Er war zwar von verschiedenen Leuten in den USA aufgegriffen worden, wurde aber in Genf nicht vorgelegt.[49]

Zum Glück für die Deutschen waren die Sowjets zu keinerlei Konzessionen bereit und wollten offensichtlich gar keine Vereinbarung mehr. In der letzten Phase der Verhandlungen stellten sie Forderungen, die für den Westen einfach nicht akzeptabel waren. Das wurde gleich zu Beginn der neuen Runde deutlich, als Gromyko – als Voraussetzung für eine wie auch immer geartete „Interimslösung" für Westberlin – darauf bestand, dass ein paritätisch zusammengesetzter gesamtdeutscher Rat eingesetzt werden müsste. Das wäre einer Aufwertung, möglicherweise De-facto-Anerkennung der DDR gleichgekommen. Die Ablehnung der Westmächte kam postwendend; sie übernahmen Brentanos Vorschlag – Viermächtekommission mit deutschen Beratern –, den Gromyko ablehnte. Die Westmächte gingen dann einen Schritt weiter – „Weiter können wir nicht gehen", wie Herter es gegenüber Eisenhower formulierte – und schlugen vor, dass eine Außenministerkonferenz mit Unterbrechungen tagen sollte, die sich nur mit der deutschen Frage beschäftigen sollte. Als Gromyko auch das ablehnte, wollte Herter die Konferenz am 21. Juli beenden. Eisenhower wies auf den bevorstehenden Besuch von Vizepräsident Richard Nixon in der Sowjetunion hin; Nixon sollte mit dem Abbruch der Konferenz nicht belastet werden. Und so ging das Trauerspiel in Genf weiter.

Am 28. Juli machten beide Seiten neue Vorschläge, die allerdings auch nicht aus der Sackgasse herausführten. Die Westmächte schlugen eine fünfjährige Interimslösung für Berlin vor; danach könne neu verhandelt werden (dann möglicherweise Gesamtdeutscher Ausschuss). Gromyko schlug eine eineinhalbjährige Interimslösung vor, mit dem Ziel, die gegenwärtige Lage in Westberlin zu verändern. Voraussetzung dafür sollten zwei Dinge sein, und zwar sofort, nämlich:

1. Reduzierung der westlichen Truppen in Westberlin auf 3.000 bis 4.000 Mann,
2. Gesamtdeutscher Ausschuss.

Das war auch nicht neu. Punkt 2 war nur etwas anders formuliert. Es hieß jetzt, die vier Mächte sollten sich für einen solchen Ausschuss aussprechen oder „für Verhandlungen zwischen den beiden deutschen Staaten in irgendeiner Form", in denen es um Fragen im Zusammenhang mit dem Friedensvertrag mit Deutschland, „der eine radikale Lösung des Westberlinproblems sicherstellt", und um Wiedervereinigung und Kontakte gehen sollte.[50] Herter sah keinen „guten Willen" der Sowjets in diesen Vorschlägen und keinen Ansatz für eine Gipfelkonferenz, worüber sich wiederum Lloyd aufregte („I appeared to lose my temper"). Er war mit Macmillan der Meinung, dass

„das ganze Problem darin liegt, dass der Präsident [Eisenhower] ein Amateur und Herter neu in seinem Job ist. [...] Unsere Aufgabe ist es zu führen, Ideen zu haben und deren Freund zu sein. Dies ist eine mühsame und undankbare Aufgabe, aber wohl eine, die sich lohnt."[51]

Das war britische Überheblichkeit pur. Lloyd musste sich dennoch seinen westlichen Kollegen beugen. Und so wurde der sowjetische Vorschlag als „völlig inakzeptabel" abgelehnt („mehr Einwände als gegen den Vorschlag vom 19. Juni"), während Gromyko den westlichen Vorschlag ablehnte. Er verlangte als Zeichen des guten Willens der Westmächte, dass diese die „unnormale Situation in Westberlin" anerkannten und eine Reduzierung der Truppenstärke auf 3.000 bis 4.000 Mann akzeptierten. Hierüber gab es auf westlicher Seite noch einmal intensive Diskussionen. Der amerikanische Kommandant in Berlin – unterstützt von Willy Brandt – sprach sich entschieden gegen eine Truppenreduzierung aus, da man dann mit von der DDR in Westberlin provozierten Unruhen nicht mehr fertig werden könne. Brandt wies ergänzend auf die psychologischen Folgen eines solchen Schrittes hin. Auf Bitten Brentanos kam Brandt am 31. Juli nach Genf, um Herter darauf hinzuweisen, dass ein Scheitern der Konferenz und die anschließende Krise besser seien als weitere Zugeständnisse, die von den Westberlinern als „Anfang vom Ende" interpretiert würden. Herter hatte bei dieser Sache denn auch ein äußerst ungutes Gefühl, während Couve de Murville und Lloyd der Meinung waren, dass man mit den Sowjets eine Vereinbarung erreichen könne, wenn man einer Truppenreduzierung auf 8.000 bis 10.000 Mann zustimmte. Eisenhower war bereit, diese Zahl zu akzeptieren; man müsste den Westdeutschen das dann entsprechend erläutern. Auch für ihn war klar, dass die Truppen in Berlin „eindeutig politisch und psychologisch", nicht jedoch militärisch von Bedeutung waren. Würde man für eine Reduzierung ein ordentliches Abkommen erhalten, sollte es gelingen, die Westdeutschen davon zu überzeugen, und die negativen Auswirkungen würden dann nur „vorübergehend und minimal" sein.[52]

Adenauer und Brentano sahen das anders und befürchteten das Schlimmste. Am 31. Juli bat Brentano Herter um ein Gespräch und äußerte seine Bedenken. Er plädierte für den Abbruch der Konferenz; das sei in jedem Fall besser als weitere Zugeständnisse, die den „Appetit" der Sowjets nur vergrößern würden. Herter versuchte, Brentano zu beruhigen. In den grundsätzlichen Fragen würden die Westmächte nicht nachgeben; Konzessionen würde man nur machen, wenn man ein

Abkommen bekomme; Gromyko versuche den Eindruck zu erwecken, als ob der Abbruch auf den Druck der BRD auf die Westmächte zurückzuführen sei; das sei ganz schlecht. Brentano antwortete nur, er wolle keinen Druck ausüben, bat Herter aber gleichzeitig, sich stärker als Sprecher des Westens zu deklarieren, selbst wenn dabei gewisse Empfindlichkeiten bei Briten und Franzosen berührt würden, und übergab einen Brief von Adenauer, in dem dieser seine Position klarstellte und entsprechende Besorgnisse formulierte. Anschließend äußerte sich Willy Brandt ähnlich wie Brentano; Herter gab eine ähnliche Erklärung wie gegenüber Brentano,[53] Lloyd informierte sofort Macmillan.[54]

Den Westmächten blieb es erspart, den Westdeutschen zu erklären, warum man in Berlin Zugeständnisse machen wollte – dank Gromyko. Der sowjetische Außenminister war nicht bereit, die von den Westmächten verlangte Zusicherung zu geben, dass sich an der Situation in Berlin während der Interimsphase nichts ändern werde. Herter interpretierte dies so, wie er Gromyko am 1. August zu verstehen gab, dass die Sowjets eine Interimslösung lediglich als wichtigen Schritt zur Beseitigung der Rechte der Westmächte in Berlin betrachteten.[55] Man einigte sich darauf, die Konferenz am 5. August zu beenden. Dies fiel umso leichter, als die Delegationsleiter seit mehreren Tagen wussten, dass die Verhandlungen auf höherer Ebene fortgesetzt werden würden. An eben diesem 5. August teilte nämlich Eisenhower in Washington mit, dass Chruschtschow Mitte September zu einem Besuch in die USA kommen werde. Dies, so Herter auf einer abschließenden Pressekonferenz in Genf, werde den Eindruck etwas mildern, dass die Konferenz ein Fehlschlag gewesen sei.

4. Nikita Chruschtschows USA-Besuch

Noch vor Beginn der Wiederaufnahme der Verhandlungen in Genf hatte Eisenhower sich Gedanken darüber gemacht, wie man in Genf Fortschritte erzielen könnte. Intern hatte er davon gesprochen, Chruschtschow eine Gipfelkonferenz in Quebec vorzuschlagen, wenn die Entwicklung in Genf so etwas rechtfertige, und ihn einzuladen, vor Beginn dieser Konferenz für einige Tage zu Gesprächen mit ihm nach Washington zu kommen. Er könnte dann den Gegenbesuch in Moskau im Oktober machen. Am 10. Juli sprachen sich Eisenhowers Berater für ein solches Vorgehen aus; Eisenhower wies noch einmal auf den Zusammenhang mit Genf hin, erwähnte dann Chruschtschows Gespräch mit Gouverneur Averell Harriman am 25. Juni in Moskau, in dem Chruschtschow erneut mit Krieg gedroht hatte,[56] und betonte, wenn Chruschtschow auch ihm gegenüber so drohen werde, werde er Chruschtschow vorschlagen, man solle sich auf einen Tag einigen, an dem mit dem Krieg begonnen werden solle, um so zu zeigen, dass Chruschtschow nur bluffe. Unterstaatssekretär Robert Murphy sollte die Einladung an Chruschtschow gegenüber dem stellvertretenden sowjetischen Ministerpräsidenten Frol Kozlow, der am übernächsten Tag von New York nach Moskau zurückfliegen würde, mündlich aussprechen.[57]

Genauso geschah es am 11. Juli. Am 22. Juli antwortete Chruschtschow. Er stimmte der Einladung begeistert zu und verlängerte den Aufenthalt gleich selbst: da er Hitze nicht ausstehen könne, wolle er im September kommen – für zehn bis fünfzehn Tage; ob es ein offizieller oder inoffizieller Besuch sei, sei ihm egal. Die Genfer Konferenz erwähnte er nur am Rande; unabhängig von deren Ergebnissen seien Gespräche „auf höchster Ebene" notwendig.

Eisenhower war außer sich und regte sich noch mehr auf, als Murphy zugab, dass er die Verbindung zwischen Genf und Chruschtschows Besuch nicht verstanden und die Einladung ohne jede Bedingung ausgesprochen hatte. „Irgendwer hat hier einen Fehler gemacht", kommentierte Eisenhower dies etwas ungnädig; er werde jetzt dafür bestraft und müsse einen Besuch akzeptieren, der ihm zuwider sei. Er erinnerte an die alten Tage mit Dulles, wo so etwas nicht passiert wäre. Eisenhower sah sich plötzlich in einer für ihn unmöglichen Situation; zwei Tage mit Chruschtschow in Camp David seien *eine* Sache, aber zehn Tage nach einem möglichen Fehlschlag in Genf eine ganz andere. Und was würden die Verbündeten denken, zumal er immer auf Erfolgen als Bedingung für Gipfelgespräche bestanden hatte? Die Einladung sollte nicht zurückgenommen, allerdings Chruschtschows Besuch und eine Gipfelkonferenz klar auseinandergehalten werden.[58] Am 27. Juli wurde die Einladung offiziell in Moskau überreicht; einen Tag zuvor hatte Chruschtschow gegenüber Nixon klargemacht, dass die Sowjetunion eine Fortdauer des „Besatzungsregimes" in Westberlin nicht akzeptieren werde, egal, welche Auswirkungen dies auf eine Gipfelkonferenz haben werde.

Macmillan und Lloyd hofften inzwischen weiter auf Erfolge in Genf und damit auf eine Gipfelkonferenz. Ähnlich sahen die Bemühungen von Lloyd in Genf aus. Am 23. Juli beschwor Lloyd seinen amerikanischen Kollegen Herter, falls die Konferenz scheitere, Chruschtschow dann einen separaten Friedensvertrag mit der DDR unterzeichne und gleichzeitig seine Bereitschaft zur Teilnahme an einer Gipfelkonferenz erkläre, sei es unvorstellbar für die Westmächte, in einer Situation, „wo Krieg in greifbare Nähe rückt", einer solchen Konferenz nicht zuzustimmen. Er zeigte Herter dann den Entwurf eines Schreibens von Macmillan an Eisenhower, in dem Eisenhower gebeten wurde, sofort eine solche Konferenz für den 1. September nach Quebec einzuberufen; für Herter war dies „fast ein hysterisches Flehen" um eine Gipfelkonferenz.[59]

Am 27. Juli kam der Brief von Macmillan. Der britische Premierminister war der Meinung, dass Gromyko die westlichen Vorschläge vom 16. Juni akzeptiert hatte und dass die Außenminister in Genf nunmehr eine Gipfelkonferenz vorbereiten sollten. Was den Besuch Chruschtschows in den USA betraf, so hielt er es nicht für sehr gut, wenn dieser Besuch vor der Gipfelkonferenz stattfinden würde, „da das bei den Franzosen und Deutschen zu großem Misstrauen führen und auch ich meine Position öffentlich nur schwer erklären kann". Die Einladung an Chruschtschow sollte daher mit einer Einladung zu einer Gipfelkonferenz in Quebec oder Washington verbunden werden. Eine westliche Gipfelkonferenz unter Teilnahme Adenauers sollte der Viererkonferenz vorgeschaltet werden.[60]

Am 29. Juli machte Eisenhower klar, dass Gromyko seiner Meinung nach die westlichen Vorschläge vom 16. Juni überhaupt nicht akzeptiert hatte. Würde man unter diesen Umständen in eine Gipfelkonferenz gehen, riskiere man einen „spektakulären Fehlschlag oder eine unvorstellbare Kapitulation". Nur wenn Gromyko im letzten Moment den Westmächten sämtliche Zugeständnisse mache, die sie verlangten, würde er einer Gipfelkonferenz im November zustimmen.[61]

Am nächsten Tag stimmte Macmillan dem zu, wies aber gleichzeitig darauf hin, es sehe so aus, als ob Gromyko ernsthaft zu einem Ergebnis kommen wolle; er, Macmillan, hoffe, dass der Westen Gromyko nicht „entmutigen" werde. Was er damit meinte, wurde in dem dann folgenden Satz deutlich; die Westmächte sollten seiner Meinung nach beim Thema „Berlinrechte" nicht zu große Schwierigkeiten machen, denn „wir wollen jetzt ja nur eine Übergangslösung für Berlin. Und falls wir darum bitten, können wir nicht erwarten, dass uns unsere Rechte über das Ende der dann wieder aufgenommenen Verhandlungen weiter garantiert werden" – ein Satz, den selbst Lloyd völlig ablehnte, wie er Herter zu verstehen gab.[62]

Die Idee einer westlichen Gipfelkonferenz in Paris war kaum geboren, da war sie schon tot. Verantwortlich dafür war de Gaulle. Er machte am 29. Juli mit unmissverständlicher Deutlichkeit klar, dass er seine westlichen Kollegen weder nach Paris einladen noch an einer solchen Konferenz teilnehmen werde.[63] An deren Stelle fanden dann Ende August – im Vorfeld von Chruschtschows USA-Besuch – Einzelgespräche statt, die Eisenhower mit Macmillan, de Gaulle und Adenauer in London, Paris und Bonn führte.

Adenauer war über den bevorstehenden Besuch Chruschtschows in den USA außerordentlich besorgt. Wäre Dulles noch am Leben, so vertraute er später Botschafter Bruce an, hätte es eine solche Einladung nicht gegeben.[64] Auch die Tagebucheintragungen von Heinrich Krone spiegeln diese Besorgnis wider. Am 8. August notierte er:

> „Jede Kirchweih und jeder Schweinemarkt soll dem Sowjetgewaltigen das typische Amerika vorführen. Die Städte reißen sich um den Diktator. Eine neue Ära der Koexistenz beginnt. Die Gefahr der Illusionen zieht herauf."[65]

Adenauer wurde in diesen Wochen auch aus der Sicht Washingtons ein immer schwierigerer Partner, unbeweglich und voller Misstrauen gegenüber Briten und jetzt auch Amerikanern. Unterstaatssekretär Foy Kohler wies im State Department auf die tief sitzende Furcht hin, von der Adenauer umgetrieben werde, dass sich die Amerikaner eines Tages mit den Russen auf Kosten der Deutschen einigen würden. Die bevorstehenden Gespräche zwischen Eisenhower und Chruschtschow würden diese Angst nur noch verstärken,[66] während Herter die Meinung vertrat, dass Adenauer Politik nur unter innenpolitischen Gesichtspunkten betreibe. Wegen der hohen Zahl sozialistischer Stimmen in der DDR wolle er gar keine Wiedervereinigung, auch wenn er öffentlich natürlich weiter dafür eintreten müsse.[67]

Angesichts solcher Überlegungen verwundert es nicht, dass Eisenhower auf seiner Europareise vom 26. August bis 3. September zuerst in Bonn Station machte, wobei in einem Gespräch etwas für die Amerikaner Unerwartetes und Verwirrendes geschah. Für den Nachmittag des 27. August war ein zweites Gespräch zwischen Adenauer und Eisenhower vereinbart; neben Eisenhower sollte auch der Leiter der Deutschlandabteilung im State Department, Martin J. Hillenbrand, teilnehmen. Als beide erschienen, führte Adenauer Eisenhower in sein Arbeitszimmer und machte dann Hillenbrand buchstäblich die Tür vor der Nase zu. Was folgte, war ein Gespräch unter vier Augen, lediglich Dolmetscher Heinz Weber war noch anwesend, der auch das Protokoll anfertigte.

Eisenhower wollte wissen, ob Adenauer neue Vorschläge in Bezug auf Berlin und die Wiedervereinigung hatte, und schlug seinerseits verstärkte Kontakte zwischen BRD und DDR vor. Adenauer lehnte solche Kontakte ab und gab gleichzeitig zu verstehen, dass er sich im Klaren darüber sei und auch Verständnis dafür habe, dass niemand im Westen wegen Berlin einen Atomkrieg führen wolle. (Bei Dulles hatte sich das im Frühjahr bei dessen Besuch in Bonn noch anders angehört.) Sollten die Sowjets die Berlinkrise verstärken, müssten die Westmächte dem dennoch mit einem entschiedenen „Nein“ entgegentreten, da die Sowjets es wegen Berlin nicht zum Krieg kommen lassen würden. Laut deutschem Protokoll fuhr dann Adenauer folgendermaßen fort:

> „Im äußersten Notfall, aber nur dann, gibt es noch eine andere Lösung. In der Note vom November 1958 hat Chruschtschow vorgeschlagen, Berlin in eine Freie Stadt unter Aufsicht der Vier Mächte und der UNO umzuwandeln. Die drei Mächte würden dann ihre Rechte in Berlin aufgeben. Es muss daher genau geprüft werden, wenn die Lage eintritt, ob wir diese Idee akzeptieren könnten.“

War das Adenauers Rückzugsposition in der Berlinfrage? Offensichtlich hatte er damals an so etwas gedacht. Sollten nur die westlichen drei Zonen zur Freien Stadt erklärt werden, oder ganz Berlin? Für die Amerikaner war dies verwirrend, zumal auch Brentano gegenüber Herter nichts zur Klärung beitrug. Brentano machte eines allerdings ganz deutlich: Die Bonner Regierung würde keiner Berlin-Vereinbarung zustimmen, die die Bundesrepublik schwächen oder in Richtung Neutralisierung führen würde. Für Herter war die Schlussfolgerung daraus klar: „Westdeutschland ist nicht bereit, für eine Berlin-Regelung Opfer zu bringen.“ Bonn, so Brentano, gehe es um ein dreijähriges Moratorium, um über die nächsten Bundestagswahlen zu kommen. In der Zwischenzeit könne man an einer für alle Seiten akzeptablen Interimslösung arbeiten, und zwar „eine Art Freie Stadt unter NATO-Garantie“. Herter machte klar, dass es für Eisenhower außerordentlich wichtig sei, Adenauers Vorstellungen genau zu kennen, möglichst noch vor Chruschtschows Besuch in den USA. Brentano sagte zu, mit Adenauer am nächsten Tag darüber zu sprechen und Herter in einem vertraulichen und persönlichen Brief das Ergebnis mitzuteilen.[68]

Nach eigener Aussage erwartete Eisenhower keine greifbaren Ergebnisse vom Besuch Chruschtschows. Ausdrücklich versicherte er Adenauer, Macmillan und de Gaulle, dass er keine Vorschläge machen und keine Verhandlungen führen werde. Tatsächlich hielt er sich daran – zur Enttäuschung Chruschtschows. Dennoch fielen während des Besuches Äußerungen, die Chruschtschow offensichtlich in seiner Auffassung bestärkten, mit Eisenhower ins Geschäft kommen zu können. Im ersten Gespräch unmittelbar nach Ankunft Chruschtschows in Washington am 15. September wurde dies besonders deutlich, als Eisenhower betonte (und auf der Pressekonferenz am 28. September öffentlich wiederholte), er stimme mit Chruschtschow darin überein, dass die Situation in Berlin „nicht normal“ sei („abnormal“). Chruschtschow hat später immer wieder dieses Wort Eisenhowers zitiert, um seine Forderung nach Änderung der Situation zu rechtfertigen. Bestärkt wurde er darin durch eine zweite Äußerung Eisenhowers, die der Präsident ebenfalls bereits im ersten Gespräch machte, dass nämlich die Berlinfrage für die Sowjetunion genauso ärgerlich („irritating“) wie für die USA unangenehm („unpleasant“) sei und die USA mit Sicherheit nicht 50 Jahre dort bleiben wollten. Chruschtschow überhörte dabei allerdings geflissentlich, dass Eisenhower auch betonte, dass die USA eine Verantwortung für Berlin übernommen hätten, die sie auf keinen Fall aufgeben würden, bevor nicht eine für alle Seiten akzeptable Lösung gefunden worden sei. Chruschtschow beeilte sich darauf hinzuweisen, dass die Sowjetunion keine einseitigen Aktionen setzen würde und im Gegenteil versuchen wolle, eine Lösung zu finden, die mit dem Prestige beider Länder vereinbar sei.

Offensichtlich um zu zeigen, auf welch hohem technischen Niveau die Sowjetunion war – und in der Raketentechnik den USA überlegen –, hatte sich Chruschtschow ein ganz besonderes Gastgeschenk für Eisenhower ausgedacht: ein Modell der Mondfähre Luna II. Eisenhower fand das zwar mehr als merkwürdig, gab aber intern zu bedenken, dass es gut möglich sei, „dass der Mann das wirklich ernst meint“. Im Gegenzug wollte Eisenhower seinen Gast ebenfalls beeindrucken und lud ihn zu einem Rundflug mit dem Hubschrauber über Washington ein; er sollte die vielen Eigenheime und den Nachmittagsverkehr sehen: die Besitzer dieser Häuser auf dem Weg dorthin. Der misstrauische Chruschtschow nahm die Einladung erst an, nachdem klar war, dass Eisenhower mitfliegen würde. Er sah dann zwar alles, aber zur Enttäuschung Eisenhowers blieb sein Gesichtsausdruck unverändert, und er sagte kein Wort. Am nächsten Tag begann Chruschtschow seine USA-Rundreise.

Am 25. September kehrte er nach Washington zurück, wo zweitägige Gespräche mit Eisenhower in Camp David folgten. In einer freundlichen Atmosphäre machten beide Politiker erst einmal ihre grundsätzlichen Positionen klar. Anschließend hatte man sich nicht mehr viel zu sagen und Eisenhower bat zu einer Filmvorführung – zur Enttäuschung Chruschtschows, wie dieser später immer wieder betonte. Auf der anderen Seite war Eisenhower enttäuscht, als Chruschtschow von seiner Rundreise erzählte. Er sei überhaupt nicht beeindruckt, im Gegenteil, schockiert; die vielen Autos seien eine einzige Verschwendung von Zeit, Geld und Ressourcen. Aber, so Eisenhower, das hervorragende Verkehrssystem müsse ihn doch beeindruckt haben. Nein, antwortete Chruschtschow, in der Sowjetunion brauche man solche Straßen nicht, die Sowjetbürger liebten die Orte, wo sie lebten und brauchten keine Autos, während die Amerikaner die Orte, an denen sie lebten, offensichtlich nicht besonders liebten und ständig von einem Ort zum anderen unterwegs seien. Und die vielen Einfamilienhäuser seien ebenfalls eine Verschwendung; die Betriebskosten seien viel höher als in den Wohnblocks, in denen die Sowjetbürger lebten. Eisenhower konnte dies nur kopfschüttelnd zur Kenntnis nehmen.[69] Das einzige positive Ergebnis der Gespräche war Chruschtschows Bereitschaft, in der Berlinfrage nicht mehr von Drohungen oder irgendwelchen Ultimaten zu reden.

IV. Die Gipfelkonferenz in Paris

(Mai 1960)

1. Vorbereitungen des Westens

Am 28. September unterrichtete Eisenhower de Gaulle, Macmillan und Adenauer über seine Gespräche mit Chruschtschow. Er versicherte insbesondere Adenauer, dass es „detaillierte Verhandlungen irgendwelcher Art nicht gegeben" habe; gleichzeitig wiederholte er die Garantie der USA, „solange wie nötig für die Sicherheit und Freiheit der Westberliner zu sorgen".[1] Gleich zweimal war die Rede von Freiheit und Sicherheit der *Westberliner*! In Bonn fiel das offensichtlich niemandem auf.

Interessanter als Eisenhowers Mitteilung war allerdings die Tatsache, dass der amerikanische Präsident jetzt bereit war, an einer Gipfelkonferenz teilzunehmen; er sah nicht mehr die Gefahr von Drohung und Zwang und bat am 9. Oktober seine Kollegen um deren Meinung zu einer solchen Konferenz noch vor seinem für das Frühjahr 1960 geplanten Gegenbesuch in der Sowjetunion.[2]

Wie nicht anders zu erwarten, stimmte Macmillan sofort zu; er verband dies mit der Hoffnung, auf dieser Konferenz eine Übergangslösung für Berlin zu finden.[3] Auch Adenauer stimmte wohl oder übel zu, vorausgesetzt, man habe genügend Zeit, um die Gipfelkonferenz gut vorzubereiten, wozu seiner Meinung nach eine westliche Gipfelkonferenz notwendig war. Und dann machte er auch gleich deutlich, was Thema Nr. 1 des Gipfels sein sollte: die Abrüstung, denn „dies ist und bleibt bekanntermaßen die entscheidende Frage", die wichtiger als alle anderen Fragen sei.[4]

General de Gaulle war entschieden gegen eine frühe Gipfelkonferenz und konnte den Sinn eines solchen Unternehmens überhaupt nicht einsehen – und ohne intensive Vorbereitung erst recht nicht. Das Thema Berlin habe man gut vorbereitet, sodass es darüber nicht zu „unglückseligem Improvisieren" auf einem Gipfel kommen werde; das Problem sei allerdings Chruschtschow, der seine Meinung darüber überhaupt nicht geändert habe. Was also, so fragte de Gaulle, könne eine Gipfelkonferenz bringen, außer dass die grundlegenden Differenzen zwischen

Ost und West besonders deutlich würden oder der Westen vor den sowjetischen Berlinforderungen mehr oder weniger kapituliere? Im ersten Fall würde der Kalte Krieg nur noch verschärft, der zweite sei der Beginn des westlichen Rückzugs mit schwerwiegenden Folgen. Man solle sich daher bis Ende Mai/Juni Zeit lassen und in den kommenden Monaten die sowjetische Politik in Südostasien, Afrika etc. genau beobachten; wolle Moskau Sicherheit und Entspannung, könne es dort den Beweis erbringen.[5]

Eisenhower sah das jetzt anders. Er drängte de Gaulle; wenn man zu Verhandlungen bereit sei, sei das kein Zeichen von Schwäche; die Westmächte würden ihre Pflicht vernachlässigen, würden sie nicht alle Möglichkeiten prüfen, um bei der Abrüstung und der Berlinfrage Fortschritte zu erzielen.[6] Der General blieb unbeeindruckt. Das Ergebnis einer zu früh angesetzten Gipfelkonferenz konnte seiner Meinung nach nur „eine banale Erklärung allgemeiner Natur ohne konkrete Ergebnisse“ sein. Immerhin stimmte er am 26. Oktober Eisenhowers Vorschlag für eine vorbereitende Gipfelkonferenz der Westmächte zu – unter Hinzuziehung Adenauers, wenn das Thema Deutschland behandelt werde.[7]

In den vorbereitenden Gesprächen für diese Konferenz wurden die unterschiedlichen Positionen der Angloamerikaner auf der einen und der Franzosen und Deutschen auf der anderen Seite deutlich. Briten und Amerikaner wollten im Prinzip da wieder ansetzen, wo man in Genf aufgehört hatte. Gegenüber Lord Hood von der britischen Botschaft in Washington bezweifelte Unterstaatssekretär Kohler allerdings, ob Adenauer da mitmachen würde. Seine Position habe sich verhärtet; seine Überlegung, die die Franzosen unterstützten, nämlich die Berlinfrage auf der Gipfelkonferenz auszuklammern, sei allerdings „unrealistisch“; sie bedeute, dass sich in Bonn „nichts bewegt und von dort keine neuen Vorschläge kommen“.[8]

Adenauers Überlegung wurde am 23. Oktober nachdrücklichst in einem Schreiben Brentanos an Herter bestätigt. Es war dies jener vertrauliche und persönliche Brief, den Brentano am 27. August Herter versprochen hatte. Dessen Frage nach neuen Bonner Ideen und Vorschlägen beantwortete Brentano jetzt negativ („Ich kann keine positive Antwort geben.“). Er hatte in der Tat keine neuen Ideen anzubieten, wiederholte nur Altbekanntes. Einen Punkt klärte er allerdings: Die von ihm gegenüber Herter erwähnte UNO-Garantie für Westberlin wollte er jetzt so verstanden wissen, dass dies nur eine Garantie *zusätz-*

lich zur Dreimächtegarantie sein dürfe. Entscheidend aber war: Das Berlinproblem sollte auf der Gipfelkonferenz überhaupt nicht behandelt werden; und in dem Zusammenhang lehnte er jetzt den von den Westmächten in Genf am 28. Juli vorgetragenen Plan einer fünfjährigen Interimslösung für Berlin mit anschließendem gesamtdeutschen Ausschuss („ging bis an die Grenze des Vertretbaren – wenn nicht darüber hinaus") mit Nachdruck ab.

Brentano war sich im Klaren darüber, dass Herter diese Haltung als „starr" bezeichnen würde (Kohler sprach davon, dass dieser Brief „in schroffer und unnachgiebiger Weise die bekannte harte deutsche Haltung widerspiegelt"), aber auch darauf hatte er eine Antwort. Auf den bevorstehenden Konferenzen gehe es möglicherweise um Leben und Tod; er, Brentano, wisse auch, dass die Freiheit Deutschlands auf dem Spiel stehe und der Rest Europas schon bald Deutschlands Schicksal teilen werde, falls aufgrund falscher politischer Entscheidungen Deutschland dem Bolschewismus überantwortet werde. Der bessere Weg, um zu einer Entspannung zu kommen, sei daher, auf der Gipfelkonferenz nur ein Thema, nämlich die Abrüstung zu behandeln. Am Ergebnis könne man dann messen, ob die Sowjets wirklich eine Entspannung wollten. Mit Blick auf Berlin sollte man ihnen vorschlagen, den Status quo für einen noch auszuhandelnden Zeitraum zu akzeptieren; würden sie ablehnen, sei klar, dass es „nichts zu verhandeln gibt". Der Westen stehe dann zwar vor einer schweren Krise, aber die könne man nicht dadurch verhindern, „dass man sie nicht sehen will".[9]

Dieser Brief wurde erst am 6. November im State Department übergeben. Am 10. November entschuldigte Grewe gegenüber Herter die Verzögerung mit neuen Überlegungen in Bonn. Dort war man jetzt zu der Meinung gekommen, dass auf der Gipfelkonferenz zwar zuerst das Thema „Abrüstung" behandelt werden sollte, dann aber auch „Berlin" und „Deutschland". Neue Vorschläge dafür konnte allerdings auch Grewe nicht anbieten. Er sagte lediglich die volle Teilnahme der Deutschen an der Viermächte-Arbeitsgruppe zur Vorbereitung des westlichen Gipfels zu.[10]

In dieser Arbeitsgruppe sollte es schon bald Probleme geben. Hillenbrand hielt es für sinnvoll, das Berlinproblem noch einmal völlig neu anzugehen. Zu diesem Zweck legten Amerikaner und Briten einen 11 Punkte umfassenden Fragenkatalog vor, in dem alle Eventualitäten angesprochen wurden. In einer abschließenden Gesprächsrunde in Anwesenheit Herters lehnte Grewe diesen Fragenkatalog kategorisch ab mit der Begründung, er impliziere die Möglichkeit eines neuen Berlinstatus, während die Fakten doch anders aussähen: man habe das Problem endlos diskutiert, ohne eine Lösung gefunden zu haben. Unterstützt wurde er von seinem französischen Kollegen Hervé Alphand.

Alphand stellte klar, dass die Fragen „ungerechtfertigterweise" den Schluss nahe legten, dass ein neuer Status für Berlin möglich sei; das aber sei eben nicht der Fall. Am Ende konnte man sich lediglich darauf einigen, dass die Staatschefs sich einigen sollten,[11] während Grewe seine Sorgen über „einen neuen Trend" in der amerikanischen Berlinpolitik Unterstaatssekretär Merchant anvertraute.[12]

Auf der NATO-Ministertagung vom 15. bis 17. Dezember in Paris zeichnete sich die neue Koalition ab: Deutsche und Franzosen vertraten erneut dieselbe Position. Brentano bestand auf der bekannten Bonner Haltung: Abrüstung als Thema Nr. 1, dann Berlin- und Deutschlandproblem. Er wurde nachdrücklich unterstützt von Couve de Murville.[13]

Zwei Tage später, am 19. Dezember, fand das erste Treffen der vier westlichen Staatschefs statt, auf dem die Themen „Deutschland" und „Berlin" auf der Tagesordnung standen. Adenauer hatte seinen großen Auftritt. Mit allergrößtem Nachdruck warnte er vor irgendeiner Anerkennung der DDR, einer Änderung des Berlinstatus und einer Wiederauflage des westlichen Vorschlages vom 28. Juli. In dem dann vorgesehenen gesamtdeutschen Ausschuss würden auch Sozialdemokraten vertreten sein, deren Wiedervereinigungspläne zu einem kommunistischen Deutschland führen würden. Zusammen mit den ostdeutschen Vertretern würde dieser Ausschuss dann von den Kommunisten beherrscht. Für den Fall westlicher Zugeständnisse zeichnete Adenauer ein düsteres Bild von der weiteren Entwicklung in Deutschland und warnte in der für ihn typischen Art vor einem möglichen Sieg der Sozialdemokraten bei den Bundestagswahlen 1961: „In dem Fall werden die Russen am Rhein stehen." Mehrfach wies er auf die von der NATO und den Westmächten gegebenen Zusicherungen hin, den bestehenden Status von Berlin zu verteidigen, und warnte davor – wie schon Brentano gegenüber Herter –, diese Position aufzugeben, da sich jeder vorstellen könne, welche Konsequenzen das für Deutschland haben werde.

Eisenhower machte klar, dass niemand daran denke, den Sowjets irgendwelche Zugeständnisse zu machen; Berlin sei das „Symbol westlicher Entschlossenheit". Er machte dann aber auch klar, wie schwierig die Lage für den Westen war. Chruschtschow könne Berlin strangulieren, ohne Verträge zu brechen. Was würde bei einer Blockade geschehen, wenn die Versorgung der Westberliner auf 1.000 Kalorien pro Tag für jeden Bewohner reduziert würde?

General de Gaulle stimmte Eisenhowers Lagebeurteilung zwar zu, betonte aber mit Nachdruck, dass man den Kommunisten in Berlin auch nicht das geringste Zugeständnis machen dürfe, da jedes Nachgeben nicht nur für Deutschland, sondern auch für Frankreich schwerwiegende Folgen haben würde. Chruschtschow habe die Krise ausgelöst, es sei an ihm, sie zu beenden; wenn er Frieden wolle, werde er sie beenden; die deutsche Frage sei die entscheidende Frage; wenn Chruschtschow wirklich an einer Entspannung interessiert sei, werde die Berlinfrage möglicherweise an Bedeutung verlieren.

Macmillan gab sich optimistisch. Er verwies auf Genf, wo man seiner Meinung nach ja beinahe eine Lösung erreicht habe; man solle nicht zu sehr auf Prinzipien herumreiten, sondern nach einer Übergangslösung suchen, „die dann möglicherweise zu einer Dauerlösung wird". Am Ende fasste de Gaulle das Ergebnis der Viererrunde folgendermaßen zusammen:

1. Keine Aufgabe westlicher Rechte in Berlin;
2. Chruschtschow habe es in der Hand, Fortschritte in der deutschen Frage zu ermöglichen; würde er Schwierigkeiten machen, sei klar, dass er keine Entspannung wolle.[14]

In einer Dreierrunde am nächsten Tag – ohne Adenauer – wurde diese Position noch einmal bestätigt. General de Gaulle sprach dann erstmals ein Thema an, das von nun an immer wieder erwähnt werden sollte: die zukünftigen Grenzen eines möglicherweise wiedervereinigten Deutschlands. Er bat Macmillan und Eisenhower um ihre Meinungen. Macmillan weigerte sich, das Thema zu diskutieren, da es erst nach einer Wiedervereinigung aktuell werde – und flüsterte Premierminister Debré zu: „Sie wollen doch nicht wirklich die Wiedervereinigung – oder?", worauf Debré nickte und hinzufügte: „Eigentlich noch nicht."

De Gaulle machte klar, dass Frankreich es bei dem Thema nicht eilig habe, man aber niemals den Anschein erwecken dürfe, Berlin oder Deutschland fallen zu lassen; der Westen müsse Adenauer unterstützen. Die wirtschaftliche und politische Lage in der Bundesrepublik sei nicht sehr gefestigt. Von daher hielten Briten und Franzosen die Aufrechterhaltung des Status quo für die beste Lösung, während Eisenhower immerhin zu bedenken gab, dass ein auf Dauer geteiltes Deutschland die Ursache für die Probleme in Europa sei. De Gaulle kam dann auf die Oder-Neiße-Grenze zu sprechen. Adenauer hätte ihm gegenüber einmal angedeutet, dass er sie als polnische Westgrenze anerkennen könnte, wegen der vielen Vertriebenen allerdings nicht vor den Wahlen im Jahre 1961. Die Anerkennung sei eine Trumpfkarte, die der Kanzler erst bei einer endgültigen Regelung der deutschen Frage spielen wolle.[15]

Für Heinrich Krone waren die Amerikaner jetzt „schwache Partner", wie er am 23. Dezember in sein Tagebuch schrieb. Und weiter:

> „So fest ist Eisenhower nun doch nicht. Ob aus Unkenntnis? Er gab nach, wo die anderen hart waren. Der Kanzler hatte de Gaulle an seiner Seite. [...] Die Sowjets brauchen mit Paris nicht unzufrieden sein. So fest wie ehedem ist der Westen nicht mehr. Die Welt ist müde und satt."[16]

Am Ende der Gespräche in Paris stand eine Einladung an Chruschtschow zu einem Gipfeltreffen in Paris am 27. April. Chruschtschow nahm die Einladung an; lediglich der Termin passte nicht. Am 30. Dezember einigte man sich auf ein Datum: Die Gipfelkonferenz sollte am 16. Mai 1960 beginnen.

2. Konrad Adenauer und die Gipfelkonferenz

Im Westen wurde in den folgenden Wochen versucht, eine gemeinsame Linie für diese Gipfelkonferenz zu erarbeiten. Die Viermächte-Arbeitsgruppe wurde aktiviert, die Außenminister trafen zweimal zusammen (12. bis 14. April in Washington, 1. Mai in Istanbul), der NATO-Ministerrat einmal (2. bis 4. Mai in Istanbul), in Washington empfing Eisenhower Adenauer (14. bis 17. März), Macmillan (26. bis 30. März) und de Gaulle (22. bis 25. April) zu Konsultationen. In all diesen Gesprächen wurde immer deutlicher, dass es in der Berlinfrage keine gemeinsame westliche Position und damit auch keinen Spielraum gab. Macmillan und Adenauer lagen mit ihren Meinungen meilenweit auseinander. Adenauer beharrte auf seiner unnachgiebigen Haltung und wurde dabei von den Franzosen unterstützt, für die jede Veränderung des Berlinstatus eine Veränderung zum Schlechten war. Für Adenauer war denn auch de Gaulle in dieser Frage jetzt und in der Folgezeit der einzig wirklich verlässliche Partner.[17] Den Briten misstraute er zutiefst, im Frühjahr 1960 allerdings auch mehr und mehr Eisenhower. Der, so Adenauer am 8. März zum neuen amerikanischen Botschafter in Bonn, Walter Dowling, habe auf der Pariser Vorbereitungskonferenz einen „Rückzieher“ gemacht und damit die gemeinsame Position verlassen.[18] Zwei Tage später klagte er: „Die Gipfelkonferenz nahe heran, und der Westen wisse nicht, welche Vorschläge er machen sollte.“[19] Adenauers Misstrauen wurde nicht nur in einer Unterredung in New York mit Henry Cabot Lodge, dem amerikanischen Vertreter bei den Vereinten Nationen,[20] sondern auch bei seinen Gesprächen mit Eisenhower und Herter Mitte März in Washington deutlich. Beide machten klar, dass die USA zu ihren Verpflichtungen in Berlin stehen würden, während Adenauer zu erkennen gab, dass er – wie Herter gegenüber Eisenhower formulierte – „überhaupt kein Interesse an einer Wiedervereinigung hat“. Angesichts der Stärke der Kommunisten in Ostdeutschland sei eine Wiedervereinigung „nicht machbar“.[21]

Einen überraschend neuen Vorschlag machte Adenauer dann bei einem Vortrag vor dem Nationalen Presseclub in Washington am 16. März. Er sprach sich für ein Referendum in Westberlin nach dem Gipfeltreffen aus. Die Westberliner sollten darüber abstimmen, ob sie für die Beibehaltung des gegenwärtigen Status bis zur Wiedervereinigung seien. In Washingtoner Regierungskreisen verstärkte sich mehr und mehr der Eindruck, dass es Adenauer lediglich um den Status quo in Berlin ging, und dass er nur wenig Interesse für Überlegungen zum Thema „Wiedervereinigung“ zeigte,[22] genauso wie beim anderen entscheidenden Thema, der militärischen Solidarität Bonns im Ernstfall. Botschafter Dowling hatte Anfang März bei Adenauer sondiert, wie Heinrich Krone notierte,

> „bis zu welchem Punkt die deutsche Regierung im Kampf um Berlin militärisch zu gehen bereit ist; die Vereinigten Staaten seien, wenn notwendig, auch zum letzten Einsatz entschlossen. Auch die Bundesregierung? – Auch zum Einsatz nuklearer Waffen?
>
> Der Kanzler vermutet in der Frage eine Falle. Sagt er, er ist nicht bis zum letzten bereit, ist der Weg zu einer Kompromisslösung für Berlin offen. Antwortet er bejahend, ist er eines Tages für die Öffentlichkeit der Brandstifter des dritten Weltkrieges. Eine Indiskretion sorgt schon dafür, dass die Entscheidung bekannt wird.“[23]

Adenauer wurde ein immer schwierigerer Partner, was insbesondere Eisenhower erfahren musste (und später dann auch Kennedy). Der amerikanische Präsident sprach gegenüber Herter sogar von „klaren Zeichen wachsender Senilität" beim Kanzler, der immer mehr dazu neige, auf ein Thema fixiert zu sein und den Blick für die großen Zusammenhänge zu verlieren. (Bei anderer Gelegenheit gab Brentano den Amerikanern gegenüber seine Einschätzung von Adenauer: er sei auf bestimmte Ideen fixiert und „wie ein alter Bock", der einfach keine andere Meinung akzeptiere – was etwas anderes war als wachsende Senilität.)[24] Anlass war ein Vorschlag Eisenhowers, der Adenauers Misstrauen in Washington noch erhöhte und in den folgenden Wochen zu einer jener jetzt fast schon regelmäßig wiederkehrenden Krisen im deutsch-amerikanischen Verhältnis führte und Adenauer mehr denn je in seiner Überzeugung bestärkte, dass de Gaulle der einzig verlässliche Verbündete war. Worum ging es? Eisenhower sah in der bevorstehenden Gipfelkonferenz so etwas wie eine erste vertrauensbildende Maßnahme im Ost-West-Verhältnis. Er wollte den Sowjets Abrüstungsvorschläge im nuklearen Bereich unterbreiten und als ersten Schritt die Errichtung gegenseitiger Inspektionszonen vorschlagen. Dies ging auf einen Plan von General Norstad zurück. Der NATO-Oberbefehlshaber hatte die Idee einer europäischen Kontrollzone schon seit längerer Zeit verfolgt; die Briten waren informiert worden, die Deutschen nicht. Im Einzelnen sah der Plan Folgendes vor:

1. Ein Gebiet „zwischen dem Atlantik und dem Ural", mindestens aber „die zwei Deutschlands", Polen, Tschechoslowakei, die Beneluxländer und Teile Dänemarks, sollte von maximal 3.000 Kontrolleuren überwacht werden. In den Kontrollteams sollten NATO- und Warschauer Pakt-Vertreter gemeinsam arbeiten und im *gesamten* Gebiet ungehindert operieren können;
2. Luftüberwachung des gesamten Gebietes;
3. überlappende Radarkontrolle des gesamten Gebietes.

Mit diesem Plan sollte die Gefahr von Überraschungsangriffen am Boden oder aus der Luft erheblich reduziert werden. Die Tatsache, dass außer der BRD noch andere Staaten kontrolliert werden sollten und gemischte Kontrollteams vorgesehen waren, sollte klarmachen, dass mit diesem Plan die Wiedervereinigung nicht aufgegeben würde.[25] Norstad sprach am 8. März mit Außenminister Herter über diesen Plan. Man einigte sich darauf, dass Norstad einen Bericht für den NATO-Ministerrat vorbereiten und Eisenhower die Angelegenheit mit Adenauer bei dessen

Besuch in Washington besprechen sollte. Genau das geschah. Laut Bericht des Übersetzers spielte sich das folgendermaßen ab: Gleich zu Beginn seiner Gespräche mit Adenauer ging der Präsident auf das Thema ein, erwähnte aber als mögliche Kontrollgebiete zunächst nur Teile Sibiriens und Alaskas; Europa müsse nicht notwendigerweise in dieses Unternehmen eingeschlossen werden. Adenauer überlegte einen Moment und sagte dann: „Ich würde es tun"; und dann: „Das ist eine gute Idee; ich glaube zwar nicht, dass sie [die Sowjets] zustimmen werden, aber ich würde es trotzdem tun."

Eisenhower kam dann noch einmal auf diesen Plan zurück und meinte an einer Stelle: „Wenn wir ein, zwei oder drei solcher Gebiete haben, sagen wir Sibirien oder Alaska oder Mitteleuropa", dann könnte man an eine Überwachung aus der Luft denken, unabhängig von irgendwelchen Abrüstungsmaßnahmen.[26] Eisenhower informierte Merchant von diesem Gespräch. Dessen Aufzeichnung für Herter sah etwas anders aus und wich offensichtlich von dem ab, was tatsächlich gesagt worden war. Demnach hätte Eisenhower darauf hingewiesen, dass Deutschland Teil des Kontrollgebietes sein sollte, und Adenauer geantwortet, das sei eine gute Idee, die sich hervorragend dazu eigne, die Sowjets zu testen; würden sie nein sagen, könnte man daraus Kapital schlagen.[27]

Am nächsten Abend beim Empfang in der deutschen Botschaft wäre es beinahe zum Eklat gekommen. Herter erwähnte den Plan und dass Deutschland Teil des Kontrollgebietes sein sollte. Adenauer war außer sich („reacted violently"); von einem Kontrollgebiet in Europa unter Einschluss Deutschlands sei überhaupt keine Rede gewesen, es seien lediglich Sibirien und Alaska erwähnt worden; er lehne einen solchen Plan jedenfalls entschieden ab. Die Stimmung war gründlich verdorben, und es wurde ein „ganz schlechter Abend", wie Herter am nächsten Tag Eisenhower berichtete, der es sich einfach machte und die Schuld auf den Übersetzer schob; der habe nämlich auch schon bei anderer Gelegenheit nicht alles übersetzt.[28]

Am 17. März ging es wieder um diesen Plan – diesmal zwischen Herter und Brentano, der die Angelegenheit noch einmal mit Adenauer besprochen hatte. Brentano bekräftigte die ablehnende Haltung – aus politischen Gründen. Mit diesem Plan werde eine Reaktion in Gang gesetzt, die zur Neutralisierung Deutschlands führen könnte; er sei auch deshalb so gefährlich, weil ähnliche Gedanken „in bestimmten Kreisen" Großbritanniens diskutiert würden.[29]

Ein Besuch von Verteidigungsminister Franz Josef Strauß bei NATO-Oberbefehlshaber Norstad in Paris Ende April machte dann aber deutlich, dass die Militärs in Bonn über den Plan anders dachten als Adenauer. Strauß sah nämlich erhebliche Vorteile: Man würde zusätzliche Informationen über den Osten bekommen, er würde neue Möglichkeiten für Propaganda eröffnen etc. Adenauer, so Strauß, sei allerdings sehr besorgt und könne sich nicht mehr daran erinnern, was Eisenhower ihm gesagt habe, er wolle daher mit Norstad persönlich reden.[30]

Während die Briten positiv auf diesen Plan reagierten und eine Diskussion in der Viermächte-Arbeitsgruppe wollten, fand Adenauer erneut Verbündete in Paris. General de Gaulle und Couve de Murville lehnten den Plan ab – mit genau demselben Argument, das Adenauer vorgebracht hatte: es sei der erste Schritt zur Neutralisierung Deutschlands.[31]

Amerikaner und Briten hatten zunächst beabsichtigt, den Plan beim NATO-Ministerrat in Istanbul am 2. Mai vorzulegen. Dazu sollte es nicht mehr kommen. Auf Wunsch Brentanos gab es nur noch ein bilaterales Gespräch zwischen ihm und Herter in Istanbul, in dem der „Norstad-Plan" de facto zu den Akten gelegt wurde. Brentano kam wieder mit dem Neutralisierungsargument und ergänzte, der Plan würde bei den Deutschen die Neigung verstärken, sich mit den Sowjets zu versöhnen; er ging sogar noch einen Schritt weiter und warnte davor, dass für die Regierung eine außerordentlich schwierige Situation entstehen werde, falls dieser Plan in die Hände der SPD fallen sollte. In ihrer Propaganda würden die Sozialdemokraten mithilfe dieses Planes dann nämlich für einen Abzug der Besatzungstruppen plädieren. Er bat Herter nachdrücklich darum, den Plan zurückzuziehen – was dieser dann auch tat.[32]

Dies war zweifelsohne ein Erfolg Adenauers – der allerdings noch einen draufsetzen wollte. Nachdem die Amerikaner den Plan fallen gelassen hatten, hielt Herter das vereinbarte Treffen zwischen Norstad und Adenauer für überflüssig. Adenauer bestand trotzdem darauf. Er wusste, dass Norstad nach Washington berichten würde und wollte sich die Gelegenheit nicht entgehen lassen, auf diesem Wege den Amerikanern seine Meinung zu sagen. Und so kam Norstad am 5. Mai nach Bonn, um, wie er es intern formulierte, „eine Grabrede für eine Beerdigung zu halten, die in Istanbul stattgefunden hat". Er erläuterte seinen Plan und sah sich einem Adenauer gegenüber, der im Beisein von Strauß jetzt auch wie ein Militärexperte argumentierte. Er stellte immer wieder Fragen, lehnte den Plan nicht nur aus politischen, sondern jetzt auch aus militärischen Gründen ab. Er wies insbesondere auf die Gefahr der „Durchdringung“ der Bundesrepublik durch östliche Kontrollteams hin. Der Plan sei wie ein „trojanisches Pferd“, er werde zu „Agitationen und zum Ende der Regierung“ führen. Als Strauß auf die von ihm genannten möglichen Vorteile verwies, wischte Adenauer das mit einer Handbewegung weg. Der Plan werde es den Russen ermöglichen, eine starke Stellung in der Bundesrepublik aufzubauen, während die Bundesrepublik ungeschützt sei gegen Angriffe, die außerhalb der Inspektionszone gestartet werden könnten, etwa durch Interkontinentalraketen.

Am Ende des Gesprächs gab er Norstad noch eine besondere Botschaft mit auf den Weg: der Westen werde überhaupt nichts von der Teilnahme Chruschtschows am Gipfel oder von Eisenhowers Besuch in der Sowjetunion haben, und er stellte die Frage, warum der Westen der Sowjetunion überhaupt etwas anbieten wolle und warum die Gipfelkonferenz nicht um ein Jahr verschoben werden könne.[33] Diese Frage war wohl weniger an Norstad als an Herter und Eisenhower gerichtet. Adenauer vermutete, wie Schwarz berichtet, dass Norstad nur den Briefträger spielen sollte, wie übrigens auch Allen Dulles, der Ende Juni von Adenauer zu hören bekam: „Etwas Dümmeres als diesen Plan habe er selten gehört. Es mache ihm Sorge, dass ein Mann [Norstad], der so wenig über die Dinge nachdenke, eine solche Stelle bekleide.“[34] Wenig später musste sich der ehemalige Hochkommissar in der Bundesrepublik, John McCloy, das Gleiche anhören.[35]

3. Harold Macmillan und Charles de Gaulle in Washington

Macmillan hielt sich vom 26. bis 30. März in Washington auf. Am 28. März führte er ein ausführliches Gespräch mit Eisenhower über die Deutschlandfrage. Obwohl nichts Konkretes dabei herauskam, ist es doch insofern interessant, als es zeigt, auf welcher Ebene sich deren Vorstellungen bewegten. Da war zunächst die Anerkennung der Oder-Neiße-Grenze, die Eisenhower ansprach. Aus seinen Äußerungen wird erkennbar, dass für die Amerikaner die Zeit gekommen war, dieses Thema in irgendwelche Verhandlungen – wenn auch noch nicht auf der Gipfelkonferenz – einzubringen. Die Meinung Bonns in dieser Frage interessierte offensichtlich schon nicht mehr. Allerdings sollten die Sowjets diese Anerkennung nicht „zu billig“ bekommen – man erwartete Gegenleistungen. Macmillan sah das schon lange so. Und im Übrigen, so meinte er, würde es den Westen wenig kosten. („It would be a cheap price to pay.“) Den Hauptpreis hätten die Westdeutschen zu zahlen. Dies blieb denn auch ein Dauerthema für die nächsten Jahre.

Für Berlin hoffte man jetzt auf ein zweijähriges Moratorium – im Gegenzug wollte man ein zweijähriges Atomtestmoratorium anbieten. Macmillan kritisierte die unnachgiebige deutsche – und französische – Haltung, zitierte Adenauer, dass die Alliierten nach Berlin marschieren sollten, falls die Sowjetunion einen separaten Friedensvertrag abschließen werde, und stellte fest, dass die Briten da nicht mitmachen würden.

Eisenhower stellte klar, dass die USA bei einer einseitigen Aufkündigung alliierter Rechte durch Chruschtschow den Weg nach Berlin freikämpfen würden („go through to Berlin with armed force“), wies aber auch auf die „wirkliche“ Schwäche des Westens in Berlin hin, nämlich die Versorgung der Zivilbevölkerung, falls die Sowjets irgendwelche Aktionen starten würden. Es gab dann noch einen zwar kurzen, aber interessanten Meinungsaustausch über die Westdeutschen. Eisenhower betonte nachdrücklich, dass man sie nicht fallen lassen dürfe, da diese dann ihre Politik ändern und möglicherweise sogar neutral werden würden; und wer würde dann die Stellung in Mitteleuropa halten? Macmillan sah das anders; die Westdeutschen hätten Gefallen daran gefunden, „wieder Soldat zu spielen“, und würden ihren Kurs nicht ändern.

Anschließend ging es wieder um Berlin. Und da wurde deutlich, dass Macmillan im Prinzip nichts gegen eine „Freie Stadt“ hatte; seiner Meinung nach würde es den Westberlinern dann sogar noch besser gehen – aber leider sei dieser Plan nicht realisierbar, und von daher müsse man eine Übergangslösung finden; auf keinen Fall dürfe man in eine Position geraten, die man nicht halten könne, worauf Eisenhower auf den möglichen Prestigeverlust für den Westen verwies, wenn man in Deutschland Schwäche zeige.[36] Zurück in London sah sich Macmillan wieder als Führer des Westens. Die meisten seiner Kollegen erwarteten sich seiner Meinung nach nur sehr geringe Fortschritte vom Gipfeltreffen, und von daher, so ließ er das Foreign Office wissen: „Wenn in Paris der Durchbruch erreicht werden soll, müssen wir es sein, die etwas Dramatisches unternehmen.“[37] Die Frage war, was denn das wohl sein konnte?

Drei Wochen später war Charles de Gaulle in Washington. Er kam dreimal zu Gesprächen mit Eisenhower zusammen: am 22. und 23. April in Washington und am 24. April in Gettysburg und Camp David. De Gaulle berichtete vom Besuch Chruschtschows in Paris Ende März und dass Chruschtschow ein zweijähriges Berlin-Moratorium vorgeschlagen habe. Er, de Gaulle, habe Chruschtschow allerdings unmissverständlich zu verstehen gegeben, falls dieser Vorschlag bedeute, dass die Westmächte nach Ablauf dieser Frist Berlin räumen müssten, sei dies nicht akzeptabel; die Westmächte würden sich nicht aus Berlin vertreiben lassen. Für de Gaulle gab es in dieser Frage – und in der Deutschlandfrage insgesamt – nichts zu verhandeln, und er schlug Eisenhower daher vor, diese Themen auf der Gipfelkonferenz am besten überhaupt nicht zu behandeln.[38] Das war genau die Position, die auch Adenauer vertrat, was diesen in seiner Auffassung bestärkte, dass die Franzosen die Einzigen seien, auf die man sich in der Berlinfrage „vollständig verlassen" könne, wie er es gegenüber Botschafter Dowling formulierte.

Vielleicht hätte er etwas anders gedacht, hätte er das Protokoll des ersten Gesprächs zwischen de Gaulle und Eisenhower gelesen, das bezeichnenderweise nicht in dem entsprechenden Band der Foreign Relations of the United States abgedruckt, aber zweifelsohne das interessanteste ist. Mit seltener Offenheit sprach de Gaulle nämlich hier über die Oder-Neiße-Grenze und über die Wiedervereinigung. Für ihn stand fest, dass die Oder-Neiße-Grenze als polnische Westgrenze von den Westmächten anerkannt und von ihnen garantiert werden müsse. Dies sei eine Karte, die nach der Bundestagswahl 1961 gespielt werden könne, wenn die deutsche Haltung in dieser Frage möglicherweise flexibler werde. Auch zur Wiedervereinigung hatte de Gaulle eine klare Meinung: Frankreich sei zwar um enge Beziehungen zur Bundesrepublik bemüht, halte aber nichts davon, dass Deutschland wiedervereint oder stärker werde. Und was Berlin anging, hatte er offensichtlich doch noch Hintergedanken. Er betonte zwar mit großem Nachdruck, dass sich die Westmächte niemals aus Berlin verdrängen lassen dürften, warnte Eisenhower aber davor, dass man mit Blick auf das Berlinproblem das Wort „niemals, niemals, niemals" nicht benutzen solle.[39] Am 26. April fuhr de Gaulle nach New York und besuchte anschließend San Francisco und New Orleans, wo am 29. April das Gespräch zwischen Douglas C. Dillon und Couve de Murville stattfand.

Zum Abschluss ihrer Vorbereitungen für das Gipfeltreffen kamen die westlichen Außenminister und der NATO-Ministerrat vom 1. bis

5. Mai in Istanbul zusammen. Die Gespräche fanden in einer bizarren Situation statt: Istanbul war „tot".[40] Die Türkei befand sich innenpolitisch in einer schweren Krise, es gab Massendemonstrationen und Ausschreitungen, die am Ende zum Sturz der Regierung Adnan Menderez führten. Am 29. April hatte die türkische Regierung über Istanbul und Ankara das Kriegsrecht verhängt, der Militärgouverneur von Istanbul am 30. April ein 24-stündiges Ausgehverbot ab 1. Mai, 4.00 Uhr früh, verfügt. Es kam dennoch zu neuen Demonstrationen, bei denen zwei Teilnehmer getötet wurden. In dieser Atmosphäre wurde über die Berlin- und Deutschlandfrage beraten. Am Ende stand ein Kommuniqué, in dem der NATO-Ministerrat noch einmal betonte, dass die Lösung des Deutschlandproblems nur auf dem Wege der Wiedervereinigung auf der Grundlage der Selbstbestimmung, d. h. freier Wahlen, gefunden werden könne. Und unter Hinweis auf die Erklärung vom 16. Dezember 1958 erneuerte der Rat seine Entschlossenheit, die Freiheit der Bevölkerung Westberlins zu schützen[41] – noch einmal ein Erfolg für Adenauer.

Am 9. Mai unterrichtete Unterstaatssekretär Merchant den Nationalen Sicherheitsrat in Washington über den Stand der Dinge. Eisenhower beendete die Diskussion dort mit der Bemerkung, die Gipfelkonferenz werde kein Spaziergang werden („would not be a Sunday School picnic").[42] Er konnte nicht ahnen, wie recht er haben sollte.

4. Das Scheitern der Gipfelkonferenz

Im Frühjahr 1960 war der amerikanische Präsident entschlossen, Chruschtschow auf der Gipfelkonferenz einen zweijährigen Atomteststopp vorzuschlagen, obwohl die Sowjets Kontrollen im eigenen Land ablehnten. Eisenhower war bereit, auf diese Kontrollen zu verzichten, die CIA war entschieden dagegen und bestand am 2. Februar darauf, die Anzahl der U-2-Spionageflüge maximal zu erhöhen, um mögliche „Lücken" abzudecken. Seit dem 4. Juli 1956 führten die USA mit der U-2 in großer Höhe über der Sowjetunion solche Flüge durch, die jeweils von Eisenhower genehmigt wurden. Die Sowjets wussten, dass die Amerikaner diese Flüge durchführten, waren aber technisch nicht in der Lage, etwas dagegen zu unternehmen, und die Amerikaner wussten, dass die Sowjets es wussten. Dennoch hatte Eisenhower Bedenken, der Forderung der CIA nachzugeben. Für die freie Welt, so Eisenhower am 2. Februar 1960, bringe er ein enormes Plus mit in eine Gipfelkonferenz, nämlich seinen guten Ruf. Wenn jetzt, wo man vor ernsthaften Verhandlungen stehe, ein Flugzeug abgeschossen würde, könnte dies in Moskau öffentlich zur Schau gestellt und damit seine Verhandlungsposition ruiniert werden.[43]

Trotz dieser Einsicht genehmigte Eisenhower weitere Flüge, allerdings nur noch jeweils einen Flug pro Monat. Die Überlegung, die dahinter stand, war relativ simpel: würden die Sowjets jemals eine U-2 abschießen, würden sie das niemals öffentlich zugeben, weil sie dann nämlich auch zugeben müssten, dass es schon seit Jahren solche Flüge gab und sie nichts dagegen hatten tun können. Das war zwar eine fragwürdige Logik, aber offensichtlich war das Argument, dass man noch Flüge brauchte, stärker, zumal die CIA Ende März gegenüber Eisenhower den Verdacht äußerte, dass die Sowjets weitere Raketenabschussbasen bauen würden.

Eisenhower genehmigte einen weiteren Flug, der am 9. April durchgeführt wurde. Das sowjetische Radar spürte die Maschine auf; Versuche, sie mit Boden-Luft-Raketen abzuschießen, schlugen fehl. Auf den Fotos, die die Maschine mitbrachte, waren keine neuen Raketenanlagen zu erkennen.

Wenige Tage später verlangte die CIA noch einen Flug. Eisenhower genehmigte auch diesen, allerdings unter der Bedingung, dass er innerhalb der nächsten 14 Tage durchgeführt werden sollte. In den nächsten zwei Wochen geschah nichts; der Himmel über Russland war wolkenverhangen, die U-2 konnte nur bei klarem Himmel arbeiten. Die CIA bat um eine Verlängerung der Frist; Eisenhower genehmigte eine weitere Woche; der Flug sollte allerdings noch vor dem 1. Mai stattfinden; danach, so Eisenhower, dürften keine Flüge mehr durchgeführt werden; unmittelbar vor der Gipfelkonferenz wolle er die Sowjets nicht provozieren. Am 1. Mai klarte der Himmel über der Sowjetunion auf, und in Adana in der Türkei bestieg Francis Gary Powers seine U-2 zu einem Flug, der quer über die Sowjetunion nach Bodo in Norwegen gehen sollte.

Wie wir wissen, kam Powers dort nicht an. Die Sowjets schossen seine Maschine ab, Powers überlebte und wurde gefangen genommen. Die Art und Weise, wie Chruschtschow dieses Ereignis propagandistisch ausschlachtete, war genauso meisterhaft wie das Bemühen Washingtons stümperhaft, die Sache zu vertuschen. Chruschtschow nutzte den Zwischenfall, um die Gipfelkonferenz platzen zu lassen, obwohl dies mit ziemlicher Sicherheit nicht der ausschlaggebende Grund dafür war.

Hätten die Amerikaner sich geschickter verhalten, hätte die Konferenz möglicherweise stattgefunden, und Chruschtschow wäre in eine schwierige Situation geraten. So aber spielten die Amerikaner Chruschtschow geradezu in die Hände.

Am 1. Mai wurde Eisenhower davon unterrichtet, dass eine U-2 vermisst werde, dies aber kein Grund zur Beunruhigung sei. Die CIA hatte ihm zuvor versichert, dass bei einem Abschuss oder Absturz erstens der Pilot nicht überleben werde und zweitens ein eingebauter Selbstzerstörungsmechanismus die Filme und alles andere zerstören würde, was auf Spionage schließen lassen könnte. Die CIA hatte Eisenhower allerdings nicht mitgeteilt, dass die Zerstörungsmechanismen vom Piloten aktiviert werden mussten, dass nur zweieinhalb Pfund Sprengstoff an Bord waren, mit denen das Flugzeug wohl kaum zerstört werden konnte, und dass die Hunderte Meter Filmrollen weder durch den Absturz noch Feuer vernichtet werden konnten. Eisenhower ging jedenfalls davon aus, dass der Pilot tot, das Flugzeug zerstört und die Filmrollen vernichtet worden waren und die Sowjets damit keinerlei Beweise für amerikanische Spionagetätigkeit hatten. Er entschied, überhaupt nicht zu reagieren. Damit nahm das Verhängnis seinen Lauf.

Am 5. Mai hielt Chruschtschow eine Rede vor dem Obersten Sowjet. Erstmals erfuhr die Welt, dass die Sowjets ein amerikanisches Spionageflugzeug abgeschossen hatten. Chruschtschow sprach von einem „außerordentlich provokativen Akt" der USA; aggressive Kreise in den USA wollten die Gipfelkonferenz stören oder zumindest verhindern, dass man zu einer Vereinbarung komme; er beschuldigte allerdings nicht Eisenhower, sondern die „Militaristen im Pentagon".[44]

Stephen E. Ambrose, der Biograf Eisenhowers, meint, Eisenhower hätte zu diesem Zeitpunkt öffentlich erklären sollen, dass die USA mit seiner Genehmigung Spionageflüge durchführten, dass sie entsprechende Informationen brauchten, um ein nukleares Pearl Harbor zu verhindern, dass der KGB, wie jeder wisse, eine viel stärkere Spionagetätigkeit durchführe etc. Aber Eisenhower tat es nicht, weil er geradezu davon besessen gewesen sei, die U-2-Flüge geheim zu halten – obwohl die Sowjets davon wussten, genau wie die Regierungen in Großbritannien, Frankreich, Norwegen, der Türkei, Formosa etc. Lediglich die Amerikaner und ihre gewählten Vertreter wussten nichts davon.[45]

Eisenhower wollte die Sache vertuschen. Am 5. Mai autorisierte er eine von der NASA veröffentlichte Erklärung, wonach eines ihrer U-2-Forschungsflugzeuge seit dem 1. Mai vermisst werde; der Pilot habe im

Gebiet des Van-Sees in der Türkei Probleme mit der Sauerstoffversorgung gemeldet. Möglicherweise sei die Maschine vom Kurs abgekommen und in sowjetisches Hoheitsgebiet geraten. Dem lag die Annahme zugrunde, dass dies Powers „Wetterflugzeug" sei, das die Sowjets abgeschossen hatten.[46]

Am 6. Mai legte Chruschtschow eine Falle. Er ließ Fotos eines Flugzeuges veröffentlichen, die Powers U-2 zeigen sollten. Es war allerdings ein anderes Flugzeug. Eisenhower sollte weiter glauben, dass Powers tot und seine U-2 zerstört worden sei, damit die Amerikaner an der Geschichte mit dem „Wetterflugzeug" festhalten konnten – was sie auch taten.

Am nächsten Tag lüftete Chruschtschow das Geheimnis. In einer triumphierenden Rede vor dem Obersten Sowjet teilte er der Welt mit, dass man das Flugzeug und den Piloten – gesund – habe. Für die amerikanische Version hatte er nur Hohn und Spott übrig; die Abgeordneten schrien „Schande! Schande!" und „Verbrecher! Verbrecher!"[47]

Am 9. Mai machte Chruschtschow den nächsten Zug. Auf einem Empfang in Moskau zu Ehren einer tschechoslowakischen Delegation erklärte er mit großem Nachdruck, sollten die Westmächte nach Abschluss eines Friedensvertrages mit der DDR versuchen, den Weg nach Berlin freizukämpfen, dann werde „Gewalt mit Gewalt" beantwortet.

Am selben Tag überreichte der sowjetische Botschafter in Paris, Savey A. Winogradow, de Gaulle ein Memorandum zur Berlinfrage, das die Sowjets auf der Konferenz vorlegen wollten. Es enthielt „Maximalforderungen", wie Brentano in der Runde der westlichen Außenminister feststellte. Selbst Selwyn Lloyd musste zugeben, dass dies „ein Schritt zurück" sei. Die Sowjets akzeptierten jetzt eine zweijährige Übergangslösung für Westberlin, aber nur als Vorbereitung für die anschließende Umwandlung der Stadt in eine „Freie Stadt". Für die Westmächte stellte sich damit die entscheidende Frage, was aus ihrer Sicht nach Ablauf des Moratoriums geschehen werde.[48]

Inzwischen ging in Washington das immer peinlicher werdende Vertuschungsmanöver um den U-2-Flug weiter. Eisenhower wollte weiter öffentlich nichts mit diesem Flug zu tun haben; er glaubte auch nach wie vor nicht, dass Powers noch lebte. Und so gab man dann zwar zu, dass ein Spionageflugzeug „möglicherweise" sowjetisches Territorium überflogen habe, dass aber niemand in Washington die Genehmigung für diesen Flug erteilt habe. Die Frage war: wer dann? Auch darauf gab es keine Antwort. Entsprechend bissig waren sogar die Kommentare in der „New York Times“, während Chruschtschow die Gangart verschärfte.[49] Er kündigte an, Powers werde vor Gericht gestellt; auf einer improvisierten Pressekonferenz im Gorki-Park in Moskau, wo er die ausgestellten Wrackteile der U-2 besichtigte, machte er klar, dass sich sein in Camp David gewonnener Eindruck von Eisenhower gewandelt habe. Die von den USA durchgeführten „aggressiven Handlungen“ könnten zum Krieg führen. Die „New York Times“ erschien mit der Schlagzeile, Chruschtschow habe damit gedroht, die von amerikanischen Spionageflugzeugen benutzten Basen notfalls mit Raketen anzugreifen. Die Antwort kam am nächsten Tag und war unmissverständlich. Die Schlagzeile der „New York Times“ lautete: „Die USA stehen zu ihren Zusagen, ihre Verbündeten zu schützen, falls die Russen Stützpunkte angreifen.“[50]

Botschafter Thompson, der sich bereits in Paris aufhielt, schickte am 12. Mai ein Telegramm nach Washington; die Kernaussage lautete: Es herrscht wieder Kalter Krieg („cold war is on again“).[51]

Eisenhower selbst blieb immer noch relativ gelassen. Am 11. Mai informierte er einige republikanische Senatoren beim Frühstück. Er sah seine Handlungsfreiheit durch den U-2-Zwischenfall nicht beeinträchtigt. Das „theatralische“ Verhalten Chruschtschows sei ja wohl nicht die Vorgabe für die Konferenz; Chruschtschow sei viel zu clever, als dass er glauben könne, dies sei der erste Flug gewesen.[52]

Am Morgen des 15. Mai traf Eisenhower in Paris ein. Fast zur gleichen Zeit besuchte Chruschtschow de Gaulle – begleitet von Gromyko, Botschafter Winogradow und Verteidigungsminister Malinowsky –, griff Eisenhower und die USA scharf an und übergab eine Erklärung, in der er seine Teilnahme am Gipfel von drei Bedingungen abhängig machte, die Eisenhower erfüllen müsse: 1. öffentliche Entschuldigung für den U-2-Zwischenfall; 2. Ankündigung, dass die Verantwortlichen bestraft würden; 3. Erklärung, dass es keine Spionageflüge mehr über die Sowjetunion geben werde. De Gaulle machte klar, dass Chruschtschow wohl nicht ernsthaft eine öffentliche Entschuldigung Eisenhowers erwarten könne und im Übrigen irgendwelche Missgeschicke von Geheimdiensten wohl kaum ein angemessenes Gesprächsthema für eine Gipfelkonferenz seien.[53]

Um 11.00 Uhr hatte Eisenhower eine erste Besprechung mit seinen Beratern. Herter unterrichtete ihn über den Stand der Dinge; der U-2-Abschuss spielte keine große Rolle; Eisenhower stellte lediglich fest, dass U-2-Flüge kein Thema mehr und technisch überholt seien.[54]

Um 14.30 Uhr kamen die westlichen Staatschefs – einschließlich Adenauer – zu einem ersten Treffen zusammen. Es ging fast ausschließlich um Berlin und das sowjetische Memorandum vom 9. Mai. De Gaulle machte klar, wenn man den Sowjets auch nur stillschweigend zu verstehen gebe, dass man einer Änderung des Berlin-Status zustimmen werde, habe Chruschtschow „schon halb gewonnen"; Adenauer betonte noch einmal, dass es Chruschtschow nicht gelingen dürfe, Berlin und Deutschland zum Hauptthema der Konferenz zu machen; Abrüstung müsse das Hauptthema sein; er sei zuversichtlich, dass Chruschtschow wegen Berlin keinen Krieg beginnen werde. Am Ende des Gespräches gab sich Eisenhower kämpferisch: es sehe so aus, als ob Chruschtschow ihn auf die Anklagebank setzen wolle; er hoffe, niemand gebe sich der Illusion hin, dass er vor Chruschtschow auf den Knien kriechen werde. De Gaulle lächelte und meinte, niemand gebe sich dieser Illusion hin.[55]

Beim Hinausgehen unterrichtete er Eisenhower vom morgendlichen Besuch Chruschtschows und dass dieser gedroht hatte, jene Stützpunkte, von denen die Spionageflugzeuge starteten, anzugreifen. Eisenhowers Antwort war kurz und ließ an Deutlichkeit nichts zu wünschen übrig: „Bomben können in beide Richtungen fliegen." („Bombs can travel in two directions.")[56]

Um 16.30 Uhr besuchte Chruschtschow – wieder in Begleitung von Gromyko, Winogradow und Malinowsky – Macmillan, beschuldigte in ähnlicher Weise wie zuvor schon bei de Gaulle die USA, hinterließ jedoch keine schriftliche Erklärung.[57]

Zur gleichen Zeit konferierten die Amerikaner unter sich. Für Bohlen war klar, dass die Sowjets das Scheitern der Konferenz beschlossen hatten. Eisenhower wollte wissen, warum Chruschtschow seine Forderungen nicht fünf Tage früher gestellt habe – dann hätte er sich nämlich den Flug sparen und zu Hause bleiben können –, und bedauerte gleichzeitig, dass der Geheimdienst offensichtlich versagt habe, da die emotionale, ja geradezu pathologische Reaktion der Russen nicht vorausgesehen worden sei. Bohlen verteidigte den Geheimdienst; man habe das sehr wohl geprüft, aber niemals geglaubt, dass der Pilot lebend in die Hände der Sowjets fallen könnte.[58]

Um 18.00 Uhr begann das zweite Treffen der westlichen Staatschefs – diesmal ohne Adenauer. Zunächst ging es um die U-2-Flüge. Als Eisenhower deutlich machte, was er auf der Gipfelkonferenz sagen wollte, unterbrach ihn de Gaulle mit dem Satz: „Falls es eine Gipfelkonferenz gibt", worauf Eisenhower antwortete, er sei sicher, dass die Einladung für seinen Russlandbesuch nicht erneuert werde. Anschließend wurde wieder Berlin behandelt. Dabei wurde deutlich, dass man in der Sache keinen Schritt weitergekommen war. Man bedauerte, dass man durch die falsche Entscheidung 1944/45 in eine schwierige Lage geraten sei, mit der man „jetzt aber leben müsse". Macmillan hielt es immerhin für „kein so furchtbares Schicksal", wenn Berlin UNO-Stadt würde; das, so Eisenhower, könne auf der Konferenz zwar angesprochen, aber nicht geklärt werden. Am Ende stimmte man mit de Gaulle überein, dass es bei der ganzen Frage letztlich darum gehe, ob die Sowjets für oder gegen eine détente (Entspannung) seien; das sei die Testfrage.[59]

Eine andere Testfrage war, wie man in der für den nächsten Tag um 11.00 Uhr angesetzten Runde mit Chruschtschow umgehen sollte und in welcher Weise dieser Eisenhower möglicherweise angreifen würde. De Gaulle ahnte nichts Gutes. Am Ende der Sitzung mit Macmillan ging er jedenfalls zu Eisenhower und versicherte ihn seiner Solidarität: „Was auch immer geschehen mag, Frankreich wird bis zum Schluss als Verbündeter an Ihrer Seite stehen." Eisenhower war sichtlich gerührt.[60] Alles schien möglich, die Lage war mehr als gespannt: Auf Befehl von Verteidigungsminister Thomas Gate wurden die amerikanischen Streitkräfte weltweit in Alarmbereitschaft versetzt.[61] Am nächsten Morgen frühstückten Eisenhower und Macmillan zusammen. In kleiner Runde wurde anschließend noch einmal beraten, wie in der Sitzung mit Chruschtschow die U-2-Affäre behandelt werden sollte. Eisenhower gab zu verstehen, dass eine Sache für ihn „ganz klar" sei, nämlich: „Bis wir Satelliten haben, wird es Flüge dieser Art nicht mehr geben." Für Macmillan war dies eine wichtige Mitteilung; Chruschtschow habe ihm gegenüber betont, man fühle sich durch eine Fortsetzung der Flüge, was die Amerikaner ja angekündigt hätten, bedroht. Wenn dieser Punkt mit Chruschtschow geklärt werden könne, sei das möglicherweise von großer Bedeutung für die Verhandlungen.[62]

Es kam zu keinen Verhandlungen. Eisenhower erhielt keine Gelegenheit, seine Position klarzustellen. Er wollte eigentlich als Erster sprechen, als Antwort auf Chruschtschows schriftliche Erklärung, aber als de Gaulle, als Gastgeber, ihm das Wort erteilen wollte, verlangte Chruschtschow, als Erster zu sprechen. Sein Gesicht war rot angelaufen, de Gaulle blickte fragend zu Eisenhower, der zustimmend nickte. Chruschtschow stand auf und begann seine Tirade gegen Eisenhower und die USA, wurde immer lauter und begann dann zu schreien, bis ihn de Gaulle unterbrach, sich dem sowjetischen Übersetzer zuwandte und meinte:

„Dieser Raum hat eine ausgezeichnete Akustik. Wir alle können den Vorsitzenden gut verstehen. Er muss nicht laut werden." Der Übersetzer wurde blass, drehte sich zu Chruschtschow und begann langsam zu übersetzen. De Gaulle schnitt ihm das Wort ab und nickte seinem Übersetzer zu, der klar und deutlich jedes Wort ins Russische übersetzte. Chruschtschow warf einen wütenden Blick auf de Gaulle, las zunächst mit etwas leiserer Stimme weiter, um dann wieder zu schreien. Am Ende zog er die Einladung für den Besuch Eisenhowers in der Sowjetunion zurück und schlug eine Verschiebung der Gipfelkonferenz um sechs bis acht Monate vor – eine besonders perfide Art, Eisenhower zu beleidigen, da Eisenhower nach Ablauf dieser Frist nicht mehr im Amt sein würde. Mit dieser Rede, so Herter später zu Couve de Murville und Lloyd, habe Chruschtschow „den Rubikon überschritten".[63] Eisenhower verlas eine kurze Erklärung, kündigte das Ende der Flüge während seiner verbleibenden Amtszeit an und bedauerte die entstandene Situation; er sei nach Paris gekommen, um ernsthafte Verhandlungen zu führen; er hoffe, dass das noch möglich sei. Es war nicht mehr möglich, die Gipfelkonferenz war zu Ende, bevor sie begonnen hatte.[64] Adenauer war hocherfreut, wie sein von Bundespressechef Felix von Eckardt überlieferter Kommentar deutlich machte: „Wir haben nochmals fies Jlück jehabt."[65] Macmillan war weniger erfreut. Das Scheitern des Gipfels war für ihn „der tragischste Moment seines Lebens".[66] Das wiederum war wohl etwas übertrieben.

Über die Motive der Sowjets, die Gipfelkonferenz scheitern zu lassen, kann immer noch nur spekuliert werden. Der entscheidende Grund war offensichtlich die Erkenntnis, dass sie in der Berlinfrage angesichts der Ge- und Entschlossenheit des Westens – insbesondere der USA, aber auch Frankreichs – nicht das erreichen würden, was sie sich möglicherweise erhofft hatten. Eine Verhärtung der Positionen hatte sich bereits im Vorfeld des Gipfels abgezeichnet. Chruschtschow hatte seine Drohung, einen separaten Friedensvertrag mit der DDR abzuschließen, mehrfach wiederholt: am 1. Dezember 1959 auf dem Parteitag der ungarischen Kommunisten, am 28. Januar 1960 in einem Brief an Adenauer, am 29. Februar auf einer Pressekonferenz in Djakarta, mehrere Male während seines Frankreich-Besuches vom 23. März bis 4. April; am 4. Februar hatten sich darüber hinaus erstmals die Warschauer Pakt-Staaten gemeinsam verpflichtet, einen solchen Vertrag abzuschließen.

Am 4. April hatte Außenminister Herter auf den schärfer werdenden Ton der Sowjets reagiert. In einer Rede in Chicago hatte er betont, dass die Drohungen Chruschtschows die internationale Lage nur verschlechterten. Am 20. April war Unterstaatssekretär Dillon in New York noch einen Schritt weiter gegangen. Er hatte die sowjetische Berlinpolitik scharf kritisiert, gleichzeitig den Willen der USA betont, auf dem Gipfel für beide Seiten akzeptable Lösungen zu finden, und dann unmissverständlich klargemacht, dass Chruschtschow und seine Genossen „eine große Enttäuschung erleben werden, wenn sie glauben, dass wir Drohungen nachgeben"; im Übrigen würden nur die allergrößten Optimisten der Meinung sein, dass die Aussichten für eine schnelle Lösung gut stünden.[67]

Am 23. April hatte sich Vizepräsident Nixon ähnlich geäußert; zuvor war das Kommuniqué der westlichen Außenminister am 14. April bestätigt worden; de Gaulle hatte mehrfach – auch öffentlich auf seiner USA- und Kanadareise vom 22. bis 29. April – betont, dass das Berlinproblem auf der Gipfelkonferenz nicht gelöst werden könne; auf der Konferenz sollten die Voraussetzungen für eine Atmosphäre der Entspannung geschaffen werden, in der dann zu einem späteren Zeitpunkt versucht werden sollte, Probleme zu lösen. Ähnliches hatte er Chruschtschow bei dessen Besuch in Paris Ende März/Anfang April gesagt.

Chruschtschow hatte auf diese Entwicklung am 25. April mit einer programmatischen, kompromisslosen Rede in Baku reagiert. Er hatte Dillon angegriffen, dessen Rede „rieche nach Kaltem Krieg" und sei voll Verdächtigungen und übler Absichten mit Blick auf den Gipfel. Er hatte dann seine Warnung wiederholt, dass, sollten die Westmächte eine Regelung in der Berlinfrage – natürlich in seinem Sinne – verweigern, er den Friedensvertrag mit der DDR abschließen werde, mit dem die Westmächte ihre Rechte in Berlin verlieren würden.[68]

Zuvor hatten Sondierungen in Washington von Botschafter Mikhail Menshikow und dem Vorsitzenden des sowjetischen Komitees für Auslandsbeziehungen, Yuri Shukow, die Befürchtung Chruschtschows offensichtlich bestätigt, aus Paris mit leeren Händen nach Moskau zurückzukehren. Die westliche Position war dann noch einmal beim NATO-Ministerrat in Istanbul bestätigt worden. „Je mehr wir uns dem Gipfel näherten, um so geringer wurden die Aussichten auf sichtbare Erfolge", wie Herter es am 27. Mai vor dem Außenpolitischen Ausschuss des Senats formulierte.[69]

Aber es war offensichtlich nicht nur die Berlinfrage, bei der sich Chruschtschow keinen Erfolg in Paris erwartete. Auch beim zweiten großen Thema war für die Sowjets nichts zu holen. Möglicherweise hatten sowjetische Wissenschaftler Chruschtschow genau das Gleiche gesagt, was amerikanische Experten Eisenhower gesagt hatten: dass nämlich ein Atomteststopp den USA Vorteile bringen würde. Möglicherweise kamen noch innenpolitische Probleme hinzu; nicht auszuschließen ist auch, dass Chruschtschow die Chinesen beeindrucken wollte.

Schon am 12. Mai hatte Thompson vermutet, dass Chruschtschow in Paris keine ernsthaften Verhandlungen anstrebe, sondern größtmögliche Propaganda aus dem Gipfel schlagen und größtmöglichen Druck auf die Westalliierten ausüben wolle, aber bis zu den Präsidentschaftswahlen in den USA keine Krise um Berlin auslösen werde.[70]

Wenn Chruschtschow möglicherweise gehofft hatte, einen Keil in die westliche Allianz zu treiben, so wurde er enttäuscht. Die für Eisenhower erniedrigende Propagandashow, die Chruschtschow in Paris abzog, führte zu einer verstärkten Solidarität unter den drei westlichen Staatsmännern. Eisenhower war überzeugt, dass die drei Länder nach dem gescheiterten Gipfel fester als jemals zuvor zueinander standen. Über eine engere Zusammenarbeit[71] hatte man noch in Paris gesprochen, wo de Gaulle auf die Vergangenheit verwiesen hatte. Die Zusammenarbeit zwischen ihm und Eisenhower sei einfach, „denn wir sind durch die Geschichte miteinander verbunden".[72]

5. Die Krise wird vertagt

Westliche Solidarität war jedenfalls mehr denn je gefragt. Man hatte erfahren, dass Chruschtschow auf dem Rückflug nach Moskau in Ostberlin Station machen wollte. Die westlichen Delegationen in Paris gingen davon aus, dass er dort den angekündigten Friedensvertrag mit der DDR unterzeichnen werde; damit würde es dann ernst werden („the crunch was about to come"), wie Hillenbrand das formulierte. In dieser Situation hieß es kühlen Kopf und starke Nerven bewahren. Nach dem theatralischen Auszug der Sowjets aus dem Elysée-Palast am 16. Mai schien Selwyn Lloyd beides zu verlieren, als er gegenüber Herter von der Möglichkeit einer neuen Berlinkrise sprach und deutlich machte, dass es für die britische Regierung „undenkbar" sei, wegen irgendwelcher Formalitäten betreffend den Zugang nach Berlin die britische Nation in einen Krieg zu führen, während die Westdeutschen zur gleichen Zeit dicke Geschäfte mit den Ostdeutschen machten. Herter wies diese Argumentation mit Entschiedenheit zurück. Lloyd bestand darauf, dass es „die Ehre der Westmächte gebiete“, klarzumachen, dass sie wegen des Abstempelns irgendwelcher Reisedokumente keinen Krieg führen würden. Kohler unterbrach und wies darauf hin, dass es nicht um das Abstempeln, sondern um die Rechte der Alliierten gehe und man bei der Wortwahl vorsichtig sein solle. Lloyd war nicht zu bremsen. Es gehe nicht um das Abstempeln, sondern um den freien Zugang der Alliierten zu ihren Garnisonen in Westberlin, und solange der gesichert sei, könne man nicht wegen irgendeines Zufahrtsprozederes Krieg führen. Herter enthielt sich jeden Kommentars, und damit war die Diskussion über dieses Thema erst einmal beendet.[73]

In den folgenden drei Tagen bereiteten sich die drei Westalliierten für den Ernstfall, d. h. Abschluss eines Friedensvertrages zwischen Sowjetunion und DDR mit Übergabe der Kontrollfunktionen an die DDR und möglicher Blockade Westberlins vor. Auch wenn die Briten nicht „besonders begeistert“ waren, in der Dreierarbeitsgruppe, die für die Außenminister die Planungen für den Ernstfall aktualisieren sollte, spielten sie mit. Der Ernst der Lage wurde auch dadurch deutlich, dass diese Gruppe ihre Arbeit nach zwei Stunden abschließen konnte. Was sie den Außenministern vorlegte, entsprach in etwa dem, was bislang diskutiert worden war. Man war sich einig, dass noch weitere Arbeit geleistet werden müsste und die Westdeutschen in die Planungen miteinbezogen werden sollten.

Während man noch militärische Maßnahmen beriet, blickte man gleichzeitig nach Ostberlin, wo für den 20. Mai eine Rede Chruschtschows angekündigt worden war. Zur großen Erleichterung der Westmächte und „sichtbaren Enttäuschung seiner Zuhörer“, wie die US-Mission Berlin nach Washington berichtete, gab es kein Fait accompli.[74] Chruschtschow gab sich zurückhaltend; man werde zwar „nicht zu lange“ mit dem Abschluss eines Friedensvertrages und der Lösung des Berlinproblems warten, aber mit Blick auf die Gipfelkonferenz in sechs bis acht Monaten seien die Sowjetunion und die DDR zu der Überzeugung gelangt, dass es sich lohne, noch etwas zu warten, um durch ein gemeinsames Bemühen der vier Siegermächte eine Lösung zu finden. Solange werde die gegenwärtige Lage nicht verändert.

Damit war klar, dass es zunächst keine Verschärfung der Situation in und um Berlin geben würde. Chruschtschow hatte die Hoffnung aufgegeben, mit Eisenhower ins Geschäft zu kommen. Er setzte jetzt auf dessen Nachfolger, der im November gewählt wurde.

6. Die Entwicklung bis Ende 1960

Dennoch herrschte von nun an wieder Kalter Krieg, wie Thompson es formuliert hatte. Der „Geist von Camp David" war tot. Es gab zwar in den folgenden Monaten keine „große" Krise um Berlin, aber zahlreiche kleine, die deutlich machten, dass Moskau das Thema nur vertagt, aber nicht zu den Akten gelegt hatte. Der Nervenkrieg ging weiter und erreichte einen ersten Höhepunkt im Zusammenhang mit der geplanten Sitzung des Deutschen Bundestages im September in Berlin.

Anlässlich seines Besuches in Österreich ging Chruschtschow am 8. Juli in einer Pressekonferenz in Wien auf dieses Thema ein. Die Entscheidung, die Sitzung in Berlin abzuhalten, sei eine „Provokation"; der Abschluss des Friedensvertrages könnte möglicherweise an dem Tag erfolgen, an dem die Sitzung stattfinde. Dann müssten die Bundestagsabgeordneten bei (DDR-Ministerpräsident) Grotewohl Visa beantragen, „um von Berlin wieder zurück nach Bonn" zu kommen. Ähnlich äußerte sich SED-Chef Walter Ulbricht auf einer Pressekonferenz am 19. Juli in Ostberlin. Chruschtschows Drohung führte zu erheblicher Konfusion bei den Westalliierten und zwischen Bonner Regierung und Westberliner Senat. Gegenüber den drei westlichen Stadtkommandanten drängte Willy Brandt am 12. Juli auf Abhaltung der Bundestagssitzung; am 23. Juli betonte er in einem Brief an Adenauer, es dürfe kein Nachgeben gegenüber sowjetischen Drohungen geben. Adenauer sah das diesmal anders. Am 14. Juli erhielt die amerikanische Botschaft Informationen, wonach sich der Kanzler im Kabinett gegen „provokative" Handlungen ausgesprochen hatte. Diese Informationen wurden durch die Mitteilung von Strauß gegenüber einem US-Botschaftsmitglied bestätigt. Nach Meinung Adenauers sollte die Bundesregierung jede Aktion in Berlin unterlassen, „die unseren Alliierten Schwierigkeiten bereiten würde".[75]

Die geplante Sitzung des Bundestages bereitete den Alliierten in der Tat Schwierigkeiten. Franzosen und Briten waren dagegen, die Amerikaner dafür; sie wollten sich nicht von den Sowjets unter Druck setzen lassen. Eine gemeinsame Haltung kam nicht zustande und stärkte jene in Bonn, die von Anfang an gegen die Sitzung in Berlin gewesen waren. Mitte August einigten sich Adenauer, Bundestagspräsident Eugen Gerstenmaier und CDU/CSU-Fraktionsvorsitzender Krone darauf, bis zu den amerikanischen Wahlen im November keine Bundestagssitzung in Berlin stattfinden zu lassen, ohne dass mit dieser Entscheidung das Recht Bonns auf Abhaltung solcher Sitzungen präjudiziert werden sollte. Dies wurde am 20. Oktober von Gerstenmaier und dem Parteivorsitzenden noch einmal bestätigt. Die nächste Sitzung des Bundestages in Berlin fand dann erst 1965 statt – Zeichen dafür, wie schwierig dieses Thema war.

Auch in anderen Bereichen versuchte die Sowjetunion, die Bindungen zwischen der Bundesrepublik und Westberlin zu lockern – etwa bei der Errichtung des BRD-Deutschlandfunks. Im Gesetzentwurf war als Sitz des neuen Rundfunksenders Berlin vorgesehen. Die Sowjets protestierten massiv. Und als die drei Westmächte zu verstehen gaben, dass sie bei einem entsprechenden Gesetz möglicherweise ein Veto aussprechen würden, verabschiedete der Bundestag das Gesetz, ohne dass darin der Standort des Senders genannt wurde. Erst später wurde dann Köln bestimmt.[76]

Im Herbst begannen die DDR-Behörden eine Politik der Nadelstiche. Unmittelbarer Anlass war der von den westdeutschen Vertriebenenverbänden für den 4. September in Westberlin geplante „Tag der Heimat". Die DDR sprach von einem „militaristischen und revanchistischen" Treffen. Zum Schutz des eigenen Territoriums, „einschließlich der Hauptstadt der DDR (das demokratische Berlin)", erließ das DDR-Innenministerium neue Reisebestimmungen für Bundesbürger. Für Besuche in Ostberlin mussten bei der Volkspolizei jetzt Genehmigungen beantragt werden. Damit nicht genug: an den Kontrollstellen an der Zonengrenze verweigerte die Volkspolizei insgesamt 1.061 Personen die Weiterfahrt nach Westberlin (von denen 699 das Angebot der Bundesregierung annahmen, kostenlos auf dem Luftweg transportiert zu werden). Um Mitternacht des 4. September wurden die Kontrollmaßnahmen wieder aufgehoben. Botschafter Dowling hatte dies schon am 2. September vorausgesagt, aber gleichzeitig gewarnt, dass mit neuen, „möglicherweise sogar noch weitergehenden" Beschränkungen zu rechnen sei, wenn die Westmächte nicht mehr tun würden, als nur zu protestieren. Er war für schärfere Maßnahmen; die Bundesregierung sollte aktiv werden – „auch wenn sie davon nicht besonders begeistert sein wird" – und klarstellen, dass es einen Zusammenhang zwischen ungehindertem Zugang nach Berlin und dem Interzonenhandelsabkommen gebe. Am 2. September gab er zu verstehen, dass die Bundesregierung bei weiteren DDR-Maßnahmen das Abkommen aufkündigen und die Teilnahme an der Leipziger Messe absagen sollte.[77] Parallel dazu sollten die NATO-Regierungen DDR-Bürgern keine weiteren Genehmigungen für Reisen in und durch NATO-Länder erteilen.[78]

Wie von Dowling erwartet, kündigte die DDR am 8. September neue Maßnahmen an, die den Reiseverkehr zwischen den „zwei deutschen Staaten“ regeln sollten. Bundesbürger mussten jetzt für Besuche in Ostberlin entsprechende Genehmigungen bei der Volkspolizei beantragen. Die Bundesregierung und Dowling waren sich einig, dass dies der Beginn einer Serie von Maßnahmen sein würde, um die Bindungen zwischen der Bundesregierung und Westberlin zu lockern. Der Botschafter sprach sich am 10. September erneut für eine „harte Haltung“ des Westens und die Aufkündigung des Interzonenhandelsabkommens aus.[79] Am 13. September stimmte das State Department dem zu.[80]

Am selben Tag verkündete die DDR, dass sie bundesdeutsche Pässe nicht mehr als gültige Reisedokumente für Westberliner anerkennen würde. Die Westmächte reagierten. Neben Protestnoten an die Adresse der Sowjets wurden ab dem 24. September keine Reisedokumente mehr für DDR-Bürger ausgestellt (am 6. März 1961 wurde diese Maßnahme wieder aufgehoben). Die Aufkündigung des Interzonenhandelsabkommens gestaltete sich etwas schwieriger. Franzosen und Briten waren dagegen. Die Franzosen sahen darin nur einen psychologischen Effekt; das ganze Thema wirtschaftlicher Gegenmaßnahmen müsse sehr viel intensiver diskutiert werden. Die Briten befürchteten dagegen, dass damit erst die Krise um Berlin ausgelöst würde. In Washington waren die Vereinigten Stabschefs beunruhigt und empfahlen Verteidigungsminister Robert McNamara, Planungen über zusätzliche und weitreichende Gegenmaßnahmen anzuordnen. Und dann wurde noch einmal die grundsätzliche amerikanische Position formuliert, nämlich:

> „Die amerikanische Garantie für die Freiheit Westberlins ist der Pfeiler, auf dem unsere Bündnisse weltweit ruhen. Überall in der Welt verfolgen unsere Verbündeten und die Neutralen gleichermaßen ganz genau, wie und mit welchem Erfolg wir unseren Verpflichtungen nachkommen. Würden wir in Westberlin scheitern, würden unsere Bündnisse geschwächt, würden wir Westberlin aufgeben, würden sie zerstört.“[81]

Bemerkenswert an diesem Dokument der Vereinigten Stabschefs war, dass hier sehr deutlich nur von *West*berlin gesprochen wurde. Öffentlich wurde das erst nach dem Regierungsantritt von Kennedy in aller Deutlichkeit so formuliert (s. u., S. 166) – mit der Rede Kennedys am 25. Juli 1961 als Höhepunkt (vgl. Kap. VI, 4). Als die Bundesregierung am 30. September 1960 das Interzonen-Abkommen zum 31. Dezember kündigte – als eine „Vorsichtsmaßnahme“, wie es hieß, und mit der Ergänzung, dass man zu neuen Verhandlungen bereit sei –, waren die Briten besonders verärgert. Sie warfen den Amerikanern vor, Bonn „grünes Licht“ gegeben zu haben, ohne sie zuvor konsultiert zu haben.[82]

Über die Wirkung dieser Maßnahme war man dann allerdings auf westlicher Seite mehr als überrascht. Bei den Verhandlungen über ein neues Abkommen, das am 29. Dezember unterzeichnet wurde, war die DDR nämlich bereit, die Maßnahmen vom 8. September zurückzunehmen und die freie Zufahrt nach Westberlin zu garantieren (im September und Oktober waren mehrere Lastwagen mit „Kriegsmaterial“ an der Fahrt von Westberlin in die Bundesrepublik gehindert worden). Der einzige „Preis“, den die Bundesregierung dafür zahlte, war die Zustimmung, die Zugeständnisse der DDR geheim zu halten. Offensichtlich, so die US-Mission Berlin in einer Analyse am 9. Januar 1961, seien die Kommunisten von der Maßnahme der Bundesregierung überrascht worden. Die wirtschaftlichen Schwierigkeiten in der DDR und in der Sowjetunion seien wohl so groß, dass beide Regierungen sich gezwungen gesehen hätten, ihre Berlinpläne erst einmal aufzugeben. Obwohl Chruschtschow angekündigt hatte, die durch die Aufkündigung des Handelsabkommens entstehenden Lücken zu füllen, sei die Sowjetunion offensichtlich nicht bereit bzw. in der Lage, diese wirtschaftliche Last zu übernehmen,[83] eine Überlegung, die nach dem Mauerbau vor allen Dingen bei Adenauer eine entscheidende Rolle spielen sollte – allerdings nicht in praktische Politik des Westens umgesetzt wurde. Routinemäßig bekräftigte der NATO-Ministerrat auf seiner Jahrestagung am 18. Dezember 1960 dann seine im Dezember 1958 gemachte Verpflichtung, wonach die NATO entschlossen sei, „die Freiheit der Westberliner Bevölkerung zu schützen“. Das Jahr 1961 würde zeigen, inwieweit die NATO zu dieser Verpflichtung stand.

Insgesamt konnte man in Bonn jedenfalls mit dem Verlauf des Jahres 1960 zufrieden sein. Es hätte schlimmer kommen können. Die pessimistische Vorschau, mit der Heinrich Krone in das Jahr gegangen war, hatte sich nicht bewahrheitet. Er hatte am 1. Januar 1960 in sein Tagebuch geschrieben:

> „Hart auf hart wird es in diesem Jahr zugehen. Moskau ist auf dem Vormarsch, der Westen in der Abwehr. Dulles ist tot. Koexistenz ist die

> Parole. Die große Verführung! Armes Deutschland. Unsere Landsleute hinter dem Eisernen Vorhang."[84]

Was er für 1960 vorausgesagt hatte und nicht eingetreten war, trat 1961 ein!

V. Die Kennedy-Administration

(Januar bis Juni 1961)

1. Neue US-Überlegungen?

John F. Kennedy übernahm das Amt des 35. Präsidenten der USA am 20. Januar 1961. Eines war zu diesem Zeitpunkt klar: Es gab nach wie vor eine Berlinkrise. Chruschtschow schickte Kennedy zwar ein Glückwunschtelegramm, in dem er die Hoffnung auf eine „grundlegende Verbesserung“ der sowjetisch-amerikanischen Beziehungen und der Weltlage insgesamt ausdrückte,[1] dass sich aber an der sowjetischen Position nichts geändert hatte, hatte er wenige Tage vor Kennedys Amtsantritt klargemacht. In einer Rede in Moskau am 6. Januar hatte er nicht nur betont, dass die Sowjetunion nach wie vor „Befreiungskriege“ unterstützen werde, er hatte auch noch einmal darauf hingewiesen, dass die Position der Westmächte in Westberlin „besonders schwach“ sei und diese daher ihr Besatzungsregime dort beenden müssten.

Die Kennedy-Regierung ging das Berlinproblem behutsam an. Es gab zunächst keinerlei öffentliche Stellungnahmen. Kennedy vermied es auch, das Thema in seiner Inaugurationsrede zu erwähnen, was in Bonn eher mit gemischten Gefühlen registriert wurde. Botschafter Grewe äußerte entsprechende Bedenken am 2. Februar gegenüber Unterstaatssekretär Chester Bowles; dieser versicherte Grewe allerdings, dass es in dieser Angelegenheit keinen Grund zur Sorge gebe.[2]

Am 17. Februar übergab der sowjetische Botschafter in Bonn, Andrej Smirnow, eine Note, in der noch einmal mit allem Nachdruck die Haltung der sowjetischen Regierung in Bezug auf Deutschland und Berlin klargelegt wurde. Grundsätzlich Neues enthielt die Note nicht.[3] Am selben Tag erläuterte Kennedy seine Position gegenüber Außenminister Brentano bei dessen Besuch in Washington. Das Schweigen in Bezug auf Berlin, so der amerikanische Präsident, bedeute keinesfalls ein nachlassendes Interesse seiner Regierung an dieser Frage; aber solange die gegenwärtige Ruhe an der Berlinfront andauere, wolle er weder irgendwelche Aktionen noch Kommentare der anderen Seite provozieren. Ähnlich äußerte er sich gegenüber Willy Brandt am 13. März; es sei besser, wenn Chruschtschow den nächsten Schritt tue.[4]

Dass die amerikanische Regierung entschlossen war, die Freiheit *West*berlins zu erhalten, wurde dann allerdings gleich dreimal öffentlich dokumentiert. Einmal in dem gemeinsamen Kommuniqué zum Abschluss der Gespräche zwischen Kennedy und Brentano, dann von Außenminister Rusk in einer Pressekonferenz am 9. März, und am 13. März in einer Erklärung Brandts nach dessen Gespräch mit Kennedy.[5] Auch hier war nicht mehr die Rede von Berlin, sondern nur noch von Westberlin. Das war Ausdruck der neuen US-Politik – auch wenn das von Anfang an eigentlich jedem hätte klar gewesen sein müssen –, und stand auch so im Kommuniqué nach dem Besuch Adenauers in Washington im April. Man musste die Sowjets nur noch etwas deutlicher darauf hinweisen, wo das amerikanische Interesse endete. Das machte Kennedy dann im Juli.

In Moskau versuchte sich Thompson am 4. Februar erneut an einer Interpretation der sowjetischen Absichten. Er war der Meinung, dass es der Sowjetunion eher um die deutsche Frage als Ganzes als um Berlin gehe. Ihr Ziel sei die Stabilisierung ihrer Westflanke und des kommunistischen Regimes in Osteuropa, insbesondere Ostdeutschlands, das wahrscheinlich am anfälligsten sei. Moskau sei über das westdeutsche Militärpotenzial und die damit verbundenen Gefahren zutiefst besorgt. Selbst wenn die Berlinfrage geregelt sei, bleibe die deutsche Frage *das* Problem zwischen Ost und West. Die Berlinfrage sei dennoch von großer Bedeutung – und dies aus vier Gründen:

1. In Berlin könnten die Sowjets jederzeit den Hebel ansetzen;
2. Chruschtschows Prestige sei dort involviert;
3. die Sowjets würden von Ulbricht unter Druck gesetzt;
4. Berlin als Fluchtort, Spionage- und Propagandazentrum unterminiere das SED-Regime.

Möglicherweise wollten die Sowjets es Ulbricht ermöglichen, Westberlin zu übernehmen oder es zumindest vollständig zu „neutralisieren", ohne dass der Westen dadurch sein Gesicht verlieren würde, aber, so der Botschafter: „Es ist unmöglich, mit einiger Sicherheit zu sagen, was Chruschtschow im Moment vorhat." („Impossible to assess with any degree accuracy Khrushchev's present intentions.") Möglicherweise würde er mit Aktionen bis zur Bundestagswahl im September warten, falls es vorher Anzeichen für irgendwelche Fortschritte geben sollte, möglicherweise eine Außenministerkonferenz, die eine Gipfelkonferenz nach den Wahlen vorbereiten würde. Sollte es anders laufen, würde er mit ziemlicher Sicherheit den Friedensvertrag abschließen und damit „eine höchst gefährliche Situation heraufbeschwören, die außer Kontrolle geraten kann".

Da nach Meinung Thompsons gleichzeitig „für viele Jahre" keine Aussicht auf Wiedervereinigung nach westlichen Vorstellungen bestand, stellte sich die Frage, was zu tun sei. Thompson schlug vor, den Genfer Plan in etwas modifizierter Form vorzulegen, wobei Chruschtschow möglicherweise eine Zehnjahresfrist akzeptieren würde; man könne auch über sieben oder weniger Jahre reden; dabei dürfte aber auf keinen Fall das Selbstbestimmungsprinzip aufgegeben werden, denn „dies ist eine der besten Karten, die wir gegenüber den Sowjets haben".[6]

Botschafter Dowling in Bonn war zwar mit Thompson der Meinung, dass die kurzfristigen Aussichten auf Wiedervereinigung „praktisch Null" seien, er akzeptierte aber nicht dessen Unterscheidung zwischen sowjetischer Deutschland- und Berlinpolitik. Chruschtschow müsse in jedem Fall klargemacht werden, dass er nicht ungestraft („no painless way") die Stellung der Westmächte in Berlin unterminieren könne, und dass jede einseitige Aktion für ihn mit ebenso vielen Gefahren verbunden wäre wie für den Westen.[7]

In Washington rechnete man zu diesem Zeitpunkt damit, dass Chruschtschow von sich aus bei der nächstbesten Gelegenheit das Berlinthema ansprechen werde. Für den Fall, dass er dann die „allseits bekannte sowjetische Position" wiederholen würde, erhielt Botschafter Thompson am 28. Februar entsprechende Instruktionen, die in mehreren Punkten allerdings nichts Neues enthielten. Für die neue US-Regierung, so hieß es da, sei die Situation mit Blick auf Deutschland und Berlin, wie für alle anderen auch, unbefriedigend. Das Hauptproblem sei die andauernde Teilung Deutschlands; ohne Wiedervereinigung gebe es keinen wirklichen Frieden in Europa. Washington akzeptiere allerdings, dass eine Wiedervereinigung in absehbarer Zukunft nicht möglich sei. Es sei daher notwendig, mit dieser „unnormalen" Situation zu leben, obwohl diese Situation Deutschland als Ganzes betreffe und nicht auf „ein Gebiet wie etwa Westberlin" reduziert werden könne. Westberlin in eine Freie Stadt zu verwandeln oder ähnliche Pläne würden lediglich die „Anormalität einer bereits anormalen Situation vergrößern".

So weit, so gut. Aber dann wurde ein neuer Gedanke geäußert, den Thompson für nicht besonders glücklich hielt. Die USA, so hieß es, könnten die Sowjetunion zwar nicht davon abhalten, einen separaten Friedensvertrag mit der DDR abzuschließen, würden allerdings öffentlich Position dagegen beziehen, da damit die Teilung Deutschlands zementiert werde. Die USA und ihre Verbündeten seien am meisten darüber besorgt, in welcher Weise ihre Stellung in Berlin von einem solchen Vertrag betroffen werde; falls dann jedoch die im Briefwechsel zwischen DDR-Außenminister Bolz und dem stellvertretenden sowjetischen Außenminister Zorin im September 1955 festgelegten Vereinbarungen noch gültig seien, „könnten wir versuchen, notwendige Anpassungen durchzuführen".

Am Schluss dieser Instruktionen hieß es, die USA würden, nach Konsultationen mit ihren Verbündeten, eigene Vorschläge machen; Chruschtschow solle allerdings klargemacht werden, dass die USA nichts akzeptieren würden, „was einer Verschlechterung der westlichen Position in Berlin oder des westlichen Zugangs nach Berlin gleichkommen würde".[8]

Im Klartext hieß das nicht mehr und nicht weniger, als dass die USA im Prinzip bereit waren, einen separaten Friedensvertrag zwischen der Sowjetunion und der DDR zu akzeptieren – ohne Rücksicht auf mögliche Auswirkungen dieser Entscheidung auf die BRD –, vorausgesetzt ihre Interessen blieben gewahrt. Genau darauf verwies Thompson in seiner Antwort am 1. März, und er stellte die Frage, ob es ratsam sei, so zu verfahren. Er hielt es für besser, lediglich zu fragen, warum die Sowjetunion darauf bestehe, dass ein separater Friedensvertrag auch das Ende der westlichen Besatzungsrechte bedeute. Er bat um entsprechende Ermächtigung, so zu verfahren. Das State Department erteilte diese Ermächtigung sofort.[9]

Am 9. März wurde Thompson von Chruschtschow empfangen. Offizieller Anlass war die Überreichung eines Briefes von Kennedy an Chruschtschow vom 22. Februar, in dem der amerikanische Präsident die Hoffnung äußerte, in nicht allzu ferner Zukunft zu einem allgemeinen Gedankenaustausch mit Chruschtschow zusammenzutreffen. Im Verlauf des Gespräches ging Chruschtschow dann auf das sowjetische Memorandum vom 17. Februar an die Bonner Regierung ein, wiederholte die bekannte sowjetische Position und betonte dann, dass beide Seiten ein wiedervereinigtes Deutschland wollten, was aber mit Adenauer und Ulbricht nicht zu machen sei. Von daher müsse mit „beiden deutschen Staaten“ ein Friedensvertrag abgeschlossen werden; die Sowjetunion sei dabei bereit, eine Klausel zu akzeptieren, die der Bevölkerung Westberlins das von ihr gewünschte politische System garantiere. Im Übrigen gehe es auch um die De-jure-Festschreibung der bestehenden Grenzen zwischen BRD, DDR, Polen und der Tschechoslowakei; das könne eben nur in einem Friedensvertrag geschehen. Würden die ehemaligen Kriegsalliierten nicht mitmachen, würden die Sowjetunion und die übrigen sozialistischen Länder einen Friedensvertrag mit der DDR abschließen. Westberlin sei „ein Knochen im Hals der sowjetisch-amerikanischen Beziehungen“. Wenn Adenauer Krieg haben wolle, sei Westberlin ein guter Ort, um damit zu beginnen. Und dann kam der obligate Hinweis auf Atomwaffen. Mit Nachdruck betonte er seinen Wunsch, die Beziehungen mit den Vereinigten Staaten zu verbessern und nicht zu verschlechtern.

Thompson antwortete, dass Kennedy zzt. die amerikanische Deutschlandpolitik überprüfe und mit Adenauer und den übrigen Verbündeten in Kontakt stehe; eine grundlegende Änderung der amerikanischen Politik sei allerdings nicht zu erwarten. Er wollte dann wissen, warum die von Chruschtschow erwähnte Klausel nicht auch so aussehen könnte, dass sich an der bestehenden Situation in Berlin nichts ändern würde. Chruschtschow antwortete, man solle gemeinsam einen Status für Berlin ausarbeiten; es könnte dort eine Viermächte-Polizeitruppe geben und symbolische Streitkräfte der Vier Mächte; dabei machte er allerdings klar, dass mit Berlin nur Westberlin gemeint sei, denn Ostberlin sei „die Hauptstadt der DDR“. Chruschtschow betonte dann, es dürfe eine Bedrohung Westberlins von keiner Seite geben, und dass dies ausreichen sollte, damit die USA keinen Prestigeverlust erleiden würden. Westberlin habe für die Sowjetunion keine besondere Bedeutung. Auf einen entsprechenden Hinweis Thompsons, dass Ulbricht aber sehr großes Interesse an Westberlin habe, antwortete Chruschtschow, auch Ulbricht würde eine ähnliche Verpflichtungserklärung bezüglich Westberlin unterzeichnen. Ein Friedensvertrag mit seiner, Chruschtschows, Unterschrift und der des amerikanischen Präsidenten sei ein großer Schritt vorwärts zur Verbesserung der sowjetisch-amerikanischen Beziehungen. Ein solcher Vertrag könnte schrittweise realisiert werden, einschließlich eines Rückzuges der amerikanischen und sowjetischen Truppen aus Deutschland. Sollte es allerdings nicht zu einem solchen Vertrag kommen, dann würden sich die Truppen beider Länder weiter in Konfrontation gegenüberstehen; das gleiche dann mehr einem Waffenstillstand als einem Frieden.[10]

Im Gespräch mit Thompson hatte sich Chruschtschow moderat gegeben; die „üblichen Tricks" und Boshaftigkeiten seien jedenfalls nicht erkennbar gewesen („general absence of rancor"), wie im State Department festgestellt wurde.[11] Am 16. März schickte Thompson eines der interessantesten „eyes only"-Telegramme an Außenminister Rusk. Wie wichtig es für die spätere Entwicklung und Einschätzung insbesondere der Absperrmaßnahmen am 13. August offensichtlich war, beweist die Art und Weise, wie es „deklassifiziert" wurde. Auf meinen Antrag auf Freigabe im Rahmen des „Freedom of Information Act" erhielt ich bereits 1979 einen Teil dieses Telegramms, wobei nicht erkennbar war, dass es nur ein Teil war und mehr als ein Satz fehlte. Ich habe dieses Dokument 1983 in meiner „Deutschen Geschichte" folgendermaßen – in Übersetzung – abgedruckt:

> „[...] Für mich scheint es daher wichtig, dass der Präsident in dieser Frage [Deutschland] Chruschtschow etwas anbieten kann, das uns zumindest ermöglicht, einen separaten Friedensvertrag und die daraus sich ergebende Berlinkrise zu behindern. Es ist klar, dass ein Aspekt sein sollte, Chruschtschow davon zu überzeugen, dass wir eher kämpfen würden als die Bevölkerung Westberlins aufzugeben. Wenn dies aber alles ist, wird Chruschtschow höchstwahrscheinlich eine Entscheidung noch vor dem Parteitag [der KPdSU] im Oktober erzwingen, vorausgesetzt, seine Kollegen können oder wollen ihn nicht daran hindern. Unabhängig davon, wie sich diese Frage entwickelt – wobei in der Tat die ernste Gefahr eines Weltkrieges besteht –, würden wir in eine Phase kältesten Krieges zurückkehren.
>
> Die Alternative würde sein, dass der Präsident Verhandlungen anbieten kann, die es Chruschtschow ermöglichen, als ein Minimum sein Gesicht zu wahren und seine Position zu halten. Obwohl ich weiter glaube, dass Chruschtschow für uns wahrscheinlich besser ist als jeder seiner Nachfolger, plädiere ich nicht für diesen Kurs, um Chruschtschow an der Macht zu halten. [...] Ich glaube allerdings, wir sollten, falls dies möglich ist, Aktionen vermeiden, die mit ziemlicher Sicherheit zu einer gefährlichen Situation führen. [...] Als absolutes Minimum schlage ich vor, der Präsident diskutiert mit Chruschtschow die Möglichkeit, dass beide Seiten das Berlin-Problem entschärfen, und zwar durch einseitige Aktionen ohne formale Übereinkunft. [...]" [Der hier folgende Satz wurde vor Freigabe des Telegramms durch die amerikanischen Behörden geschwärzt.][12]

Meine Interpretation des geschwärzten Satzes lautete: „Es ist auch nicht auszuschließen, dass er [Thompson] damals Abriegelungsmaßnahmen vorgeschlagen hat."[13] Jetzt ist das Dokument in den Foreign Relations of the United States vollständig abgedruckt.[14] In dem geschwärzten Satz hatte Thompson die Schließung des RIAS und eine Reduzierung der Spionagetätigkeit in Berlin vorgeschlagen – keine Abriegelungsmaßnahmen. Dann aber kam es – und diesen Teil des Dokumentes hatte man für Honoré Catudal 1981 freigegeben. Thompson hatte nämlich auch geschrieben:

> „Falls wir davon ausgehen, dass die Sowjets die Berlinkrise nicht weiter verschärfen, dann müssen wir zumindest damit rechnen, dass die Ostdeutschen die Sektorengrenze abriegeln, um den für sie unerträglichen Flüchtlingsstrom durch Berlin zu stoppen." („If we expect Soviets to leave Berlin problem as is, then we must at least expect East Germans to seal off sector boundary in order to stop what they must consider intolerable continuation refugee flow through Berlin.")[15]

Am 13. August geschah genau das, was die CIA bereits im November 1957 für möglich gehalten hatte, Thompson hier vorhersagte und am 22. Juli in einem Dokument des State Department noch einmal in ähnlicher Form erwähnt wurde (s. S. 234 f.): Die Sektorengrenze wurde abgeriegelt. Wen wundert es da, dass am 13. August niemand im Westen besonders aufgeregt, offensichtlich nicht einmal überrascht war (mit Ausnahme der Westdeutschen)?

Gegenüber Thompson hatte Chruschtschow unter Hinweis auf das sowjetische Memorandum vom 17. Februar erneut klargemacht, wie die sowjetische Position aussah und dass an eine grundlegende Änderung offensichtlich nicht zu denken war. Bei der Interpretation der sowjetischen Haltung musste man auf westlicher Seite also von diesem Memorandum ausgehen. Genau das tat denn auch in Washington die Viermächte-Arbeitsgruppe für Deutschland und Berlin auf ihrer Sitzung am 8. März. Bei der Bewertung des Memorandums kam man dabei übereinstimmend zu folgender Einschätzung. Es sei

1. eine Wiederholung der bekannten sowjetischen Position im Hinblick auf Friedensvertrag, Deutschland und Berlin;
2. ein Schritt, um beim Deutschland- und Berlinproblem möglichst frühzeitig den Druck auf der Basis der sowjetischen Vorstellungen zu erhöhen;

3. möglicherweise der Versuch, mit der Bundesrepublik zu bilateralen Gesprächen zu kommen, in der Absicht, einen Keil zwischen die Bonner Regierung und deren Verbündete zu treiben oder zumindest für Verwirrung zu sorgen und gleichzeitig das Prinzip der Viermächte-Verantwortung für Deutschland als Ganzes auszuhöhlen.

Außenminister Rusk sah das ähnlich und leitete den entsprechenden Bericht am 10. März an Kennedy weiter.[16]

In den folgenden Wochen beschäftigte sich die Arbeitsgruppe noch dreimal mit dem sowjetischen Memorandum vom 17. Februar (am 17. März, 7. April, 2. Mai). Man einigte sich schließlich auf den Text der Antwortnote, die dann noch vom NATO-Ministerrat behandelt wurde.[17] Schließlich ging es noch um die Frage, wann die Note von der Bundesregierung überreicht werden sollte. Am 2. Juni entschied man, zunächst einmal das Treffen zwischen Kennedy und Chruschtschow in Wien (4. bis 6. Juni) abzuwarten. Die Antwortnote wurde dann erst am 12. Juli überreicht.[18]

Während sich die neue US-Regierung beim Thema Berlin in den ersten Wochen nach Amtsantritt Kennedys öffentlich in Zurückhaltung übte, wurde gleichzeitig intern umso intensiver nach Wegen und Möglichkeiten zur Lösung dieser Frage gesucht. Schon am 27. Februar hatte McGeorge Bundy, Special Assistant Kennedys im Weißen Haus, das State Department in dringender Form aufgefordert, für den Präsidenten einen zusammenfassenden Bericht über das Berlinproblem zu erstellen, der sowohl die „politischen und militärischen Aspekte der Berlinkrise“ wie auch Vorschläge für eine mögliche Viermächtekonferenz über Deutschland enthalten sollte.[19] Ein erster ausführlicher Entwurf mit umfangreichen Annexen („The Berlin Crisis since November 1958“, „Possible All-German Context for Berlin Solution“, „Discussion of Berlin in Isolation“) der Deutschlandabteilung des State Department wurde am 23. März fertig gestellt; eine Zusammenfassung am 30. März von Unterstaatssekretär Foy Kohler, dem Leiter der Europaabteilung, abgesegnet und von ihm an das Weiße Haus weitergeleitet. Die wichtigsten Schlussfolgerungen lauteten demnach folgendermaßen:

1. Für den Westen gebe es in der Berlinfrage nur ganz wenig Handlungsspielraum, und es gebe nur wenig Grund zu der Annahme, dass eine – für West und Ost gleichermaßen akzeptable – Lösung möglich sei.

2. Die Aufrechterhaltung eines glaubwürdigen Abschreckungspotenzials gegen einseitige sowjetische Aktionen sei ein entscheidendes Element der westlichen Politik. Ohne dieses Potenzial „wird die in der geographischen Lage Berlins angelegte große Schwäche des Westens in jeder Verhandlung voll durchschlagen“. Von daher solle auch über den Aufbau eines Abschreckungspotenzials nachgedacht werden, bei dem es nicht gleich um die Drohung mit dem Atomkrieg gehe.
3. Man könne den Sowjets Gespräche über „Deutschland als Ganzes“ anbieten, um die Beratungen über Berlin fortzusetzen; mit Fortschritten in der Wiedervereinigungsfrage unter für den Westen akzeptablen Bedingungen sei allerdings in absehbarer Zeit nicht zu rechnen. Es sei überdies fraglich, ob ein für den Westen annehmbarer gesamtdeutscher Ansatz allein ausreichen würde, um die Grundlage auch nur für eine vorübergehende Lösung des Berlinproblems zu schaffen.
4. Die Westmächte müssten daher davon ausgehen, dass sie in zukünftigen Verhandlungen mit der Sowjetunion wieder dazu gezwungen würden, ausschließlich über das Berlinproblem zu verhandeln. Es sei aber unwahrscheinlich, dass auch nur einer der Vorschläge für eine Berlinlösung für die Sowjets verhandlungsfähig oder, falls doch, für den Westen akzeptabel sei.
5. Unter bestimmten Umständen könnten es die Westmächte für wünschenswert erachten, in Einzelfragen zu einer Lösung zu kommen, wobei allerdings das bisherige Prozedere beim Zugang nach Berlin nicht geändert werden dürfe. Die DDR-Behörden könnten dabei wie in der Vergangenheit tätig sein, vorausgesetzt, die grundlegenden Rechte der Westmächte würden nicht infrage gestellt. Notfalls müssten die für den Ernstfall ausgearbeiteten Pläne angewendet werden, wobei man allerdings nicht sicher war, ob die übrigen Verbündeten mitspielen würden.[20]

Insgesamt war dies eine solide Zusammenfassung der bisherigen Position, nur – neue Lösungsmöglichkeiten wurden nicht aufgezeigt, ein „neuer Ansatz“ in der Berlin- und Deutschlandfrage war nicht zu erkennen.

Das war anders in einer Studie, die zur gleichen Zeit vom Planungsstab des State Department erstellt wurde und bezeichnenderweise ebenfalls nicht in den entsprechenden FRUS-Band aufgenommen worden ist. Die bisherige amerikanische Deutschlandpolitik wurde als „grundsätzlich defensiv“ bezeichnet, und es wurde vor der Hoffnung gewarnt, auf der Basis des Status quo den Frieden in Europa erhalten zu können. Nach Meinung des Planungsstabes war eine neue Politik, ein „neuer Ansatz" notwendig. Es wurden dann „realistische Möglichkeiten zur Lösung des deutschen und europäischen Problems" genannt, und zwar:

1. „stillschweigendes Einfrieren" des Berlinstatus;
2. Anerkennung der Oder-Neiße-Grenze – bei lediglich kleineren Korrekturen – durch den Westen;
3. Unterstützung einer aktiven Osteuropapolitik Bonns gegenüber den Ländern Osteuropas und des Balkans (Nichtangriffsverträge, Kulturaustausch, Wiedergutmachungszahlungen für Naziopfer);
4. Unterstützung engerer Beziehungen zwischen der BRD und der DDR auf technischer, wirtschaftlicher, kultureller und letztlich auch politischer Ebene mit „zumindest einer De-facto-, am Ende auch einer De-jure-Anerkennung der DDR durch den Westen", allerdings nicht zulasten einer möglichen Wiedervereinigung;
5. parallel zu Fortschritten bei der Wiedervereinigung Maßnahmen zur Errichtung einer Sicherheitszone in Mitteleuropa mit der Möglichkeit, diese Zone gleich weit nach Westen und Osten auszudehnen, und
6. als letzter Schritt: militärische Neutralität für ein wiedervereinigtes Deutschland oder für eine Konföderation zweier neutraler deutscher Staaten, da die Nicht-Mitgliedschaft eines wiedervereinigten Deutschland in der NATO oder im Warschauer Pakt notwendige Voraussetzung für eine Verständigung zwischen den Westmächten und der Sowjetunion für eine Wiedervereinigung sei.[21]

Die Punkte 1 bis 3 und 5 waren so neu nicht. Sie waren intern immer wieder angedeutet worden (in London quasi offiziell) – allerdings ohne Bonn nicht durchführbar, ganz zu schweigen von der Realisierung dessen, was in den Punkten 4 und 6 vorgeschlagen wurde. Neu war, dass es jetzt erstmals auch Stimmen auf amerikanischer Seite gab, die bereit waren, den Westdeutschen Dinge zuzumuten (etwa die De-facto-Anerkennung der DDR – von der De-jure-Anerkennung ganz zu schweigen), die bislang als geradezu undenkbar gegolten hatten. Später sollten diese Überlegungen dann wieder aufgegriffen werden.

Botschafter Thompson schlug damals ein mehrjähriges Moratorium vor, mit anderen Worten: Berlinstatus so lassen, wie er war, Absperrung der Sektorengrenze, um den Flüchtlingsstrom und das Ausbluten der DDR zu stoppen – dann „Stillhalteabkommen" und später Regelung der „großen" Fragen zwischen Moskau und Washington. So ähnlich kam es ja auch. Mit der Ostpolitik der Brandt/Scheel-Regierung wurde zumindest der deutsche Teil der „großen" Fragen geregelt – auf Kosten der Deutschen, wie Kritiker dieser Politik meinten.

Zu ganz anderen Schlussfolgerungen als der Planungsstab des State Department war der ehemalige Außenminister Dean Acheson gekommen. Gleich nach seinem Amtsantritt hatte Kennedy ihn zum Chairman des Advisory Committee on NATO ernannt und als eine Art Sonderberater für außenpolitische Fragen, insbesondere Berlin und die NATO, „reaktiviert". Acheson war nicht nur ein hoch angesehener *elder statesman*, er galt auch nach wie vor als *hardliner* des Kalten Krieges. In den folgenden Wochen erstellte er zwei umfangreiche Berlin-Memoranden, die die amerikanische Politik entscheidend beeinflussen sollten. Am 3. April, einen Tag vor dem ersten Treffen zwischen Kennedy und Premierminister Macmillan in Washington, legte er Kennedy einen ersten Entwurf vor. Acheson machte darin klar, dass es seiner Meinung nach

1. eine befriedigende Lösung des Berlinproblems, getrennt von einer Lösung des deutschen Problems als Ganzes, in naher Zukunft nicht geben werde;
2. davon auszugehen sei, dass die Sowjetunion die Berlinfrage im Laufe des Jahres verschärfen werde;
3. eine Lösung ohne eine Schwächung der westlichen Position nicht möglich sei.

Er sah keine Vorschläge zur Lösung des Deutschlandproblems, die den Westen in eine bessere Verhandlungsposition als die gegenwärtige bringen würden. Der Westen müsse sich der Herausforderung stellen und sich auf alle Eventualitäten vorbereiten. Berlin sei von entscheidender Bedeutung, und daher hätten die Sowjets Berlin zum Testfall erklärt. Würden die Westmächte diesen Test nicht bestehen, würde Deutschland dem Westen verloren gehen.

Dann entwickelte Acheson seine Vorstellungen, wie der Westen reagieren sollte. Politische und wirtschaftliche Maßnahmen reichten seiner Meinung nach nicht aus. Es müssten entsprechende militärische Vorbereitungen getroffen werden. Dabei sei im Zusammenhang mit

Berlin nicht wichtig, wer welche Stempel auf welche Papiere drücke, sondern es gehe um den Zugang nach Berlin für Zivilisten und Militärs gleichermaßen. Bei einer möglichen Sperrung des Zugangs könne man in dreifacher Weise reagieren: durch militärische Land- und Luftoperationen und mit der Drohung, Atomwaffen einzusetzen. Letzteres sei unklug und verantwortungslos und im Übrigen auch unglaubwürdig. Blieben also nur die erstgenannten Optionen.

Gegenwärtig aber seien die Westmächte nicht in der Lage, gegen den entschlossenen Willen der Sowjets mit militärischen Mitteln den Zugang nach Berlin zu erzwingen. Es müsse den Sowjets daher klargemacht werden, dass es für die Westmächte wichtiger sei, den freien Zugang zu erhalten, als für die Sowjets, den Zugang zu sperren, und dass Berlin für die Westmächte, nicht jedoch für die Sowjetunion von lebenswichtiger Bedeutung sei. Von Luftoperationen hielt Acheson nichts, da die Sowjets, anders als während der Berlinblockade 1948/49, Flugzeuge einfach mit Raketen abschießen könnten. Blieb also nur die Option, mit Landstreitkräften den Weg nach Berlin freizukämpfen. Und da könnten die Sowjets in arge Bedrängnis geraten, man könnte ihnen demonstrieren, dass es sich nicht lohne, „eine solche entschlossene Aktion des Westens zu verhindern".

Dafür brauche man allerdings nicht nur ein Bataillon oder eine Brigade, sondern eine Division, mit einer zweiten Division in Reserve. Würde diese Division auf überlegene sowjetische Truppen stoßen, könnte man sie immer noch zurückziehen; würden nur Divisionen der Volksarmee eingesetzt, würde die eigene Division damit schon fertig werden. Man brauche keine Atomwaffen einzusetzen, aber der Westen wisse dann, woran er sei und wie ernst es den Sowjets mit Berlin sei. Sollten die Sowjets den Vormarsch der westlichen Division stoppen, dann sei man in der gleichen Situation wie 1950 in Korea, und es gehe dann darum, die eigenen Verteidigungsanstrengungen entsprechend zu erhöhen.[22]

Kennedy wies daraufhin das Pentagon an, zu untersuchen, wie im Sinne Achesons ein militärisches Vorgehen zur Öffnung der Zugangswege nach Westberlin aussehen müsste, welche Konsequenzen dies haben könnte und mit welchen anderen ergänzenden militärischen Aktionen wie See- und Luftblockade außerhalb Europas die Sowjetunion möglicherweise gezwungen werden könnte, den Zugang nach Berlin wieder zu öffnen.[23]

Die Auskunft der Joint Chiefs of Staff lag am 28. April vor. Die Stabschefs waren der Meinung, dass eine begrenzte militärische Bodenoperation wenig sinnvoll sei, dass im Gegenteil eine massive Operation notwendig sei; dass selbst eine solche Aktion mit konventionellen Streitkräften ohne Ausweitung des Konfliktes nicht ausreiche, um den Zugang in der Luft sicherzustellen, falls die Sowjets Widerstand leisten würden; im Übrigen stünden dem Westen Möglichkeiten zur Verfügung, um erfolgreich Druck auf die Länder des Sowjetblocks auszuüben. Verteidigungsminister McNamara wies ergänzend auf ein Defizit in der bislang angestellten Krisenplanung hin, dass nämlich das militärische Potenzial der BRD nicht berücksichtigt worden und er der Meinung sei, dass die Bundeswehr an entsprechenden militärischen Aktionen beteiligt werden sollte.[24]

2. Harold Macmillan in Washington (4. bis 6. April)

Premierminister Harold Macmillan und Außenminister Lord Home hielten sich vom 4. bis 6. April in Washington auf. Bei diesem ersten Treffen zwischen Briten und Vertretern der neuen US-Administration wurden sämtliche Fragen der „großen“ Politik diskutiert; im Mittelpunkt stand dabei die Berlinkrise.

Ein erster Gedankenaustausch fand am 4. April zwischen Rusk und Home statt. Es ging dabei um den möglichen Abschluss eines separaten Friedensvertrages zwischen der Sowjetunion und der DDR. Schon in dieser ersten Gesprächsrunde wurde deutlich, dass die Briten einen Kompromiss anstrebten und eine Konfrontation mit den Sowjets vermeiden wollten. Lord Home sah demnach eher etwas Positives in einem Vertrag, in dem die Rechte der Westmächte festgeschrieben würden, zumal das westliche Argument, diese Rechte würden sich aus dem Recht der Sieger herleiten, „mehr und mehr an Überzeugungskraft verliert“; man solle daher über einen solchen Vertrag, unterzeichnet von den Vier Mächten, nachdenken. Er wollte diesen Vorschlag als eine Alternative zum Krieg verstanden wissen, zumal so oder so eine Lösung gefunden werden müsse – es sei denn, die Westmächte seien bereit, einen Atomkrieg zu führen. Chruschtschow wolle seiner Meinung nach die Kontrolle des Zugangs nach Berlin nicht der DDR übergeben, und ein solcher Vertrag würde ihn daher aus seiner misslichen Lage befreien. Rusk war anderer Meinung. Die USA würden einen separaten Friedensvertrag zwischen der Sowjetunion und der DDR einfach ignorieren. „Ich habe bis heute nicht verstanden, warum man sich über einen separaten

Friedensvertrag so aufregt." Solange den Westmächten beim Zugang nach Berlin keine Schwierigkeiten gemacht würden, solange bestünde auch keine Gefahr. Man solle einfach klarstellen, dass man bis zur Lösung der Deutschlandfrage in Berlin zu bleiben gedenke und sich auch nicht rauswerfen lasse. Das sei eine klare Position, und man brauche sich auch nicht auf irgendwelche Diskussionen über technische Einzelheiten einzulassen.[25]

Sorge bereiteten den Briten die westlichen Planungen für den Ernstfall. Lord Home schlug vor, die entsprechenden Beratungen fortzusetzen, worauf Rusk antwortete, genau das würde zzt. auf amerikanischer Seite geschehen; dabei gehe es zunächst um nicht-militärische Gegenmaßnahmen für den Fall einer Blockade Berlins. Dabei konnte er sich den Hinweis nicht verkneifen, dass in einigen Ländern „einschließlich Großbritannien" die notwendigen gesetzlichen Voraussetzungen für die Anwendung wirtschaftlicher Gegenmaßnahmen noch fehlten. Lord Home konnte nur antworten, dass die Sache zzt. in London geprüft werde.

Am nächsten Tag ging es im Weißen Haus in einer größeren Runde (u. a. Kennedy, Rusk, McNamara, Macmillan, Home) dann zur Sache. Auf Bitten Kennedys erläuterte Acheson sein o. g. Memorandum. Nach Angaben Macmillans erstarrte ihm bei dessen Vortrag das Blut in den Adern. Von daher ist Achesons Präsentation als „blood-curdling recital" in die interne Geschichte der Berlinkrise eingegangen.[26] Macmillan fiel zunächst nicht mehr ein, als dass er Achesons Hinweis, wonach der Ernstfall erst dann eintreten werde, wenn für Militärs und Zivilisten der Zugang nach Berlin gesperrt werde, als „enormen Fortschritt auf Seiten der Amerikaner" bezeichnete. Er selbst habe niemals daran geglaubt, dass die Bevölkerung seines Landes bereit sei, nur wegen der Frage, wer welche Dokumente abstemple, in einen Krieg zu ziehen. Kennedy meinte, über das weitere Vorgehen habe man noch keine Entscheidung getroffen – mit einer Ausnahme: seiner Meinung nach reichten sämtliche Pläne für den Ernstfall nicht aus; was bislang vorgeschlagen worden sei, sei zu wenig, um der Sache den notwendigen Nachdruck zu verleihen („to escalate the matter to a sufficient height").

Home verwies auf einen Plan, den der Oberbefehlshaber der NATO, General Norstad, favorisiere: Bodenoperationen *und* Luftbrücke. Acheson konterte, das seien nur sehr begrenzte Planungen; McNamara ergänzte, die Westmächte seien für einen „Testvorstoß" auf der Autobahn einfach schlecht vorbereitet. Home hielt nichts von Achesons Idee, eine Division in Marsch zu setzen, um die Sowjets zu testen; die Division könnte von den rückwärtigen Verbindungen abgeschnitten werden, falls die Sowjets die Brücken sprengten. Acheson konterte, diese Gefahr bestünde bis zum Erreichen der Elbe nicht.

Dann ging es um die bisherigen „Pläne für den Ernstfall" („contingency planning"). Kennedy wies darauf hin, dass es nicht ausreiche, nur Pläne zu entwerfen, man müsse auch bereit sein, sie im Ernstfall durchzuführen. Als ob er Home nicht zugehört hätte, fragte er, ob die Briten den vorgeschlagenen Einsatz einer Division für zu gefährlich hielten? Und sollte der Westen nach Unterzeichnung eines separaten Friedensvertrages zwischen der Sowjetunion und der DDR eine Luftbrücke einrichten?

Macmillan reagierte zurückhaltend. Der Abschluss eines Friedensvertrages sei kein Anlass für einen Krieg. Die Sache sei allerdings anders, wenn die Versorgung der Bevölkerung Westberlins nicht mehr möglich sei; dann müssten die Besatzungsmächte für die notwendigen Nahrungsmittel sorgen. Home äußerte erneut seine Zweifel an der Sinnhaftigkeit des von Acheson vorgeschlagenen Vorgehens; Pläne für eine mögliche Luftbrücke hielt er dagegen für sinnvoll; Macmillan pflichtete ihm bei; man wollte die Sache auf britischer Seite aber noch einmal prüfen.

Home wies dann auf die politische Seite des Berlinproblems hin und wiederholte, was er am Tag zuvor schon zu Rusk gesagt hatte. Mit einem Viermächtevertrag werde der Westen besser dastehen und gleichzeitig Chruschtschow aus einer misslichen Lage befreien. Das wiederum wurde von Acheson vehement bestritten. Chruschtschow befinde sich in keiner misslichen Lage und müsse daher auch nicht daraus befreit werden. Chruschtschow sei kein Legalist; er mache lediglich Druck, um die Westmächte auseinanderzudividieren. Die Westmächte hätten gute Karten und sollten sie festhalten; das eigentliche Problem sei die Wiedervereinigung Deutschlands; wenn die Westmächte anfingen, über einen Vertrag zu reden, werde damit das Vertrauen der Deutschen in sie erschüttert.

Rusk stimmte ihm vorbehaltlos zu. Man sei in Berlin nicht etwa aufgrund eines Gnadenaktes von Chruschtschow, sondern als Ergebnis des Zweiten Weltkrieges. Die USA, Großbritannien und Frankreich seien schließlich Großmächte, die sich nicht so einfach aus Berlin vertreiben ließen. Einen Vertrag abzuschließen, sei der Anfang vom Ende. Als Home erneut darauf verwies, dass das Recht der Sieger allmählich geringer werde, kommentierte Acheson bissig, es sei wohl eher so, dass die Stärke des Westens allmählich geringer werde.[27]

Am nächsten Tag wurden die Gespräche fortgesetzt. Es ging jetzt um die Einschätzung der sowjetischen Politik und um Möglichkeiten, das Problem auf dem Verhandlungsweg zu lösen. Dabei wurde wieder deutlich, dass Amerikaner und Briten anders gelagerte Prioritäten hatten. Beide Seiten stimmten grundsätzlich darin überein, dass die Sowjets mit dem nächsten Schritt nicht mehr lange warten und wahrscheinlich irgendwann vor dem Parteitag der KPdSU im Oktober die Krise verschärfen würden, vor allen Dingen auch im Hinblick darauf, dass Chruschtschow seine Position in der Partei damit stärken wolle. Ein Grund für die sowjetische Politik war offensichtlich auch – zumindest wurde so in der Runde argumentiert –, dass die DDR-Führung und Rotchina Druck auf den Kreml ausübten, in der Berlinfrage ein größeres Risiko einzugehen, als es den sowjetischen Interessen eigentlich entsprach. Kennedy war daher der Meinung, dass man Chruschtschow unmissverständlich klarmachen müsse, dass er ein gefährliches Spiel treibe; er plädierte dafür, so vorzugehen, wie es Acheson vorgeschlagen hatte. Abschreckung sei das entscheidende Wort und müsse im Vordergrund aller Überlegungen stehen; der Abschreckungseffekt der westlichen Maßnahmen müsse so groß sein, dass die Kommunisten es sich zweimal überlegen würden, bevor sie sich wegen Berlin auf einen größeren Konflikt mit dem Westen einließen.

Die Briten müssen über diese klare Haltung Kennedys einigermaßen erstaunt gewesen sein. Sie hielten nichts von dieser Abschreckungsstrategie und schlugen stattdessen erneut vor, über einen Viermächtevertrag nachzudenken. Diesmal war es Botschafter Bruce, der diesen Vorschlag zurückwies; die Sowjets hätten in der Berlinfrage eine so starke Position, dass die Westmächte es sich gar nicht leisten könnten, die wenigen Rechte, die sie hätten, aufzugeben. Und er wies noch einmal auf die katastrophalen Folgen für Westdeutschland und ganz Mitteleuropa hin, falls der Westen in der Berlinfrage Schwäche zeigen würde. Man könne über Berlin reden, aber nicht verhandeln; da es keine vernünftige Alternative gebe, sei es am besten, es bleibe alles beim Alten.

Zum Abschluss der Gespräche schlug Kennedy zwar einen versöhnlichen Ton an – die westliche Position müsse weiter überprüft werden –, machte aber gleichzeitig klar, dass er eher im Sinne Achesons dachte; man müsse überlegen, was zu tun sei, „wenn gehandelt werden muss".[28]

Auf amerikanischer Seite wurde das Ergebnis der Kennedy-Macmillan-Gespräche in einem Memorandum zusammengefasst und am 18. April an die britische Botschaft in Washington weitergeleitet. Darin hatten die Amerikaner die ihrer Meinung nach von beiden Seiten vereinbarten Beschlüsse zusammengefasst: die Pläne für den Ernstfall sollten überprüft werden; noch im laufenden Jahr sei mit einer schweren Berlinkrise zu rechnen, entsprechend dringlich seien die Planungen; bei einem Verlust Westberlins sei mit schlimmsten Folgen zu rechnen; man müsse den Sowjets unmissverständlich zu verstehen geben, wo es lang gehe, und dass man sich vorzubereiten habe, um die Ernsthaftigkeit der sowjetischen Politik zu testen.

Entsprechend lauteten denn auch die Vorschläge: klarmachen, wie weit man bereit sei, wie bisher DDR-Kontrollen beim Zugang nach Berlin zu akzeptieren, damit es in den grundlegenden Fragen keine Missverständnisse gebe; Intensivierung der Live Oak-Planungen – Live Oak war das Codewort für die militärischen Gegenmaßnahmen –, bei denen General Norstad ermächtigt werden sollte, konkrete militärische Aktionen vorzubereiten.[29]

In einer anschließenden Aussprache über dieses Memorandum zwischen Kohler und Hillenbrand auf der einen und Vertretern der britischen Botschaft auf der anderen Seite stellte sich dann zur Überraschung der Amerikaner heraus, dass man sich in wichtigen Fragen grundsätzlich missverstanden hatte.

So hatten die Briten Achesons Hinweis, der Westen solle erst bei einer Blockade der Zufahrtswege nach Berlin mit militärischen Mitteln vorgehen und nicht schon bei irgendwelchen Formalitäten, als Bereitschaft der USA interpretiert, einen separaten Friedensvertrag und das Abstempeln von Dokumenten durch DDR-Beamte zu akzeptieren, was aus ihrer Sicht eine De-facto-Anerkennung der DDR bedeutete. Nun hatte Achesons Position genau damit überhaupt nichts zu tun. Für Hillenbrand warf diese Interpretation denn auch grundsätzliche Fragen der amerikanischen Politik auf. Den Briten müsse klargemacht werden, so seine Empfehlung an Rusk, „dass sie uns auf das, was sie für eine grundlegende Änderung unserer Politik halten, nicht festlegen können“, und dass die USA keinesfalls, auch nicht im Rahmen der Planungen für den Ernstfall, bereit seien, ihre Politik gegenüber der DDR zu ändern. In jedem Fall solle man in dieser Sache gegenüber den Briten in Zukunft „vorsichtig“ agieren.[30] Das war dringend notwendig. So hatte Botschafter Steel in Bonn die Telegramme aus London als „Änderung der amerikanischen Berlinpolitik" interpretiert und als „erheblichen Fortschritt" bezeichnet. Gleichzeitig hatte er die Hoffnung geäußert, dass die Amerikaner dies auch den Deutschen klarmachen würden („sell it to the Germans"), womit natürlich Adenauer gemeint war. Allzu große Schwierigkeiten hatte er dabei allerdings nicht gesehen, denn – und das war fast schon so etwas wie die britische Standardformel:

> „Adenauer hat niemals an die Wiedervereinigung geglaubt. Er schreckt vor den Problemen eines wiedervereinten Deutschland zurück – und besonders vor der Vorstellung, dass die SPD dort dann eine Mehrheit hat."[31]

3. Konrad Adenauer in Washington (12./13. April)

Eine Woche nach Macmillan trafen Bundeskanzler Adenauer und Außenminister Brentano in Washington ein. Einen Tag bevor sie mit Kennedy zusammentrafen, führten sie am 12. April ein erstes Gespräch mit Rusk. Rusk bekräftigte die Entschlossenheit der USA, in der Berlinfrage hart zu bleiben. Als Adenauer wissen wollte, ob die Westmächte entsprechende Schritte tun würden, mit denen den Sowjets klargemacht werde, dass sie nicht zu weit gehen dürften, informierte ihn Rusk über die vorhergehenden Gespräche mit den Briten und über die Planungen für den Ernstfall.

Außenminister Brentano sah diesen Ernstfall noch nicht. Er glaubte nicht, dass die Sowjets eine militärische Aktion starten, sondern viel eher Schritt für Schritt vorgehen würden. Der erste Schritt wäre demnach der Abschluss eines separaten Friedensvertrages; die DDR-Behörden würden dann allmählich den Zugang nach Berlin erschweren, zuerst für die Westdeutschen, weniger für die Alliierten. Rusk sah das genauso; sollte es so kommen, würde eine „außerst schwierige Situation" entstehen.[32]

Am 13. April trafen Kennedy und Adenauer zusammen.[33] Kennedy bestätigte die Position Rusks vom Vortage, wies aber auch darauf hin, dass es noch erhebliche Koordinierungsprobleme zwischen den Westmächten gebe; er müsse hundertprozentig genau wissen, welchen Part die übrigen Mächte – Großbritannien, Frankreich und die BRD – übernehmen würden. Er wisse z. B. überhaupt nicht, was de Gaulle vorhabe. Er bat Adenauer dann, die westdeutsche Position zu erläutern, insbesondere mit Blick auf einen möglichen Einsatz der Bundeswehr.

Adenauer war zunächst zurückhaltend. Er verwies auf seine Gespräche mit Dulles im Februar 1959; da sei nicht die Rede davon gewesen, westdeutsche Truppen hinter dem Eisernen Vorhang einzusetzen. Brentano stieß nach; die Sache müsse im Rahmen der NATO diskutiert werden, denn es gehe ja auch um NATO-Interessen. Die Bundesregierung werde jedenfalls zu ihren Verpflichtungen stehen. Letzten Endes gehe es um die deutsche Hauptstadt und darüber hinaus um die Zukunft Deutschlands überhaupt. Sollte Berlin fallen, dann wäre das „das Todesurteil für Europa und die westliche Welt". Der mögliche Einsatz der Bundeswehr wurde dann zunächst nicht mehr diskutiert; es ging um die völkerrechtliche Stellung Berlins; und da war man sich einig, dass diese „außerordentlich kompliziert" sei. Kennedy war nicht gerade begeistert vom Verlauf der Diskussion; er hatte eigentlich etwas anderes erwartet – und Adenauer wusste es und reagierte entsprechend. Er gab eine weitreichende Erklärung ab: würden amerikanische Truppen bei ihrem Versuch, die Öffnung der Zufahrtswege nach Berlin zu erzwingen, in Kampfhandlungen verwickelt, „dann wird die Bundesrepublik im Rahmen ihrer NATO-Verpflichtung die Bundeswehr in Marsch setzen". Im gleichen Atemzug betonte er aber noch einmal, dass die ganze Sache furchtbar kompliziert sei und er daher Rusks Vorschlag begrüße, die völkerrechtliche Seite ganz genau zu prüfen, bevor irgendwelche weiteren Schritte unternommen würden.[34]

Offensichtlich gab es jetzt erst recht Missverständnisse. Botschafter Grewe wurde nämlich zwei Tage später angewiesen, gegenüber Rusk die Bonner Position noch einmal ganz klar zu machen. Adenauers anfängliche Zurückhaltung in Bezug auf den Einsatz der Bundeswehr erklärte Grewe zunächst damit, dass die Bonner Regierung bislang von den Planungen der drei Westmächte für den Ernstfall weitgehend ausgeschlossen gewesen sei. Das sei insoweit in Ordnung, als die Sache primär eine Angelegenheit der drei Westmächte sei. Er bekräftigte dann die Verpflichtung, dass bei einer militärischen Verwicklung der drei Westmächte auch die Bundesrepublik betroffen sei, genauso wie die übrigen Verbündeten.

Rusk war dankbar für diese Mitteilung. Er sah ebenfalls die Hauptverantwortung bei den drei Westmächten; jeder Schritt, den Bonn *vor* den Westmächten tun würde, würde die USA „außerordentlich beunruhigen". Grewe hakte nach: es ging um die mögliche Beteiligung der Bundeswehr bereits beim „Testfall". Würde das geschehen, würde das eine grundsätzliche Änderung der Lage bedeuten, da die ostdeutsche

Bevölkerung dies als Signal für einen allgemeinen Aufstand betrachten würde – und das wiederum würde zu einer Ausweitung des Konfliktes führen. Rusk stimmte insoweit zu, als das für die erste Phase des „Tests" gelte, die Zufahrtswege nach Berlin zu öffnen. Sollten die Sowjets aber Widerstand leisten, sei diese Phase vorbei.[35]

Interessant und vielsagend war die Formulierung im Schlusskommuniqué des Adenauer-Besuches. Demnach war das Versprechen erneuert worden, „die Freiheit der Bevölkerung von Westberlin zu erhalten, bis Deutschland in Frieden und Freiheit wiedervereinigt" sei.[36] Schon Köhler hat darauf hingewiesen, dass dies jetzt auch öffentlich die neue Formel der Kennedy-Administration war, nämlich *West*berlin.[37] Sie war hier zum dritten Mal öffentlich und offiziell verwendet worden. Das erste Mal war sie im Kommuniqué nach dem Gespräch zwischen Brentano und Kennedy am 17. Februar aufgetaucht.[38] Das war nichts anderes als das, was Kennedy dann in seiner berühmten Rede am 25. Juli wiederholte: Es ging nur um die Freiheit *West*berlins. Im Februar und April hatte es keinen deutschen Protest gegen diese Formulierung gegeben; im Gegenteil: Brandt hatte sie sogar nach seinem Gespräch mit Kennedy am 13. März selbst benutzt.[39] Auch von daher konnte die Überraschung im Juli nicht sehr groß sein.

4. Der NATO-Ministerrat in Oslo (7. bis 10. Mai)

Am 24. April hatte Chruschtschow gegenüber Botschafter Hans Kroll klargemacht, wie er weiter zu verfahren gedachte. Demnach wollte er die Themen „Berlinfrage" und „separater Friedensvertrag" noch im Laufe des Jahres 1961 zu Ende bringen; er wollte damit allerdings bis zu den Bundestagswahlen, möglicherweise bis zum Abschluss des Parteitages der KPdSU im Oktober warten – „aber nicht länger".[40]

Auf der Grundlage dieser Information, die das Auswärtige Amt den westlichen Botschaftern am 30. April und Grewe am 2. Mai der Botschaftergruppe in Washington mitgeteilt hatte, stellten die drei westlichen Außenminister im Vorfeld des NATO-Ministertreffens in Oslo ihre Spekulationen über das weitere sowjetische Vorgehen an.[41] Couve de Murville war davon überzeugt, dass die Sowjets wahrscheinlich nach der Bundestagswahl im September eine Konferenz vorschlagen würden, mit dem Ziel, Friedensverträge mit der DDR und der BRD abzuschließen – in der Annahme, dass die Westmächte an einer solchen

Konferenz nicht teilnehmen würden. Dann würden sie einen separaten Friedensvertrag mit der DDR abschließen und anschließend die Kontrolle der Zufahrtswege der DDR übertragen. Für die Sowjets sei die Sache eine Angelegenheit von ungemein großer Bedeutung und vom Westen sehr ernst zu nehmen.

Aber wie sollte man reagieren? Einig war man sich darin – und das war bemerkenswert, weil sich das dann sehr schnell ändern sollte –, dass der Westen keine Initiative zu Gesprächen ergreifen sollte. Uneinig war man sich darüber, wie mögliche Gegenvorschläge aussehen sollten, falls die Sowjets erneut eine „Freie Stadt" Westberlin fordern würden. Zumindest stimmte man dann überein, die Diskussion auf *ganz* Berlin auszudehnen. Rusk hielt nichts davon, Zugeständnisse zu machen; der Westen solle stattdessen Gegenforderungen stellen, etwa die Schaffung eines „Korridors" nach Berlin. Die zu erwartende sowjetische Ablehnung habe größeres Gewicht als die westliche Ablehnung der sowjetischen Forderungen.[42]

Am nächsten Tag wurde Außenminister Brentano zu den Gesprächen hinzugezogen. Dies war für ihn die Gelegenheit, die Position der Bonner Regierung noch einmal klarzumachen. Mit großem Nachdruck betonte er, dass ein Verlust Berlins katastrophale Auswirkungen auf die Bevölkerung der Bundesrepublik und auf das westliche Bündnis insgesamt haben würde, dass bereits jede Änderung des Berlinstatus eine Verschlechterung der Situation bedeuten und dass ein separater Friedensvertrag zur Anerkennung der DDR durch die bündnisfreien Staaten führen würde. Er wies den Vorschlag Homes für eine Interimslösung in der Berlinfrage zurück, in der in einem Zeitraum von 18 bis 24 Monaten in gesamtdeutschen Gesprächen eine generelle Lösung gefunden werden sollte. Die DDR-Regierung, so Brentano, habe kein Mandat der Bevölkerung, und in jedem Fall müsste Bonn dann Zugeständnisse machen, die die Freiheit der Bundesrepublik und die westliche Allianz bedrohen würden. Wenn dem so sei, dann, so Home, gebe es für den Westen nichts zu verhandeln, und man müsse abwarten, welche Auswirkungen die sowjetische Politik habe, worauf Brentano antwortete, er habe sich lediglich gegen eine westliche Verhandlungsinitiative ausgesprochen; seine Regierung sei nicht von vornherein gegen Verhandlungen, falls die Initiative von den Sowjets ausgehe. Mehrfach verlangte Brentano auch eine Beteiligung der Bundesrepublik an den Planungen für den Ernstfall.

In einem Punkt waren sich die vier Minister einig: dass eine mögliche Fehleinschätzung der Entschlossenheit des Westens auf Seiten

Chruschtschows zu einer außerordentlich gefährlichen Situation führen könnte und dass dies Chruschtschow unmissverständlich klargemacht werden müsse. Das schien vor allen Dingen auch deswegen wichtig, weil Chruschtschow offensichtlich davon ausging – so hatte er es jedenfalls gegenüber Botschafter Kroll formuliert –, dass der Westen für die zwei Millionen Westberliner keinen Finger rühren würde.[43]

Auf der anschließenden Sitzung des NATO-Ministerrates ging es zwar auch um Laos, Afrika, Abrüstung und die zukünftige Struktur des Bündnisses, in erster Linie aber wieder um die Berlinfrage. Rusk informierte seine Kollegen über den Stand der Dinge, während Brentano die Gelegenheit nutzte, sie an die von der NATO im Dezember 1958 übernommene Verpflichtung zu erinnern, die Freiheit Westberlins zu erhalten. Mit Nachdruck betonte er, es sei überhaupt nicht zu erkennen, dass die Sowjets ihre Absicht geändert hätten; nach wie vor gehe es ihnen um eine Schwächung des westlichen Bündnisses. Und er warnte davor, dass die Sowjets Berlin kassieren würden, falls sie den Eindruck hätten, der Westen würde wegen Berlin eine militärische Auseinandersetzung scheuen.

Brentanos Äußerungen blieben nicht ohne Wirkung. Der belgische Außenminister Spaak sprach sich für sofortige Planungen für Gegenvorschläge, Gegenpropaganda und militärische Maßnahmen aus, der Holländer Luns schlug Planungen für wirtschaftliche Gegenmaßnahmen vor, der Kanadier Green wollte eine Einbeziehung der NATO in die Planungen für den Ernstfall; lediglich der Grieche Averoff-Tosizza hatte Zweifel, ob der Westen in der Lage sei, einen militärischen Vorstoß der Sowjets gegen Westberlin abzuwehren und zurückzuschlagen; ob es zu einem solchen Vorstoß kommen würde, hing seiner Meinung nach entscheidend von der Bereitschaft des Westens ab, wegen Berlin Krieg zu führen.[44]

Brentano konnte jedenfalls mit dem Ergebnis zufrieden sein. Im Kommuniqué vom 10. Mai bekräftigten die NATO-Außenminister unter Hinweis auf ihre Erklärung vom 16. Dezember 1958

1. ihre Entschlossenheit, die Freiheit Westberlins und seiner Bewohner zu verteidigen und
2. ihre Überzeugung, dass ein separater Friedensvertrag die Rechte der Westmächte in keiner Weise berühren und die Sowjetunion nicht von ihren Verpflichtungen entbinden werde.[45]

5. John F. Kennedy in Paris (31. Mai/1. Juni)

Auf dem Weg zu seinem Treffen mit Chruschtschow in Wien legte Kennedy eine Zwischenstation in Paris ein. Am 31. Mai traf er zum ersten Mal mit de Gaulle zusammen. Im Mittelpunkt des Gesprächs stand das Berlinproblem. Und hier bezog der General eine klare, unmissverständliche Position: Der Westen musste seiner Meinung nach Stärke demonstrieren. Dass Chruschtschow in der Berlinfrage bislang noch nichts unternommen habe, obwohl sein Prestige auf dem Spiel stehe, war für de Gaulle Beweis genug, dass Chruschtschow keinen Krieg wolle. Aber auch wenn dem so sei, müssten die Westmächte klarmachen, dass sie zum Krieg entschlossen seien. Jede Änderung der gegenwärtigen Lage hinsichtlich Zugang, Status oder Präsenz der westlichen Truppen in Westberlin war für de Gaulle gleichbedeutend mit einer Niederlage, die zum Verlust Westdeutschlands und zu einer ernsthaften Schwächung des Westens führen würde. Insofern müsste jede Forderung nach einer Änderung abgelehnt werden, egal, ob die Sowjets oder die DDR davon profitierten. Für de Gaulle gab es nichts zu verhandeln. Was aber, so Kennedy, wenn die Sowjets nach Abschluss eines separaten Friedensvertrages entsprechende Kontrollrechte den DDR-Behörden übertragen würden, die dann alliierte Dokumente abstempeln würden? Die Antwort de Gaulles war eindeutig: Die Sowjetunion könne mit der DDR abschließen, was sie wolle; damit es keine Missverständnisse gebe, müssten die Westmächte sofort klarmachen, dass sie das nicht akzeptieren würden und die Verantwortung für Berlin bei den *Vier* Mächten liege; nur diese könnten den Status ändern.

Kennedy wies darauf hin, dass der Abschluss eines separaten Friedensvertrages an und für sich noch kein Grund für militärische Aktionen des Westens sei; ähnlich schwierig sei es auch, wenn die DDR bei den Kontrollen eine Art Salamitaktik anwenden würde. De Gaulle hatte auch hier eine klare Position: Das entscheidende Kriterium war für ihn, wenn die Sowjets oder die DDR die Verbindungswege nach Berlin unter Anwendung militärischer Gewalt blockieren würden; militärisch könne der Westen in Berlin nichts gewinnen, insofern müsse man Chruschtschow klarmachen, dass militärische Aktionen in und um Berlin den „großen Krieg“ bedeuten würden und der Westen „notfalls auch zum Atomkriege bereit“ sei.

Kennedy muss wohl von der Entschlossenheit de Gaulles einigermaßen überrascht gewesen sein. In einer zweiten Gesprächsrunde am

1. Juni wies er denn auch darauf hin, dass in den bisherigen Planungen für den Ernstfall bei einer Blockade Berlins der Einsatz von Atomwaffen nicht vorgesehen sei; erst wenn Berlin angegriffen würde, würden die USA Atomwaffen einsetzen, weil das einem Angriff gegen die US-Streitkräfte in Europa gleichkäme. De Gaulle ging darauf nicht ein, betonte nur, dass es nun von Chruschtschow abhänge, ob es eine Berlinkrise gebe. Kennedy solle ihm daher in Wien auch Folgendes klarmachen: Frankreich und die USA stimmten völlig darin überein, dass es eine gewaltsame Änderung des Berlinstatus nicht geben könne.[46]

6. Das Treffen zwischen Kennedy und Chruschtschow in Wien (3./4. Juni)

Kennedy hatte schon in seinem Brief vom 22. Februar an Chruschtschow den Wunsch geäußert, den Sowjetführer persönlich kennenzulernen. Als Botschafter Thompson den Brief am 9. März überreichte, hatte er die Möglichkeit eines baldigen Treffens der beiden Staatsmänner erwähnt. Chruschtschow war nicht abgeneigt; dann kam am 20. April das Desaster in der Schweinebucht – ein von der CIA vorbereiteter Invasionsversuch von Exilkubanern scheiterte kläglich, Kennedy übernahm die politische Verantwortung –, und das Thema wurde von amerikanischer Seite nicht weiter verfolgt. Inzwischen hatte der Kremlchef Gefallen an einem solchen Treffen gefunden – womöglich gerade deshalb, weil Kennedy wegen des Schweinebucht-Desasters erheblich an Prestige verloren hatte. Daraus wollte er offensichtlich Kapital schlagen. Am 4. Mai sprach Außenminister Gromyko Thompson auf das Treffen an. Am 12. Mai schließlich schrieb Chruschtschow an Kennedy. Er begrüßte den in Kennedys Botschaft zum Ausdruck gebrachten Wunsch zur Zusammenarbeit, bedauerte, dass sich aufgrund der Ereignisse in Kuba die internationale Lage verschlechtert habe, da er aber bilaterale Gespräche, so wie es Roosevelt mit der Sowjetunion gehalten habe, befürworte, stimme er einem Treffen mit dem Präsidenten in Wien am 3. und 4. Juni zu.

Dabei machte er gleichzeitig deutlich, was er von dem Treffen erwartete: eine Lösung der anstehenden Probleme, nämlich Laos, Abrüstung und vor allem Deutschland „einschließlich der Westberlinfrage“. Er habe seine Position gegenüber Thompson völlig klargemacht und hoffe bei Kennedy auf entsprechendes Verständnis. Die Sowjetunion wolle keine einseitigen Vorteile für sich; es gehe um „die Liquidierung eines

Gefahrenherdes im Herzen Europas". Die Sowjetunion wolle einen Schlussstrich unter den Zweiten Weltkrieg ziehen; und in diesem Zusammenhang sei der Abschluss eines Friedensvertrages ein entscheidender Schritt zur Verbesserung der Beziehungen zwischen der Sowjetunion und den USA.[47]

Am 19. Mai unterrichtete das Weiße Haus die Öffentlichkeit von dem bevorstehenden Treffen. In der entsprechenden Pressemitteilung wurde darauf hingewiesen, beide Seiten seien darin einig, dass es bei dem Treffen nicht um Verhandlungen und auch nicht um den Abschluss irgendwelcher Vereinbarungen gehe, die die Interessen anderer Länder berührten, sondern lediglich um ein erstes persönliches Kennenlernen der beiden Staatsmänner und um einen Gedankenaustausch über beiderseits interessierende Fragen.[48]

In einer Weisung an die US-Vertretung bei der NATO wurde das State Department am 22. Mai dann allerdings deutlicher. Demnach wurde das bevorstehende Treffen als Gelegenheit gesehen, bei Chruschtschow „Fehleinschätzungen zu beseitigen, falls es sie gibt". Chruschtschow sollte sich nicht der Illusion hingeben, „dass die USA ihren Verpflichtungen nicht nachkommen würden"; das Treffen in Wien sei eine gute Gelegenheit, ihn von dieser Idee abzubringen. Und, wie das sowjetische System nun einmal sei, könne man auch davon ausgehen, dass auf höchster Ebene offener miteinander gesprochen werde.[49]

Kennedy ging denn auch nach Wien, um Chruschtschow vor Fehleinschätzungen der USA in der Berlinfrage zu warnen und Lösungsmöglichkeiten in anderen Fragen zu erkunden; Chruschtschow ging nach Wien, um den aus seiner Sicht unerfahrenen und nach der Schweinebuchtaffäre angeschlagenen jungen Präsidenten massiv einzuschüchtern und auf diese Weise eine Berlinregelung zu erzwingen.[50] Ganz in diesem Sinne hatte er mit Thompson gesprochen, der ihn am 24. Mai vor einer Fehleinschätzung gewarnt hatte, der aber auch davon überzeugt war, dass es Chruschtschow mit dem Abschluss eines Friedensvertrages „todernst" („deadly serious") war.[51] Er sah eine schwere Krise („really major crisis") kommen, in der er auch einen Krieg nicht mehr ausschloss („war will hang in balance").[52]

Im State Department befürchtete man, dass Chruschtschow den Ernst der Lage und das für die USA mit Berlin verbundene Prestige falsch einschätzen und der Versuchung nicht widerstehen könne. Er wolle zweifelsohne auch nicht den großen Krieg, aber „die eigentliche Gefahr besteht darin, dass er genau diesen Krieg riskiert, ohne sich im

Klaren darüber zu sein, dass er es tut". Von daher müsse ihm in den Gesprächen in Wien absolut deutlich gemacht werden – „in the firmest and most solemn manner"–, dass sich die USA nicht aus Berlin vertreiben lassen würden und dass er, würde er es versuchen, damit das größtmögliche Risiko („the gravest possible risk") – und das war eine andere Formulierung für Krieg – auf sich nehmen würde.[53]

Am ersten Tag der Gespräche in Wien ging es noch nicht um Deutschland und Berlin, sondern um die sowjetisch-amerikanischen Beziehungen im Allgemeinen, um Laos, Kuba und die Volksrepublik China. Aber die Art und Weise, wie Kennedy das Gespräch führte, machte klar, dass es ihm schon jetzt um die sowjetische Berlinpolitik ging. Er wies Chruschtschow immer wieder auf die Gefahren einer beiderseitigen „Fehleinschätzung" der Lage hin, wo doch beide Länder im Besitz von Massenvernichtungswaffen seien. Chruschtschow wies die Bezeichnung „Fehleinschätzung" denn auch zurück; möglicherweise würden die USA die Verteidigung lebenswichtiger Interessen durch die Sowjetunion als „Fehleinschätzung" interpretieren; auch wenn dem so sei, würde sich die Sowjetunion von dieser Politik nicht abbringen lassen.

Kennedy machte an diesem ersten Tag keine gute Figur – mit ein Grund dafür, dass die amerikanischen Protokolle erst 1990 freigegeben wurden.[54] Im Urteil seiner Berater wurden Kennedys Hoffnungen zerstört („shattered", Averell Harriman), er war sprachlos („tongue-tied", George F. Kennan) und verunsichert („out of his depth", Charles Bohlen). Er habe nur herumgetanzt („dancing"), wie Paul Nitze meinte. Zurück in der amerikanischen Botschaft verfluchte Kennedy den Sowjetführer: „Er hat mich wie einen kleinen Jungen behandelt."[55]

Offensichtlich war dies die richtige Einstimmung für den Sowjetdiktator auf die Gespräche über Berlin und Deutschland am nächsten Tag. Chruschtschow begann mit einer langatmigen Erklärung der sowjetischen Position, die die USA verstehen sollten. Er erwähnte die Verluste der Sowjetunion im Zweiten Weltkrieg, wies auf das Aufkommen eines neuen „deutschen Militarismus" hin und dass nun ein Schlussstrich unter den Zweiten Weltkrieg gezogen und ein Friedensvertrag abgeschlossen werden müsse. Wenn die USA das nicht verstünden, würde die Sowjetunion eben allein einen solchen Vertrag abschließen, und zwar mit der DDR und der BRD, falls Letztere das wolle. Falls nicht, würde eben nur mit der DDR abgeschlossen; damit sei dann der Kriegszustand beendet und alle aus der Kapitulation Deutschlands herrührenden Verpflichtungen nicht mehr in Kraft. Das beträfe sämtliche

Einrichtungen, Besatzungsrechte und den Zugang nach Berlin, einschließlich der Luftkorridore. Westberlin würde in eine „Freie Stadt" umgewandelt.

Kennedy wies darauf hin, dass es bei dieser Sache nicht nur um Rechtsfragen, sondern in hohem Maße um die Sicherheit der USA gehe. Man befinde sich in Berlin als Ergebnis des Krieges, in dem die USA gekämpft hätten. Man habe Verpflichtungen übernommen, Verträge unterschrieben etc.; würde man einen „Rausschmiss" aus Berlin akzeptieren und erworbene Rechte aufgeben, würde niemand mehr etwas von amerikanischen Zusagen halten und jegliches Vertrauen in die USA verlieren. Es gehe nicht nur um Berlin, sondern um ganz Westeuropa, das lebenswichtig für die Sicherheit der USA sei. Es sei für ihn nur schwer nachvollziehbar, warum Chruschtschow darauf bestehe, dass die USA ein Gebiet aufgeben sollten, das für sie von so großer Bedeutung sei. Die USA könnten kein Ultimatum akzeptieren, das letztlich darauf hinauslaufe, die USA aus Europa zu verdrängen. Er sei nicht Präsident der Vereinigten Staaten geworden, um sein Land in die Isolation zu führen.

Was Berlin betreffe, wolle man daher nur alterworbene Rechte, einschließlich des Rechts auf Zugang, aufrechterhalten. Die Situation in Berlin sei sicherlich nicht „normal", wie Eisenhower und Chruschtschow es in ihren Gesprächen in Camp David im September 1959 bezeichnet hätten, aber jetzt sei nicht der richtige Zeitpunkt, um das zu ändern – und damit auch das Gleichgewicht der Kräfte in Europa. Würde das geschehen, würden die USA einen schweren Verlust erleiden; das würde man nicht akzeptieren, genauso wenig wie die Sowjetunion so etwas akzeptieren würde. Es gehe also nicht um den Friedensvertrag, sondern um den Zugang nach Berlin und die Rechte, die man dort habe.

Chruschtschow konterte, die USA seien also offensichtlich nicht bereit, bei der Beseitigung des größten Gefahrenherdes der Welt mitzuarbeiten. Die Sowjetunion wolle eine chirurgische Operation an diesem Gefahrenherd durchführen, „diesen Dorn, dieses Krebsgeschwür beseitigen", ohne die Interessen anderer zu beeinträchtigen. Keine Macht der Welt werde die Sowjetunion daher daran hindern, einen Friedensvertrag zu unterzeichnen. Danach sei die DDR souverän, und jede Verletzung dieser Souveränität werde von der Sowjetunion als offene Kriegserklärung betrachtet – mit allen sich daraus ergebenden Konsequenzen. Als Kennedy wissen wollte, ob mit einem solchen Friedensvertrag auch das Recht der Westmächte auf freien Zugang nach Berlin beendet sei, antwortete Chruschtschow, genau so sei es. Dann, so Kennedy, sei der Abschluss eines solchen Vertrages eine ernste Sache, die möglichen Folgen eine außerordentliche Herausforderung für die USA, mit unvorhersehbaren, gravierenden Konsequenzen. Er sei nach Wien mit der Hoffnung gekommen, die gegenseitigen Beziehungen zu verbessern, aber nicht, um zu erfahren, dass ein Friedensvertrag unterzeichnet würde, der für die USA das Ende des freien Zuganges nach Berlin bedeuten würde. Er hoffe, dass sich Chruschtschow im Klaren darüber sei, welche Verantwortung sie beide für ihre jeweiligen Völker hätten. Chruschtschow blieb unbeeindruckt, wiederholte lediglich, was er vorher schon gesagt hatte und betonte dann noch einmal, dass ein Friedensvertrag auch das Ende der Besatzungsrechte der Westmächte bedeute.

Kennedy wies Chruschtschows Behauptung, ganz Berlin läge auf dem Territorium der DDR, vehement zurück und sprach der Sowjetunion das Recht ab, Besatzungsrechte der Westmächte an die DDR zu übertragen. Chruschtschow blieb ungerührt: Kennedys Argument entbehre jeglicher völkerrechtlichen Grundlage, da der Krieg seit 16 Jahren beendet sei; und im Übrigen habe bereits Präsident Roosevelt in Jalta angedeutet, dass die amerikanischen Truppen spätestens nach zwei oder zweieinhalb Jahren aus Deutschland abgezogen würden. Er machte dann einen neuen Vorschlag, der an das erinnerte, was Lord Home in Washington erwähnt hatte: eine Übergangsphase von sechs Monaten, in der die beiden deutschen Regierungen die Frage der Wiedervereinigung lösen sollten. Sollte dabei nichts herauskommen, stehe es jedem Land frei, einen Friedensvertrag abzuschließen. Die Sowjetunion könne damit jedenfalls nicht länger warten und werde dies am Ende des Jahres tun.

Kennedy wiederholte daraufhin noch einmal die amerikanische Position. Chruschtschow antwortete lapidar, die Sowjetunion werde dann eben alleine den Vertrag abschließen; im Übrigen habe die sowjetische Regierung ein entsprechendes Memorandum über die Berlinfrage vorbereitet; die amerikanische Seite könne es prüfen; möglicherweise könnte man ja dann noch einmal auf das Thema zurückkommen.[56] Er überreichte dann dieses Memorandum: ein neues, auf sechs Monate befristetes Ultimatum, in dem die seit November 1958 vertretenen sowjetischen Forderungen wiederholt und präzisiert wurden.[57]

Am Nachmittag trafen Kennedy und Chruschtschow noch einmal zusammen – diesmal ohne Berater. Mit brutaler Offenheit konfrontier-

(1) 16. März 1959: Fernsehansprache von Dwight D. Eisenhower. Der amerikanische Präsident informiert seine Landsleute über die angespannte Lage in und um Berlin. Eisenhower intern: Sollten die Sowjets die Zufahrtswege sperren, gehe es nur noch darum, „dass wir Moskau bombardieren".

(10 – 13) 3. Juni 1961: Vor der amerikanischen Botschaft in Wien: Kennedy und Chruschtschow, mit den Außenministern Andrej Gromyko und Dean Rusk.

TATES OF AMERICA

(14) Chruschtschow begrüßt den amerikanischen Botschafter in Moskau, Llewellyn Thompson.

(15) Beim Abendempfang: Kennedy neben Chruschtschows Frau Nina.

(16) 4. Juni 1961: Mit brutaler Offenheit konfrontiert Chruschtschow Kennedy mit der Alternative Krieg oder Frieden; die Wahl zwischen Krieg und Frieden hänge von den USA ab; die Entscheidung der Sowjets, einen Friedensvertrag mit der DDR abzuschließen, sei unwiderruflich; der Vertrag werde im Dezember unterschrieben. Kennedy beendet das Gespräch mit dem Satz, es werde dann wohl ein kalter Winter werden.

(17, 18) 6. Juni 1961: Auf dem Rückflug nach Washington macht Kennedy Station in London, wo er Premierminister Harold Macmillan trifft. „Es war hart", sagt er zu Macmillan. „Es war ungefähr so, als wenn jemand Napoleon zum ersten Mal trifft."

(19) Empfang bei Königin Elisabeth und Prinz Philipp. Macmillan ist nicht beeindruckt. Er schreibt in sein Tagebuch: „Ich habe das bestimmte Gefühl, dass Präsident Kennedy keine wirklichen Führungsqualitäten besitzt."

(20, 21, 22) 13. August 1961: Bau der Mauer in Berlin.

(23, 24) Kreuzberg: Zimmerstraße/Ecke Lindenstraße.

ndenburger Tor
200

(**31 – 36**) Berlin am 13. August 1961.

VOUS QUITTEZ
LE
SECTEUR FRANÇAIS

(37) Stummer Protest auf Westberliner Seite.

(38) Dieses Schild wird an der Mauer auf Westberliner Seite, Übergang Friedrichstraße, aufgestellt.

Mittwoch, 16. August 1961 · 15 Pf

Bild ZEITUNG

UNABHÄNGIG · ÜBERPARTEILICH

Berliner illustrierte Nachtausgabe

Der Osten handelt – was tut der Westen?

...denn Zigarren raucht der Mann!

Der Westen tut NICHTS!

Enttäuscht

Der Osten hat gehandelt. Der Osten handelt noch.

Die Stacheldrahtverhaue in Berlin werden dichter.

Die Kontrollen werden schärfer. Immer mehr Panzer kommen in die Stadt.

Was tut der Westen?

Der Westen tut nichts.

In den westlichen Hauptstädten wird beraten. Nachgedacht. Spukuliert. Fühlung genommen. Man bereitet „Schritte" vor. Man versucht, sich zu einigen. Und inzwischen rennen sich unsere Landsleute am Stacheldraht der Kommunisten die Köpfe blutig.

Was tun eigentlich die westlichen Staatsmänner?

Kennedy, der junge Präsident, schweigt.

Macmillan, der erfahrene Premier, schießt Schnepfen.

Adenauer, der greise Kanzler, spielt Wahlkampf.

In einer der schwersten Situationen deutscher Geschichte bringt es der Kanzler fertig, seinen politischen Gegner Brandt zu beleidigen.

Das ist nicht nur unfair. Das ist — man muß es leider sagen — das Eingeständnis, daß er im Augenblick nicht über den Schatten der engstirnigen Parteipolitik springen kann. Der Kanzler konnte es früher. Jetzt offenbar nicht.

Nicht der Wahlsieg einer Partei steht im Augenblick auf dem Spiel. Im Augenblick steht die deutsche Sache auf dem Spiel.

Am 13. August hat Ulbricht die Fluchtwege abgeriegelt und den Sowjetsektor in ein Militärlager verwandelt.

Erst drei Tage später hat sich die Bundesregierung zu einer Sondersitzung aufgerafft. Wie kläglich.

Und westliche Diplomaten sind sogar der Meinung, alliierte Rechte in Berlin seien nicht unmittelbar betroffen. Alliierte Rechte sind natürlich e i n d e u t i g verletzt worden.

Gerade deshalb ist das lange Schweigen, das hilflose Abwarten, das bedächtige Zögern für uns alle niederschmetternd.

Wir sind enttäuscht.

Wir sind in das westliche Bündnis gegangen, weil wir geglaubt haben, dies sei für Deutschland wie für den Westen die beste Lösung.

Die Mehrheit der Deutschen, die überwältigende Mehrheit sogar, ist auch heute noch davon überzeugt.

Nur wird diese Überzeugung nicht gerade gestärkt, wenn einige unserer Partner in dem Augenblick, in dem die deutsche Sache in größter Gefahr ist, kühl erklären: „Alliierte Rechte sind nicht betroffen."

Die deutsche Sache ist in größter Gefahr.

Seit drei Tagen. Und bisher ist nichts geschehen — außer einem Papierprotest der alliierten Kommandanten.

Wir sind enttäuscht.

US-Präsident Kennedy schweigt...

Macmillan geht auf die Jagd...

...und Adenauer schimpft auf Brandt

Lesen Sie die Berichte auf den Seiten 2, 3, 4 und 8

Der erste Volksarmist sprang in die Freiheit

Sehen Sie Seite 2 und 3!

(**39**) Schlagzeile der Bildzeitung.

(40 – 45) Die Westmächte reagieren nicht auf den Bau der Mauer. Als erkennbar wird, dass dies zu einer Vertrauenskrise in den deutsch-amerikanischen Beziehungen wird, entscheidet Kennedy, die amerikanische Garnison in Berlin um 1.800 Mann zu verstärken und Vizepräsident Lyndon B. Johnson auf Kurzbesuch nach Berlin zu schicken. Soldaten und Johnson werden in Westberlin begeistert empfangen.

(46) Gleichzeitig entscheidet Kennedy, den „Helden der Luftbrücke“ von 1948/49, General Lucius D. Clay, als seinen persönlichen Vertreter nach Berlin zu schicken.

(47) Konsultationen im Weißen Haus (v. l.): Der deutsche Außenminister Heinrich von Brentano, John F. Kennedy, Frankreichs Außenminister Maurice Couve de Murville, US-Vizepräsident Lyndon B. Johnson, der britische Außenminister Lord Home und sein amerikanischer Kollege Dean Rusk. Bereits vor dem Mauerbau hatte Dean Rusk zu seinem britischen Kollegen gesagt: „Die Westdeutschen werden viele Dinge schlucken müssen, die sie bis jetzt für unmöglich gehalten haben.“

(55) In Bonn (v. l.): Wirtschaftsminister Ludwig Erhard, Kennedy, US-Außenminister Dean Rusk, Adenauer.

(56) Vor dem Bonner Rathaus.

(64) Vor dem Schöneberger Rathaus bekennt Kennedy: „Ich bin ein Berliner."

(65) In den folgenden Jahren gehört die Besichtigung der Mauer zum Pflichtprogramm eines jeden Besuches eines amerikanischen Präsidenten in Deutschland. Hier Richard M. Nixon am 27. Februar 1969 mit (v. l.) Außenminister Willy Brandt, dem Regierenden Bürgermeister Klaus Schütz und Bundeskanzler Kurt Georg Kiesinger.

(**66**) 10. November 1989: Am Tag zuvor ist die Mauer gefallen.

(**67**) Die Mauer hat ihren Schrecken verloren.

te Chruschtschow Kennedy im Laufe des Gespräches mit der Alternative Krieg oder Frieden. Kennedy beschwor Chruschtschow geradezu, keinen Schritt zu tun, der die nationalen Interessen der USA berühre und der zu einer direkten Konfrontation der beiden Länder führen müsse.

Chruschtschow dankte Kennedy für dessen offene Worte und machte dann klar, falls die USA nach Abschluss eines Friedensvertrages weiter auf ihren Rechten beharren und in der Folge die Grenzen der DDR – in der Luft, zu Land oder See – verletzen sollten, diese Grenzen verteidigt würden. Würden Aktionen der USA zu „unglücklichen Konsequenzen" führen, „dann wird Gewalt mit Gewalt beantwortet"; beide Länder müssten sich entsprechend vorbereiten. Kennedys Antwort war ebenso klar: entweder glaube Chruschtschow nicht, dass die USA es ernst meinten mit ihrer Berlinpolitik, oder für die Sowjetunion sei die Situation in Berlin so unerträglich, dass sie zu solch drastischen Schritten bereit sei. Er werde in seinem bevorstehenden Gespräch mit Macmillan diesem seinen Eindruck wiedergeben, dass Chruschtschow ihn vor die Alternative gestellt habe: Zustimmung zur sowjetischen Politik oder Konfrontation. Er sei eigentlich nach Wien gekommen, um eine solche Konfrontation zu vermeiden, und bedaure es, dass er Wien mit diesem Eindruck verlasse.

Chruschtschow blieb hart. Sechs Monate nach Abschluss des Friedensvertrages müssten die westlichen Truppen Berlin verlassen. Um das Gesicht des Westens zu wahren, könnten einige symbolische Truppen dort bleiben, allerdings nicht aufgrund von Besatzungsrechten, sondern im Rahmen einer UNO-Vereinbarung. Der Zugang nach Berlin sei aber in jedem Fall DDR-Sache. Nicht die Sowjetunion, sondern die USA hätten mit Krieg gedroht, worauf Kennedy erwiderte, die Sowjetunion wolle die Lage gewaltsam verändern.

Chruschtschows abschließende Bemerkungen waren eine einzige Drohung. Die Sowjetunion werde jede Herausforderung annehmen; unter den Schrecken eines Krieges würden beide Seiten zu leiden haben; die Wahl zwischen Krieg und Frieden hänge von den USA ab; die Entscheidung der Sowjets, einen Friedensvertrag mit der DDR abzuschließen, sei unwiderruflich; der Vertrag werde im Dezember unterschrieben. Kennedy beendete das Gespräch mit dem Satz, es würde dann wohl ein kalter Winter werden („it would be a cold winter").[58]

Auf dem Rückflug nach Washington machte Kennedy Station in London. Er wollte Macmillan und Lord Home über seine Gespräche

1 + 9 pl

THE WHITE HOUSE

WASHINGTON

T 324/61

June 10, 1961

Dear Mr. Prime Minister:

Jacqueline and I found our short stay in London an entirely pleasant and memorable experience. We were tremendously impressed by the enthusiastic and friendly reception with which we were met at every turn. In particular we wish to thank you and Lady Dorothy for the most enjoyable luncheon at Admiralty House.

I also want to thank you for your cheerful note about my birthday, which I should have acknowledged before, if I had not been on the wing since before it arrived.

Finally I want to say one word about our talks in London and about our relations in general. It was a very helpful meeting, for me, and I value our open and friendly conversations more and more. London felt near home to us all. And so I am sorry to see that one or two crabbed minds have suggested that somehow in trying to get on better with de Gaulle America is getting on less well with England. It's not so, as we both know, and I'll find a chance to clear the point up soon.

Copies sent:
The Queen
For Sec.
Sir N. Brook

Sincerely,

The Right Honorable
Harold Macmillan, M.P.
Prime Minister
London

US-Präsident John F. Kennedy an den britischen Premierminister Harold Macmillan.

mit Chruschtschow informieren und das weitere Vorgehen besprechen. „Es war hart“, sagte Kennedy zu Macmillan. Der hatte den Eindruck, dass Kennedy „beeindruckt und geschockt“ war. „Es war ungefähr so, als wenn jemand Napoleon (auf der Höhe seiner Macht) zum ersten Mal träfe.“ Überrascht von der „fast brutalen Offenheit und dem Selbstvertrauen des sowjetischen Führers“, wie Macmillan später schrieb,[59] wollte Kennedy jetzt, dass die Planungen für den Ernstfall vorangetrieben und die Reaktionen des Westens auf drei mögliche Entwicklungen nach Abschluss eines separaten Friedensvertrages zwischen der Sowjetunion und der DDR besonders untersucht werden sollten:

a) an der bisherigen Situation – Zugang nach Berlin etc. – würde sich nichts ändern;
b) der Zugang für Zivilisten nach Berlin würde blockiert;
c) der Zugang für Militärs würde blockiert.

Kennedy wollte im Übrigen auch geklärt haben, wie der militärische Test bei einer Blockade der Zufahrtswege aussehen und wie eine Luftbrücke organisiert werden sollte, falls sich die westlichen Truppen bei dem angestrebten Test zurückziehen müssten. Die Glaubwürdigkeit der amerikanischen Stärke aber sollte woanders unter Beweis gestellt werden: in Südvietnam, wie Kennedy noch in Wien James Reston von der „New York Times“ anvertraut hatte. („Now we have a problem in making our power credible.“)[60] Vietnam sollte es dann ja auch werden.

Die Briten blieben in der Berlinfrage zurückhaltend: Sie suchten weiterhin eine Lösung auf dem Verhandlungswege. Anders als Kennedy hielten sie es für notwendig, mit Blick auf das sowjetische Memorandum vom 4. Juni konkrete Gegenvorschläge zu machen. Nach Meinung Macmillans konnte man über etwas verhandeln, was „auf dem Papier“ gut aussah; wenn eine solche Vereinbarung dann allerdings nicht eingehalten würde, müsse man entschlossen reagieren. Kennedy hatte nichts gegen Gegenvorschläge, die im Übrigen mit den Franzosen und den Westdeutschen abgesprochen werden müssten; wichtiger war für ihn jedoch die Frage, ob der Westen von einer neuen Berlinregelung profitieren würde, noch wichtiger allerdings, dass, falls der Westen Verhandlungen zustimmen würde, der Eindruck entstehen könnte, als ob der Westen damit bereits eine Niederlage akzeptiert hätte.

Macmillan blieb bei seinem Vorschlag, Verhandlungen mit den Sowjets zu führen. Vielleicht hätte man am Ende eine bessere Regelung für den zivilen Verkehr als bisher; tatsächlich habe der Westen keinen Rechtsanspruch auf ungehinderten zivilen Zugang nach Berlin. Kennedy wies diese Interpretation zurück; der zivile Zugang nach Berlin sei nur deswegen frei, weil alliierte Truppen in Berlin stünden und der Westen im Notfall militärisch eingreifen werde. Nur diese Drohung habe die Sowjets bislang von Aktionen gegen die Rechte der Westmächte in Berlin abgehalten. Vielleicht glaubten die Sowjets auch, dass der Westen angesichts der Entwicklung in Laos und in anderen Gegenden der Welt insgesamt schwächer geworden sei. Die Russen wüssten jedenfalls, dass sie stärker seien als zur Zeit der Berlinblockade 1948/49; man habe damals den Zugang nach Berlin nicht mit militärischen Mitteln erzwungen, obwohl nur der Westen Atombomben gehabt hätte.

Home wies abschließend darauf hin, dass Chruschtschow möglicherweise mit Blick auf Berlin im Zugzwang sei und etwas tun müsse. Er habe Probleme mit der DDR und anderen sowjetischen Satellitenstaaten, vor allen Dingen aber nehme der Flüchtlingsstrom nach Westberlin immer größere Ausmaße an.[61]

VI. Die Entscheidungsphase

(Juni bis August 1961)

1. Der Acheson-Report

Eine Woche später war Außenminister Lord Home zu Gesprächen in Washington. Kennedy hatte noch nichts entschieden, was nicht verwunderte, gab es doch zahlreiche „Denkschulen" („many schools of thought") in seiner Administration, wie Home Macmillan nach London berichtete. Aus Homes Sicht konnte daraus eine „große Gefahr" für die Briten entstehen, dann nämlich, wenn die Amerikaner sie für die eigene Unentschlossenheit verantwortlich machen würden, und vor allem dann, wenn sie ihre eigene „rigide" Position notwendigerweise aufgeben müssten – um zu Verhandlungen zu kommen.[1] Genau das hatte Macmillan befürchtet. „This is rather what I had feared", notierte er auf Homes Telegramm.[2]

Zu allen Überlegungen kam für die Briten noch ein ganz anderer Punkt hinzu: die Schwäche des britischen Pfundes. Würde es wegen Berlin zum Atomkrieg kommen, dann, so der britische Premierminister,

> „sind wir alle, oder fast alle, tot, und es ist ziemlich egal, ob wir vorher bankrott waren oder im Überfluss gelebt haben. Falls es aber wegen Berlin nicht zum Atomkrieg kommt, was ich annehme, dann macht es einen großen Unterschied, ob und bis zu welchem Punkt Großbritannien bankrott ist."

Würde man daher die von den amerikanischen Militärs vorgeschlagenen Maßnahmen mitmachen – u. a. massive Aufrüstung –, würde man damit das Pfund ruinieren.[3]

Macmillan hatte auch Zweifel in Bezug auf eine Luftbrücke. „Wofür soll die gut sein?", fragte er. Um das Militär zu versorgen oder die Bevölkerung Westberlins, oder beide?[4] – um dann nachdrücklichst festzustellen, dass sich Großbritannien an den Kosten dafür nicht beteiligen werde: „Ich denke, wir sollten klarmachen, dass wir *gar nichts* zahlen werden." („I think we should make it clear that we will pay *nothing*.")[5]

Macmillan überschätzte sich maßlos und sah sich immer noch bzw. nach Kennedys Desaster in Wien wieder als führenden Staatsmann des Westens. Von Kennedy erwartete er wenig, vor allem nicht die Initiative zu Verhandlungen, um die Krise zu entschärfen. Von daher sah er seine Stunde erst noch kommen. Am 24. Juni schrieb er an Home:

> „Es kann gut sein, dass etwa im September, wenn die Vorstellung vom starken Mann im Weißen Haus endgültig geplatzt ist und die Welt auf den Krieg zusteuert, Sie und ich die Initiative übernehmen könnten, so wie Selwyn [Lloyd] und ich das vor zwei Jahren getan haben. Aber wir müssen warten und den richtigen Moment abpassen."[6]

Am nächsten Tag vertraute er seinem Tagebuch an:

> „Ich habe das bestimmte Gefühl, dass Präsident Kennedy keine wirklichen Führungsqualitäten besitzt. Die amerikanische Presse und Öffentlichkeit sehen das allmählich auch so. In ein paar Wochen werden sie sich an uns wenden. Wir müssen darauf vorbereitet sein. Andernfalls kann Berlin zu einem Desaster führen – zu einer furchtbaren diplomatischen Niederlage oder (aus reiner Inkompetenz) zum Atomkrieg."[7]

Bestärkt wurde er in seiner Haltung durch ein „langes Telegramm" (sieben Seiten), das Botschafter Frank Roberts wenige Tage später aus Moskau schickte. Das Royal Ballet war zu einem Gastspiel in Moskau. Zur ersten Vorstellung am Abend des 3. Juli fand sich die gesamte Sowjetprominenz ein: Chruschtschow mit Frau, Breschnew, Mikojan, Kossygin, Gromyko. Chruschtschow lud Roberts und dessen Frau in seine Loge und zum Abendessen ein; während des Essens, der langen Pausen und noch eine Stunde nach der Vorstellung sprach er mit Roberts über die deutsche Frage. Für Roberts war klar, dass das denn auch der eigentliche Grund für Chruschtschows Ballettbesuch gewesen war.

Chruschtschow war durchaus freundlich, nahm allerdings kein Blatt vor den Mund. Seine Absicht war offensichtlich: eine „sehr ernste, feierliche und persönliche Warnung" an die britische Regierung und ganz persönlich an Macmillan, der – „wie vielleicht auch Präsident Kennedy" – „die mit der deutschen Frage verbundenen Gefahren wirklich versteht". Dann kam eine ganz besondere Drohung: zehn Atombomben könnten Frankreich und Großbritannien zerstören. Die Sowjetunion und die USA würden in einem Atomkrieg viele Millionen Menschen verlieren, aber die Sowjetunion sei zum Krieg entschlossen, wenn der

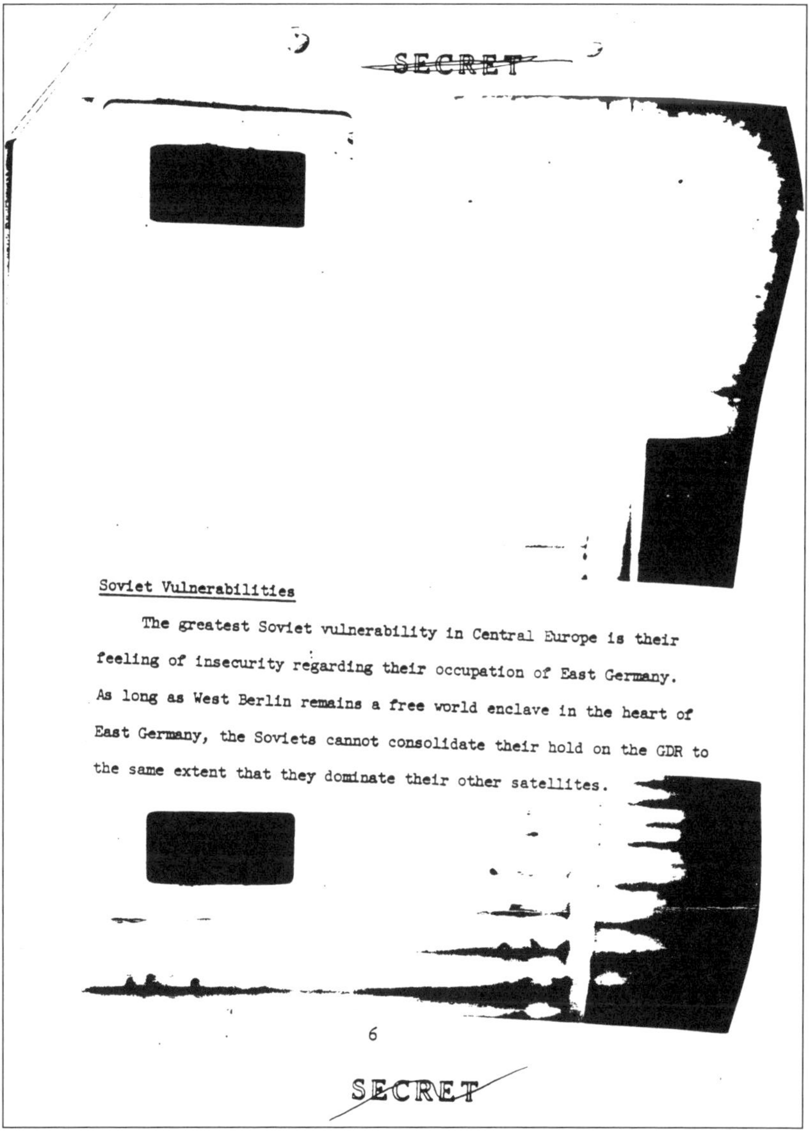

SECRET

[redacted]

Soviet Vulnerabilities

The greatest Soviet vulnerability in Central Europe is their feeling of insecurity regarding their occupation of East Germany. As long as West Berlin remains a free world enclave in the heart of East Germany, the Soviets cannot consolidate their hold on the GDR to the same extent that they dominate their other satellites.

[redacted]

6

SECRET

„A New Approach to the Issue of Berlin." Memorandum des Policy Planning Staff des US-Department of State vom 26.6.1961. Seite 6 nach der „Freigabe" durch das State Department. So sehen auch zahlreiche andere Dokumente aus.

Westen nach Unterzeichnung des Friedensvertrages zwischen der DDR und der Sowjetunion den Weg nach Westberlin freikämpfen wolle – um gleich hinzuzufügen, es sei doch „lächerlich", wenn 200 Millionen Menschen wegen zwei Millionen Berlinern sterben müssten.

Roberts verwies auf Absichtserklärungen von Macmillan, Kennedy *und* Chruschtschow, in Verhandlungen eine beiderseits akzeptable Lösung zu finden. Könne man nicht alles so lassen, wie es sei? Chruschtschow hielt Verhandlungen für wünschenswert, allerdings auf der Basis eines Friedensvertrages mit der DDR. Der Westen werde von Adenauer, „diesem bösen Menschen", der das Verhältnis zwischen Ost und West weiter vergiften wolle, von einer vernünftigen Politik abgehalten; man dürfe es nicht zulassen, dass Adenauer die Politik des Westens bestimme.

Roberts antwortete mit den bekannten westlichen Argumenten, war am Ende des Gespräches aber ziemlich sicher („very definite feeling"), dass Chruschtschow sich bereits zum Handeln entschlossen hatte.[8]

Inzwischen waren in Washington die „Falken" auf dem Vormarsch. Ihr „Anführer" war der *elder statesman* Dean Acheson, der von Kennedy genauso wenig hielt wie Macmillan. Am 24. Juni schrieb er an Truman („Dear Boss"):

> „Kennedys Politik beunruhigt mich und gibt mir Rätsel auf. Irgendwie sieht er wie ein erfolgreicher Präsident aus, aber er sieht eben nur so aus, obwohl er beim Treffen mit Chruschtschow ganz gut war. Beide, Kennedy und Dean Rusk, können offensichtlich besser Reden halten als Entscheidungen treffen. Wir haben jetzt oft genug gehört, dass wir Opfer bringen müssen, aber bis jetzt hat uns niemand aufgefordert, welche zu erbringen. Und es gäbe viele; wenn die Regierung doch endlich anfangen würde zu handeln. Die Zeit läuft uns davon."[9]

Vier Tage später, am 28. Juni, legte Acheson dann seinen zweiten Berlinbericht vor, der an Klarheit und Deutlichkeit nichts mehr zu wünschen übrig ließ und die amerikanische Politik entscheidend beeinflussen sollte; er wird daher hier ausführlich behandelt.* Acheson ging von der

---

* Wie heikel dieser Bericht für die Beamten in der „Declassification"-Abteilung des State Department war, zeigt die Tatsache, dass sämtliche meiner FOIA-Anträge seit 1985 auf Freigabe dieses Berichtes negativ entschieden wurden. 1986 erhielt ich eine Kopie des Memorandums; bis auf das Deckblatt waren sämtliche Seiten geschwärzt! Immerhin konnte man daraus ersehen, dass es ein solches Memorandum gab und wie umfangreich es war, nämlich 33 Seiten. Das war nicht viel, aber besser als gar

Prämisse aus, dass es in der Berlinfrage nicht nur um Berlin ging, sondern um etwas viel Grundsätzlicheres: nämlich um die entscheidende Machtprobe zwischen den USA und der Sowjetunion, von deren Ausgang das weltweite Vertrauen in die USA als Weltmacht abhing. Solange diese Machtprobe nicht entschieden sei, sei jeder Versuch gefährlich, die Berlinfrage auf dem Verhandlungswege zu lösen; und solange man den Sowjets nicht klargemacht habe, dass sie ihre Ziele nicht erreichen könnten, solange würde eine Verhandlungslösung lediglich dazu dienen, „das Gesicht zu wahren"; tatsächlich aber hätte man eine Niederlage erlitten.

Für Acheson war auch klar, dass Chruschtschows Härte in der Berlinfrage zeige, dass die atomare Abschreckung der USA nicht mehr voll wirksam sei und sei es auch nur deshalb, weil Chruschtschow die Entschlossenheit der USA bezweifle, wegen Berlin Atomwaffen einzusetzen. Das Problem sei daher, diese Glaubwürdigkeit wiederherzustellen, d.h. Chruschtschow klarzumachen, dass die USA eher einen Atomkrieg auslösen als sich sowjetischen Forderungen beugen würden. Um die Sowjets davon zu überzeugen, dass man es ernst meine mit Berlin, „müssen wir es allerdings auch wirklich ernst meinen". Dazu sei es notwendig, die entsprechenden militärischen, wirtschaftlichen und politischen Maßnahmen ernsthaft vorzubereiten, unbeeinflusst von irgendwelchen psychologischen Überlegungen, dass man etwa die Russen damit „beeindrucken" wolle. Gleichzeitig solle die Öffentlichkeit im Westen über die mit der Berlinkrise zusammenhängenden Fragen aufgeklärt und auf die Bereitschaft der Westmächte hingewiesen werden, mit den Sowjets über das Problem zu reden.

Die vorbereitenden Maßnahmen sollten in drei Phasen durchgeführt werden: Die erste Phase ging bis zu den Bundestagswahlen im September, die zweite bis zur Unterzeichnung des Friedensvertrages zwischen der Sowjetunion und der DDR, die dritte bis zu dem Moment, an dem die DDR die Kontrolle über den Zugang nach Berlin übernehmen würde.

Im militärischen Bereich schlug Acheson folgende Maßnahmen vor:

1. Vorbereitung der See-, Luft- und Landstreitkräfte auf einen umfassenden Einsatz in Europa. Das bedeutete u. a.: Reservisten in den

nichts. 1992 und 1993 wiederholte sich das „Spielchen"; immerhin war jetzt mehr zu erkennen. Siehe auch die Abbildung auf S. 204 f.: 1986 hieß es: „DENY." 1992: „Release", 1993 in den National Archives immer noch „withdrawn"; im selben Jahr erschien FRUS, 1961–1963, vol. XIV!

TOP SECRET

FROM MOSCOW TO FOREIGN OFFICE

Cypher/OTP

DEPARTMENTAL DISTRIBUTION

Sir F. Roberts

No.1235
July 3, 1961
IMMEDIATE
TOP SECRET

D. 4.40.p.m. July 3, 1961
R. 5.46.p.m. July 3, 1961

Addressed to Foreign Office telegram No.1235 of July 3.
Repeated for information Priority to Washington and Bonn
and Saving to: Paris, U.K.Del N.A.T.O.

Soviet Attitude on the German Question.

Khrushchev attended the Royal Ballet first night yesterday with Brezhnev, Mikoyan, Kosygin, Furtseva, Gromyko and Mrs. Khrushchev. He invited me and my wife to his box and over supper, during both the long intervals and for an hour after the performance, he spoke to me on the German question. It was clear that this had been his main object in attending last night's performance, although he also spoke warmly of the company. His manner was friendly throughout as befitted the occasion, but he did not mince words and his obvious intention was that I should convey a very serious, solemn and personal warning to Her Majesty's Government and personally to the Prime Minister, who he thought really understood the dangers in the German problem, as perhaps did President Kennedy. He said he owed the Prime Minister a hunting expedition. He still hoped he would be able to invite him to one this winter, but this would not be possible if we had broken over Berlin and were perhaps shooting each other instead of elk.

2. Khrushchev began by taking up a remark of mine about the Soviet Trade Fair, which I said I should be seeing this week. The Soviet Government wanted the best trade, cultural and other relations with the United Kingdom as with other Western countries, including former enemies like Germany, Italy and Japan, but the West was now threatening to cut off trade and even go to war if the Soviet Government signed a peace treaty. The balance of forces in the world had changed and the Soviet Union, which was threatening

TOP SECRET / no one

Erste Seite des „langen Telegramms" von Botschafter Frank Roberts in Moskau an das Foreign Office in London.

USA auf den Einsatz vorbereiten, die US-Truppen in Europa auf volle Mannschaftsstärke bringen, Luftwaffeneinheiten nach Europa verlegen, militärische Nachschublager und Munitionsdepots für konventionelle Waffen aufstocken. Um eine frühzeitige Eskalation in einen Atomkrieg zu verhindern, sollte der Oberbefehlshaber der US-Truppen in Europa gleichzeitig die Kontrollmaßnahmen für die nuklearen Sprengköpfe verschärfen.

2. Verstärkung der Marine. Die US-Navy sollte nicht nur in der Lage sein, Gegenmaßnahmen auf hoher See durchzuführen, u. a. Schiffe aus Ländern des Sowjetblocks zur Rückkehr in ihre Heimathäfen zu zwingen, sondern auch Kampfhandlungen durchzuführen.
3. Vorbereitung auf einen umfassenden Atomkrieg. Das Strategische Bomberkommando (SAC) sollte in Alarmbereitschaft gehalten und gleichzeitig zivile Maßnahmen vorbereitet werden, „möglicherweise auch Atomschutzbunker gebaut werden".

Im nicht-militärischen Bereich hielt es Acheson für absolut notwendig, Druck auf die Sowjetunion auszuüben. Solche Maßnahmen schienen ihm glaubwürdiger als die Vorbereitungen auf einen militärischen Einsatz, und sie würden die Sowjets möglicherweise schon zum Umdenken veranlassen. Acheson schlug politische und wirtschaftliche Maßnahmen und Aktionen mit Blick auf Osteuropa vor. Der Präsident sollte demnach beim Kongress die notwendigen Mittel für die Aufrüstung beantragen; die Sowjets würden dann auch erkennen, dass sich daraus – genauso wie im Koreakrieg – ein längerfristiges Aufrüstungsprogramm entwickeln werde.

Von wirtschaftlichen Gegenmaßnahmen versprach sich Acheson einen erheblichen Abschreckungseffekt. Sie sollten in dem Moment einsetzen, in dem die DDR die Zufahrtswege nach Berlin blockieren würde. Die wirtschaftlichen Beziehungen zwischen den NATO-Ländern und dem Ostblock sollten abgebrochen werden, Schiffe aus Ländern des Ostblocks keine Häfen der NATO-Mitgliedstaaten mehr anlaufen, Flugzeuge keine NATO-Länder mehr anfliegen dürfen, für Bürger und Waren aus dem Ostblock keine Durchfahrtgenehmigung durch NATO-Länder erteilt und keine Transportmittel zur Verfügung gestellt werden. Der Sowjetunion sollte im Übrigen klargemacht werden, dass die USA im Falle einer Berlinkrise in Osteuropa und der DDR für Unruhe sorgen und Aufstände organisieren würde.

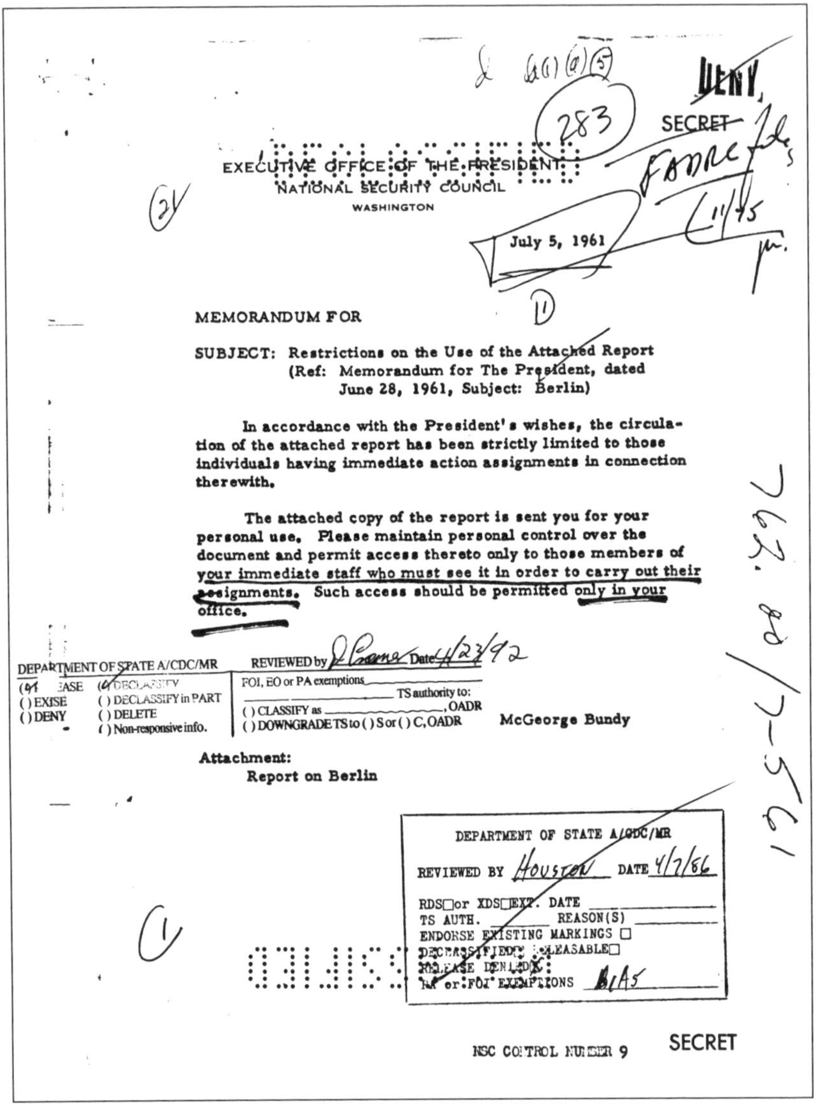

SECRET

EXECUTIVE OFFICE OF THE PRESIDENT
NATIONAL SECURITY COUNCIL
WASHINGTON

July 5, 1961

MEMORANDUM FOR

SUBJECT: Restrictions on the Use of the Attached Report
(Ref: Memorandum for The President, dated
June 28, 1961, Subject: Berlin)

In accordance with the President's wishes, the circulation of the attached report has been strictly limited to those individuals having immediate action assignments in connection therewith.

The attached copy of the report is sent you for your personal use. Please maintain personal control over the document and permit access thereto only to those members of your immediate staff who must see it in order to carry out their assignments. Such access should be permitted only in your office.

DEPARTMENT OF STATE A/CDC/MR — REVIEWED by ___ Date 4/23/92
( ) RELEASE ( ) DECLASSIFY
( ) EXCISE ( ) DECLASSIFY in PART
( ) DENY ( ) DELETE
( ) Non-responsive info.
FOI, EO or PA exemptions ___
___ TS authority to:
( ) CLASSIFY as ___, OADR
( ) DOWNGRADE TS to ( ) S or ( ) C, OADR

McGeorge Bundy

Attachment:
Report on Berlin

DEPARTMENT OF STATE A/CDC/MR
REVIEWED BY Houston DATE 4/7/86
RDS or XDS EXT. DATE ___
TS AUTH. ___ REASON(S) ___
ENDORSE EXISTING MARKINGS
DECLASSIFIED RELEASABLE
RELEASE DENIED
PA or FOI EXEMPTIONS B1A5

NSC CONTROL NUMBER 9 SECRET

Dean Achesons „Report on Berlin“. Begleitschreiben von John F. Kennedys Sicherheitsberater McGeorge Bundy. Zur Chronologie der Freigabe dieses Dokumentes siehe die Anmerkung auf Seite 200 f.

RG: 59

ENTRY: Berlin Crisis

BOX: 2

TAB #: (1)

1 / 22 / T
COPIES/ PPS. /CLASS.

ACCESS RESTRICTED

The item identified below has been withdrawn from this file:

~~File Designation~~ "First and Second Acheson Reports" (no folder) Rpts.

Date 1961

From —

To —

In the review of this file this item was removed because access to it is restricted. Restrictions on records in the National Archives are stated in general and specific record group restriction statements which are available for examination. The item identified above has been withdrawn because it contains:

[X] Security-Classified Information

[ ] Otherwise Restricted Information

WITHDRAWAL NOTICE

NND 939562
Authority

Aug 23, 1993
Date

Withdrawn by NCL

NATIONAL ARCHIVES AND RECORDS ADMINISTRATION

NA FORM 14000 (5-92)

National wie international sollte eine Aufklärungsoffensive geführt werden, um der Öffentlichkeit klarzumachen, dass Chruschtschow mit dem geplanten Friedensvertrag im Namen des Friedens eine Aggression mit weitreichenden Konsequenzen durchführe.

Acheson ging dann auf die Möglichkeit von Verhandlungen ein. Solche Verhandlungen würden seiner Meinung nach scheitern, solange Chruschtschow glaube, die Sowjetunion sei stärker als der Westen. In dieser Phase könne man sich nur aus rein propagandistischen Gründen auf Verhandlungen einlassen, mit dem Schwerpunkt auf der Wiedervereinigungsfrage – und nicht Berlin – mit der bekannten westlichen Position, d. h. Selbstbestimmung für das deutsche Volk.

Erst wenn die vom Westen durchgeführten Maßnahmen Chruschtschow von der Entschlossenheit des Westens überzeugt hätten, seien Verhandlungen sinnvoll; sie könnten dazu dienen, Chruschtschow den Rückzug zu erleichtern. In einem solchen Fall sollte der Westen bereit sein, mit der Sowjetunion und der DDR vor Abschluss eines Friedensvertrages Erklärungen in dem Sinne auszutauschen, dass sich mit einem solchen Friedensvertrag am Zugang nach Berlin grundsätzlich nichts ändern werde, dass lediglich das sowjetische Personal durch ostdeutsches Personal ersetzt werde. Da die Sowjetunion damit nichts gewinnen würde, sollte der Westen zu gewissen Konzessionen bereit sein, d. h. Spionage und subversive Aktivitäten in Westberlin einstellen, keine Atomsprengköpfe dort lagern und die Zahl der Truppen dort nicht erhöhen, möglicherweise auch UNO-Beobachter dort und an den Zufahrtswegen zur Einhaltung der o. g. Erklärungen akzeptieren. Eine solche Regelung laufe letztlich immer noch auf eine größere Niederlage der Sowjets hinaus. Würde man auf diese Weise Westberlin retten, könnte der Westen auch die Oder-Neiße-Grenze anerkennen. Das liege in jedem Fall im Interesse des Westens, würde damit doch die Abhängigkeit Polens von der Sowjetunion verringert.

Würde Chruschtschow sich auf eine solche Lösung nicht einlassen, sei das Problem durch Verhandlungen nicht zu lösen, und die USA müssten sich auf eine militärische Auseinandersetzung vorbereiten. Bis dahin war aber noch ein weiter Weg, und wie der aussah, hing weitgehend von den Sowjets ab. Einen Showdown etwa über die Frage, wer welche Dokumente abstemple, hielt Acheson für sinnlos und politisch nicht machbar; die Briten würden nicht mitmachen, und die Öffentlichkeit würde es nicht verstehen. Von daher sollten die Westmächte schon vor Abschluss eines Friedensvertrages ihre Bereitschaft erklären, dass die Ostdeutschen dieselben Funktionen ausüben könnten wie die Russen – „aber nicht mehr". Verhandlungen mit der DDR über Zugangsrechte etc. könnten nicht infrage kommen.

Würde die DDR das Prozedere ändern, würden die Westmächte das ablehnen – mit der Konsequenz, dass die DDR dann die Landverbindung nach Berlin für das westliche Militär blockieren könnte. Der Westen sollte dann die Anzahl der militärischen Flüge nach Westberlin langsam erhöhen, nicht-militärische Gegenmaßnahmen einleiten und den Aufbau der eigenen Verteidigung fortsetzen. Die Kommunisten könnten dann zwischen vier Möglichkeiten wählen. Sie könnten

a) Verhandlungen über den Zugang wieder aufnehmen;
b) nichts gegen die militärische Luftbrücke unternehmen;
c) Flugzeuge der Westmächte abschießen. In diesem Fall würde ein nicht-nuklearer Luftkrieg beginnen; die Verantwortung dafür würden dann die Kommunisten tragen. Würden die Sowjets in voller Stärke intervenieren, um dem Westen eine Niederlage in der Luft beizubringen, sollte der Westen seine Flugzeuge zurückziehen und sich auf groß angelegte Bodenoperationen vorbereiten;
d) den zivilen Zugang nach Berlin blockieren. Die Westmächte würden dann eine Luftbrücke errichten, mit wirtschaftlichen Gegenmaßnahmen beginnen, die Streitkräfte in Alarmbereitschaft versetzen und Schiffe aus Ostblockländern beschatten – als Vorbereitung für eine Seeblockade. Würden die Sowjets die Luftbrücke in dem Maße behindern, dass die Lebensfähigkeit Westberlins nicht gesichert werden könnte, sollten sofort die Ostsee, das Schwarze Meer und die sowjetischen Pazifikhäfen blockiert werden, Schiffe am Auslaufen gehindert bzw. gezwungen werden, in ihre Heimathäfen zurückzukehren. Noch vor Beginn von Bodenoperationen sollte damit den Sowjets die Entschlossenheit des Westens demonstriert werden, um sie zu einer Änderung ihrer Politik zu bewegen. Würde das nicht erreicht und würden die Sowjets die Versorgung Berlins durch die Luft weiter behindern, sollten die Westmächte die Luftbrücke abbrechen und sich auf Bodenoperationen vorbereiten, um so den Zugang nach Berlin zu erzwingen.

Als erster Schritt sollte dabei nur ein Bataillon nach Berlin geschickt werden, um herauszufinden, ob die Sowjets tatsächlich die Blockade aufrechterhalten würden. Sollte das der Fall sein, sollte in einem zweiten

Schritt ein größeres Kontingent versuchen, sich den Zugang nach Berlin freizukämpfen. Nach Einschätzung der Joint Chiefs of Staff würden dafür sieben Divisionen und vier Flugzeugstaffeln ausreichen. Diese Truppe sollte einerseits einen Angriff der Volksarmee zurückschlagen können, würde andererseits aber nicht die sowjetischen Streitkräfte schlagen können. Der Einsatz dieser Truppe war immer noch eher politisch gedacht, um den Sowjets den letzten entscheidenden Beweis der Entschlossenheit der Westmächte zu liefern, dass sie sich sowjetischen Forderungen nicht beugen und notfalls Krieg führen würden, dass, falls nicht verhandelt würde, die Sache außer Kontrolle geraten und zum Atomkrieg eskalieren könnte. Insofern sollte die Truppe stark genug sein, um sich ein bis zwei Wochen mit konventionellen Waffen verteidigen zu können, bevor Atomwaffen eingesetzt werden müssten. An diesem Punkt oder etwas später müsse man zu der Entscheidung kommen, dass man alles getan habe, um Chruschtschow davon zu überzeugen, dass die USA nunmehr Atomwaffen einsetzen müssten, „um ihre eigene Armee, ihre Verbündeten und sich selbst zu retten". Damit sei dann die höchste Stufe der Abschreckung erreicht.[10]

2. John F. Kennedys Direktive vom 30. Juni

Am 29. Juni beriet der Nationale Sicherheitsrat das Berlinproblem auf der Grundlage dieses Memorandums, das Acheson erläuterte und mit der Bemerkung ergänzte, Chruschtschow sei ein „falscher Hund und ein Kriegstreiber" („a false trustee and a warmonger"); darum gehe es, und das könne gar nicht genug betont werden. Kennedy fragte anschließend, ob es wirklich von Vorteil sei, das Thema „Wiedervereinigung" in den Vordergrund zu stellen; Acheson argumentierte, man solle das nicht aufgeben, konnte Kennedy aber nicht überzeugen. Als Rusk dann meinte, „Selbstbestimmung" sei besser als „Wiedervereinigung", stimmte Acheson dem freudig zu.

In dieser ersten Runde wurden noch keine grundsätzlichen Entscheidungen getroffen.[11] Kennedy tat dies am nächsten Tag. Das Ergebnis war eine Direktive, mit der Außen-, Verteidigungs- und Finanzminister aufgefordert wurden, für die nächste Sitzung des Nationalen Sicherheitsrates am 13. Juli Entscheidungsgrundlagen vorzubereiten.

Das Verteidigungsministerium sollte demnach Vorschläge unterbreiten, was zu tun sei, um Folgendes durchführen zu können:

a) ab dem 15. Oktober eine Luftbrücke;
b) ab dem 15. November eine Seeblockade;
c) innerhalb von vier Monaten nach dem 15. Oktober umfassende, nicht-nukleare Landoperationen mit Unterstützung der Luftwaffe. Gedacht war an zwei bis zwölf Divisionen für den im Acheson-Report genannten Zweck;
d) das Strategische Bomberkommando über einen längeren Krisenzeitraum hinweg in höchste Alarmbereitschaft zu halten, „ohne dass dessen Schlagkraft darunter leidet".

Darüber hinaus sollten die Möglichkeiten einer langfristig angelegten Aufrüstung geprüft werden.

Außenminister Rusk sollte in Zusammenarbeit mit seinen Kollegen vom Finanz- und Handelsministerium sicherstellen, dass bei Durchführung der o. g. Aufgaben Wirtschaft und Zahlungsbilanz so gering wie möglich belastet würden. Gemeinsam mit dem Direktor der Information Agency sollte er zudem Schritte vorbereiten, „um unsere Position hinsichtlich Berlin und Deutschland der amerikanischen Öffentlichkeit und der übrigen Welt klarzumachen", um so Unterstützung für die o. g. Maßnahmen zu erhalten. Das Außenministerium sollte außerdem Empfehlungen für Verhandlungen ausarbeiten, die möglicherweise stattfinden würden – *vor* Abschluss eines Friedensvertrages und bevor DDR-Personal an den Zufahrtswegen nach Berlin auftauchen würde. Sämtliche Planungen sollten vom Außenminister im Rahmen der neu geschaffenen „interministeriellen Arbeitsgruppe Deutschland/Berlin" koordiniert werden.[12]

Diese Arbeitsgruppe unter Vorsitz von Unterstaatssekretär Foy Kohler trat am 5. Juli zu ihrer ersten Sitzung zusammen;[13] am 12. Juli war ihr Bericht fertig, ein „ziemlich eindrucksvolles Paket", wie der stellvertretende Unterstaatssekretär U. Alexis Johnson vom State Department meinte. Dieses Paket bestand aus einem zweiteiligen zusammenfassenden Bericht („Summary of Development of the Course of Action" und „Imminent Decisions") mit zehn Annexen (A–J).

Nach Meinung der Arbeitsgruppe würde die Entwicklung bis zum 1. Januar 1962 in drei Phasen ablaufen. In der ersten Phase, die voraussichtlich bis zu den Bundestagswahlen am 17. September oder dem Parteitag der KPdSU im Oktober andauern werde, würde die Sowjetunion wahrscheinlich eine Friedenskonferenz vorschlagen. In dieser Phase müsste der Westen aufrüsten, um am Ende der dritten Phase militärische Aktionen durchführen zu können. Gleichzeitig sollten Vorbereitungen für einen Wirtschaftskrieg und für psychologische Kriegsführung getroffen und Verhandlungen vermieden werden.

Für die zweite Phase – etwa bis 1. Dezember – wurde mit dem Abschluss des Friedensvertrages gerechnet. Die Aufrüstung sollte in dieser Phase für jeden erkennbar sein und wirtschaftliche Gegenmaßnahmen auf unterer Ebene eingeleitet werden.

In der dritten Phase – bis 1. Januar 1962 – würde die DDR die Kontrolle über die Zufahrtswege übernehmen. Die Aufrüstung sollte dann abgeschlossen und die Vorbereitungen auf umfassende militärische Operationen so evident sein, dass die Sowjets erkennen müssten, dass es bei irgendeiner Behinderung der Zufahrtswege nach Berlin nahezu automatisch zu solchen Operationen kommen würde.

Sollte dieser „Phasenplan" akzeptiert werden, dann müssten sofort Entscheidungen getroffen werden, u. a. vom Kongress zusätzliche Mittel in Höhe von 3 bis 5 Mrd. Dollar beantragt werden.[14]

Noch am selben Tag, dem 12. Juli, wurde dieses Papier abschließend beraten. Dabei ging es, wie Johnson formulierte, um die „grundsätzliche" Frage, was die Arbeitsgruppe dem Nationalen Sicherheitsrat für die Sitzung am nächsten Tag vorschlagen sollte. Für Nitze waren zwei Entscheidungen „essential": 1. Antrag auf zusätzliche Mittel und 2. Ausrufung des Nationalen Notstandes durch Kennedy für den 1. August und Einberufung der Reservisten ab dem 15. August. Als Antwort auf eine Bemerkung von Johnson, das Für und Wider des ganzen Problems sei offensichtlich noch nicht genügend untersucht worden, reagierte Acheson etwas unwirsch. Die Sache sei in den vergangenen Monaten „erschöpfend" untersucht worden, und es sei schwierig, jetzt noch etwas Sinnvolles hinzuzufügen. Mit Nachdruck plädierte er dafür, dass die grundsätzlichen Entscheidungen „bald" getroffen werden müssten. In dieser Meinung wurde er von General Maxwell Taylor – Kennedys Militärberater – unterstützt. Auch Bundy sah das im Prinzip ähnlich, allerdings hatte er Probleme mit der Ausrufung des Nationalen Notstandes; ein solcher Schritt sei ein größerer „Quantensprung"; der Präsident wolle wahrscheinlich wissen, was unterhalb dieser Ebene möglich sei.[15]

Im Nationalen Sicherheitsrat sprach sich Außenminister Rusk dann gegen die Ausrufung des Nationalen Notstands aus; wenn man das jetzt mache, klinge das gefährlich nach Mobilisierung. Auf seine Frage machte Kennedy klar, worum es ihm in der ganzen Sache ging: 1. „Um unsere

Präsenz in Berlin“ und 2. „Um unsere Zufahrt nach Berlin“.[16] Die Beratungen führten zu einer weiteren Direktive des Präsidenten. Jetzt sollten mögliche Alternativen untersucht und entsprechende Empfehlungen für deren Durchführung gemacht werden.[17] Rusk erhielt die Vorgabe für zwei Alternativen.

(A): 4 bis 5 Mrd. Dollar beim Kongress zu beantragen, verbunden mit Steuererhöhungen und der Ausrufung des Nationalen Notstandes, oder
(B): 1 bis 1,5 Mrd. Dollar zu beantragen, ohne Steuererhöhungen und mit der Möglichkeit, später weitere Mittel zu beantragen.

Darüber hinaus sollte geklärt werden, wie die Alliierten bei den geplanten wirtschaftlichen Sanktionsmaßnahmen reagieren würden. Die CIA sollte die wirtschaftlichen und strategischen Auswirkungen dieser Maßnahmen auf den Ostblock – und auf die sowjetische Politik – untersuchen, das Pentagon einen militärischen Operationsplan erstellen und klären, welchen Anteil die Verbündeten einzubringen hätten. Rusk sollte darüber hinaus einen politischen Zeitplan erstellen für

a) die Anwendung der verschiedenen Abschreckungsmaßnahmen *vor* Unterzeichnung des Friedensvertrages;
b) die Anwendung zusätzlicher Maßnahmen *nach* Unterzeichnung des Friedensvertrages, aber noch *vor* der Blockade der Zufahrtswege (und beim Auftauchen von DDR-Personal an den Zufahrtswegen);
c) die Anwendung wirtschaftlicher, politischer und militärischer Maßnahmen *nach* Blockade der Zufahrtswege;
d) Verhandlungsmöglichkeiten für jede der unter a), b) und c) genannten Phasen.[18]

Der Bericht sollte dem Nationalen Sicherheitsrat für dessen Sitzung am 19. Juli vorliegen. In dieser Sitzung wurden dann jene Entscheidungen – auf der Basis dieses Berichtes – getroffen, die Kennedy wenige Tage später in seiner Rede an die Nation bekannt gab.

Neben dem Bericht der Arbeitsgruppe existierte allerdings noch ein zweites Papier, das die „Tauben“ Foy Kohler und Martin Hillenbrand unabhängig von der Arbeitsgruppe erstellt hatten und das Rusk dem Nationalen Sicherheitsrat jetzt vorlegte. Ihre „Überlegungen zu Deutschland und Berlin“ sollten für das weitere Vorgehen der USA mindestens so wichtig werden wie der Acheson-Report und die Ergebnisse der Arbeitsgruppe; entscheidende Passagen dieses Papiers – u. a. die berühmten „essentials" – fanden sich denn auch in der Rede Kennedys am 25. Juli wieder.

Kohler und Hillenbrand definierten die „vitalen Interessen" der USA folgendermaßen:

1. Anwesenheit und Sicherheit westlicher Truppen in Westberlin.
2. Sicherheit und Lebensfähigkeit Westberlins.
3. Freier Zugang nach Westberlin.
4. Sicherung der Bundesrepublik vor einem Angriff aus dem Osten.

Unterhalb dieser Ebene gab es „wichtige politische Interessen und Ziele" der USA: Selbstbestimmung für ganz Deutschland und enge Bindung eines wiedervereinten Deutschland an den Westen. Eine Wiedervereinigung um den Preis eines „neutralen Deutschland" wurde abgelehnt. Die De-facto-Teilung Deutschlands und die De-facto-Integration Ostberlins in die DDR wurden zwar als „politisch nicht akzeptabel" bezeichnet, gleichzeitig wurde aber auch klargestellt, dass sich das in naher Zukunft kaum ändern lasse und kein Grund für den Westen sei, zur Änderung dieses Zustandes militärische Mittel anzuwenden. Als von „geringem nationalen Interesse für die USA" und als Verhandlungsgegenstand wurde die Anerkennung der Oder-Neiße-Grenze genannt. Von „größerem" Interesse war die Aufrechterhaltung der westlichen Einheit und die Stärkung der NATO.

Als Nächstes analysierten Kohler und Hillenbrand die Ziele der sowjetischen Politik. Ihrer Meinung nach ging es den Sowjets um sechs Dinge:

A. Konsolidierung der sowjetischen Position in Osteuropa, insbesondere in der DDR.
B. Aufrechterhaltung der Teilung Deutschlands mit dem Ziel, die DDR als Ausgangsbasis für eine kommunistische Unterwanderung der BRD aufzubauen.
C. Die weitere Stärkung und atomare Bewaffnung der BRD zu verhindern.
D. Aufweichung der westlichen Position in Westberlin und Übernahme der Stadt durch die DDR.
E. Schwächung und letztlich Auflösung der NATO.

F. Dem Prestige des Westens einen Schlag zu versetzen; dies als Teil der weltweiten Strategie des sowjetisch-chinesischen Blocks.

Als entscheidendes politisches Ziel der USA wurde die Verteidigung der so definierten lebenswichtigen Interessen der USA genannt, dies möglichst ohne Krieg. Wenn es zum Krieg kommen würde, sollte man – ganz im Sinne Achesons – bestens darauf vorbereitet sein. Dafür war es notwendig, sowohl Chruschtschow von der Entschlossenheit des Westens wie auch die Verbündeten und die Öffentlichkeit davon zu überzeugen, dass das Problem notfalls militärisch gelöst werden müsste. Die dafür vorgeschlagenen Schritte entsprachen weitgehend den Vorschlägen der Arbeitsgruppe. Ergänzend wurden allerdings zwei weitere Punkte genannt: zum einen sollte geprüft werden, ob die Westmächte von sich aus die Sache vor die UNO bringen sollten, um einer möglichen Initiative neutraler Staaten zuvorzukommen, zum anderen sollte Botschafter Thompson versuchen, in informellen Gesprächen mit der sowjetischen Führung herauszufinden, was die Sowjets tatsächlich wollten, ihnen gleichzeitig unter Hinweis auf die westlichen Aufrüstungsmaßnahmen die Konsequenzen ihrer Politik vor Augen führen und Möglichkeiten für eine Verhandlungslösung eruieren. In jedem Fall sollte man sich auf eine Viermächte-Außenministerkonferenz und eine Behandlung der Frage durch die UNO vorbereiten, sowie engen Kontakt mit Franzosen, Briten und Westdeutschen in der Botschaftergruppe in Washington und mit den übrigen NATO-Verbündeten halten.[19] In Washington nahmen die Dinge langsam Konturen an.

3. Franz Josef Strauß in Washington

In den deutsch-amerikanischen Gesprächen im April in Washington waren aus amerikanischer Sicht nicht alle Fragen beantwortet worden. Es ging vor allem um folgende Kernfragen, nämlich: Wo steht die Bundesrepublik im Ernstfall? Wie weit ist sie bereit, militärische Maßnahmen mitzutragen? Wie sehen ihre militärischen Vorbereitungen überhaupt aus? Was wird die Bundeswehr machen? In den Wochen danach schien es immer dringender, klare Antworten auf diese Fragen zu bekommen. Gelegenheit dazu bot Mitte Juli der Besuch von Verteidigungsminister Franz Josef Strauß in den USA. Am Vormittag des 14. Juli empfing ihn sein amerikanischer Kollege Robert McNamara im Pentagon. Das Gespräch dauerte etwa zwei Stunden; mit dabei waren McNamaras Stellvertreter Paul Nitze und Botschafter Wilhelm Grewe. Über diese Unterredung liegt ein ausführliches Protokoll von amerikanischer Seite vor, das 1995 freigegeben wurde.

Das Gespräch ist in mehrfacher Hinsicht hochinteressant. Zunächst gab Strauß auf Bitten McNamaras seine Interpretation der sowjetischen Absichten und der möglichen weiteren Entwicklung. Er sprach von drei Phasen. In *Phase 1* würde der Zugang der Westmächte nach Westberlin sicher nicht beeinträchtigt werden. Würden die Sowjets bei ihrer Haltung bleiben und der Westen in Verhandlungen nicht nachgeben, dann würden die Sowjets mit Sicherheit einen Friedensvertrag mit der DDR abschließen, Westberlin aber nicht sofort überrennen und in die DDR integrieren, denn:

> „Schon jetzt gibt es Unruhe in Ostdeutschland. Wenn die Sowjets versuchen sollten, zwei Millionen Westberliner zu kassieren, dann werden sie die Gefahr eines Aufstands in der DDR in höchstem Maße vergrößern."

Nach Meinung von Strauß wollte Chruschtschow die diplomatische oder zumindest die De-facto-Anerkennung der DDR. Damit würde die Kriegsbeute der Kommunisten, die diese mit hitlerähnlichen Methoden erobert hätten, legalisiert. Für Ulbricht wäre das ungeheuer wichtig. Und dann warnte Strauß: „Falls der Westen die DDR offiziell anerkennt, wird dies den moralischen Zusammenbruch des Westens bedeuten." Es würde mithelfen, die DDR zu konsolidieren; es würde bedeuten, dass der Westen wieder einmal offiziell das Recht auf Selbstbestimmung aufgegeben habe; es würde sich auf Polen und die anderen osteuropäischen Staaten negativ auswirken; es wäre der Verrat zweier Verpflichtungen des Westens, nämlich: einmal, dass der Westen nur eine deutsche Regierung als rechtmäßige Regierung Deutschlands anerkannt habe, und zum zweiten, dass der Westen sich zur Wiedervereinigung Deutschlands verpflichtet habe.

Für Strauß war klar, dass Ulbricht den Flüchtlingsstrom durch Berlin stoppen und formell die Bindungen zwischen Westberlin und Westdeutschland kappen wollte. Selbst wenn Westberlin nicht in die DDR integriert und der Zugang aufrechterhalten würde, würde Ulbricht mithilfe einer Salamitaktik Westberlin aushungern können, ohne damit dem Westen einen Grund zum Krieg zu geben. Wenn das geschähe, würde man in *Phase 2* eintreten, in der all dies verhindert werden müsse. Strauß nannte einige Maßnahmen: hinter dem Eisernen Vorhang Kriegsfurcht schüren, eine Kriegsfurcht, die durch die sowjetischen Aktionen hervorgerufen worden sei. Man könne das in der gleichen Weise machen, wie Chruschtschow es jetzt tue, indem er damit drohe, dass sechs Wasserstoffbomben Großbritannien bzw. acht Wasserstoffbomben Frankreich zerstören könnten. Man müsse bei diesen Dingen bereit sein, bis an den Rand des Krieges zu gehen, mit Seeblockade, Blockade Kubas, Wirtschaftskrieg, totalem strategischen Embargo des Ostblocks. Man müsse sich auch auf die Einrichtung einer Luftbrücke einstellen. Für die Bundesrepublik kündigte er eine Verlängerung des Wehrdienstes nach den Bundestagswahlen und eine Erhöhung der Sollstärke der Bundeswehr auf 480.000 Mann an; außerdem würde der Notstand ausgerufen werden. Die Taktik dabei war klar:

> „Wir müssen bereit sein zu pokern. Wenn wir das Risiko nicht auf uns nehmen und nicht pokern wollen, dann haben wir das Spiel schon im Voraus verloren. Wir müssen unseren Völkern auch klarmachen, wie ernst die Situation ist."

Für den Fall, dass die militärischen Vorbereitungsmaßnahmen in allen Ländern durchgeführt würden, gab sich Strauß zuversichtlich:

> „Wenn die USA vier zusätzliche Divisionen zur Verfügung stellen, Großbritannien mobilisiert und Frankreich zusätzliche Divisionen heranfährt, dann können wir eine größere militärische Aktion durchführen, aber wir müssen den Sowjets sofort klarmachen, wo es lang geht."

Falls die militärischen Vorbereitungsmaßnahmen zu einer politischen Lösung des Problems führen würden, sei das okay. Falls nicht, müsse man aber auch bereit sein, den schon erwähnten Test durchzuführen, d. h. militärisch den Zugang nach Westberlin freizukämpfen. Dies war allerdings schon die „letzte Möglichkeit", bevor man zur *Phase 3* komme. Phase 3 bedeutete Atomkrieg, und dass man die Kontrolle verloren habe. Dies war jene Phase, mit der John Foster Dulles erstmals im Februar 1959 Adenauer schockiert hatte – verbunden mit der Frage, wo die Bundesrepublik im Ernstfall stehen würde. Adenauer hatte damals geantwortet, es dürfe nicht nur die DDR bombardiert werden. Jetzt wurde von Strauß verlangt, für diesen Fall den USA einen sowjetischen Truppenübungsplatz in der DDR zu nennen.[20] Strauß machte jetzt deutlicher als Adenauer damals, was die Phase 3 auch für die Verbündeten heißen würde, nämlich Atombomben nicht nur auf Deutschland. Ohne genaue

Kenntnis der amerikanischen Notfallplanungen meinte er nun, die Aktion müsse in dieser Phase bis zum totalen Krieg weitergeführt werden. („If not, the action must go to total war.“) Strauß ergänzte:

> „Man muss lebenswichtige Ziele in der Sowjetunion bombardieren; und man muss dies jetzt auch öffentlich sagen. Ihnen [McNamara] gefällt das möglicherweise nicht, aber ich sehe das nun einmal so.“

McNamara hatte offensichtlich begriffen, was Strauß meinte, und betonte, dass Gegenmaßnahmen der Luftwaffe auch beim Einsatz von konventionellen Bomben wirksam sein könnten; und auf die Frage von Nitze, ob Strauß beabsichtige, in der Interventionsphase Atombomben oder konventionelle Bomben einzusetzen, meinte dieser, dass in dieser Phase nukleare Waffen eingesetzt werden müssten, und zwar sowohl von der Luftwaffe wie von den Bodentruppen, und das von Anfang an. Ansonsten würde man in eine hoffnungslose Situation geraten. Eines war damit auch klar: wenn schon Phase 3, dann nicht nur als Schocktherapie für die Westdeutschen, sondern für alle Verbündeten. Das aber hieß wohl, es wegen Berlin nicht zu dieser Phase 3 kommen zu lassen. Ohne es zu wissen, hatte Strauß hier exakt die Position Kennedys übernommen. Im weiteren Verlauf des Gespräches ging es dann um die Modernisierung der Bundeswehr, neue Panzer etc., etc.[21]

Am Nachmittag wurden die Gespräche im State Department fortgesetzt. Im Kern wiederholte Strauß hier das, was er zuvor im Pentagon gesagt hatte. Allerdings wurde seine Drei-Phasen-Theorie etwas deutlicher. Ausgangspunkt war die Blockade Westberlins. In Phase eins würde es seiner Meinung nach diplomatische Aktivität geben, Protestnoten etc., möglicherweise auch das Einschalten der UNO, vor allen Dingen aber die Einrichtung einer Luftbrücke. In Phase zwei müsste demnach Wirtschaftskrieg geführt werden und zwar ein strategisches Embargo, d. h. Blockade der Ostseeausgänge, des Mittelmeeres, Aufbringen sowjetischer Schiffe auf hoher See. In dieser Phase müsse der Westen demonstrieren, dass er keinen Krieg wolle, aber auch nicht um jeden Preis gegen Krieg sei. Strauß hielt diese „Pokerphase“ für besonders wichtig, weil, wie er meinte, „wir die Kontrolle verlieren können“, falls der Weg nach Berlin militärisch freigekämpft werden sollte und auf der Autobahn Sperren durchbrochen werden würden. Wenn das geschehe, beginne Phase drei, die nicht mehr kontrolliert werden könne.

Strauß war nicht gegen einen militärischen Testvorstoß mit begrenzten Kräften auf der Autobahn, allerdings hielt er es für unrealistisch, öffentlich zu verkünden, dass man durchbrechen könne. Die Sowjets hätten 20 Divisionen und Atomwaffen zur Verfügung. Auf die Frage von Hillenbrand, ob Phase drei automatisch Atomkrieg bedeute, antwortete Strauß, man könne nicht so agieren, als ob man die Sache noch im Griff habe. Man müsse den Sowjets klarmachen, dass es tatsächlich um die physische Vernichtung der Sowjetunion gehe: „Wir müssen die Sowjets davon überzeugen." Strauß kritisierte dabei Adenauer, weil es keine entsprechenden Vorbereitungen für den Ernstfall in der Bundesrepublik gebe.[22]

Am Abend gab Außenminister Rusk ein Essen zu Ehren von Strauß, an dem führende Vertreter der neuen Administration teilnahmen.[23] Im Kern ging es dabei nur um eine Frage, nämlich ob die Bundesrepublik bei einem bewaffneten Konflikt ohne Wenn und Aber an der Seite der USA stehen würde. Mit anderen Worten: Konnten sich die USA im Ernstfall hundertprozentig auf den deutschen Verbündeten verlassen? Strauß wurde direkt gefragt: „Minister Strauss was asked flatly whether, in such an event, the US could count on the qualified and total support of the Federal Republic." Im Protokoll wurde notiert, dass Strauß eine klare Antwort vermieden habe. („Minister Strauss avoided giving an equally clear-cut replay.") Gleichzeitig habe Strauß allerdings mehrfach betont, dass die Bundesrepublik ein Recht darauf habe, an den Ernstfallplanungen beteiligt zu werden; er persönlich glaube, dass die Bundesrepublik dann an der Seite der Amerikaner stehen werde.[24]

Am Wochenende lud Acheson Strauß zu sich nach Hause ein. Man unterhielt sich mehr als sieben Stunden. Das Ergebnis war für Acheson nicht sehr beruhigend („not reassuring"), wie er in einem vertraulichen Brief an den ehemaligen Präsidenten Harry S. Truman („Dear Boss") am 4. August meinte. Strauß habe die Berlinkrise nicht bis an ihr Ende durchdacht, vor allen Dingen nicht mit Blick auf einen möglichen Einsatz von Nuklearwaffen. Auf der einen Seite fürchte Strauß einen solchen Einsatz („full of fears"), auf der anderen Seite vertraue er viel zu sehr auf das Nuklearpotenzial der USA („utterly extravagant expectations of our nuclear power").[25] Offensichtlich hatte Acheson hier die Sache nicht bis zu Ende gedacht.

Zurück in Bonn berichtete Strauß dem Kanzler von den amerikanischen Wünschen an die Bundesrepublik: Divisionen auf Kriegsstärke bringen, Verlängerung der Wehrpflicht, Munitionsbestellungen etc. Das müsse vor dem 17. September geschehen. Adenauer war „sehr besorgt, sehr vorsichtig, sehr zurückhaltend" und legte einen Vermerk an, in dem er seine Gegenargumente zusammenfasste. Er war entschieden gegen alle Maßnahmen, die als „Vorbereitung zu einem Kriege gedeutet werden könnten". Am wichtigsten sei es – auch für die Amerikaner –, am 17. September die Wahlen mit absoluter Mehrheit zu gewinnen; erst dann könne man eine wirklich konsequente und folgerichtige Politik machen und auch eine Krise durchstehen. Strauß irre auch, wenn er glaube, dass „sichtbare Kriegsvorbereitungen – alle Kriegsvorbereitungen seien sichtbar – ohne Einfluss auf die Wahlen seien". Das deutsche Volk sei „innerlich noch so labil", dass bestimmte Kreise anfällig für die Stimmabgabe für die SPD würden. Er hatte im Übrigen sowieso den Eindruck, dass zwischen der SPD und gewissen amerikanischen Demokraten Verbindungen bestanden, die sehr unbequem werden könnten, „wenn Kriegsvorbereitungen getroffen würden". Strauß solle auf der NATO-Tagung in Paris Anfang August den Amerikanern diesen Standpunkt des Kanzlers als „unverrückbar" mitteilen.[26]

In seiner Adenauer-Biografie fällt Henning Köhler in diesem Zusammenhang ein vernichtendes Urteil über Adenauer und lehnt die Rechtfertigungsversuche von Hans-Peter Schwarz – in vielfacher Hinsicht ein unkritischer Adenauer-Bewunderer – entschieden ab. Für ihn ist Adenauer „ein alter Mann, der von der Macht nicht lassen konnte und nur bestrebt war, sie zu erhalten", der die Demonstration militärischer Entschlossenheit zur Abschreckung der Sowjets als Kriegsvorbereitung denunzierte, kein Politiker von nationaler Statur, der in der Stunde der Not das richtige Wort fand und sich entsprechend verhielt. Hat Adenauer damals also „versagt", wie Köhler meint[27], oder „aus der Geschichte gelernt", wie Schwarz urteilt?[28]

Adenauer kannte das militärische Szenario für den Ernstfall, jenes berühmte „contingency-planning", von dem bis heute nur der Codename bekannt ist: „Live Oak". Die Akten darüber werden in den westlichen Hauptstädten nach wie vor unter Verschluss gehalten. Interessant ist, dass das DDR-Ministerium für Staatssicherheit Informationen darüber erhielt. Demnach war zu einem bestimmten Zeitpunkt der militärischen Auseinandersetzung der Abwurf einer Atombombe auf die DDR vorgesehen. Die weitere Eskalation wäre dann wohl nicht aufzuhalten gewesen. Dennoch: Gerade die amerikanische Entschlossenheit zur Abschreckung der Sowjets diente ja dazu, den Frieden zu erhalten. Mit anderen Worten: Phase 2 war notwendig, um Phase 3 zu verhindern. Adenauer hat möglicherweise aus der Geschichte gelernt, aber die falschen Schlüsse gezogen – auch und gerade, weil er das deutsche Volk so einschätzte, wie er es tat. In der Stunde der Not kann man einem Volk – vielleicht – mehr zutrauen, als es Adenauer für möglich hielt. Er wollte das jedenfalls nicht ausprobieren und erst einmal mit seiner Entscheidung den Wahlsieg am 17. September sichern. Womöglich hat er ihn gerade damit verspielt – und nicht erst mit seinem „Fehlverhalten" am 13. August, wie Köhler das nennt.[29]

4. John F. Kennedys Rede an die Nation am 25. Juli

Am 17. Juli beriet Kennedy mit seinen engsten Beratern das weitere Vorgehen. McNamara hielt es jetzt nicht mehr für nötig, vor dem 1. September oder 1. Oktober den Nationalen Notstand auszurufen (der bis dahin in der Geschichte der USA erst einmal ausgerufen worden war, und zwar im Zusammenhang mit dem Koreakrieg im Dezember 1950 von Präsident Harry S. Truman angesichts der drohenden Vernichtung der 8. US-Armee in Korea).[30] Nach eingehender Diskussion einigte man sich dann darauf, im Kongress zusätzliche Mittel in Höhe von 3 Mrd. Dollar zu beantragen, das sei „besser als 4,5 Mrd. Dollar". Dann ging es um die Frage des zukünftigen Verhältnisses zur DDR. Kennedy machte klar, dass man seiner Meinung nach irgendwann mit DDR-Vertretern werde reden müssen; man solle in diesem Punkt jetzt keine zu harte Haltung einnehmen, damit spätere Gespräche nicht wie eine Niederlage aussähen. Über die Rechte der Alliierten würde mit Sicherheit nicht gesprochen werden, aber über die Art und Weise, wie sie ohne Nachteile aufrechterhalten werden könnten. Es ging dann noch um eine Intensivierung und Straffung der anstehenden Planungen. Während die „Arbeitsgruppe Deutschland/Berlin" unter der Leitung von Kohler weiter für die tägliche Arbeit und die Ausarbeitung detaillierter Pläne zuständig sein sollte, wurde jetzt auf Wunsch Kennedys eine hochrangige „Steering Group" eingesetzt, die jeden Montag tagen und vorab all jene Dinge klären sollte, die im Nationalen Sicherheitsrat behandelt wurden. Mitglieder dieser Gruppe waren die Außen-, Verteidigungs-, Handels- und Justizminister sowie die Direktoren von CIA und US-Informationsbüro, der Vorsitzende der Vereinigten Stabschefs sowie Kennedys persönlicher Militärberater, General Maxwell Taylor, und sein Sicherheitsberater McGeorge Bundy.[31]

Am 19. Juli trat der Nationale Sicherheitsrat zu seiner entscheidenden Sitzung zusammen, „wahrscheinlich die wichtigste, die wir bisher gehabt haben“, wie Bundy formulierte.[32] Die scheinbar endlose Zeit der Planungen und Beratungen war endgültig vorüber, die USA hatten sich entschieden. In persönlichen Botschaften unterrichtete Kennedy am nächsten Tag Macmillan, de Gaulle und Adenauer über die Grundlinien dieser Entscheidung; Rusk überreichte den Vertretern der jeweiligen Botschaften am übernächsten Tag ein ausführliches Memorandum, das mit der Feststellung begann, die USA seien „zu bestimmten Schlussfolgerungen gekommen, was ihrer Meinung nach zu tun ist“.

Demnach ging es um zwei Dinge: der Sowjetunion klarzumachen, dass 1. die Westmächte entschlossen waren, ihre Rechte in Berlin um jeden Preis zu verteidigen, und 2. zu Verhandlungen bereit waren, die der Sowjetunion eine Änderung ihrer Politik ohne Gefährdung der westlichen Rechte ermöglichen sollte. Was dann kam, war im Grunde eine Zusammenfassung der bis zu diesem Zeitpunkt angestellten Überlegungen, mit dem Acheson-Report als Ausgangspunkt. Genannt wurden all jene Maßnahmen, die Kennedy vier Tage später in seiner „Rede an die Nation“ ankündigte. Darüber hinaus gab es einige Punkte, die Kennedy nicht öffentlich machen wollte. So sollten sechs US-Divisionen bis Ende des Jahres nach Europa verlegt und die Stärke der US-Bomberflotte um 50 Prozent erhöht werden. Acheson hatte sich mit seiner Forderung, einen Termin für die Ausrufung des Nationalen Notstandes festzusetzen und mit der Einberufung von Reservisten zu beginnen, nicht durchsetzen können. McNamara war gegen einen zu starren Zeitplan und wollte keine neuen Truppen ohne Kampfauftrag aufstellen, versicherte allerdings, dass er sehr schnell reagieren könne, falls die Umstände es erforderten.[33]

Acheson gab sich damit in dieser Runde zufrieden, zumal Kennedy die Diskussion laufen ließ, war aber einigermaßen entsetzt über die Art der Entscheidungsfindung in Washington, insbesondere im State Department, wie ein Schreiben an den ehemaligen Präsidenten Harry S. Truman („Dear Boss“) deutlich macht. Er äußerte sich noch Anfang August ziemlich deutlich: Für die zu arbeiten, sei merkwürdig deprimierend; offensichtlich werde nichts entschieden („To work for this crowd is strangely depressing. Nothing seems to get decided.“)[34], was zu diesem Zeitpunkt allerdings so nicht mehr zutraf. Man hatte sich entschieden.

Von ausschlaggebender Bedeutung für die USA war jetzt, dass die gesamte Operation als NATO-Operation durchgeführt werden sollte. Die Verteidigungsanstrengungen, die die USA von ihren NATO-Partnern erwarteten, eröffneten der NATO nach Meinung der USA auch „größere Möglichkeiten", Fehleinschätzungen über die Schwäche des Bündnisses zu beseitigen. Die gefährlichste Phase war die Zeit der westlichen Aufrüstung. Würde es in dieser Phase zu einer Blockade der Zufahrtswege nach Berlin kommen, westliche Truppen den Zugang erzwingen wollen und zurückgeschlagen werden, dann müsste der Westen entweder eine demütigende Niederlage hinnehmen oder Atomwaffen einsetzen. In dieser Phase würde es auch entlang der NATO-Front Schwachstellen geben, wo sowjetische Truppen plötzlich durchbrechen könnten. Nach Abschluss der westlichen Aufrüstung könnte dann der Mittelabschnitt der NATO mit 40 Divisionen (1 bis 1,5 Mio. Mann) verstärkt werden, unterstützt von Luftwaffe und ausgerüstet mit starker nuklearer Feuerkraft, die den Sowjets überlegen sei. Selbst wenn die Sowjets alle ihnen zur Verfügung stehenden Mittel einsetzen wollten, würde ein mit konventionellen Waffen geführter Angriff nicht erfolgreich sein. Der Westen könnte dann zu einer groß angelegten Gegenoffensive ausholen, die die Sowjets mit konventionellen Waffen nicht zurückschlagen könnten.

Offensichtlich um die Alliierten nicht zu sehr zu erschrecken, war der Gedanke von Kohler und Hillenbrand aufgenommen worden, die „Möglichkeit" informeller Gespräche der drei westlichen Botschafter in Moskau mit den Sowjets zu „prüfen".[35]

Als Rusk den Vertretern der Westmächte am Abend des 21. Juli das Memorandum übergab, ging er nicht auf dessen Inhalt ein, sondern äußerte lediglich die Hoffnung, es möge von den jeweiligen Regierungen „sorgfältig geprüft" werden; es bilde die Grundlage für weitere Beratungen über das Berlinproblem, insbesondere für die Besprechung der Außenminister in Paris Anfang August. Er bat um „strikteste Geheimhaltung".[36]

Einen Tag zuvor hatte Kennedy Macmillan, de Gaulle und Adenauer in gleichlautenden Schreiben über den Inhalt seiner für den 25. Juli geplanten Ansprache an die Nation informiert, u. a. auch darüber, dass vermehrt Atomschutzbunker gebaut werden sollten, um die Wirkung eines möglichen sowjetischen Atomschlages zu reduzieren.[37]

Auf diesen letzten Punkt ging Macmillan in seiner Antwort ein. Er bat Kennedy, dies nicht zu sehr zu betonen, denn „auf unserer kleinen Insel sind solche Bunker womöglich nutzlos". Er sprach dann gleich wieder von Verhandlungen mit Chruschtschow. Sein „Instinkt" sage ihm, man solle damit beginnen, bevor dieser seinen Vertrag unterzeichne „und die DDR die Kontrolle über die Zufahrtswege nach Berlin übernimmt".[38]

Am Abend des 25. Juli trat Kennedy vor die Fernsehkameras und hielt eine in mehrfacher Hinsicht bemerkenswerte Rede. Mit kompromissloser Härte, die er bei seinem Treffen mit Chruschtschow in Wien nicht einmal ansatzweise gezeigt hatte, verkündete er jetzt:

> „Ich habe sagen hören, Westberlin sei militärisch nicht zu halten. Dies war Bastogne auch und in der Tat auch Stalingrad. Jede gefährliche Position ist zu halten, wenn tapfere Männer dafür einstehen. Wir wollen den Kampf nicht – aber wir haben schon gekämpft."

Er kündigte ein groß angelegtes Rüstungsprogramm an: 50 Prozent der B-52 und B-47 des Strategischen Bomberkommandos sollten fortan innerhalb von 15 Minuten in der Luft sein können, der Verteidigungshaushalt sollte um 3,247 Mrd. Dollar aufgestockt, die Truppenstärke der Armee von 875.000 auf rund eine Million Mann erhöht werden etc. Alles Maßnahmen, um der globalen sowjetischen Bedrohung entgegentreten zu können. Und dann ging es nur noch um *West*berlin, nicht Berlin. Kennedy formulierte jene drei *essentials*, die von nun an für die Stadt gelten und die mit allen Mitteln verteidigt werden sollten: Recht auf Präsenz der Westmächte, Recht auf Zugang, Sicherung der Freiheit ihrer Bewohner. Westberlin stehe unter dem Schutz des NATO-Schildes, „und wir haben unser Wort gegeben, dass wir jeden Angriff auf diese Stadt als einen gegen uns alle gerichteten Angriff betrachten werden". Und er machte unmissverständlich klar, wer für die Krise verantwortlich war, nämlich Moskau:

> „Der Ursprung der Unruhe und der Spannungen in der Welt ist Moskau und nicht Berlin. Und sollte es zum Krieg kommen, dann ist er von Moskau und nicht von Berlin ausgelöst worden."[39]

Kennedy wollte mit seiner Rundfunk- und Fernsehansprache den eigenen Landsleuten, der Sowjetunion und der übrigen Welt zeigen, wo die USA in der Berlinfrage standen. Die Rede stand am Anfang einer groß angelegten Informationsoffensive. Dem entsprach der Aufwand, mit dem sie weltweit verbreitet wurde. Der Rundfunksender „Voice of America" übertrug sie live nach Europa, Lateinamerika und den Fernen Osten. Sie wurde dann noch einmal nach Europa, den Nahen Osten und Südostasien ausgestrahlt und später ein weiteres Mal wiederholt. Eine 26-Minuten-Version in Russisch wurde viermal, die gesamte Rede in

Spanisch und Portugiesisch, und ausführliche Zitate in 35 Sprachen ausgestrahlt. Sie wurde dann in 25 Sprachen übersetzt und gedruckt; mehr als 300.000 Kopien wurden verteilt. Darüber hinaus wurde ein Film mit den wichtigsten Punkten der Rede in 29 Sprachen produziert und in 717 Kopien verbreitet. Sämtliche Radiostationen in den USA wurden anschließend mit Tonbändern versorgt, auf denen Kennedy und Rusk sich zur Berlinfrage äußerten. Die Rundfunk- und Fernsehsender ABC und NBC bereiteten Sonderprogramme über Berlin vor.

Weltweit wurden die US-Botschafter angewiesen, bei den entsprechenden Regierungen vorstellig zu werden und entsprechende Materialien über Berlin zu übergeben. Darüber hinaus erhielten die Regierungen der nicht paktgebundenen Staaten, die am 1. September in Belgrad zusammenkamen, ergänzende Informationen über die US-Position. Das Gleiche galt für Journalisten, Politiker, Gewerkschafter und andere „Meinungsmacher". Darüber hinaus wurde eine 30-Minuten-Filmdokumentation über die Schwäche der sowjetischen und die Stärke der westlichen Position in Berlin produziert. In einer weiteren Dokumentation wurde die sowjetische Berlinpolitik mit der kommunistischen Expansionspolitik in Laos, Vietnam und anderen „kritischen" Gegenden der Welt verglichen. In einer Rundfunkreportage kamen Westberliner zu Wort; in anderen Dokumentationen ging es um die völkerrechtliche und moralische Position der Westmächte in Berlin. Um auch öffentlich zu zeigen, wie sehr die NATO in diese Sache involviert sei, war vorgesehen, eine ganze Ausgabe des *NATO-Letters* der Berlinfrage zu widmen; in Zusammenarbeit mit Bonner Stellen sollten „Multiplikatoren" aus Asien und Afrika nach Deutschland und Berlin eingeladen werden. Sämtliche Aktivitäten sollten darüber hinaus von der für Anfang August in Paris stattfindenden westlichen Außenministerkonferenz koordiniert werden.[40]

Dies alles schien die Führungsrolle und Entschlossenheit der USA zu demonstrieren. Dabei hatte Kennedy zwei Dinge auch klargemacht – und Chruschtschow einen Ausweg aus dem Dilemma aufgezeigt –, nämlich dass er Gespräche wollte und dass er bereit war, den Status quo in Berlin zu akzeptieren, denn: „Heute verläuft die gefährdete Grenze der Freiheit quer durch das geteilte Berlin. Wir wollen, dass sie eine Friedensgrenze bleibt." Mit anderen Worten: Chruschtschow konnte bis zur Sektorengrenze gehen – nicht weiter. Senator William Fulbright, immerhin Vorsitzender des außenpolitischen Ausschusses des Senats, erläuterte am 30. Juli in einem Fernsehinterview, was das bedeutete.

„Ich verstehe nicht, warum die Ostdeutschen nicht ihre Grenze schließen, denn ich glaube, dass sie ein Recht haben, sie zu schließen.“[41] Deutlicher hätte man es kaum formulieren können. Es gab kein Dementi von Kennedy, der allerdings zeigte, dass er das, was er am 25. Juli gesagt hatte, auch meinte: Truppenverstärkungen wurden beschlossen, Reservisten einberufen, das umfangreichste Rüstungsprogramm seit dem Zweiten Weltkrieg in Auftrag gegeben.

5. John McCloys Gespräche mit Chruschtschow

Über Chruschtschows Reaktion auf Kennedys Rede liegen zwei Berichte von John J. McCloy vor: ein Telegramm von der amerikanischen Botschaft in Moskau vom 28. Juli[42] und ein 25-Seiten-Memorandum, das McCloy drei Tage später auf ausdrücklichen Wunsch Kennedys in Washington anfertigte.[43] Der ehemalige Hohe Kommissar in der Bundesrepublik war Kennedys Berater für Abrüstungsfragen. Chruschtschow hatte ihn zu Gesprächen über die Berlin- und Deutschlandfrage in seine Sommerresidenz in Sotschi am Schwarzen Meer eingeladen. Als er ihn am 26. Juli traf, kannte er die Kennedy-Rede noch nicht. Zunächst rühmte er sich, dass die Sowjetunion eine 100-Mio.-Tonnen-TNT-Atombombe entwickle, dass im Kriegsfall „McCloys Verwandter“ – nämlich Adenauer (er sprach durchgehend von Adenauer als Verwandtem McCloys) und die Bundesrepublik am ersten Tag „zu Asche“ würden, genauso wie die übrigen NATO-Länder, aber auch Spanien und der Iran. McCloy machte noch einmal klar, dass der Zugang nach Westberlin das entscheidende Problem sei; es gebe einen Punkt, an dem ein Land nicht kapitulieren könne – egal, was es koste („no matter what the cost“) –, worauf Chruschtschow meinte, die Amerikaner müssten Ulbricht ja nicht die Hand schütteln; er habe für Strauß und Adenauer auch nichts übrig, trotzdem würde er mit ihnen einen Friedensvertrag abschließen. Das russische Volk habe im Krieg 20 Millionen Menschen verloren; man könnte argumentieren, dass Deutschland daher vollständig zerstört werden müsste; das sei dann die Rückkehr zur „kaukasischen Blutrache“; er aber wolle diese Vergangenheit vergessen. Der Westen wolle offensichtlich die Äußere Mongolei anerkennen; warum dann nicht auch Ulbricht?

Chruschtschow gab sich dann kompromissbereit. Amerikaner und Sowjets sollten auf das Prestige des jeweils anderen Rücksicht nehmen:

„Vielleicht sollten wir informell Vorschläge austauschen. Lasst uns von Adenauer loskommen."

Das alles änderte sich am nächsten Tag, nachdem er die Kennedy-Rede gelesen hatte. Er nannte sie eine „Kriegserklärung", ein Ultimatum; McCloy solle Kennedy berichten, „dass wir sein Ultimatum annehmen und entsprechend reagieren werden". Er, Chruschtschow, werde seine Politik fortsetzen, einen Friedensvertrag unterzeichnen und sich auf Krieg vorbereiten. „Wir werden den Krieg nicht beginnen, aber wir werden auch nicht davor zurückschrecken, wenn er uns aufgezwungen wird. Wir werden mit gleicher Münze zurückzahlen." Wenn Kennedy einen Krieg beginne, dann sei er wahrscheinlich der letzte Präsident der USA gewesen. Dieser Krieg werde ein Atomkrieg sein; die Sowjetunion und die USA würden ihn möglicherweise überstehen, die europäischen Verbündeten der USA nicht; sie würden vernichtet und brauchten nicht einmal Särge. Es gebe nachher auch keine Wall Street mehr. Und dann drohend: „Denken Sie daran, es wird einen Atomkrieg geben." Hunderte Millionen Menschen würden sterben, und noch mehr Menschen würden verstrahlt. Und das alles, um die Freiheit – die sowieso nicht bedroht sei – von zweieinhalb Millionen Westberlinern zu erhalten. Selbst das amerikanische Volk werde ein kapitalistisches System, das für eine solche Katastrophe verantwortlich sei, nicht tolerieren und „den imperialistischen Monopolkapitalismus zerstören".

Nach diesen Drohungen und apokalyptischen Visionen gab sich Chruschtschow wieder friedlich. Mit Ausnahme Deutschlands gebe es eigentlich keine wirklichen Probleme zwischen beiden Ländern; wenn das Deutschland-Problem gelöst sei – „dieser verfaulte Zahn gezogen worden ist" –, sei sogar eine enge Zusammenarbeit zwischen der Sowjetunion und den USA möglich. Seine letzten Worte zu McCloy waren, er hoffe, dass dieser dem Präsidenten seinen Wunsch nach Frieden und seine Bereitschaft übermittele, jeden Vorschlag zu prüfen, „der auf formellem oder informellem Weg übermittelt wird".

War Chruschtschows Reaktion nach außen so etwas wie „Zuckerbrot und Peitsche", so wissen wir inzwischen, dass Kennedys Rede in ganz anderer Weise seine Entscheidungen beeinflusst hat. Er war jetzt davon überzeugt, dass Kennedy nicht der entscheidende Mann in Washington war, sondern ganz andere Kräfte die amerikanische Politik beeinflussten, wie er wenige Tage später dem italienischen Ministerpräsidenten Amintore Fanfani anvertraute und Anfang August auf der Tagung der Warschauer-Pakt-Staaten in Moskau wiederholte. Die USA wurden seiner Meinung nach nicht wirklich von Kennedy regiert, Kennedy bestimmte weder die Richtlinien der Politik noch kontrollierte er die Durchführung dieser Politik. Den US-Senat und andere Institutionen verglich er mit dem ehemaligen Stadtsenat von Nowgorod, wo eine Partei „die andere Partei besiegte, indem man deren Mitgliedern die Bärte halb ausriss". Also war die amerikanische Politik unter Kennedy unberechenbar, und das beunruhigte Chruschtschow. Das Ergebnis dieses Chaos in den USA für die internationale Politik konnte seiner Meinung nach nur Instabilität und Kriegsgefahr sein. „Von daher", so gab er gegenüber den Vertretern der Warschauer-Pakt-Staaten zu bedenken, „ist in den USA alles möglich. Auch Krieg ist möglich. Sie könnten ihn anfangen. Die Verhältnisse in England, Frankreich, Italien und Deutschland sind stabiler als in den USA." Eisenhower und Dulles waren ihm lieber als Kennedy, da deren Politik berechenbar gewesen sei. „Als unser ‚Freund' Dulles noch lebte, gab es mehr Stabilität." Fast nostalgisch erinnerte er an die Zeiten von Dulles, als beide Seiten trotz harter Polemik gegeneinander die kriegstreibenden Kräfte unter Kontrolle gehabt hätten. Dulles, so Chruschtschow, „war bereit, bis an die Grenze des Krieges zu gehen, wie er das selbst gesagt hat, aber er hätte diese Grenze nie überschritten und ist trotzdem glaubwürdig geblieben".

Bei Kennedy sei das anders. Wenn der einen Schritt zurück mache, „wird man ihn einen Feigling nennen". Kennedy sei kein Gegner für den ungeheuer einflussreichen militärisch-industriellen Komplex, den seine Vorgänger aufgebaut hätten; er sei politisch eher ein unbeschriebenes Blatt. Chruschtschow äußerte sogar so etwas wie Mitgefühl für den jungen, unerfahrenen Präsidenten, der trotz aller guten Absichten „ein zu großes Leichtgewicht ist", während der Staat „zu groß und zu mächtig ist, und das birgt bestimmte Gefahren in sich". Welche Gefahren das waren, hatten ihm zwei Nachrichten aus Washington vor Augen geführt: eine Mitteilung von Kennedy und die Information eines sowjetischen Spions im Pentagon (s. u., S. 229).

6. Die Entscheidung für den Bau der Mauer

Am Abend des 27. Juli, Donnerstag, war McCloy zurück in Moskau und unterrichtete dort auch den britischen Botschafter Frank Roberts über seine Gespräche mit Chruschtschow. Mit dabei war Botschafter Thompson. Roberts hatte den Eindruck, dass McCloy über Chruschtschows aggressives und manchmal sogar unhöfliches Verhalten ziemlich verstört war (McCloy meinte später zum britischen Botschafter in Washington, Chruschtschow sei „ein gefährlicher Mann in einer gefährlichen Stimmung“), während Thompson abwinkte: „Chruschtschow protestiert in letzter Zeit zuviel.“ Er und Roberts waren eher der Meinung, dass hinter dieser Haltung Anzeichen für die Bereitschaft zu ernsten Verhandlungen erkennbar seien.

Dem entsprach auch die Reaktion von Gromyko und anderen hohen sowjetischen Funktionären auf einem Empfang der amerikanischen Botschaft wenige Stunden zuvor. Roberts hatte sich dort sehr lange mit Gromyko unterhalten, den er noch nie zuvor so freundlich und gut aufgelegt („so easy and friendly“) gesehen hatte. Gromyko hatte zwar die sowjetische Position in der Berlinfrage wiederholt („irgendeine Lösung in diesem Jahr“), sich dann aber sehr freundlich nach der Außenministerkonferenz in Paris erkundigt, von der er sich offensichtlich westliche Verhandlungsangebote erhoffte. Andere sowjetische Funktionäre hatten bei der Gelegenheit auf jene Passage in Kennedys Rede verwiesen, wo dieser von Verhandlungen und dem sowjetischen Sicherheitsbedürfnis gesprochen hatte.[44]

Kennedy las McCloys Telegramm am Morgen des 29. Juli, Samstag. McCloy, der eigentlich nach Paris wollte, um die NATO über seine Abrüstungsgespräche zu unterrichten – die er seit dem 17. Juli in Moskau geführt hatte –, erhielt von Kennedy die Order, sofort nach Washington zu fliegen. Er wollte von McCloy direkt und ausführlich über die in Sotschi geführten Gespräche informiert werden. Das geschah am Montag, den 31. Juli; für diesen Zweck fertigte McCloy das erwähnte 25-Seiten-Memorandum an. Im Anschluss daran unterhielt sich Kennedy im Garten des Weißen Hauses mit Walt Rostow über die möglichen Konsequenzen. Rostow, damals politischer Berater Kennedys und Vorsitzender des Politischen Planungsstabes des State Department, hat in seinem 1972 erschienenen Buch „The Diffusion of Power“ darüber berichtet. Demnach habe Kennedy Folgendes gesagt:

> „Chruschtschow ist dabei, Ostdeutschland zu verlieren. Das kann er nicht zulassen, denn wenn er Ostdeutschland verliert, wird er Polen und ganz Osteuropa verlieren. Er muss etwas tun, um den Flüchtlingsstrom zu stoppen – vielleicht eine Mauer bauen. Und wir werden das nicht verhindern können. Ich kann das Bündnis zusammenhalten, um Westberlin zu verteidigen, aber nicht, um den Zugang nach Ostberlin offenzuhalten.“[45]

Ähnliches berichtete auch der Kennedy-Biograf Arthur Schlesinger über dieses Gespräch. Kennedy:

> „Ich kann das Bündnis zum Handeln bewegen, falls Chruschtschow etwas gegen Westberlin unternimmt, aber nicht, wenn er etwas in Ostberlin macht."[46]

Diese Berichte haben insofern schon immer das Interesse vor allem der Deutschen gefunden, weil die nach dem 13. August geäußerten Vermutungen, Kennedy habe etwas vom Mauerbau gewusst, er sei von McCloy ins Bild gesetzt worden, es habe womöglich einen „deal" zwischen Washington und Moskau gegeben, sich hier zu bestätigen schienen.

Tatsache ist, dass McCloy – folgt man dessen vertraulichem Bericht – von Chruschtschow nicht auf irgendwelche Sperrmaßnahmen hingewiesen worden ist. Tatsache ist leider auch, dass wir bei der Beantwortung der großen Streitfrage, ob im Westen „Absperrungsmaßnahmen bekannt waren und wie viel man davon wusste", wie Hans-Peter Schwarz es 1982 formulierte,[47] heute nicht sehr viel weiter sind als vor zwanzig, dreißig Jahren. Und dies trotz einer ungeheuren Menge von inzwischen freigegebenen Akten. In keinem der offiziellen westlichen Dokumente, die ich gesehen habe, kommt das Wort „Mauer" vor – wohl aber Absperrung der Sektorengrenze. Entweder ist die Deklassifizierungspolitik besonders geschickt gehandhabt worden, oder es sind darüber tatsächlich keine Überlegungen angestellt worden. Letzteres könnte zutreffen, denn der Mauerbau berührte ja keine westlichen Interessen. Das Gegenteil war eher der Fall, wie Rusk das ziemlich deutlich am 15. August sagte (s. u., S. 225).

Erst im Jahre 1998 ist noch etwas anderes bekannt geworden (auch wenn der letzte Beweis dafür noch nicht erbracht worden ist). Kennedy liebte bekanntlich die Geheimdiplomatie, trieb öfters Außenpolitik unter Umgehung des State Department. Der Kontakt zu Chruschtschow lief über seinen Bruder Robert und den KGB-Agenten Georgij Bolshakow an der sowjetischen Botschaft in Washington. Dessen Berichte gingen direkt an den Chef der militärischen Abwehr in Moskau, von dort zum sowjetischen Verteidigungsministerium und zu Chruschtschow.[48] Kennedy nutzte diesen Kanal erstmals nach seiner Rede vom 25. Juli (dann noch einmal im Oktober und ein Jahr später während der Kubakrise). Robert Kennedy machte Bolshakow klar, dass sein Bruder nicht bluffe und dass dessen „Lieber-sterben-als-sich-ergeben-Rede" („death-before-surrender talk") ernst gemeint sei. Genau das meldete auch ein sowjetischer Spion im Pentagon: US-Armeeleutnant William H. Whalen,[49] während umgekehrt die USA zur gleichen Zeit genaueste Informationen über die militärische Stärke bzw. Schwäche der Sowjetunion von ihrem Agenten, dem sowjetischen Obersten Oleg Penkowsky, erhielt.[50]

Auch wenn Chruschtschow ständig mit der atomaren Vernichtung des Westens drohte, ein Atomkrieg war auch für ihn zu keinem Zeitpunkt eine Option. Dabei ging es ihm weniger um die atomare Überlegenheit der USA oder der Sowjetunion; wie die oben zitierten Äußerungen zeigen, hatte er mehr Angst davor, dass die Sache außer Kontrolle geraten und ein Atomkrieg ausgelöst werden könnte – möglicherweise nach entsprechender Aufrüstung der Bundeswehr. Personen und bestimmte politisch-militärische Kreise, die einen solchen Krieg beginnen konnten, waren in seinen Augen wichtiger als die jeweilige Anzahl der Atomsprengköpfe – ganz unabhängig von der Tatsache, dass die USA der Sowjetunion im atomaren Bereich immer noch weit überlegen waren, und Chruschtschow dies, trotz gegenteiliger Äußerungen, sehr wohl wusste.

Falls zutrifft, was hier über Chruschtschows Einschätzung Kennedys und der USA gesagt worden ist, dann trifft wohl auch zu, dass Kennedys Rede vom 25. Juli – mit den Informationen von Bolshakow und Whalen – zu einem Gesinnungswandel auf Seiten Chruschtschows geführt hat. Das vermutet im Übrigen auch Aleksandr Fursenko, der in Moskau privilegierten Archivzugang hatte.[51] Chruschtschows Deutschland- und Berlinpolitik war eine Machtdemonstration gegenüber dem Westen; das hatte Acheson völlig richtig gesehen. Wenn es aber nicht möglich war, die „herrschenden Kreise“ in den USA damit zu beeindrucken und in die Knie zu zwingen, sondern im Gegenteil Kennedy zur Geisel dieser Kreise geworden war, mit all den damit verbundenen Risiken, dann musste die Berlinkrise mit so wenig Verlusten für die Sowjetunion wie möglich beendet werden. In diese Interpretation passt, was Chruschtschow in seinen Memoiren schreibt. Demnach hat er unmittelbar nach dem Treffen mit McCloy den Vorschlag Ulbrichts aufgegriffen, wie man die Fluchtbewegung aus der DDR stoppen könnte. „Ich sprach mit Perwuchin, unserem Botschafter in der DDR, über die Einrichtung von Grenzkontrollen“, so Chruschtschow. Ulbricht hatte einen Stacheldrahtzaun zwischen Ost- und Westberlin vorgeschlagen. Chruschtschow ging einen Schritt weiter: Er schlug den Bau einer Mauer vor. Für Perwuchin muss das offensichtlich völlig überraschend gekommen sein. Chruschtschow: „Er gab mir eine Karte von Westberlin. Die Karte war sehr schlecht." Chruschtschow beauftragte Perwuchin dann, die Sache mit Ulbricht zu besprechen und bat Marschall Jakubowski, den Oberbefehlshaber der Sowjetarmee, ihm eine neue Karte zu besorgen. Jakubowski erarbeitete dann den genauen Plan zur Teilung Berlins. „Ulbricht strahlte vor Freude", so erinnerte sich Chruschtschow, und habe gesagt: „Dies ist die Lösung! Das hilft uns. Ich bin dafür."

Noch Jahre später hat Chruschtschow diese Entscheidung als richtig verteidigt. „Hätten wir uns für ein militärisches Vorgehen gegen Westberlin entschlossen", so schrieb er, „hätten wir die Angelegenheit sehr schnell in unserem Sinne erledigt". Aber, so fügte er hinzu, „das wäre wahrscheinlich erst der Anfang gewesen. Es wäre zu einem militärischen Kraftakt gekommen, in kleinerem oder größerem Umfang. Es wäre möglicherweise zum Krieg gekommen." Seine einzige Absicht sei gewesen, die Krise zu beenden. „Wir wollten keine militärische Auseinandersetzung. Wir wollten lediglich eine chirurgische Operation durchführen."

Das hatte sich auf der Sitzung des Präsidiums des ZK der KPdSU am 26. Mai 1961 noch ganz anders angehört. Da hatte er betont, dass es an der Zeit sei, endlich den Knoten Westberlin zu zerschlagen und den Friedensvertrag mit der DDR zu unterzeichnen. Dass die NATO deshalb mit Krieg drohen werde, war ihm zwar bewusst, aber er schätzte das entsprechende Risiko für gering ein. Selbst bei den USA war er sich zu 95 Prozent sicher, dass die Unterzeichnung des Friedensvertrages nicht zum Krieg führen werde. Außerdem wolle man ja nur Westberlins „Luftverbindungen unterbrechen"; keinen Abzug der Truppen aus der Stadt verlangen, gleichzeitig die Lieferung von Lebensmitteln sowie die anderen Versorgungsadern nicht abschneiden. Es ging um die Luftverbindungen, den Flugverkehr zwischen der Bundesrepublik und Westberlin, der Ulbricht stark beunruhigte. Und dann folgten starke Worte:

> „Unsere Position ist sehr stark, allerdings müssen wir – falls nötig – auch real einschüchtern. Zum Beispiel, falls es Flüge gibt, müssen wir diese Flugzeuge abschießen. Können sie zur Provokation übergehen? Sie können. Wenn wir das Flugzeug nicht abschießen, heißt das, wir kapitulieren. [...] Mit einem Wort, Politik ist Politik. Falls wir unsere Politik durchsetzen wollen und wir möchten, dass man unsere Politik anerkennt, verehrt und fürchtet, so müssen wir hart sein."[52]

Davon war nach der Rede Kennedys nichts mehr zu hören. Es ging jetzt *nur* noch um eine Grenzschließung. Und die wies Chruschtschow an, nicht Ulbricht. Im Gespräch mit dem bundesdeutschen Botschafter in Moskau, Hans Kroll, machte er dies am 9. November ganz deutlich:

> „Natürlich, ohne uns hätte die DDR die Grenze nicht geschlossen. Warum sollten wir uns hier hinter dem Rücken von Gen. Ulbricht verstecken? Sein Rücken ist in diesem Fall sowieso nicht so breit."[53]

Am 1. August 1961 erörterte er die Sachlage mit Ulbricht. In diesem Gespräch wird ganz deutlich, dass er in der Endphase der Vorbereitung des Mauerbaus die treibende Kraft war und dem SED-Chef klarmachte, worum es ging. Zwei Tage später, am 3. August, unmittelbar vor der Eröffnung des Treffens der Staats- und Parteichefs des sozialistischen Lagers, legte Chruschtschow während einer Vorbesprechung mit Ulbricht fest, dass die Grenze zu Westberlin am 13. August abzuriegeln sei. Diese Entscheidung hat Walter Ulbricht handschriftlich festgehalten.[54]

Wichtig – auch für die spätere Reaktion des Westens – war am 7. August eine 90-minütige Fernsehansprache von Chruschtschow an das sowjetische Volk. Chruschtschow verlas einen vorbereiteten Text; für seine Verhältnisse war er „ruhig, fast langweilig", wie Frank Roberts nach London berichtete. Er ging sehr zurückhaltend auf Kennedy und Adenauer ein und wiederholte die bekannten sowjetischen Forderungen, um dann dezidiert zu betonen, dass es keine Blockade Westberlins geben würde. („He was again specific that there would be no blockade of West Berlin.") Roberts hatte den Eindruck, dass es Chruschtschow um Verhandlungen ging. („Indeed, the real emphasis in his speech and in its conclusion seemed to me to be upon the need for negotiations.")[55] Genauso sah das auch Außenminister Home. Eine Außenministerkonferenz war für ihn fast schon eine beschlossene Sache. Lediglich bei der von Macmillan verfolgten Idee einer Gipfelkonferenz mit Chruschtschow sollte man von Anfang an vorsichtig vorgehen („will need careful handling from the start"), wie er am 10. August in einem Memorandum für Macmillan meinte.[56]

7. Die Entwicklung in der DDR – amerikanische Befürchtungen

Am 21. Februar 1961 kam es zu einem interessanten Gespräch in der britischen Botschaft in Washington. Zu Gast war der amerikanische Botschafter in Bonn, Walter C. Dowling, der anlässlich des Besuchs von Außenminister Heinrich von Brentano nach Washington gekommen war. Der britische Botschafter hatte Dowling, einen alten Freund der Familie, zum Abendessen eingeladen. Nachdem sich die Damen zurückgezogen hatten, wurde es politisch: Die Herren sprachen über Berlin. Und da entwickelte Dowling höchst interessante Vorstellungen. Für ihn war klar, dass mit den Sowjets verhandelt werden musste, ohne zu endgültigen Ergebnissen zu kommen. Das Endziel („ultimate goal"), Wiedervereinigung durch freie Wahlen, dürfe nicht kompromittiert werden. Unterhalb dieser Ebene könne man über alles Mögliche reden und sogar beschließen, vorausgesetzt, der Westen werde einen entscheidenden Punkt („essential") absichern: „Westberlin muss ein Schlupfloch für die Ostdeutschen bleiben." („West Berlin must remain an escape hatch for the East Germans.") Wenn das erreicht werde, sei die Zeit auf Seiten des Westens. 200.000 Ostdeutsche würden ihr Land jedes Jahr verlassen; die ostdeutsche Wirtschaft würde das nicht verkraften, „und die Russen würden so mit der Zeit dazu gebracht, über eine Lösung der deutschen Frage zu verhandeln".

Aus der Sicht Dowlings würde die Entwicklung sehr gefährlich, wenn der Westen die Schließung des Schlupfloches zuließe. Die folgenden zehn Monate würden dann besonders kritisch. Dowling war der Meinung, dass etwa zwei Millionen Ostdeutsche noch nicht geflüchtet waren, obwohl die Möglichkeit dazu bestand (die aber flüchten würden, falls sich die Lebensbedingungen verschlechtern sollten). Würde diese Möglichkeit nicht mehr bestehen, d. h. das Schlupfloch beseitigt, würde dies die Menschen in Verzweiflung stürzen und womöglich zu einem Aufstand und zu Unruhen wie 1953 und damit zu einem erhöhten Kriegsrisiko zwischen Ost und West führen. Das Problem sei, dass man diese Entwicklung nicht vorhersehen könne. Und er verwies dabei auf Willy Brandt, der auf die Frage, ob er Unruhen in der DDR befürchte, mit nein geantwortet, aber hinzugefügt habe, er habe auch 1953 keine befürchtet.[57]

Inzwischen hatte es die Pressekonferenz von Ulbricht am 15. Juni gegeben („Niemand hat die Absicht, eine Mauer zu errichten!") – mit der aus britischer Sicht erwarteten Konsequenz, nämlich dem Ansteigen des Flüchtlingsstromes. Dies führte jetzt auch auf amerikanischer Seite zu einer wachsenden Besorgnis über die mögliche weitere Entwicklung. Am 12. Juli schickte Dowling einen ersten Bericht an das State Department.

Als Gründe für die Fluchtbewegung nannte er zum einen die wirtschaftlichen Probleme in der DDR, zum anderen aber die Verunsicherung der DDR-Bürger angesichts der östlichen Forderung nach einem separaten Friedensvertrag und einem neuen Status für Westberlin. Für Dowling war klar, dass, falls Chruschtschow die Krise unter Hinweis auf einen alsbaldigen Abschluss des Friedensvertrages noch verschärfte, aus dem Flüchtlingsstrom eine „Flüchtlingsflut“ werden würde, „es sei denn, es werden schärfere Beschränkungen bei Reisen aus der Ostzone nach Ostberlin und von Ostberlin über die Sektorengrenze nach Westberlin eingeführt“. Für diesen Fall befürchtete Dowling allerdings eine „Explosion“ in der DDR, obwohl er bislang immer die Auffassung vertreten hatte, dass es ohne Unterstützung aus dem Westen zu keinem Aufstand gegen das Regime kommen würde. Er bat das State Department um entsprechende Weisungen, was bei einem erneuten Volksaufstand zu tun sei und gab auch gleich seine Meinung zu Protokoll: Würde der Westen bei einem „zweiten 17. Juni“ nur zuschauen und nichts tun, „wird das das Ende unseres Prestiges und Einflusses in Deutschland sein, selbst wenn sich die Bundesregierung und die westdeutsche Bevölkerung unserer Haltung anschließen werden“.[58]

Mit seiner Einschätzung stand Dowling nicht allein. Sämtliche Geheimdienstberichte bestätigten seine Befürchtungen. Als Grund für die schlechte Stimmung der DDR-Bevölkerung wurde die miserable Wirtschaftslage genannt, insbesondere die unbefriedigende Versorgung mit Lebensmitteln, was bereits zu Demonstrationen in Potsdam und Henningsdorf geführt hatte. Die ansteigende Fluchtbewegung wurde auf die harte Linie der SED, Ulbrichts Mauersatz auf der Pressekonferenz und die damit verbundene Furcht zurückgeführt, dass irgendetwas mit Berlin geschehen würde und daher die letzte Gelegenheit genützt werden müsse, über Berlin relativ einfach in den Westen zu gelangen.

Am 22. Juli lag die Antwort des State Department in Bonn vor. Sie war nicht besonders hilfreich und zeigt eigentlich nur, dass man auf diesen Ernstfall – zweiter 17. Juni – nicht vorbereitet war und nicht wusste, was man tun sollte. Aber – und das ist wohl nicht ganz unwich-

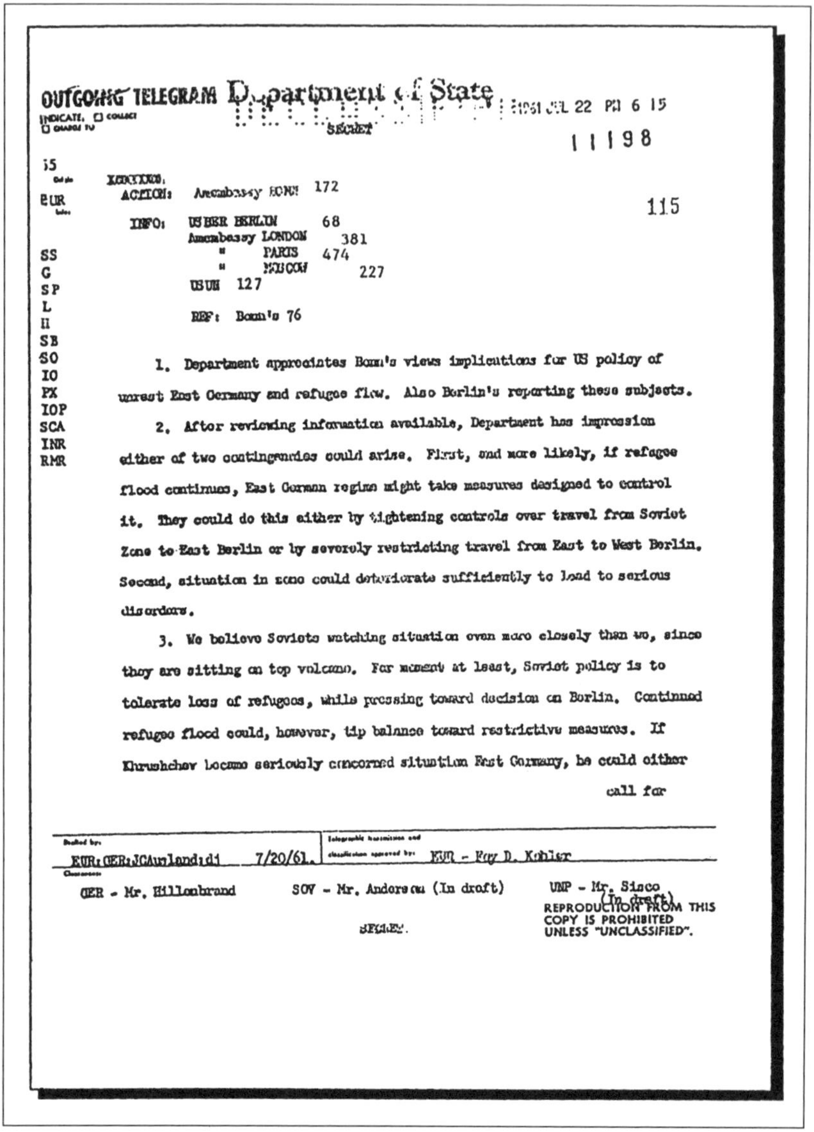

OUTGOING TELEGRAM Department of State 1961 JUL 22 PM 6 15

INDICATE: ☐ COLLECT ☐ CHARGE TO

SECRET

11198

55

EUR

ACTION: Amembassy BONN 172

115

INFO: USBER BERLIN 68
Amembassy LONDON 381
" PARIS 474
" MOSCOW 227
USUN 127

SS
G
SP
L
H
SB
SO
IO
PX
IOP
SCA
INR
RMR

REF: Bonn's 76

1. Department appreciates Bonn's views implications for US policy of unrest East Germany and refugee flow. Also Berlin's reporting these subjects.

2. After reviewing information available, Department has impression either of two contingencies could arise. First, and more likely, if refugee flood continues, East German regime might take measures designed to control it. They could do this either by tightening controls over travel from Soviet Zone to East Berlin or by severely restricting travel from East to West Berlin. Second, situation in zone could deteriorate sufficiently to lead to serious disorders.

3. We believe Soviets watching situation even more closely than we, since they are sitting on top volcano. For moment at least, Soviet policy is to tolerate loss of refugees, while pressing toward decision on Berlin. Continued refugee flood could, however, tip balance toward restrictive measures. If Khrushchev became seriously concerned situation East Germany, he could either

call for

Drafted by: EUR:GER:JCAusland:di 7/20/61.

Telegraphic transmission and classification approved by: EUR - Foy D. Kohler

Clearances: GER - Mr. Hillenbrand SOV - Mr. Anderson (In draft) UNP - Mr. Sisco (In draft)

SECRET

REPRODUCTION FROM THIS COPY IS PROHIBITED UNLESS "UNCLASSIFIED".

Um den Flüchtlingsstrom zu stoppen, sind „Maßnahmen zur massiven Einschränkung des Reiseverkehrs zwischen Ost- und Westberlin" möglich. Department of State-Telegramm vom 22.7.1961.

ge 2 of telegram to BONN, INFO: LONDON, PARIS, MOSCOW, BERLIN, USUN

SECRET

call for showdown on Berlin or slacken pressure in order give regime time get economic house in order.

4. Like Soviets, US is faced with dilemma on East Germany. While we would like see unrest there cause Soviets to slacken pressure on Berlin, we would not like see revolt at this time. Nor would US like see drastic measures taken halt refugee flow, particularly since this might only fan flames in East Germany.

5. ~~[illegible]~~ Soviets and GDR leaders seem to be creating enough difficulties for themselves in East Germany, without US taking a hand. We plan, therefore, do nothing at this time which would exacerbate situation.

6. This does not preclude, however, our helping advertise facts to world, in such way as not to encourage East Germans to revolt or to expect US assistance if they do.

7. Department considering plans meet contingencies discussed paragraph 2. If GDR tightens travel controls between Soviet Zone and East Berlin there is not much US could do, other than help advertise facts. If GDR should restrict travel within Berlin, US would favor countermeasures, at least in TTD field and perhaps economic.

8. In event uprising East Germany, US course of action would be ~~[illegible]~~ decided in light of circumstances at the time. ~~[illegible]~~

9. Would appreciate comments receiving posts.

RUSK

SECRET

tig – sie zeigt auch, dass man im State Department von den späteren Absperrmaßnahmen nicht vollständig überrascht wurde. Sie werden nämlich hier als Möglichkeit ausdrücklich erwähnt. Zwei Varianten wurden durchgespielt. Als erste – „und eher wahrscheinliche“ – wurde genannt, dass die DDR versuchen werde, den Flüchtlingsstrom zu stoppen, entweder durch verschärfte Reisekontrollen zwischen der DDR und Ostberlin „oder durch extreme Maßnahmen zur Einschränkung des Reiseverkehrs zwischen Ost- und Westberlin“ („severely restricting travel from East to West Berlin“).

Die zweite war eine Verschlechterung der Lage, die zu ernsten Unruhen führen würde. Im State Department war man der Meinung, dass die Sowjets nichts gegen die Fluchtbewegung unternehmen würden, solange sie auf eine Lösung des Berlinproblems hofften. Würde für Chruschtschow die Lage in der DDR allerdings kritisch, dann könnte er zwei Dinge tun: in der Berlinfrage eine Konfrontation („showdown“) herbeiführen oder Druck von der DDR nehmen, um es dem Regime zu ermöglichen, die wirtschaftliche Lage in den Griff zu bekommen.

Mit Blick auf die DDR befanden sich die USA, so das State Department, in einem „Dilemma“. Einerseits hätte man gern „Unruhen“ in der DDR gesehen, die die Sowjetunion dazu bringen könnten, in der Berlinfrage weniger Druck zu machen, andererseits wollte man „keinen Aufstand zum jetzigen Zeitpunkt“ und auch keine „drastischen Maßnahmen“ zur Einschränkung des Flüchtlingsstroms, da dies die Stimmung in der DDR nur weiter anheizen würde. Sowjets und SED würden mit ihrer Politik genug Probleme schaffen, die USA brauchten da nicht nachzuhelfen. Von daher wollten die USA „zum jetzigen Zeitpunkt nichts tun, was die Lage verschärft“. Das sollte sie aber nicht daran hindern, über die Entwicklung in der DDR weltweit zu berichten; allerdings „auf eine Weise, dass die Ostdeutschen nicht zum Aufstand ermuntert werden oder auf amerikanische Unterstützung hoffen, wenn sie es doch tun“.

Im Übrigen wollte man sich im State Department weiter Gedanken darüber machen, was zu tun sei. Soviel wusste man jetzt schon: Würde es zu Reisebeschränkungen zwischen der DDR und Ostberlin kommen, „können die USA nicht mehr tun, als diese Tatsache bekannt zu machen“. Sollte es zu Reisebeschränkungen zwischen Ost- und Westberlin kommen, würde man Gegenmaßnahmen treffen, möglicherweise im wirtschaftlichen Bereich, in jedem Fall bei der Vergabe von Reisevisa für Bürger aus dem Ostblock (was in der Tat nicht sehr viel war). Sollte es tatsächlich zu einem Aufstand in der DDR kommen, so hieß es abschließend, „dann werden die USA den Umständen entsprechend handeln" – wie, wurde nicht gesagt.[59] Das klang alles in allem nicht sehr überzeugend. Offensichtlich konnte man nur hoffen, dass es zu keinem Aufstand in der DDR kommen würde. Von dem, was Dowling im Februar gesagt hatte – im Prinzip Ausbluten der DDR, um dann mit der Sowjetunion ins Geschäft zu kommen –, war jedenfalls keine Rede mehr. Am 12. August – einen Tag, bevor die DDR mit den Absperrmaßnahmen begann – telegrafierte Außenminister Rusk an die amerikanische Botschaft in Bonn:

> „Die Gefahr, dass das Schlupfloch geschlossen wird und die wachsenden Spannungen zwischen Moskau und der Freien Welt können in Ostdeutschland zu einer Explosion wie 1953 führen."

Und er fügte warnend hinzu, es wäre „höchst bedauerlich" („particularly unfortunate"), wenn es dazu aufgrund der Annahme kommen würde, dass der Westen sofort militärisch eingreifen würde („based on expectation of immediate Western military assistance").[60]

8. Das Treffen der Westalliierten in Paris (28. Juli bis 8. August)

a) Der Bericht der Viermächte-Botschaftergruppe

Als Außenminister Rusk am 21. Juli den westlichen Botschaftern das amerikanische Memorandum übergeben hatte, hatte er auch Vorschläge für das weitere Verfahren gemacht. Demnach sollte das Memorandum von der am selben Tag eingerichteten Botschafter-Arbeitsgruppe beraten werden. Die Arbeitsgruppe sollte dann den vier Außenministern für deren Konferenz in Paris Anfang August entsprechende Empfehlungen vorlegen. Genauso geschah es. Nach einer Woche Arbeit präsentierte die Botschaftergruppe einen 52 Seiten umfassenden Bericht, der in sechs große Kapitel gegliedert war:

I. Motive und Absichten der Sowjets;
II. Taktik des Westens;
III. Grundsätzliche politische Fragen;
IV. Verstärkung der westlichen Streitkräfte;

V. Vorschläge für wirtschaftliche Gegenmaßnahmen;
VI. Überprüfung der „Pläne für den Ernstfall".

Ad I: Hier stimmte die Arbeitsgruppe weitgehend mit der amerikanischen Analyse überein. Demnach gab es für Chruschtschow interne Probleme (Druck aus dem sozialistischen Lager, Schwierigkeiten mit China und Ulbricht; notwendige Erfolgsbilanz für den XXII. Parteitag), die aber, da Chruschtschows Position zu gefestigt sei, nicht ausschlaggebend seien. Gewichtiger sei die innere Krise der DDR (wachsende Fluchtbewegung), die durch Chruschtschows Berlin-Politik verschärft worden sei. Es gehe Chruschtschow daher *primär* um vier Dinge, nämlich:

1. die Situation Westberlins zu ändern und die Fluchtbewegung aus der DDR zu stoppen;
2. die „Enklave" Westberlin Schritt für Schritt zu beseitigen durch die allmähliche Auflösung der Bindungen der Stadt an die BRD und Neutralisierung der westlichen Truppen dort;
3. die DDR zu stabilisieren;
4. eine gewisse internationale Anerkennung der DDR.

Als weiter gehende Ziele Chruschtschows wurden genannt:

1. dem Westen eine schwere politische Niederlage zuzufügen;
2. klarzumachen, dass sich das Mächtegleichgewicht zugunsten der Sowjets verschoben habe;
3. den Austritt der BRD aus der NATO und die Neutralisierung des geteilten Deutschland vorzubereiten.

Chruschtschows Taktik sei eine Art Schocktherapie: Einschüchterung, Erpressung etc. Es sei aber „sehr wahrscheinlich, dass er die Krise nicht so weit treibt, dass es zum Krieg kommt". Er werde „sehr weit" gehen, aber alles hänge davon ab, wie der Westen reagiere. Wenn Chruschtschow sehe, dass der Westen bereit sei, ein gleich großes Risiko einzugehen, würde er wahrscheinlich seine Position ändern und entsprechenden Verhandlungen zustimmen.

Ad II: Für den Fall, dass die unter I. formulierte Analyse richtig war – dies sollte einer der westlichen Botschafter in Moskau eruieren –, wurde als Ziel des Westens genannt, in den folgenden Wochen zu Verhandlungen mit der Sowjetunion zu kommen. Dabei wurde der

Zeitpunkt einer westlichen Initiative für solche Verhandlungen als „extrem wichtig" bezeichnet. Auf keinen Fall dürften die Sowjets eine solche Initiative als „Zeichen der Schwäche" des Westens interpretieren. Eine frühe Initiative könnte aber aus zwei Gründen notwendig werden:

a) irgendein Land könnte die Berlinfrage vor die UNO bringen;
b) die Situation in der DDR könnte sich dramatisch verschlechtern.

Selbst wenn das Problem in Verhandlungen nicht gelöst werden könnte – wovon die Arbeitsgruppe ausging –, wurde eine Verhandlungsinitiative dennoch für notwendig erachtet, und zwar aus folgenden Gründen:

1. müssten die Westmächte ihren Völkern, die man eventuell in den Krieg führen würde, klarmachen, dass man alle Verhandlungsmöglichkeiten ausgeschöpft habe;
2. sei die Sowjetunion zu Verhandlungen bereit – noch vor Abschluss des Friedensvertrages. Nach Abschluss würde sie auf Verhandlungen mit Ulbricht bestehen;
3. sei es das Ziel der Westmächte, den Abschluss des Friedensvertrages zu verhindern.

Eine Verhandlungsinitiative war allerdings auch mit Risiken verbunden. Würde sie zu früh erfolgen, ohne erkennbare Bereitschaft Chruschtschows zum Einlenken, könnte er das als Schwäche des Westens interpretieren und seine „Taktik der Erpressung" fortsetzen; die Verhandlungen würden dann in jedem Fall scheitern. Für den Westen könnte es möglicherweise weniger nachteilig sein, wenn es Verhandlungen erst nach Abschluss des Friedensvertrages geben würde. Beide Seiten würden dann unter dem Eindruck eines drohenden Krieges verhandeln, was möglicherweise eher zu einem Kompromiss führen könnte. Verhandlungen sollten in jedem Fall auf Außenministerebene beginnen, gefolgt von einer Gipfelkonferenz; im Mittelpunkt der Verhandlungen sollte nicht ausschließlich „Berlin" stehen, sondern mindestens „Deutschland und Berlin", möglicherweise auch das weiter gehende Thema „Ost-West-Beziehungen".

Die Arbeitsgruppe beschäftigte sich dann mit der Situation in der DDR. Man sah noch keine Hinweise für eine „Explosion" dort, gab aber zu bedenken, dass sich das sehr schnell ändern könnte, wenn drastische

Maßnahmen zur Absperrung Westberlins durchgeführt würden, es dann kaum noch Fluchtmöglichkeiten geben und sich gleichzeitig die wirtschaftliche Lage noch weiter verschlechtern werde. Eine „sehr ernste Lage" wurde für den Fall vorausgesagt, dass bei der DDR-Bevölkerung der Eindruck eines unmittelbar bevorstehenden Kriegsausbruches entstehen würde. Da Sowjets und DDR-Regierung schon für genug Probleme in der DDR gesorgt hätten, wurde empfohlen, dass die Alliierten nichts tun sollten, „was die Situation noch verschärft". Interessant ist, dass Botschafter Steel auf eine mögliche Sperrung der Sektorengrenze verwies – genauso wie das Botschafter Thompson ja bereits im März gesagt hatte. Niemand schien darüber beunruhigt, niemand fragte nach. Als am 13. August die Sektorengrenze tatsächlich gesperrt wurde, wunderte sich Steel nur darüber, dass die DDR das nicht schon viel früher getan hatte (s. u., S. 253).

Wie sollten die „Erkundungsgespräche" eines westlichen Vertreters in Moskau aussehen? Zunächst sollten den Sowjets die Konsequenzen ihrer Politik klargemacht werden, dass es in der Berlinfrage um „ein Thema von fundamentaler Bedeutung" für den Westen gehe und, würden die Sowjets die Sache forcieren, „mit den schlimmsten Konsequenzen" zu rechnen sei. Die Aufrüstung im Westen habe bereits begonnen und würde zu einem gigantischen Rüstungswettlauf führen, wie in Korea; den USA stünde dafür ein ungeheures Potenzial zur Verfügung. Der Westen wolle das nicht, und von daher gehe es darum, ein für beide Seiten „akzeptables Arrangement" zu finden. Sollte die Reaktion positiv sein, sollte der westliche Botschafter in Moskau vier Themen ansprechen:

1. die Situation in der „DDR";
2. die Fluchtbewegung;
3. den angeblichen Militarismus in der BRD;
4. die Beziehungen zwischen der BRD und Westberlin.

Sollte auch darauf positiv reagiert werden, könnten die Westmächte über gesonderte Beratungen nachdenken mit dem Ziel, ein Berlin-Arrangement zu finden, bei dem möglicherweise die bisherige Zugangspraxis aufrechterhalten werden könnte. Später könnte man dann Detailfragen behandeln.

Ad III: Angesichts der knappen Zeit war hier kein detailliertes Programm ausgearbeitet worden. Es wurden nur einige grundsätzliche

Themen angesprochen, die auf einer Viermächtekonferenz behandelt werden sollten. Dazu gehörte die Wiedervereinigung auf der Basis des Selbstbestimmungsrechts (wie schon 1959 in Genf); dem so wiedervereinigten Deutschland sollte es freigestellt sein zu entscheiden, ob es neutral sein oder sich einem Bündnis anschließen wollte. Um der sowjetischen Propaganda den Wind aus den Segeln zu nehmen, sollte in der Frage der Oder-Neiße-Grenze Konzessionsbereitschaft signalisiert werden – allerdings auf der Basis von *quid pro quo*. Der deutsche Vertreter gab zu Protokoll, dass dies nur im Zusammenhang mit einer Lösung der Deutschlandfrage insgesamt geschehen könnte.

Als weiteres Thema eines westlichen Friedensplanes wurde die europäische Sicherheit angesprochen. Es wurde empfohlen, dieses Problem weiter zu untersuchen, insbesondere die geplanten Maßnahmen gegen einen Überraschungsangriff. Es wurde weiter ein gesamtdeutsches Plebiszit vorgeschlagen, als „gute Propaganda", mit wenig Risiko verbunden, da die Sowjets das mit Sicherheit ablehnen würden. Was Westberlin betraf, so sollte auf den „essentials" beharrt werden; jede Änderung würde die Grundlagen der alliierten Politik in Europa gefährden. Die Arbeitsgruppe spielte dann zwei Szenarien für mögliche Verhandlungen durch:

a) *vor* Abschluss des Friedensvertrages,
b) *nach* Abschluss des Friedensvertrages.

Bei a) sollte erst eine Lösung für *ganz* Berlin vorgeschlagen werden. Der Gefahr, dass damit ein dritter deutscher Staat geschaffen würde, wollte man damit begegnen, dass diese Lösung mit der Wiedervereinigung gekoppelt werden sollte. Viel Erfolg versprach man sich davon nicht; von daher wurde die Genfer Lösung empfohlen, in der es um einen Modus Vivendi für Berlin ging.

Bei Verhandlungen *nach* Abschluss eines Friedensvertrages sollte es um praktische Regelungen zur Wahrung der bestehenden Rechte gehen. Als entscheidende Bedingung wurde dabei formuliert, dass

> „die Alliierten weder direkte Verhandlungen mit der sogenannten DDR über ihre Zugangsrechte noch die Kontrolle ihres Verkehrs, so wie er gegenwärtig durchgeführt wird, durch Behörden der ‚DDR' akzeptieren können".

Ad IV: Die Arbeitsgruppe akzeptierte einstimmig das amerikanische Memorandum vom 21. Juli. Da im atomaren Bereich bereits ein hoher Standard erreicht sei, sollte primär im konventionellen Bereich aufgerüstet werden.

Ad V: Hier wurden die Empfehlungen – Wirtschaftsblockade – weitgehend akzeptiert.

Ad VI: Hier empfahl die Arbeitsgruppe eine Überarbeitung der Pläne. Ihrer Meinung nach ließ das diesen Plänen zugrunde liegende Konzept, nämlich bei Sperrung der Zufahrtswege sofort zum „showdown" zu kommen, „zu wenig Spielraum für diplomatische und politische Manöver". Um hierfür und für den notwendigen militärischen Aufmarsch Zeit zu gewinnen, hielt man es für wünschenswert, zunächst eine militärische Luftbrücke einzurichten. Was den militärischen Aspekt der Pläne betraf, so legte der US-Delegierte ein Papier über „Military Planning and Preparations toward a Berlin Crisis" vor, das als Anlage einen Entwurf für entsprechende Befehle an die Militärs der drei westlichen Länder enthielt. Die beiden Papiere behandelten „grundlegende, wichtige politisch-militärische" Aspekte – „denen wir uns stellen müssen"; da sie aber von so „fundamentaler" Bedeutung waren, hielt es die Arbeitsgruppe für unmöglich, vor dem Treffen der Außenminister eine Stellungnahme zu erarbeiten; man empfahl lediglich, dass Außenminister Rusk diese Papiere seinen Kollegen erläutern sollte.

Die Botschafter-Arbeitsgruppe in Washington sollte für folgende drei Fälle Planungen anstellen:

a) Möglichkeiten zur Koordinierung der militärischen Maßnahmen, die außerhalb der Kompetenz von „Live Oak" lagen;
b) Möglichkeiten, um die Kontinuität der militärischen Kontrolle sicherzustellen, wenn aus einer Dreimächte-Angelegenheit eine NATO-Angelegenheit würde;
c) Möglichkeiten, politische und militärische Aktivitäten weltweit zu koordinieren.

Den Außenministern wurde darüber hinaus empfohlen, für die Führungsstäbe von „Live Oak" und andere militärische Stellen möglicherweise neue Direktiven auszuarbeiten.[61]

b) Die Beratungen der drei westlichen Außenminister

Bevor der Bericht der Arbeitsgruppe von den vier Außenministern beraten wurde, trafen Rusk, Lord Home und Couve de Murville zusammen; erst später wurde Brentano hinzugezogen. Home ging mit einer klaren Direktive von Macmillan in diese Gespräche. Er sollte Folgendes erreichen: eine westliche Gipfelkonferenz in London zwei oder drei Tage nach den Bundestagswahlen mit dem Ziel, die Russen zu einer Viermächte-Gipfelkonferenz Anfang Oktober nach London einzuladen.[62] Für Home war klar: „Jeder Schritt, den wir tun, muss danach beurteilt werden, ob er uns hilft, mit den Russen zu Verhandlungen zu kommen und diese Verhandlungen erfolgreich zu gestalten."[63]

In der Dreierrunde in Paris traten dann grundlegende Meinungsverschiedenheiten zwischen Rusk und Home auf der einen und Couve de Murville auf der anderen Seite zutage. Einig war man sich zunächst noch darüber, dass die deutsche Seite stärker als bisher an den Berlinplanungen des Westens beteiligt und gleichberechtigter Partner in der Botschaftergruppe in Washington werden sollte. Couve de Murville machte dann – noch in Abwesenheit Brentanos – klar, wie wichtig die Berlinfrage für die zukünftige Politik und die Integration der BRD in den Westen sei. Der Westen müsse alles vermeiden, was zu einer Änderung dieser Integrationspolitik und einer möglichen Neutralisierung der BRD führen könnte. Letztlich gehe es um das Schicksal der atlantischen Allianz.

Bis dahin war man sich einig; beim Thema „Verhandlungen" gab es keine Einigkeit mehr. Rusk vertrat die Auffassung, dass der Westen noch vor dem Zusammentreten der UNO-Vollversammlung Mitte September eine Verhandlungsinitiative mit dem Ziel einer Viermächte-Außenministerkonferenz im Oktober oder November starten solle.

Couve de Murville lehnte das entschieden ab. Seiner Meinung nach wollten die Sowjets nur über Berlin verhandeln; jede Berlinvereinbarung würde aber den Berlinstatus und das Zugangsrecht verändern. Ihm ging es dabei nicht um taktische Fragen, sondern um das grundlegende Problem des Verhältnisses des Westens zur Sowjetunion, d. h. im Kern um ein Kräftemessen zwischen Ost und West, und von daher war für ihn entscheidend, „keine Schwäche zu zeigen", keine Verhandlungen. Würde man Verhandlungen vorschlagen, zeige das nur, dass man „tief im Innern des Herzens" Angst vor einem Krieg habe. Genau das sage Chruschtschow ja die ganze Zeit, und daher sei es falsch, ihn in diesem Eindruck zu bestärken.

Rusk wollte dem nur ansatzweise folgen. Stärke hatte seiner Meinung nach viele Varianten; wichtig sei – und da nahm er Argumente der Arbeitsgruppe auf –, dass man den eigenen Völkern, von denen man erwarte, dass sie das Risiko eines Atomkrieges auf sich nehmen sollten, klarmachen könne, dass man alles versucht habe, das Problem auf andere Weise zu lösen.[64] Couve ahnte wohl, dass Verhandlungen auf Kosten der Deutschen gehen würden. Genau das hatte Rusk bei einem privaten Frühstück mit Home auch klargemacht. Die Westdeutschen, so Rusk, „werden viele Dinge schlucken müssen, die sie bis jetzt für unmöglich gehalten haben". Die Amerikaner würden die Deutschen härter anfassen, als die Briten bislang geglaubt hätten.[65]

c) Die Beratungen der vier westlichen Außenminister

Am 5. und 6. August berieten die vier westlichen Außenminister den Bericht der Arbeitsgruppe. Mit Ausnahme der „Taktik", sprich Verhandlungen, wurde dieser Bericht weitgehend akzeptiert, auch wenn es in Einzelfragen noch gewisse Unstimmigkeiten gab. So ging es bei den „Plänen für den Ernstfall" um die Frage, wer mit wem bei einer Blockade des militärischen Nachschubs verhandeln solle. Rusk wies darauf hin, dass die Alliierten nicht mit der DDR über den Zugang der Westmächte verhandeln wollten, allerdings auch keinen Krieg erklären würden, um solche Gespräche zu verhindern. Er machte dann den Vorschlag, dass darüber die Westdeutschen mit den Ostdeutschen reden sollten. Brentano fand das denn doch etwas merkwürdig und äußerte seine Zweifel, ob es erwünscht sei, dass die Deutschen über den Verkehr der Alliierten bestimmen sollten. Außerdem sei ein solches Vorgehen auch gefährlich in dem Sinne, dass man den Ostdeutschen den Eindruck vermittle, als ob sie beim Thema „alliierter Verkehr" etwas mitzureden hätten. Der Vorschlag wurde dann auch nicht weiterverfolgt. Immerhin kam es zu einer „sehr bedeutsamen" Entscheidung an diesem „interessanten Tag", wie Home Macmillan berichtete. Brentano stimmte nämlich „ohne zu murren" der Auffassung seiner Kollegen zu, dass es absolut unwichtig sei, wer die Grenzpapiere abstempelte. Auch bei den „wirtschaftlichen Gegenmaßnahmen" war man sich weitgehend einig. Bei einer totalen Blockade Westberlins sollte demnach eine totale Wirtschaftsblockade gegen den Ostblock verhängt werden (ohne dass schon Einzelheiten genannt wurden). Die Amerikaner stimmten der Einrichtung einer Luftbrücke zu.

Dann kam man zur „Taktik" für das weitere Vorgehen; und hier gab es die gleichen „grundlegenden Meinungsverschiedenheiten" wie in der

Dreierrunde. Rusk argumentierte wie in der Dreierrunde, stieß jetzt aber auch auf den Widerspruch Brentanos. Brentano fürchtete, dass Verhandlungen zu einer Verschlechterung des Status quo führen würden, der ohnehin schon schlecht genug sei; von daher sollte der Westen keine Initiative ergreifen, aber auch ein Verhandlungsangebot der Sowjets nicht ablehnen. Couve de Murville vertrat mit noch größerem Nachdruck seine Position: Er bezeichnete jetzt einen westlichen Verhandlungsvorschlag, ohne zu wissen, was man wolle, als „unverantwortlich". Ein Kompromissvorschlag Rusks, sowohl auf diplomatischem Wege Verhandlungsbereitschaft zu signalisieren als auch Gromyko während der UNO-Vollversammlung anzusprechen, wurde von Couve de Murville und Brentano abgelehnt. Beide wiesen auf die damit verbundene Gefahr hin, dass der Eindruck entstehen könnte, der Westen beabsichtige, das Berlinproblem vor die UNO zu bringen.

Am Ende war man lediglich darin einig, dass man in dieser Frage nicht einig war und dass das Thema auf Regierungsebene geklärt werden musste.[66] Für Macmillan waren die Beratungen in Paris zwar „fascinating", aber einige Fragen mussten noch geklärt werden, die für ihn „lebenswichtige" Bedeutung hatten. Erstens: Wer würde die politische Kontrolle bei militärischen Aktionen ausüben? Ein kleiner Zwischenfall konnte zum großen Krieg führen. Was war z. B. zu tun, wenn die Sowjets bei einer Luftbrücke ein Flugzeug abschießen würden? Seiner Meinung nach konnte das kein General, nicht einmal der NATO-Oberbefehlshaber entscheiden. Macmillan zu Home: „Das muss politisch entschieden werden." Daran schloss sich die zweite „große" Frage („big question") an, nämlich: Würde die NATO diese Entscheidung den drei Westmächten überlassen „oder bestehen alle fünfzehn darauf, den Finger am Abzug zu haben?"[67]

9. Dean Rusk bei de Gaulle und Adenauer

Am 8. August traf Außenminister Rusk mit General de Gaulle zusammen. Das Ergebnis war für Rusk nicht gerade erfreulich. De Gaulle zeigte zwar Verständnis für den amerikanischen Wunsch nach Verhandlungen mit der Sowjetunion – um die öffentliche Meinung in den USA zu „befriedigen" –, hatte auch nichts gegen einen Versuch, die sowjetischen Absichten zu erkunden, lehnte aber Verhandlungen, bei denen man nicht wisse, worüber eigentlich verhandelt werden sollte, kategorisch ab. In der Berlinfrage gab es für ihn immer noch nichts zu verhandeln; man solle Chruschtschow klipp und klar sagen, was Sache sei; nämlich dass der Westen eine Änderung des Berlinstatus ablehne, ein Eingreifen in legitime Rechte nicht toleriere und bei einer gewaltsamen Änderung entsprechend reagieren werde.

Rusk bemühte sich, de Gaulle die Notwendigkeit von Verhandlungen klarzumachen, stieß aber auf wenig Resonanz. Wie bitte, so fragte de Gaulle, könne irgendjemand mit Chruschtschow verhandeln, der darauf bestehe, dass letztlich genau das passiere, was er wolle, ob mit oder ohne Verhandlungen? Würde es zu Verhandlungen kommen, dann nur deshalb, „weil Chruschtschow gepfiffen hat".[68]

Mehr Erfolg hatte Rusk anschließend auf der Tagung des NATO-Ministerrates. Er erläuterte zunächst die Position der USA, die bei den Teilnehmern weitgehend auf Zustimmung stieß. Die Vertreter Italiens und Belgiens waren für Verhandlungen und warnten vor westlichen „Provokationen". Auch die Minister aus Dänemark, Holland, Norwegen und Kanada sprachen sich für Verhandlungen aus, bei gleichzeitiger Verstärkung der eigenen Verteidigungsanstrengungen, auch wenn, wie der Däne meinte, militärische Aktionen keine Lösung des Problems seien. Der Norweger ging noch einen Schritt weiter. Man müsse unterscheiden zwischen wichtigen Interessen, bei denen man nicht nachgeben, und weniger wichtigen, bei denen man sehr wohl nachgeben könne. Offensichtlich meinte er damit auch die Anerkennung der DDR, denn er wies seine Kollegen darauf hin, dass die NATO sich mit diesem Thema beschäftigen solle, da das mit Sicherheit ein Thema der Verhandlungen werden würde.[69]

Im Kommuniqué vom 8. August hieß es dann allerdings, die deutsche Frage könne nur auf der Grundlage der Selbstbestimmung gelöst werden. Gleichzeitig bekräftigte der NATO-Rat erneut seine Berlin-Erklärung vom 16. Dezember 1958 und teilte offiziell mit, dass die USA bei Kriegsgefahr sechs weitere Divisionen nach Europa verlegen würden.

Am Vormittag des 10. August traf Außenminister Rusk mit Bundeskanzler Adenauer an dessen Urlaubsort Cadenabbia zusammen. Mit dabei waren noch Botschafter Dowling und Außenminister Brentano. Rusk informierte Adenauer zunächst über die Beratungen in Paris – er sei überrascht über die Einigkeit des NATO-Rates („surprised there by the unity of the Council") –, um dann auf das eigentliche Thema zu kommen: mögliche Verhandlungen, die Kennedy wollte. Rusk begann denn auch mit Kennedy: Der Präsident wäre dankbar für einen Rat des Kanzlers bei einem Thema, das ihn sehr beschäftige, nämlich dem möglichen Einsatz von Atombomben. („The President feels most gravely his responsibility for the use of nuclear weapons.") In der Berlinkrise habe er sich und die Vereinigten Staaten zu voller Solidarität mit Westeuropa verpflichtet. Für viele Amerikaner bedeute dies das Ende ihres bisherigen normalen Lebens: Die Zahl der Einberufungen habe sich verdreifacht; Reservisten würden eingezogen. Die Amerikaner erwarteten von ihren Alliierten, dass sie die gleichen notwendigen Opfer bringen würden. Gleichzeitig sei aber der Präsident besorgt, dass die westliche Allianz das Berlinproblem nur unter dem militärischen Gesichtspunkt betrachte. Es gehe nicht nur um die öffentliche Meinung, sondern auch um die politische Führung in jedem Land. Falls der Westen zum Entschluss komme, militärische Gewalt anzuwenden, dann müsse es allen klar sein, dass jeder vernünftige Versuch unternommen worden sei, um eine friedliche Lösung zu finden, und dass Moskau für den Krieg verantwortlich sei („war was forced on us by the other side"). Der Präsident, so Rusk, überlege daher, ob der Westen nicht die Initiative ergreifen solle, um im Herbst zu Verhandlungen zu kommen.

Das war der Stand von Paris, wo sich Rusk und Home ja auch für Verhandlungen ausgesprochen hatten. Ein Mann war gegen Verhandlungen – und blieb es auch in den folgenden Wochen und Monaten: General Charles de Gaulle. Rusk verwies auf dessen Haltung; de Gaulle habe gesagt: „Wir sind in Berlin und damit basta. Wenn die Sowjets uns daran hindern wollen, schießen wir." Dies, so Rusk, sei keine adäquate Haltung in den Sechzigern, „wo wir mit einem Atomkrieg rechnen müssen".

Adenauer meinte, er wolle genauso offen und frei zu Rusk sprechen, wie er es mit Dulles getan habe, was Rusk als großes Kompliment („high compliment") bezeichnete. Adenauer schilderte zunächst, was er persönlich von Chruschtschow hielt: zuerst ein russischer Nationalist, dann Diktator und Kommunist, der als wirtschaftlicher Held in die Geschichte eingehen wolle. Er habe einen 20-Jahres-Plan verabschiedet; das sei genau der Punkt, wo man ihn treffen könne, nämlich mit wirtschaftlichen Gegenmaßnahmen. Wenn man damit drohen werde, würde Chruschtschow das ernst nehmen; und sollte es dazu kommen, werde die Bundesrepublik „100%ig hinter diesen Maßnahmen stehen". Und dann kam es: Man solle wirtschaftliche Gegenmaßnahmen vorbereiten und gleichzeitig zu Verhandlungen bereit sein. Rusk gab jetzt plötzlich zu bedenken, dass es nicht sehr viel gebe, worüber man mit Chruschtschow verhandeln könne („There is little meat on this bone."), worauf Adenauer meinte, die Situation sei kritisch, möglicherweise gebe es doch noch etwas. Mit Blick auf de Gaulle machte er einen interessanten Vorschlag. Er verwies auf den „Figaro", der für den 15. August eine Revolution in Frankreich vorhergesagt hatte. Erst nach diesem Datum, so Adenauer, solle man an de Gaulle herantreten.

Das Gespräch verlief weiter in freundschaftlichem Ton. Im Zusammenhang mit dem Recht der Westalliierten in Berlin verwies Adenauer auf die Situation im Sommer 1945, als angloamerikanische Truppen sich aus Thüringen und Sachsen zurückgezogen hätten, um im Gegenzug ihre Sektoren in Berlin zu besetzen. Er war im Übrigen über die Mitteilung von Rusk erfreut, dass Großbritannien und Frankreich die Bundesrepublik nun als vollwertigen Partner bei den Berlin- und Deutschlandplanungen akzeptierten. Das, so Adenauer, habe er bereits von Vizepräsident Johnson erfahren. Der Präsident, so Rusk, schätze die Zusammenarbeit mit der Bundesrepublik sehr: „We must both work closely together." Er sei für jede Idee des Kanzlers dankbar und werde umgekehrt die Bundesrepublik auf dem Laufenden halten. Adenauer war geradezu gerührt, äußerte seine Dankbarkeit und wies darauf hin, dass die Bundesrepublik ehrlich und ernsthaft die Zusammenarbeit wünsche und dass sich die USA bei ihrem Bemühen, ihre Führungsrolle im Westen zu stärken, auf die Bundesrepublik verlassen könnten, denn: „Was die Bundesrepublik heute ist, verdankt sie Amerika."[70]

Diese gegenseitig bekundete Freundschaft und Solidarität sollte schon bald einer schweren Belastungsprobe unterzogen werden. Rusk hatte recht, dass es im Prinzip wenig zu verhandeln gab mit Chruschtschow – es sei denn Dinge, die nur auf Kosten der Deutschen gehen würden. Das aber konnte den Deutschen zu diesem Zeitpunkt noch nicht offen gesagt werden. Als es im Herbst erkennbar war, war Adenauer dankbar, dass de Gaulle sich nach wie vor Verhandlungen widersetzte.

VII. Nach dem Mauerbau

(August bis Dezember 1961)

1. Die Woche vom 13. bis 20. August

Am Vormittag des 12. August 1961, Samstag, beschloss der Ministerrat der DDR u. a. folgende Maßnahme:

> „Zur Unterbindung der feindlichen Tätigkeit der revanchistischen und militaristischen Kräfte Westdeutschlands und Westberlins wird eine solche Kontrolle an den Grenzen der DDR, einschließlich der Grenze zu den Westsektoren von Großberlin eingeführt, wie sie an den Grenzen jedes souveränen Staates üblich ist. Es ist an den Westberliner Grenzen eine verlässliche Bewachung und eine wirksame Kontrolle zu gewährleisten, um der Wühltätigkeit den Weg zu verlegen."

Anschließend unterzeichnete Walter Ulbricht, SED-Chef und Vorsitzender des Nationalen Verteidigungsrates der DDR, die „Befehle für die Sicherungsmaßnahmen an der Staatsgrenze der DDR zu Berlin-West und zur BRD". Um Mitternacht wurde Alarm gegeben und die Aktion ausgelöst. SED-„Kampfgruppen der Arbeiterklasse", Volkspolizei und Einheiten der Nationalen Volksarmee riegelten die Sektorengrenze zwischen Ost- und Westberlin mit Stacheldraht ab.

Das SED-Zentralorgan „Neues Deutschland" veröffentlichte am Morgen des 13. August den o. g. Beschluss des DDR-Ministerrates und eine Erklärung der Warschauer-Pakt-Staaten, in der es hieß, deren Regierungen

> „wenden sich an die Volkskammer und an die Regierung der DDR, an alle Werktätigen der Deutschen Demokratischen Republik, mit dem Vorschlag, an der Westberliner Grenze eine solche Ordnung einzuführen, durch die der Wühltätigkeit gegen die Länder des sozialistischen Lagers zuverlässig der Weg verstellt und rings um das ganze Gebiet Westberlins, einschließlich seiner Grenze mit dem demokratischen Berlin, eine verlässliche Bewachung und eine wirksame Kontrolle gewährleistet wird".[1]

Es folgte ein Satz, der wohl an die Westmächte gerichtet war, nämlich:

> „Selbstverständlich werden diese Maßnahmen die geltenden Bestimmungen für den Verkehr und die Kontrolle an den Verbindungswegen zwischen Westberlin und Westdeutschland nicht berühren."

a) Die Reaktion des Westens

Die Genossen hatten einen günstigen Zeitpunkt für den Beginn der Sperrmaßnahmen gewählt: die Nacht von Samstag auf Sonntag, wohl auch in der Annahme, dass im Westen an Wochenenden kaum Politik betrieben würde. Das war hier auch der Fall: Kennedy segelte vor Hyannis Port, das State Department war nahezu verwaist, Rusk besuchte ein Baseballspiel; Macmillan befand sich auf Grauhuhnjagd in Schottland, und de Gaulle erholte sich in Colombey-les-Deux-Églises. Es darf allerdings bezweifelt werden, ob die Reaktionen des Westens anders ausgefallen wären, hätte die DDR ihre Aktion mitten in der Woche gestartet. Es gab nämlich so oder so kaum Reaktionen. Die „Bild"-Zeitung brachte das am 16. August mit einer stacheldrahtumrankten Titelseite in dicken Lettern auf den Punkt:

> „Der Osten handelt – was tut der Westen?
>
> DER WESTEN TUT NICHTS!
>
> Präsident Kennedy schweigt … Macmillan geht auf die Jagd … und Adenauer schimpft auf Willy Brandt."

Die erste Meldung über die Sperrmaßnahmen erreichte das State Department am frühen Sonntagmorgen. In einem Telegramm, das um 6.37 Uhr empfangen wurde, gab der stellvertretende Leiter der US-Mission Berlin, Edwin A. Lightner, eine erste Analyse dieses, wie er es nannte, „fait accompli": Dies sei einer jener Schritte, die man bei einem möglichen Vertrag mit der DDR vorausgesehen habe.[2] Nach Aussage der FRUS-Historiker ist die amerikanische Dokumentenlage hinsichtlich der unmittelbaren Reaktionen auf die Sperrmaßnahmen „spärlich" („sparse") – aus welchen Gründen auch immer. (Ähnliches gilt auch für London.) Rusk telefonierte mit Kennedy – eine Aufzeichnung darüber ist offensichtlich nicht vorhanden. Das Ergebnis ist jedenfalls bekannt: jene mehr als zurückhaltende offizielle Erklärung von Rusk am 13. August, die in mehrfacher Hinsicht bezeichnend war und die Richtung der amerikanischen Politik schon andeutete. Die Sperrmaßnahmen, so Rusk völlig richtig, seien in erster Linie gegen die Bewohner Ostberlins und Ostdeutschlands gerichtet und nicht gegen die verbrieften Positionen der Alliierten in Westberlin oder den Zugang dorthin. Sie seien dennoch eine Verletzung des Viermächte-Status der Stadt und von daher „Gegenstand eines energischen Protests über angemessene Kanäle".[3] Das war's – und es war nicht viel. Die Devise lautete: abwarten und sehen, was kommt.

Zur gleichen Zeit, am Mittag des 13., trafen Willy Brandt, sein Stellvertreter Franz Amrehn (CDU) und der für Bundesangelegenheiten zuständige Senator Günter Klein mit den westlichen Kommandanten, deren Stellvertretern und politischen Beratern zusammen. Brandt wies auf das mögliche Szenario hin: im Laufe des Tages und des Abends könnten sich die Menschen auf beiden Seiten der Sektorengrenze in großen Mengen versammeln und ein Sicherheitsproblem entstehen; die Westberliner Polizei sei jedenfalls in Alarmbereitschaft versetzt worden. Im Übrigen werde der Senat „jedes Wort sorgfältig abwägen", das man der Öffentlichkeit mitteile; man werde den Westberlinern empfehlen, Ruhe zu bewahren und sich nicht zu unüberlegten Aktionen hinreißen zu lassen. Diplomatische Schritte, so Brandt, müssten auf höchster Ebene erfolgen; seines Wissens würden Viermächte-Gespräche stattfinden, wo Gegenmaßnahmen erörtert würden. Und dann machte er klar, was er erwartete: Proteste allein würden nicht ausreichen; die Alliierten müssten energische Schritte unternehmen, die Absperrmaßnahmen beseitigen und die Bewegungsfreiheit in Berlin wiederherstellen.[4] Die Antwort der Kommandanten war nicht sehr weiterführend. Sie würden die Entwicklung „sorgfältig" beobachten; im Übrigen stimmten sie mit Brandts Bemühungen überein, „Ruhe zu bewahren".

Am Abend fand eine Sondersitzung des Abgeordnetenhauses statt; im Anschluss daran trafen die Kommandanten zusammen und berieten über den Text eines Protestschreibens an ihren sowjetischen Kollegen.[5]

Am nächsten Tag wiederholte Amrehn gegenüber den Kommandanten die Forderung von Brandt nach energischen Gegenmaßnahmen und wies auf die wachsende Enttäuschung der Westberliner hin angesichts der Inaktivität der westlichen Alliierten. Der Senat wundere sich darüber, dass der Protest der Kommandanten immer noch nicht erfolgt sei, wo doch in der Vergangenheit Proteste in der Regel am selben Tag überreicht worden seien – worauf als Antwort an den „Ernst" der Situation erinnert wurde und dass der Protest in den westlichen Hauptstädten koordiniert würde; dort würden sämtliche Aspekte des Problems „dringlichst“ geprüft. Der Senat, so Amrehn, stehe unter schwerem Druck, etwas zu tun. Er schlug dann als erste Maßnahme vor, die Handlungsfreiheit der Westberliner SED einzuschränken (Schließung der Büros etc.) und in den S-Bahnen DDR-Plakate zu entfernen. (Der letzten Maßnahme stimmte das State Department sofort zu, allerdings mit der Maßgabe, dass es dadurch zu keinem Zwischenfall kommen dürfe.)[6]

Am Vormittag desselben Tages (14. August) trafen die drei westlichen Botschafter auf Bitten Brentanos im Auswärtigen Amt zusammen, um mit ihm über die Lage und mögliche Gegenmaßnahmen zu beraten. Für Brentano waren die Aktionen in Berlin „höchst alarmierend“ und nur der erste Schritt zu weiteren Restriktionen. Er befürchtete die Schließung des Zugangs für Westberliner und Westdeutsche nach Ostberlin – was es in der Tat schon war! – oder sogar der Zufahrtswege nach Westberlin, d. h. Blockade, falls der Westen nicht „sofort und entschlossen“ reagiere. Bei der Analyse der ostdeutschen Aktionen waren er und der französische Botschafter François Seydoux der Meinung, dass die Flüchtlingswelle sicherlich eine Rolle gespielt habe, es aber wohl mehr darum gehe, die Reaktion des Westens bei der schrittweisen Realisierung der „Freien Stadt“ zu testen; für Steel und Dowling war allein die Flüchtlingswelle entscheidend. Steel wies darauf hin, dass er die Botschaftergruppe eine Woche zuvor in Paris davor gewarnt hatte, dass irgendetwas Ähnliches geschehen werde. Einig war man sich, dass das Ergebnis letztlich dasselbe sei; man war sich auch darin einig, dass sofort zwei Dinge getan werden sollten:

1. Protest der drei westlichen Stadtkommandanten, ergänzt durch eine entsprechende westliche Note in Moskau;
2. größtmögliche Reisebeschränkungen für Ostdeutsche.

Man hoffte im Übrigen auf Beschlüsse der Botschaftergruppe in Washington, die am selben Tag Gegenmaßnahmen beraten würde; es komme „entscheidend“ darauf an, schnell zu reagieren. Dowling war besorgt. Würde es einen zweiten 17. Juni geben, wollte er von Brentano wissen. Der reagierte zurückhaltend. Instinktiv würden die Ostdeutschen in den Häusern bleiben. Es gäbe möglicherweise einzelne Verzweiflungstaten, aber insgesamt sei die Erinnerung an den 17. Juni noch zu frisch; und im

Übrigen seien die kommunistischen Maßnahmen sehr gründlich („very complete").[7]

Botschafter Steel zog seine eigenen Schlüsse aus der Entwicklung. Er war nicht überrascht; er wunderte sich eigentlich nur darüber, dass die DDR nicht schon viel früher die Sektorengrenzen abgeriegelt hatte, wie er am selben Tag nach London berichtete. („I must say that I personally have always wondered that the East Germans have waited so long to seal this boundary.") Erneut wies er darauf hin, dass er ja die Botschaftergruppe in Paris eine Woche zuvor darauf hingewiesen habe, dass mit dieser oder einer ähnlichen Absperrmaßnahme zu rechnen sei. Die Flüchtlingswelle habe Chruschtschow offensichtlich zum Handeln gezwungen. Bemerkenswert war für ihn, dass Chruschtschow dabei sorgfältigst alles vermieden habe, was die Rechte der Westalliierten in irgendeiner Weise beeinträchtige, selbst deren Zugang nach Ostberlin. Für Steel war klar: Chruschtschow wolle verhandeln und auf keinen Fall ein gefährliches Fait accompli oder gar einen Showdown riskieren [„Khrushchew so clearly wishes to bring us to the conference table while the situation is fluid and not to risk (any more than we want to risk) anything like a dangerous *fait accompli* or showdown."] Von daher war Steel mehr als überrascht, dass Brentano und Carstens auf ihrer Interpretation der Lage beharrten: der Mauerbau als erster Schritt, die Westmächte aus Berlin zu vertreiben. Für ihn gab es dafür nur eine Erklärung: „Die Deutschen kennen das Desinteresse des Westens an der Wiedervereinigung bzw. unsere Entschlossenheit, die Absperrmaßnahmen nicht zum casus belli zu machen."[8]

Die Botschaftergruppe in Washington diskutierte am 14. August mögliche Gegenmaßnahmen. Und da gab es dann schon ganz unterschiedliche Auffassungen. Grewe schlug vor, DDR-Bürgern keine Genehmigung für Reisen in oder durch NATO-Länder zu gewähren. Das war schon wenig genug, dennoch wurde ihm entgegengehalten, dass die DDR ihrerseits Reisen westlicher Bürger nach Ostberlin untersagen könnte; und wenn die westlichen Maßnahmen wieder aufgehoben würden, während Ostberlin die Kontrollen beibehielt, wäre das für den Westen eher „peinlich". Auf der anderen Seite war allerdings klar, dass, falls der Westen es bei einfachen Protesten belasse, die Westberliner sich im Stich gelassen fühlen und die Sowjets diese „Inaktivität" als Schwäche im Hinblick auf das Berlinproblem als Ganzes auslegen würden. In der weiteren Diskussion zeigte sich die ganze Hilflosigkeit bzw. Unentschlossenheit der Runde. Den Vorschlag, die Leipziger Messe zu boykottieren, lehnte Grewe ab; die Bundesrepublik könne da wegen des Interzonenabkommens nicht mitmachen. Dann wurden weitere Vorschläge gemacht: Abbruch der kulturellen Beziehungen, keine Teilnahme der Ostblockländer an westlichen Messen, Aufkündigung des amerikanisch-sowjetischen Luftfahrtabkommens, Reiseverbot von Westbürgern in die DDR (was die Franzosen und Deutschen für ihre Länder ablehnten). Immerhin war man sich einig, dass mögliche Gegenmaßnahmen gegen den gesamten Ostblock zu richten seien, da die DDR eine Entscheidung des Warschauer Paktes durchgeführt habe, und dass wirtschaftliche Gegenmaßnahmen erst dann durchgeführt werden sollten, wenn sich die Situation weiter verschlechtere, d. h. falls es um die Zufahrt nach Westberlin gehe. Im Übrigen sollte der Mauerbau propagandistisch ausgeschlachtet werden.[9]

Ein Blick in die Akten zeigt, wie wenig realistisch deutsche Hoffnungen auf eine scharfe amerikanische Reaktion waren. Da wollte niemand die Stacheldrahtverhaue niederreißen; Washington wollte mit den Sowjets verhandeln! Der Kontakt sollte von Botschafter George F. Kennan in Belgrad geknüpft werden. Bereits am 14. August erteilte Rusk Kennan („Personal and eyes only for the Ambassador") die entsprechende Instruktion. Den Sowjets sollte die ernste Absicht der amerikanischen Regierung klargemacht werden, dass man eine „friedliche Lösung" der Berlinkrise wolle, die die Interessen aller Beteiligten wahre. Vor allen Dingen sollte Kennan darauf achten, dass die Alliierten, „insbesondere die Deutschen", von diesen Gesprächen nichts erfahren würden.[10]

Für Bundy und den engeren Beraterstab Kennedys waren die Absperrmaßnahmen wenig dramatisch. Auch sie waren für Verhandlungen mit den Sowjets und rieten Kennedy am 14. August, innerhalb der nächsten sieben oder zehn Tage eine entsprechend klare Initiative zu ergreifen; da die Verbündeten zögerten, müsse die Führung von „ganz oben", vom Präsidenten selbst, kommen. Man sei in dieser Meinung durch die Schließung der Sektorengrenze – für sie nur eine „Episode" („border-closing episode") – bestärkt worden; das sei ein Grund mehr für Gespräche, weil damit die gefährliche und explosive Schwäche der DDR offen zutage getreten sei.

Von den geplanten Reisebeschränkungen des Westens hielt Bundy wenig; da sie aber schon vorher auf Viermächte-Ebene diskutiert worden seien, solle man sie jetzt mittragen – wegen der „Verlässlichkeit" des amerikanischen Partners. Und was die Absperrmaßnahmen der DDR betraf, so stimmte er mit George Kennan und Joseph Alsop – einem der einflussreichsten Journalisten in den USA – überein, dass dies

1. etwas war, was die DDR schon immer hätte tun können;
2. etwas war, was die DDR früher oder später hätte tun müssen, solange sie nicht den Fluchtweg von Westberlin in den Westen kontrollieren konnte; und,
3. da es so oder so hätte geschehen müssen, es gut sei, dass es eher früher als später geschehen sei, als Aktion der DDR und in ihrer Verantwortlichkeit.[11]

Für Kennedy war der Mauerbau Beweis dafür, wie sehr das Thema „Freie Stadt" „leeres" Gerede und wie verachtenswert das DDR-Regime war, das die Sowjetunion „respektierlich" zu machen versuche. An diesem 14. August beschäftigte ihn in diesem Zusammenhang allerdings nur eine Frage: Wie und wie weit man die Sache propagandistisch ausschlachten konnte. Mit der Grenzschließung habe man ein hervorragendes Propagandainstrument in die Hände bekommen, das die andere Seite, wäre die Sache umgekehrt gelaufen, sehr gut gegen den Westen einsetzen würde. Die Geschichte müsste auf „höchster Ebene" entschieden werden.[12]

Am nächsten Tag, dem 15. August, fand im State Department eine erste Besprechung „auf höchster Ebene" statt. Teilnehmer waren: Rusk, McNamara, Handelsminister Luther H. Hodges, Landwirtschaftsminister Orville L. Freeman, der stellvertretende Finanzminister Henry Fowler, Robert Kennedy, Allen Dulles (CIA-Direktor), Donald M. Wilson (stv. USIA-Direktor), General L. Lemnitzer (JCS, Chairman), Kohler, General M. Taylor und Bundy. Große Aufregung über die Abriegelungsmaßnahmen herrschte auch in dieser Runde nicht. Das Gegenteil war eher der Fall. Das wird aus der Lageeinschätzung von Rusk deutlich; für ihn waren die Maßnahmen zwar eine außerordentlich ernste Angelegenheit, aber wenn man die Sache realistisch betrachte, sei dadurch eine Lösung des Berlinproblems „eher leichter" geworden. Man müsse „shooting issues" und „non-shooting issues" auseinanderhalten – und die Sperrmaßnahmen seien keine „shooting issues", worin ihm alle zustimmten. Worum es daher im Moment nur gehe, sei die Stimmung in Berlin und Deutschland; die Deutschen verlangten mehr von den Amerikanern als lediglich Protestnoten; die Frage sei nur, was man darüber hinaus noch tun könne.

ADDRESS OFFICIAL COMMUNICATIONS TO
THE SECRETARY OF STATE
WASHINGTON 25, D. C.

TOP SECRET

DEPARTMENT OF STATE
WASHINGTON

EXDIS REVIEW
Cat. A - Caption removed; transferred to O/FADRC
Cat. B - Transferred to O/FADRC with additional [redacted] controlled by S/S
Cat. C - Caption and custody retained by S/S
Reviewed by: Elijah Kelly Jr.

Recategorized as
Category "A"
September 30, 1966
/s/ Warren A. Henderson

PC 65

R

Amembassy
Belgrade

August 14, 1961

Personal and eyes only for the Ambassador

already declassified

Should you find a convenient and natural occasion for a wholly private and informal talk with your Soviet colleague, you might tell him that you know, from your recent discussions with senior American officials in Washington, that the United States Government is sincerely anxious to find a peaceful solution to the Berlin crisis and realizes that this must be one which takes account of the interests of all the various parties involved. Your Government hopes, you may add, that regular negotiations to this end may be undertaken in the fairly near future. It is possible, however, that preparations for such negotiations might be facilitated if facilities existed for occasional purely informal and exploratory exchanges of views between the two governments on some of the problems involved. You would, you may say, be available for such discussions to him or to anyone else whom the Soviet government might wish to designate for this purpose. You should make it clear that you would not be able, in such discussions, to commit the United States Government or any of its allies or associates in any way, nor would you expect any such commitment on the Soviet side; anything of this sort would have to await regular and formal negotiations. You might add, however, that you are taking this step with the knowledge of your government, and that if such exchanges should take place, you would be in touch with your government and would not be speaking irresponsibly.

You should stress that the value of such discussions would be dependent on the observation of strictest secrecy; should the Soviet side not agree that the talks should be handled on this principle, then, you may say, it would be better not to pursue them at all.

Unsigned

We

TOP SECRET

No drafting office

DEPARTMENT OF STATE IS/FPC/CDR Date 3/26/93
(✓) RELEASE (✓) DECLASSIFY
( ) EXCISE ( ) DECLASSIFY IN PART
( ) DENY
( ) DELETE Non-Responsive Info
FOIA Exemptions
PA Exemptions
MR Cases Only:
EO Citations
TS authority to:
( ) CLASSIFY as ( ) S or ( ) C OADR
( ) DOWNGRADE TS to ( ) S or ( ) C OADR

762.00/8-1461

US-Außenminister Dean Rusk am 14.8.1961 „TOP SECRET, Personal and eyes only“ an Botschafter George F. Kennan in Belgrad: Gespräche mit den Sowjets – und keine Mitteilung an die Deutschen.

We feel that you should go no further than this on the first occasion. Should your colleague say that he is already empowered to hear anything you have to say along this line, you should request that he nevertheless first apprise his government of what you have told him, and say that you would prefer to await his government's reaction before getting down to any matters of substance.

Should he inquire whether any of the allies of the United States have knowledge of the suggestion you are making, you may say that they do not, and that while the United States will of course be guided, in its dealings with its allies, by whatever enlightenment as to the Soviet viewpoint it may derive from these informal exchanges, it does not intend that any other government shall be apprised specifically of the fact that such talks are occurring. In particular, it is not intended that the Germans shall have any knowledge of them.

Einig war man sich zunächst in dem, was man nicht tun wollte: keine wirtschaftlichen Gegenmaßnahmen. Sie wurden als „unangemessen“ abgelehnt; entweder seien sie wirkungslos, wie etwa Nichtteilnahme an der Leipziger Messe, oder sie könnten eine Kettenreaktion auslösen, wo am Ende direkte US-Interessen berührt würden, nämlich die Zufahrt nach Berlin – womit die Blockade gemeint war, obwohl dieses Wort im Protokoll nicht erwähnt wird. Ähnliches galt bei der vorübergehenden Aussetzung von Genehmigungen für Reisen von DDR-Bürgern in und durch NATO-Länder. Da es so aussehe, als ob die Sperrmaßnahmen in Berlin auf Dauer angelegt seien, könne man dem nicht mit vorübergehenden Maßnahmen begegnen.

Blieb eine Verstärkung der amerikanischen Garnison in Berlin als symbolische Geste. Aber auch da gab es keine Einigung; insbesondere McNamara betonte mit Nachdruck, dass ein solcher Schritt „nicht wünschenswert“ sei. Für alle Beteiligten war demnach das ganze Problem im Kern eine Sache für die Propaganda; und da war man sich einig, dass da eine ganze Menge für den Westen herauszuholen war. Es war Robert Kennedy, der hier energische Schritte verlangte. Es wurde dann gleich eine entsprechende Sitzung vereinbart und beschlossen, den Vertreter einer führenden Public Relations Firma nach Washington einzuladen.[13]

Am selben Tag kam auch die Viermächte-Botschaftergruppe in Washington zusammen, um erneut über Gegenmaßnahmen zu beraten. Grewe hatte jetzt Instruktionen aus Bonn, auf eine Aussetzung der Vergabe von Reisegenehmigungen für DDR-Bürger zu drängen. Der französische Vertreter warnte vor wirtschaftlichen Maßnahmen – das könnte zu einer Blockade führen und sei daher nicht empfehlenswert. Man solle dann schon lieber überhaupt keine Reisegenehmigungen mehr erteilen. Dagegen sprach sich wiederum der britische Vertreter aus; der sah jetzt ein Problem mit dem Interzonenabkommen. Das Hauptziel sei die Erhaltung der Freiheit Westberlins. Die Briten hätten eigentlich vorgehabt, zugleich mit der Protestnote in Moskau den Kreml zu Verhandlungen einzuladen; dafür sei aber jetzt die Zeit zu knapp.

Kohler tat Grewes Vorschlag als etwas arg wenig („picayune“) ab und verwies auf die zuvor stattgefundene Kabinettsitzung. Wirkungsvollere Maßnahmen seien gefragt, evtl. Verstärkung der westalliierten Patrouillenfahrten im Ostteil Berlins oder eine Verstärkung der amerikanischen Garnison (wobei er sogleich einschränkte, die Regierung habe darüber noch nicht entschieden); in jedem Fall eine Verstärkung der NATO-Verteidigung – mit entsprechenden öffentlichen Verlautbarungen. Vielleicht könnte Paris auch die Verlegung einer zweiten Division aus Algerien nach Frankreich ankündigen, Adenauer noch vor der Bundestagswahl den Bundestag einberufen und bestimmte Maßnahmen verkünden, etwa die Verlängerung der Wehrpflicht.[14]

Am gleichen Tag überreichten die drei westlichen Stadtkommandanten endlich ihre Protestnoten. Zwei Tage später, am 17. August, folgten die drei Westmächte mit einer Protestnote in Moskau.

Rückblickend war dies alles für Willy Brandt eine „peinliche Mischung aus ohnmächtiger Wut und impotenter Protestiererei", wobei er allerdings zugab, dass die Alliierten wohl der falschen Krise entgegenzitterten.[15] Heinrich Krone notierte unter dem 15./16./17. August in sein Tagebuch: „Zone und auch Ostberlin ist für sie [die Amerikaner] kein Anlass zum Eingreifen."[16] Am Tag zuvor hatte Frank Roberts gegenüber dem Foreign Office noch einmal betont, was man nicht übersehen dürfe,

> „nämlich die Tatsache, dass die Russen bei ihren Maßnahmen, den Flüchtlingsstrom zu stoppen, vorsichtig gewesen sind; sie haben diese Maßnahmen auf ihrer Seite des Eisernen Vorhangs durchgeführt und bis jetzt nichts getan, was die Freiheit Westberlins und die Rechte der Alliierten dort beeinträchtigt."[17]

Genauso war es! Erstaunlich war nur, dass sich darüber jemand wunderte. Brandt sprach am 16. August vor etwa 250.000 Westberlinern vor dem Schöneberger Rathaus; er warnte die Westmächte davor, Berlin zu einem „zweiten München" werden zu lassen; es dürfe keine Appeasement-Politik geben. Berlin erwarte von Kennedy mehr als Worte, es wolle eine Gegenoffensive. Wie die aussehen sollte, sagte er allerdings nicht. Er wiederholte auch nicht das, was er am 13. August zu den Stadtkommandanten gesagt hatte: Beseitigung der Sperrmaßnahmen. Das – und das musste er schon bald zur Kenntnis nehmen – blieb Wunschdenken und war keine praktische Politik. Für jeden sichtbar war, dass das deutsche Verlangen nach nationaler Einheit mit den Interessen der Westmächte nicht mehr übereinstimmte. Heinrich Krone schrieb am 18. August in sein Tagebuch:

> „Mitten durch Berlin geht die trennende Mauer. Die Stunde der großen Desillusion. Das deutsche Volk hatte vom Westen mehr als eine Protestnote erwartet. Stimmen werden laut, die das Vertrauen in den Westen anzweifeln."[18]

Für Willy Brandt wurde damals ein Vorhang weggezogen, hinter dem die Bühne leer war. Er schrieb später:

> „Uns sind Illusionen abhanden gekommen, die das Ende der hinter ihnen stehenden Hoffnungen überlebt hatten – Illusionen, die sich an etwas klammerten, das in Wahrheit nicht mehr existierte. Es wurde Ulbricht erlaubt, der Hauptmacht des Westens einen bösen Tritt vors Schienbein zu versetzen – und die Vereinigten Staaten verzogen nur verstimmt das Gesicht. Meine politischen Überlegungen sind in den folgenden Jahren durch die Erfahrung dieses Tages wesentlich mitbestimmt worden. Was man meine Ostpolitik genannt hat, wurde vor diesem Hintergrund geformt."[19]

Er konnte nicht ahnen, dass die Briten und wenig später auch die Amerikaner genau das wollten – und bei Adenauer auf entschlossenen Widerstand stießen.

Während man in Washington glaubte, mit müden Protestschreiben die Krise, die aus Washingtoner Sicht gar keine war, im Griff zu haben, schrillten bei den Amerikanern vor Ort in Berlin und Bonn die Alarmglocken. Entsprechend sahen die Telegramme aus, die sie am 16. und 17. August nach Washington schickten. Den Anfang machte Edward Murrow, USIA-Direktor, der sich seit dem 12. August in Berlin aufhielt. Er warnte gleich zweimal in beschwörendem Ton vor einer „Vertrauenskrise", die die amerikanische Position angesichts der Untätigkeit des Westens erst in Westberlin und dann auch in der Bundesrepublik „ernsthaft" untergraben könnte. Angesichts der Stimmung der Westberliner, die auf dem Nullpunkt sei, müsse sofort etwas geschehen, um das Vertrauen in die USA wiederherzustellen. Der Protestbrief der drei westlichen Stadtkommandanten würde von den Berlinern als „zu spät und zu wenig" abgetan; niemand in Berlin fordere irgendwelche gewaltsamen Aktionen, lediglich *irgendeine* Aktion, irgendeinen Beweis dafür, dass das Ganze nicht zu einer Art „Rheinlandbesetzung durch Hitler" werde. Es bestehe die ernste Gefahr, dass die Westberliner von sich aus zur Entscheidung kommen würden, ihre Bankkonten aufzulösen, ihre Sachen zu packen und abzuhauen. „Es besteht die Gefahr, dass hier das zerstört wird, was man Hoffnung nennt."[20]

Die Berlin-Mission unternahm am 16. August eine Gesamteinschätzung der Lage mit Blick auf das, was noch kommen konnte. Es wurden zwei Interpretationen angeboten:

1. Es sei zwar schon vorher klar gewesen, aber jetzt sei es „absolut klar", dass es angesichts der für die Sowjets und die DDR so erfolgreichen Aktion „absolut keine Möglichkeit" für sinnvolle Verhandlungen über die deutsche Frage als Ganzes gebe, die eine Berlin-Lösung inkludiere.
2. Da die Sowjets und die DDR den Westen so mühelos vor vollendete Tatsachen hätten stellen können, würden sie möglicherweise noch weitere *Faits accomplis* schaffen und damit Verhandlungen noch schwieriger machen:

> „Sie haben von der Salami ein so großes Stück abgeschnitten und erfolgreich verdaut, ohne dabei auf Widerstand gestoßen zu sein, dass sie wahrscheinlich voller Gier weitere Stücke abschneiden werden. Sie wollen Westberlin kassieren, die Westalliierten von dort vertreiben und den Widerstandswillen der Deutschen brechen."

Die Berlin-Mission sprach sich für die zweite Interpretation aus, und das hieß, die Phase der Konfrontation mit Worten und Drohungen sei vorbei, jetzt habe man es mit Taten zu tun, mit anderen Worten, „es geht um die tatsächliche Konfrontation mit den Sowjets in Berlin". Und auf Taten könne man nicht nur mit Protestnoten reagieren. Es müssten Gegenmaßnahmen erfolgen, die eine abschreckende Wirkung hätten.[21]

Botschafter Dowling bestätigte Murrows Einschätzung der Lage. Auch er war „äußerst besorgt über die Vertrauenskrise in Berlin" und empfahl einen weiteren „dramatischen Schritt", etwa eine persönliche Botschaft Kennedys, um das Vertrauen der Westberliner wiederherzustellen, auch wenn, wie er weiter schrieb, „objektiv gesehen die Westdeutschen und die Westberliner auf die Abriegelung der Sektorengrenze in höchstem Maße emotional und in umgekehrtem Verhältnis zum Ernst der Lage reagieren". Der Ernst der Lage sah für ihn ganz anders aus. Noch mehr drastische Veränderungen, auch wenn sie de facto nicht mehr bedeuten würden als die Anerkennung der Realitäten, konnten seiner Meinung nach den Deutschen nicht zugemutet werden, weil das, so seine Warnung, „letztlich nur dazu führen kann, dass es zu einer radikalen Umorientierung in der deutschen Politik kommen wird" („can only result in ultimate radical reorientation of German policy").[22]

Am Vormittag des 17. August hatte Kennedy einen Brief Willy Brandts in Händen, der damals in Washington für Irritation sorgte. Am Tag zuvor hatte Brandt auf der erwähnten Protestkundgebung vor dem Schöneberger Rathaus den Brief erwähnt; er habe vor einer bedrohlichen Vertrauenskrise gewarnt und Taten gefordert. Dieser inzwischen berühmte Brief[23] entsprach zwar inhaltlich den Überlegungen von Murrow und der Berlin-Mission (möglicherweise war er sogar in Absprache mit ihnen geschrieben worden), Kennedy war aber dennoch außerordentlich verärgert. Er verbat sich solche Ratschläge. Entsprechend fiel denn auch sein Antwortschreiben aus – und zeigte Brandt gleichzeitig die Grenzen der deutschen Politik und des amerikanischen Engagements auf. Kein Wort von Wiedervereinigung; es ging nur um Westberlin. Das hieß u. a.:

> „Die Bindung Westberlins zur freien Welt ist keine Sache schöner Reden. So wichtig auch die Verbindungen zum Osten gewesen sind, so schmerzlich wie ihr Abbruch auch ist, so läuft das Leben der Stadt, so wie ich es verstehe, doch in erster Linie zum Westen hin – ihr Wirtschaftsleben, ihre moralische Basis und ihre militärische Sicherheit."[24]

Jetzt endlich, am Nachmittag des 17. August, fielen in Washington dennoch jene Entscheidungen, auf die vor allem die Westberliner seit Tagen gewartet hatten. Ganz ohne Wirkung – Vertrauenskrise! – waren die Warnungen aus Berlin und Bonn nicht geblieben. Alles zusammen sorgte für eine graduelle Änderung der amerikanischen Politik – wenn auch nur im Atmosphärischen. Kennedy entschied, die US-Garnison in Berlin um eine Kampfgruppe (1.500 bis 1.800 Mann) zu verstärken – dies übrigens gegen den Widerstand McNamaras – sowie Vizepräsident Lyndon B. Johnson auf Kurzbesuch, und den „Helden" der Luftbrücke 1948/49, General Lucius D. Clay als seinen persönlichen Vertreter nach Berlin zu schicken; gleichzeitig wollten die USA ihre militärische Aufrüstung beschleunigt vorantreiben – ohne dies allerdings öffentlich zu machen. Der Mauerbau, so kritisierte der Präsident, hätte vorhergesehen werden müssen; die Berlin-Planer sollten mehr Gewicht auf mögliche zukünftige Aktionen legen; man müsse dafür gerüstet sein, jede Aktion des Ostblocks zu verhindern, die darauf abziele, „zivile" Schlüsselpositionen in Westberlin zu erobern. Die Ostberliner Kommunisten könnten möglicherweise von ihrem Erfolg so berauscht sein, dass sie schnell handeln würden. In Hintergrundgesprächen sollte klargemacht werden, dass man mit Blick auf den Mauerbau angemessen reagieren und festbleiben müsse bei der Verteidigung der eigenen Interessen in Westberlin, die durch „jene Ereignisse" weder berührt noch bedroht worden seien.[25]

Der Vorsitzende der Joint Chiefs of Staff, Lemnitzer, informierte NATO-Oberbefehlshaber Norstad am 18. August über diese Sitzung, wobei er hinzufügte, die Entscheidung, eine Kampftruppe nach Berlin zu schicken, sei „aus politischen, psychologischen und moralischen, nicht aber aus militärischen Gründen“ getroffen worden; McNamara sei dagegen gewesen. Norstad war auch dagegen. Er verwies auf einen Bericht des britischen Botschafters in Bonn, Christopher Steel, der nach einem Berlinbesuch den Eindruck gewonnen hatte, dass sich die Situation beruhige. (Am Tag zuvor hatte sich Steel mehr als zwei Stunden in West- und Ostberlin aufgehalten. Sein Fazit: Außer an den Absperrungen an den Sektorengrenzen sehe es überall erstaunlich normal aus. („Life looked surprisingly normal everywhere except at the barriers.“)[26] Jetzt Kampftruppen nach Berlin zu schicken, sei insofern gefährlich, als die Westberliner erwarten würden, dass der Status quo wiederhergestellt, d. h. die Mauer abgerissen würde. Mit dieser Aktion gehe man das Risiko ein, „zu einem kritischen Zeitpunkt unnötigerweise zu provozieren“. Und was die Entsendung von Vizepräsident Johnson anging, so verstand Norstad zwar den Wunsch, der Verstärkung der Garnison „noch eins draufzusetzen“ („dramatize our action“), befürchtete aber, dass man mit dieser Aktion die Dinge übertreibe, wobei auch hier seiner Meinung nach das Risiko hinzukam, dass damit bei den Westberlinern und möglicherweise auch bei den „unglücklichen“ Ostberlinern große Erwartungen geweckt würden. Den Besuch des Vizepräsidenten sollte man lieber für die kommenden Wochen und Monate aufheben, „wenn wir das möglicherweise dringender brauchen“. Er bat, McNamara entsprechend zu unterrichten, gab aber gleichzeitig zu verstehen, dass er selbstverständlich entsprechende Befehle ausführen würde.[27]

Um die schwer erschütterte („badly shaken“) Moral der Westberliner zu stärken, wollte Kennedy auch eine von ihm, Macmillan und de Gaulle unterzeichnete Erklärung veröffentlichen. Am 18. August übermittelte er London und Paris einen entsprechenden Entwurf, in dem es hieß, die drei westlichen Staatsmänner hielten es für notwendig, eine ernste Warnung auszusprechen; sie seien entschlossen, ihre fundamentalen Rechte in Berlin und ihre Verpflichtung gegenüber den Berlinern um jeden Preis („at whatever cost“) aufrechtzuerhalten und zu verteidigen.

De Gaulle sagte nicht direkt nein, sondern antwortete mit einem Gegenentwurf. Darin hieß es im letzten Absatz, die Probleme Berlin und Deutschland würden sicherlich eines Tages in einer Atmosphäre echter Entspannung in Verhandlungen gelöst; die Maßnahmen in Berlin würden aber jeden Versuch einer solchen Lösung verhindern. Kennedy und Macmillan lehnten diesen Entwurf ab – sie wollten Verhandlungen. Und so gab es keine Erklärung.[28]

Macmillan ging es in erster Linie darum, die Situation in Berlin nicht durch irgendwelche Maßnahmen zu verschärfen. Er hatte daher auch seinen Urlaub ungerührt fortgesetzt. Seine wahren Gefühle wurden deutlich, als er beim Golfspielen in Gleneagles am 18. Loch die Beherrschung verlor und meinte, die ganze Krise sei von der Presse hochgespielt worden („got up in the press"). Die amerikanischen Aktivitäten betrachtete er mit größter Skepsis – vor allem die Entsendung der Kampftruppe. Für ihn war das „militärischer Nonsens"; und wenn beide Seiten bluffen würden, könnte ein solcher Fehler möglicherweise zum Desaster führen („disaster may come by mistake").[29]

Er lehnte die amerikanische Bitte nach Verlegung britischer Soldaten in Stärke eines Bataillons von Großbritannien nach Berlin ab und begründete dies gegenüber Kennedy mit dem fadenscheinigen Argument, dass die Schlagkraft der britischen Armee geschwächt würde, ohne auf der anderen Seite militärisch etwas zu gewinnen. Und er gab gleichzeitig den Rat, der Westen solle vorsichtig reagieren, denn

> „wir wollen doch nicht die Schuld von den Russen und Ostdeutschen weg auf uns verlagern mit der Begründung, dass wir uns bei der Lösung des Problems vollkommen negativ verhalten".[30]

Das war die selbst ernannte Führungsgestalt des Westens!

b) Die Reaktion Adenauers

An der Haltung Adenauers ist damals und bis heute scharfe Kritik geübt worden. Grewe meint, dieses Kapitel sei „in der Tat kein Meisterstück seiner Staatskunst mehr gewesen".[31] Köhler spricht in dem Zusammenhang von „Fehlverhalten"[32], „Hilflosigkeit", ja sogar „Heimtücke".[33] Schwarz sieht das erwartungsgemäß etwas anders. Für ihn besaß Adenauer „noch keine richtigen Antennen" für die „millionenfachen Psychodramen" jener Tage; beim Kanzler dominierten „Kriegsfurcht, Überlegungen kalter Staatsräson und Wahlkampfkalkül".[34] Ich würde dazu sagen: Fehlverhalten, Kriegsfurcht und Wahlkampfkalkül ja, Heimtücke und kalte Staatsräson doch wohl nicht.

Im Einzelnen sah das so aus: Auch Adenauer wurde von den Ereignissen am 13. August überrascht. Er wurde kurz vor sieben Uhr morgens von Globke informiert – und flog nicht sofort nach Berlin. Horst

Osterheld beschreibt in seinem Tagebuch die Stimmung im Kanzleramt folgendermaßen:

> „Ruhe bewahren, empfahlen viele, nur keinen Funken ins Pulverfass! Und keiner tat etwas: es lief weich; auch von höheren Stellen hieß es: Bleibt ruhig in der Zone, bleibt ruhig im Westen. Ruhe ist die erste Bürgerpflicht, war die Parole.“[35]

Am Nachmittag des 13. August gab Adenauer eine mit Heinrich Krone abgesprochene Erklärung ab, die ganz auf dieser Linie lag. Da hieß es: „Es ist das Gebot der Stunde, in Festigkeit, aber auch in Ruhe der Herausforderung des Ostens zu begegnen und nichts zu unternehmen, was die Lage nur erschweren, aber nicht verbessern kann.“[36] Dies und seine Entscheidung, nicht sofort nach Berlin zu fliegen, entschuldigte er später damit, er habe die Stimmung nicht noch anheizen wollen: „Man habe ihm gesagt, dass sein Erscheinen an der Grenze das Signal zu einem Aufstand geben würde. Dies habe er nicht verantworten können.“[37] Wer war *man*? Die Amerikaner? Eine Frage, die bis heute nicht zu beantworten ist. Es klingt jedenfalls nicht sehr überzeugend. Adenauer hätte in Berlin ja auch das genaue Gegenteil erreichen, nämlich wie Brandt kalmierend wirken können. Hier ist eine gewisse Hilflosigkeit erkennbar, genauso wie beim Fernsehauftritt mit Brentano am 14. August. Beide boten eine bemitleidenswerte Vorstellung. Dass Adenauer anschließend den Wahlkampf fortsetzte, als ob nichts geschehen wäre, sich in Nürnberg zu jener unmöglichen Äußerung über seinen Herausforderer „Brandt alias Frahm“ hinreißen ließ (damit spielte er auf Brandts Herkunft und dessen Vergangenheit im norwegischen Exil an) und sich anschließend auch noch damit verteidigte, das sei „sehr maßvoll“ gewesen,[38] war übelstes Wahlkampfkalkül und kostete ihn enorm viel Sympathie bei den Wählern. Sein Abstieg beschleunigte sich. Der alte Herr hatte die Sache schlicht und einfach nicht im Griff; die Dinge glitten ihm mehr und mehr aus den Händen; er war von Kriegsfurcht beherrscht und schien wie gelähmt. Symptomatisch dafür war das Treffen mit dem sowjetischen Botschafter Smirnow am 16. August, das auf dessen Wunsch zustande kam. Wie beurteilte Adenauer die Ereignisse in Berlin? Er sagte in der Tat Folgendes zu Smirnow:

> „Es handelte sich seiner Ansicht nach hierbei um eine lästige und unangenehme Sache, die über das Nötige hinaus hochgespielt worden sei. Er wäre der sowjetischen Regierung dankbar, wenn sie da etwas mil-

> dern könnte. Er sei in großer Sorge über die Entwicklung in Berlin und in der Zone, und er habe ganz offen Angst, dass dort unter Umständen Blut fließen könnte. Die Situation sei als wahrhaft scheußlich zu bezeichnen, und er wäre der sowjetischen Regierung sehr dankbar, wenn sie verhindern würde, dass dort etwas passiert."[39]

Und dann kam das, was selbst für Grewe im Nachhinein „unbegreiflich" war,[40] nämlich jenes von Smirnow vorbereitete Kommuniqué, in dem Adenauer versicherte, „dass die Bundesregierung keine Schritte unternimmt, welche die Beziehungen zwischen der Bundesrepublik und der UdSSR erschweren und die internationale Lage verschlechtern können". Es wurde nichts gestrichen, lediglich, wie Schwarz meint, ein „bemerkenswert blasser Satz" zum Mauerbau auf Ersuchen Adenauers hinzugefügt, nämlich: „Der Herr Bundeskanzler nahm die Gelegenheit wahr, um Botschafter Smirnow seine Meinung über die Lage in Berlin zu sagen."[41] Das war in der Tat nicht sehr viel.

Auch wenn die Öffentlichkeit nicht wusste, wie diese Meinung aussah, jenes Kapitel in den Tagen nach dem Mauerbau entbehrte nicht der geschichtlichen Logik, wie Grewe meinte, wenn es zum Verfall der Autorität Adenauers führte „und schließlich mit seinem Rücktritt endete".[42]

War Adenauer damals wirklich so hilflos? Wenn wir einem Bericht Botschafter Krolls glauben dürfen, nicht ganz. Kroll kehrte am 18. August frühzeitig aus Bonn nach Moskau zurück und führte dort am 21. August ein langes Gespräch mit Frank Roberts über sein Treffen mit Adenauer. Demnach hatte Kroll einen „überraschend ruhigen und entspannten" Adenauer getroffen. Die persönlichen Angriffe der Sowjets gegen ihn habe er ruhig weggesteckt; er sei „auch ein Politiker"; er verstehe, dass sie so handeln mussten, um den Mauerbau zu erklären; die Deutschen würden dabei eben nicht ausgespart. Er erwarte in jedem Fall Verhandlungen mit den Sowjets über die deutsche Frage; Beginn möglichst schnell nach den Bundestagswahlen. Smirnow hatte demnach klargemacht, dass die Sowjets nicht auf ihren Vorstellungen beharren, sondern „jeden Gegenvorschlag" prüfen würden, eine Mitteilung, die in Bonn ganz vertraulich behandelt und auf einen „ganz kleinen Kreis" beschränkt wurde.[43] Leider sind die Akten in Bonn zu diesem Komplex nicht freigegeben worden. Vielleicht würden sie bessere Antworten auf die Fragen nach dem Verhalten Adenauers liefern.

2. Verhandeln! Wer mit wem und worüber?

Eine Woche nach dem Mauerbau war Kennedy mehr denn je entschlossen, mit den Sowjets zu verhandeln. Alle Signale aus dem Ostblock deuteten darauf hin, dass man auf eine entsprechende Initiative aus dem Westen wartete. Dies hatte z. B. auch die polnische Führung dem amerikanischen Botschafter in Warschau, Jacob Beam, wenige Tage nach dem Mauerbau zu verstehen gegeben. Man hoffe, dass die westlichen Alliierten „Öl auf die Wogen“ schütten und Verhandlungen vorschlagen würden – „so schnell wie möglich“.[44] Macmillan sah das auch so. Er gab am 17. August Home zu verstehen, was am wichtigsten sei, nämlich:

> „Die Welt soll wissen, dass es Verhandlungen geben wird, dass der Westen einen entsprechenden Vorschlag macht, und dass die Russen ihn annehmen sollen.“[45]

Am 21. August teilte Kennedy Rusk mit, dass er künftig stärker die Führung in der Berlinfrage übernehmen wolle. In den (westlichen) Viermächtegesprächen habe man sich bislang weder über einen Zeitplan noch über den Inhalt von Verhandlungen geeinigt, und er glaube auch nicht mehr länger daran, dass man dort alleine Fortschritte erzielen könne. Man solle jetzt schnell eine klare amerikanische Position erarbeiten und deutlich machen, dass man kein Veto der Verbündeten akzeptiere. Man solle zwar freundlich und diplomatisch sein, aber „es ist Zeit zum Handeln“. Den Zeitplan stellte er sich folgendermaßen vor: Vor dem 1. September Einladung an die Sowjets zu Verhandlungen; vor dem 1. Oktober vorbereitende Gespräche – auf inoffizieller Ebene zwischen einem sowjetischen und einem amerikanischen Vertreter, etwa Charles Bohlen; 1. November Beginn offizieller Verhandlungen.

Eine kleine Gruppe „harter Arbeiter“ wie Bohlen, Owen, Hillenbrand, Bundy und Sorensen, die nur ihm und Rusk berichten sollte und Alternativvorschläge „aus dem Stand“ produzieren konnte, sollte die Sache in die Hand nehmen und am 25. August erste Vorschläge vorlegen. Der Acheson-Report sei eine gute Ausgangsposition, aber *nicht* das Ziel. Die amerikanischen Vorschläge sollten so neu wie möglich sein („as fresh as possible“) und *nicht* wie „aufgewärmtes Zeug“ aus dem Jahr 1959 aussehen („they should *not* look like warmed-over stuff from 1959“; Hervorhebung i. O.). Wie sie aussehen sollten, gab Kennedy erstmals zu erkennen: Die Arbeitsgruppe sollte

1. bei ihren Überlegungen *nicht* auf den aus der Besatzungszeit herrührenden Rechten bestehen, wenn es andere gute („strong") Garantien gebe; für die Öffentlichkeit seien Besatzungsrechte als Grundlage weniger attraktiv als Freiheit und Schutz der Westberliner;
2. die Möglichkeit von zwei parallel abzuschließenden Friedensverträgen (mit der DDR und der BRD) genau überlegen und
3. zwischen den Vorschlägen und einer möglichen Rückzugslinie („fallback position") nicht zu viel Spielraum lassen.[46]

Am selben Tag wurde bei einem Treffen zwischen Rusk, McNamara und den Vereinigten Stabschefs als Ergebnis festgehalten, dass ein Verlust Westberlins nicht akzeptabel sei und man Chruschtschow die Entschlossenheit der USA, einen Atomkrieg zu führen, klarmachen müsse;[47] allerdings, so Rusk fünf Tage später an Botschafter Bruce in London, wollten die USA keinen Atomkrieg auslösen, wenn ein Jeep auf der Autobahn an der Weiterfahrt gehindert werde. Die Verantwortung für die Auslösung eines Atomkrieges sei so schwerwiegend, dass man vorher alle Alternativen sorgfältigst ausloten müsse.[48] Diese Überlegungen machen aber auch deutlich, dass man in Washington noch nicht begriffen hatte, dass mit dem Mauerbau die Berlinkrise bereits vorbei war. Man befürchtete Schlimmeres.

Diese Befürchtungen schienen sich zu bestätigen, als die DDR-Behörden die Zufahrt nach Ostberlin für die Westmächte auf einen Übergang, die Friedrichstraße, begrenzten. Diese Maßnahme sei ernster als allgemein angenommen, so Maxwell Taylor, Kennedys Militärberater, am 24. August in einem Memorandum für Kennedy und Bundy. Sie sei erstmals direkt und öffentlich gegen die Besatzungsmächte gerichtet mit dem Ziel, die Westalliierten vor den Augen aller Deutschen zu erniedrigen, die Moral der Westberliner weiter zu schwächen, ihr Vertrauen in die Westmächte zu zerstören und die Wirkung des Johnson-Clay-Besuches aufzuheben.[49] Auch der französische Botschafter in Washington, Hervé Alphand, war der Meinung, dass sich die Lage ernstlich verschlechtere und schneller als erwartet gefährlich werden könnte.[50]

Dies war auch die Befürchtung der Bonner Regierung. Die Sowjets, so Grewe in der Botschafterrunde am 26. August, könnten ihren Zeitplan geändert haben und die Sache bis an den Rand des Krieges treiben, weil sie wüssten, dass der Westen zum jetzigen Zeitpunkt verwundbar sei. Sie würden keinen Krieg beginnen, sondern den politischen Status

Berlins mit anderen Maßnahmen aufweichen. Die Stadt könnte bereits zu dem Zeitpunkt, an dem die Alliierten für eine Auseinandersetzung gerüstet seien, erledigt sein („hollow shell"). Er hoffte auf nicht-militärische Gegenmaßnahmen, um diesen Prozess zu stoppen, konnte allerdings selbst keine neuen Vorschläge machen. Rusk antwortete nur, die Westberliner seien in erster Linie selbst für die Aufrechterhaltung der Moral verantwortlich – so wie sie es in hervorragender Weise in den letzten 15 Jahren getan hätten.[51] Wenn die Sowjets die Lage verschärfen würden, dann wahrscheinlich beim zivilen Luftverkehr nach Berlin. Wie sollte man in diesem Fall reagieren? Diese Frage, so Kennedy am 28. August an Rusk, beschäftige ihn sehr („is very much in my mind"). Und wie sahen die Planungen für den Fall eines Aufstandes in Ostdeutschland oder bei Auseinandersetzungen in Berlin (Westberliner gegen ostdeutsche Polizei) aus? Kennedy wollte auch wissen, inwieweit die Planungen für den Ernstfall („Live Oak") erweitert worden waren, um mehr konventionelle Streitkräfte einzusetzen.[52]

Am selben Tag erhielt Kennedy von Bundy eine vier Seiten umfassende Antwort auf sein Memorandum vom 21. August wegen möglicher Verhandlungen mit den Sowjets. Es sei ein, wie Bundy formulierte, „komplexes" Thema und „das Wichtigste", das der Präsident auf seinem Schreibtisch habe. Bundy machte auch deutlich, dass die wichtigsten Berater Kennedys in der Frage, worüber verhandelt werden sollte, unterschiedlicher Meinung waren und dass nur Kennedy allein entscheiden könne.[53]

Taylor war inzwischen davon überzeugt, dass Chruschtschow mit militärischer Gewalt oder mit deren Androhung seine Ziele in Berlin erreichen wollte. Es sei daher der Zeitpunkt gekommen, „einen schnelleren Gang einzulegen" („to shift into higher gear"). Das hieß Verstärkung der militärischen Anstrengungen – verbunden mit politischen Anstrengungen, d. h. Verhandlungen.[54]

Wie das geschehen sollte, darüber wurde in den folgenden Tagen weiter beraten. Am 5. September brachte Kennedy neue Gedanken zu diesem Thema ein, die er vor oder während der Generalversammlung der Vereinten Nationen öffentlich machen wollte. In einer Runde mit Rusk, Botschafter Stevenson, Bundy, Sorensen, Schlesinger und Assistant Secretary Harland Cleveland bat er Rusk um Prüfung folgender Vorschläge:

1. Das Recht der Westalliierten auf Zugang nach Westberlin vom Internationalen Gerichtshof im Haag prüfen zu lassen und dessen Entscheidung zu respektieren.

2. In Westberlin unter Aufsicht der UNO ein Referendum abhalten zu lassen.
3. Teile der UNO oder die gesamte UNO nach Westberlin zu verlegen, verbunden mit angemessenen Garantien, Westberlin zu einer wirklich Freien Stadt („really a Free City“) zu machen, die Autobahn zu internationalisieren etc.
4. Begrenzung oder Verbot atomarer Waffen in beiden Teilen Deutschlands.
5. Begrenzung nationaler und ausländischer Truppen in Ost- und Westdeutschland.
6. Nichtangriffspakt zwischen NATO und Warschauer Pakt.[55]

Rusk und Stevenson lehnten Vorschlag 3 sogleich ab. Es ist nicht ersichtlich, inwieweit im State Department in diesem Zusammenhang weitere Überlegungen angestellt wurden. Auch sonst ist nicht erkennbar, inwieweit Kennedy diese Vorschläge im Rahmen seiner *eigentlichen* Überlegung sehen wollte, und diese hieß nach wie vor: zwei separate Friedensverträge. Bei einem Treffen am 12. September waren sich Kennedy und Rusk in folgenden Punkten einig:

1.) Einberufung einer „Friedenskonferenz“ mit dem Ziel, zwei parallele Friedensverträge abzuschließen.
2.) Botschafter Thompson sollte im Sinne von 1.) Verhandlungen mit den Sowjets beginnen.
3.) Adenauer sollte sobald wie möglich informiert werden; nicht von Dowling, eher von McCloy oder Acheson (denen der Kanzler offensichtlich mehr vertraute).

Nicht einig war man sich über das taktische Vorgehen. Kennedy sah nach wie vor keinen Sinn darin, mit den altbekannten Forderungen nach frühzeitiger Wiedervereinigung Deutschlands oder Berlins auf der Basis freier Wahlen in Verhandlungen zu gehen; über solche Vorschläge gebe es nichts zu verhandeln;[56] jeder wisse, dass das nichts bringe, und man müsse sie daher sehr schnell nach Beginn einer Konferenz wieder fallen lassen; er wollte echte Verhandlungen mit dem Ziel, zwei Friedensverträge abzuschließen.[57]

Parallel zu diesen Überlegungen, in die nur der engste Kreis um Kennedy eingeweiht war, liefen die Beratungen über militärische Maßnahmen. Eine der wichtigsten Sitzungen fand am 7. September statt.

Acheson war der Wortführer der „Falken". Er sprach sich gegen vorschnelle Verhandlungen aus, da Chruschtschow wahrscheinlich gar nicht verhandeln wolle, weil er glaube, er würde das, was er wolle, auch ohne Verhandlungen bekommen. Die USA sollten vier neue Divisionen auf Dauer aufstellen, um auch für spätere Krisen im konventionellen Bereich gerüstet zu sein; die USA müssten gegenüber den Alliierten, die, wie McNamara klarstelle, nur bei hartem amerikanischen Druck für Berlin kämpfen würden, eine klare Führungsrolle übernehmen, bereit sein zum Handeln („action"). McNamara machte deutlich, dass es darum gehe, Chruschtschow von der Entschlossenheit Washingtons zu überzeugen, notfalls Atomwaffen einzusetzen. Mit 30 Divisionen, so Nitze, könnte man einen sowjetischen Angriff zurückschlagen. Das, so Acheson, sei der einzige Weg, einen Atomkrieg zu vermeiden, worauf Bundy entgegnete, es könnte auch das genaue Gegenteil eintreten.[58]

Als Ergebnis dieser Sitzung schickte Kennedy am nächsten Tag ein Memorandum an Rusk und McNamara, in dem er im Zusammenhang mit möglichen Truppenverstärkungen um die Beantwortung mehrerer Fragen bat, u. a.: Was würde mit der Anwesenheit von sechs zusätzlichen US-Divisionen – 90.000 Soldaten – in Europa mit Blick auf a) die Berlinkrise und b) Stärkung der NATO und langfristige Verteidigung Westeuropas erreicht? Würde eine solche Maßnahme Chruschtschow davon überzeugen, dass man es wirklich ernst meine („to fight to a finish for West Berlin"), oder würde der gegenteilige Effekt eintreten? Könnte Chruschtschow nicht seinerseits sechs neue Divisionen aufstellen? Oder sei das wegen logistischer Gründe, Furcht vor einem Atomschlag oder Problemen mit den Satellitenstaaten nicht möglich? Was würde man erreichen, wenn die NATO-Truppen auf 30 einsatzbereite Divisionen gebracht würden? Könnte die NATO damit Westeuropa gegen einen Angriff aus dem Osten verteidigen? Könnte man damit die Zufahrt nach Berlin gewaltsam öffnen?[59]

Am 18. September wurden die Antworten diskutiert, und Kennedy traf eine erste Entscheidung. Zunächst argumentierte Bundy gegen die Aufstellung neuer Divisionen; er fürchtete negative Auswirkungen auf mögliche Verhandlungen. McNamara wies auf einen Bericht von General Norstad hin, in dem der NATO-Geheimdienst die Stärke der Sowjets mit 100 Divisionen angegeben hatte, während das Pentagon von 55 Divisionen ausgegangen war. Aber das war nur ein Problem. Ein viel größeres war, dass die Vereinigten Stabschefs völlig unterschiedlicher Meinung über das weitere Vorgehen waren. Luftwaffenchef Curtis

LeMay machte klar, dass der Vorsitzende und die Armee dafür waren, sechs neue Divisionen nach Europa zu verlegen, während die übrigen Stabschefs gegen jede Verlegung zum gegenwärtigen Zeitpunkt waren. Rusk schloss sich der Meinung McNamaras an, vier neue Divisionen aufzustellen, davon eine nach Europa zu schicken. Kennedy beendete die Diskussion mit einem Kompromiss: Er entschied, dass zwischen dem 1. und 15. Oktober zwei auf Kampfstärke aufgerüstete neue Divisionen aufgestellt werden sollten, eine Infanterie- und eine Panzerdivision.[60]

3. Sondierungsgespräche mit Andrej Gromyko

Seit Mitte August war Kennedy entschlossen, zu Verhandlungen mit den Sowjets zu kommen – bei gleichzeitiger Verstärkung der militärischen Vorbereitungen für den Ernstfall, der durch diese Verhandlungen verhindert werden sollte, aber immer noch für möglich gehalten wurde. Die Frage war, ob Chruschtschow überhaupt Verhandlungen wollte – was Acheson z. B. verneinte – und, falls ja, ob es einen gemeinsamen Nenner für solche Verhandlungen gab. Das Ganze war ein delikates Unternehmen: zum einen durfte die Bereitschaft zu Verhandlungen von den Sowjets nicht als Zeichen der Schwäche interpretiert werden, zum anderen mussten die eigenen Verbündeten für diesen Kurs gewonnen werden. Und da gab es erhebliche Probleme bei der Bonner Regierung – die wohl ahnte, dass einige Grundpositionen der Adenauerschen Deutschlandpolitik zur Disposition standen –, vor allen Dingen aber in Paris.

Die Kontaktaufnahme mit den Sowjets war ein Drahtseilakt mit Zuckerbrot und Peitsche. Am 31. August zitierte Rusk den Chargé d'Affaires der sowjetischen Botschaft, Mikhail Smirnowsky, zu sich und warnte ihn eindringlich vor irgendwelchen Behinderungen der Zufahrt nach Berlin, insbesondere in den Luftkorridoren. Sollte es dennoch dazu kommen, würden die USA dies als „Aggression“ interpretieren und alles tun, um die freie Zufahrt nach Berlin aufrechtzuerhalten. Im Übrigen gehe man davon aus, dass es irgendwann Gespräche über Deutschland und Berlin geben werde. Man habe kein Verständnis dafür, wenn eine verantwortungsbewusste Regierung die Krise verschärfe; es sei die Pflicht aller Beteiligten, die Dinge nicht außer Kontrolle geraten zu lassen. Smirnowsky hörte sich das schweigend an und antwortete, er werde seine Regierung entsprechend informieren.[61]

Inzwischen war ein weiterer sowjetisch-amerikanischer Kontakt hergestellt worden, und zwar über die Botschaft in Belgrad. Der dortige Botschafter, George F. Kennan, berichtete am 2. September, sein sowjetischer Kollege habe klargemacht, was die Sowjets wollten, nämlich:

1. Anerkennung der Grenzen der DDR;
2. Anerkennung der Existenz zweier deutscher Staaten;
3. an der Bevölkerung Westberlins sei man nicht interessiert.[62]

Am 3. September gab Rusk Anweisung an Thompson, bei Gromyko über eine mögliche sowjetische Bereitschaft zu Verhandlungen vorzufühlen, dabei allerdings unmissverständlich klarzumachen, dass die Berlinkrise für die USA eine „äußerst ernste" Angelegenheit sei, da davon „die gesamte amerikanische Europapolitik" betroffen sei.[63]

Am 7. September wurde Thompson von Gromyko empfangen. Gromyko wollte wissen, ob an Gespräche am Rande der UNO-Vollversammlung gedacht sei, worauf Thompson erwiderte, man sei „ziemlich flexibel". Was den Friedensvertrag mit der DDR betraf, war Gromyko nicht flexibel – dessen Unterzeichnung sei „die einzig mögliche Lösung". Als Thompson widersprach, wollte Gromyko wissen, ob es andere Lösungen gebe. Thompson antwortete, er könne das nicht diskutieren; allerdings würden die westlichen Außenminister am 14. September zusammenkommen; sollte es zu Verhandlungen kommen, müsste jedenfalls jede Seite die Freiheit haben, eigene Vorschläge vorzulegen.[64] Bereits zwei Tage vorher hatte Chruschtschow damit begonnen, einen persönlichen Kontakt zu Kennedy herzustellen. Er hatte Cyrus L. Sulzberger von der „New York Times", der zu einem Interview mit Chruschtschow nach Moskau gekommen war, einen Brief an Kennedy mitgegeben, in dem er schrieb, er sei nicht abgeneigt, eine Art informellen Kontakt mit Kennedy herzustellen, um eine Möglichkeit zur Beilegung der Krise zu finden, ohne das Prestige der USA zu beeinträchtigen – allerdings auf der Basis eines Friedensvertrages und der „Freien Stadt" Westberlin; Kennedy möge seine Vorstellungen zur Lösung der Krise nennen, falls er prinzipiell Friedensvertrag und „Freie Stadt" akzeptiere. Ansonsten hätten Kontakte keinen Sinn. Sulzberger schickte diesen Brief am 10. September an Kennedy.[65]

In einer Presseerklärung Kennedys vom 13. September hieß es dann, Rusk werde zur Vollversammlung der Vereinten Nationen nach New York fahren; man gehe davon aus, dass auch Gromyko teilnehmen werde. Das sei eine Gelegenheit, über Deutschland und andere Probleme zu sprechen, „falls die sowjetische Seite dazu bereit ist". Die Sowjets waren bereit: Am 14. September erklärte das Außenministerium in Moskau, Gromyko werde in New York zu einem „ernsthaften Gedankenaustausch" mit Rusk zusammenkommen.[66]

Mit Rusk klärte Kennedy am 12. September, worüber in New York gesprochen werden und wie Verhandlungen aussehen sollten. Einig war er sich mit seinem Außenminister, dass am Ende eine „Friedenskonferenz" stehen sollte, auf der zwei Friedensverträge – einer mit der BRD, einer mit der DDR – unterzeichnet werden sollten; Einzelheiten sollten im State Department ausgearbeitet werden. Thompson sollte auf dieser Basis Gespräche mit den Sowjets beginnen, Adenauer die Sache so bald wie möglich durch McCloy oder Acheson „beigebracht" werden. Nicht einig war man sich darüber, was von westlicher Seite in die Verhandlungen eingebracht werden sollte. Von dem Plan aus dem Jahre 1959 – Wiedervereinigung auf der Basis freier Wahlen – hielt Kennedy nichts; darüber lasse sich nicht verhandeln, es sei kein ernsthafter Vorschlag; es müsse etwas Neues auf den Tisch, auch keine Variante des alten Planes. Dass die Sache ziemlich delikat war, war auch klar; nur ein kleiner Kreis sollte daher in die neue Lage eingeweiht werden.[67]

Die Amerikaner hatten ihre Rechnung ohne die Franzosen gemacht. In den Beratungen der Außenminister zur Vorbereitung der Rusk-Gromyko-Gespräche machte Couve de Murville unmissverständlich klar, dass Frankreich an einer Konferenz mit den Sowjets nicht teilnehmen werde. Selbst die Sondierungsgespräche mit Gromyko hielt er für völlig sinnlos. Die eigentliche Aufgabe des Westens müsse sein, Chruschtschow davon zu überzeugen, dass er mit seiner Politik ein ernsthaftes Kriegsrisiko heraufbeschwöre; es könne nicht darum gehen, mit Gromyko die Tagesordnung für eine Konferenz zu besprechen, die angesichts einer sowjetischen Drohung zustande gekommen sei. Brentano stimmte Couve de Murville zu, während Home beinahe verzweifelt darauf hinwies, dass die Völker, die möglicherweise vor einem Atomkrieg stünden und in Atomstaub verwandelt würden, auf einer Konferenz bestehen würden. Couve akzeptierte dann die Sondierungsgespräche, machte aber noch einmal klar, dass eine Konferenz mit französischer Beteiligung kein Thema für Paris war.[68]

Rusk traf in den folgenden Tagen insgesamt dreimal mit Gromyko zusammen, am 21., 27. und 30. September. Die Gespräche dauerten jeweils etwa drei Stunden und deuteten auf ein Ende der Berlinkrise hin. Von einem einseitigen Abschluss eines Friedensvertrages zwischen der Sowjetunion und der DDR bis Ende des Jahres mit den von den Sowjets immer wieder angekündigten Konsequenzen für die Westmächte – insbesondere, was den Zugang nach Berlin betraf – war schon bald keine Rede mehr.

Was hat den Sinneswandel auf sowjetischer Seite bewirkt (falls es ihn nicht schon vorher gegeben hatte)? Was war so bemerkenswert an diesen Gesprächen? Im ersten Gespräch am 21. September formulierten Rusk und Gromyko die bekannten Positionen. Rusk äußerte am Ende seine Besorgnis darüber, dass sich die USA und die Sowjetunion auf „Kollisionskurs" befänden; es sei wichtig, die Dinge nicht außer Kontrolle geraten und es nicht zu einer direkten Konfrontation kommen zu lassen.[69]

Im zweiten Gespräch am 27. September gab Rusk zu, dass die Situation in Deutschland und Berlin für beide Seiten „nicht vollständig zufriedenstellend" sei – was Gromyko sofort befriedigt zur Kenntnis nahm; würden aber die westlichen Berlinrechte eindeutig geklärt, dann könnte man auch über andere Fragen sprechen: Deutschland als Ganzes, Sicherheit, Stabilität in Mitteleuropa.[70]

Das waren genau die Themen, auf die Gromyko im dritten Gespräch am 30. September zurückkam und damit erstmals deutlich machte, wo die sowjetischen Interessen tatsächlich lagen – und den Weg für mögliche Verhandlungen aufzeigte. Deutlich wurde auch, dass das Thema Friedensvertrag nicht mehr im Mittelpunkt stand. Bei *dem* Thema, so Gromyko, sei die Sowjetunion „flexibel"; man könne auch zwei separate Verträge abschließen – eine Idee, die auch von Kennedy hätte kommen können. Die Sowjetunion könne die DDR nicht ignorieren, auch keinen Vertrag abschließen, der ihren Interessen zuwiderlaufe, aber Gromyko konnte sich eine Einigung auf folgender Basis vorstellen:

1. Anerkennung der Grenzen (DDR, BRD, Polen);
2. „Respektierung" der DDR-Souveränität (keine diplomatische Anerkennung);
3. Nichtverbreitung von Atomwaffen (keine Weitergabe an die BRD);
4. „Freie Stadt" Westberlin (mit sowjetischen Garantien betr. Zufahrt etc.).

Den ersten Teil von Punkt 3 hatte Rusk zuvor mit dem ausdrücklichen Hinweis erwähnt, dass er nur für die USA sprechen könne; ergänzend sprach er von einer möglichen Vereinbarung zwischen NATO und Warschauer Pakt, um einen Überraschungsangriff auszuschließen. Gromyko zeigte großes Interesse beim Thema „europäische Sicherheit".[71] Rusk fühlte sich ermutigt und sah nach diesen Gesprächen eine ausreichende Grundlage, Verhandlungen zu beginnen. Er gab Anweisung, mit entsprechenden Vorbereitungen im State Department zu beginnen.

In einem Memorandum für Kennedy äußerte sich Bundy vorsichtiger. Er sah nur Konzessionen auf westlicher Seite, aber keine bei den Sowjets, und er warnte vor einer gefährlichen Beschwichtigungspolitik („I think we are on a dangerous slope of appeasement"). Wenn man bei Verhandlungen nicht irgendetwas Wichtiges herausholen könne (Verbesserung der Zufahrtsrechte nach Berlin, internationale Überwachung der Zufahrtswege), würde man schlicht und einfach über den Tisch gezogen, wie Rusk schon Gromyko gesagt habe („we may be buying the same horse twice").[72]

Ähnlich formulierte es auch Charles Bohlen in einem zusammenfassenden Bericht für Rusk. Aus den Gesprächen mit Gromyko und den privaten und öffentlichen Äußerungen Chruschtschows zog er den Schluss, dass die Sowjetunion jetzt ernsthaft eine Verhandlungslösung der Krise wolle, wies aber gleichzeitig auf die damit verbundene Gefahr hin: Die Position des Westens in Berlin und jene der Westberliner müsste bei solchen Verhandlungen verbessert werden, um „gefährliche und möglicherweise katastrophale psychologische Folgen zu vermeiden".[73]

Es verwundert nicht, dass Kennedy dann gegenüber Gromyko genau auf diesen Punkt verwies. Die Unterredung am 6. Oktober im Weißen Haus dauerte zwei Stunden; am Ende bat Gromyko für zehn Minuten um ein Gespräch unter vier Augen. Vorher hatte er die Sachlage klargemacht und noch einmal die sowjetischen Vorstellungen – wie gegenüber Rusk – formuliert und dabei betont, dass für die sowjetische Regierung der Termin für den Abschluss eines Friedensvertrages nicht mehr entscheidend sei („no fatal date"), dass Moskau keine prinzipiellen Einwände gegen eine Viermächtekonferenz habe und die bilateralen Gespräche für außerordentlich nützlich („extremely useful") halte. Zum Thema „europäische Sicherheit" hatte er die sowjetische Position klargemacht:

1. Nichtangriffspakt zwischen NATO und Warschauer Pakt;
2. Beseitigung von Militärstützpunkten auf dem Territorium anderer Staaten;
3. Bildung atomwaffenfreier und entmilitarisierter Zonen in Europa (u. a. BRD, DDR, Tschechoslowakei, Polen). Für BRD und DDR lediglich Milizarmee mit leichten Waffen zur Aufrechterhaltung der inneren Ordnung;
4. völkerrechtliche Anerkennung der bestehenden Grenzen.

Kennedy machte zwar klar, dass das, was Gromyko anbiete, kein Kompromiss sei, sondern ein Rückzug des Westens, da die Sowjets einen Apfel für einen Obstgarten eintauschen wollten („trading an apple for an orchard"), gab aber auch deutlich zu verstehen, dass man jetzt schnell klären sollte, was für ein Abkommen und welche Garantien man erhalten könne, damit nicht eine Situation eintrete, dass Westberlin in drei oder vier Monaten nicht mehr wie bisher existiere („not become a shell"); anschließend könne man sich dann den Grenzfragen widmen.[74]

Auf dem Rückflug nach Moskau machte Gromyko Station in London, um mit Macmillan zu sprechen. Im Kern wiederholte er da zwar, was er Rusk und Kennedy gesagt hatte, ging aber mit größerem Nachdruck auf das Thema „europäische Sicherheit" ein. Das sei sehr komplex, aber zwei Punkte seien relativ schnell zu lösen, nämlich 1. Nichtangriffspakt zwischen NATO und Warschauer Pakt, und 2. keine Nuklear- und Raketenwaffen in beiden deutschen Staaten. Dies und ein heftiger Ausbruch Gromykos („exceptionally vigorous") ließen zumindest erkennen, was die Sowjets auch wollten: Anerkennung der Grenzen. Was man am Rhein höre, so Gromyko, ähnle dem, was man vor dem Zweiten Weltkrieg an der Elbe und im Reichstag gehört habe. Die Gefahr, die in der Forderung nach Grenzveränderungen liege, werde auch dadurch nicht geringer, dass man das Wort „friedlich" hinzufüge.[75] Für Macmillan war klar, dass die Sowjets genauso wie der Westen einen Ausweg aus dem Dilemma suchten – möglichst ohne allzu großen Gesichtsverlust. Er schrieb anschließend an Kennedy: „I think the Russians are looking for a way out (as we are) if they can do so without too much loss of ‚face'."[76]

Gromyko zog aus den Gesprächen mit Rusk, Kennedy und Macmillan eine bemerkenswerte Schlussfolgerung, die er in einem Memorandum für das Zentralkomitee der KPdSU am Vorabend des Parteitages folgendermaßen formulierte:

> „Falls wir zu einer von allen akzeptierten Regelung über Westberlin kommen (ohne dass die Westmächte einen Friedensvertrag unterzeichnen), dann sind die USA und Großbritannien bereit, die bestehenden Grenzen mit Deutschland in unserem Sinne anzuerkennen. Indem sie den Abschluss eines Nichtangriffspaktes zwischen NATO und Warschauer Pakt erwähnt haben, haben sie ihre Bereitschaft zu erkennen gegeben, dass sie – wenn auch nur indirekt – die Grenzen zwischen der DDR und der Bundesrepublik anerkennen werden, und zwar mehr als nur im Sinne einer De-facto-Anerkennung."

Washington und London, so Gromyko weiter, hätten für sich beschlossen, die DDR „de facto anzuerkennen", auch wenn sie das natürlich nicht offiziell und öffentlich machen könnten. Und dann kam die entscheidende Überlegung. Was, so fragte Gromyko eher rhetorisch, wäre vorteilhafter für die DDR „und das gesamte sozialistische Lager angesichts dieser neuen Situation": der Abschluss eines separaten Friedensvertrages oder die Fortsetzung der Gespräche mit dem Westen, in erster Linie über die Anerkennung der Grenzen? Er selbst gab die Antwort:

> „Unserer Meinung nach sprechen gewichtige Argumente für den zweiten Weg. Die Möglichkeiten, mit dem Westen zu einer Übereinkunft zu kommen, sind noch nicht ausgeschöpft."

Das aber hieß im Klartext: Vorerst würde Ulbricht seinen Friedensvertrag nicht bekommen. Es würde keinen großen Unterschied machen, so Gromyko weiter, ob der Vertrag etwas früher oder später unterzeichnet würde, „aber eine Übereinkunft mit den Westmächten wäre ein großer Erfolg für uns".[77]

Chruschtschow hat das offensichtlich genauso gesehen. Er konnte es sich ohne Gesichtsverlust für sich und sein Land leisten, auf die neue Linie einzuschwenken. In seinem Rechenschaftsbericht zur Eröffnung des XXII. Parteitages der KPdSU am 17. Oktober stellte er klar, dass er nicht darauf bestehe, den Friedensvertrag unbedingt bis zum 31. Dezember 1961 zu unterzeichnen.[78] Das Ultimatum vom Juni war damit vom Tisch.

In der Berlinfrage hatten die Sowjets offensichtlich keine Eile mehr. Mit Blick auf die verschärften Sperrmaßnahmen in Berlin meinte Botschafter Steel, das alles sehe nicht danach aus, als ob die Sowjets große Veränderungen zu ihrem Vorteil erwarteten: „Es sieht eher danach aus, als ob sie davon ausgehen, dass die gegenwärtige Lage noch für längere Zeit so bleiben wird."[79]

Die Gespräche Gromykos mit Rusk, Kennedy und Macmillan hatten aus britischer Sicht einen Vorteil: Zum ersten Mal sei den Sowjets klar geworden, welch gefährliches Spiel sie um Berlin spielten; Gromyko habe das deutlich gemacht in seiner Bemerkung, dass bei einer möglichen Lösung das Prestige der beteiligten Mächte nicht beeinträchtigt werden dürfe. Das waren ganz neue Töne gewesen. Für Botschafter Thompson zeichnete sich jetzt eine mögliche Lösung der Berlinfrage auf folgender Basis ab:

1. Aufrechterhaltung der westlichen Position in Westberlin;
2. „sehr erhebliche Zugeständnisse mit Blick auf die Anerkennung der DDR".

Was er unter Punkt 2 verstand, machte er gegenüber Hoyer Millar im Foreign Office am 5. Oktober klar – mit der ausdrücklichen Bitte, nicht zitiert zu werden. Demnach ging er davon aus, dass der Westen den Sowjets bei Punkt 2 sehr weit entgegengehen sollte („Go a very long way"). In Wirklichkeit seien die Russen nicht so sehr an Berlin interessiert, sondern daran, die Grenzen Deutschlands und damit die Teilung Deutschlands in zwei Staaten so formal wie möglich festzuschreiben.[80] Was das bedeutete, hatte Außenminister Home schon nach dem Gespräch zwischen Rusk und Gromyko formuliert, nämlich: „Die Deutschen werden Opfer zu bringen haben, und wir müssen dafür sorgen, dass wir nicht später des Verrats an den Deutschen angeklagt werden."[81]

Die USA und die Sowjetunion bestätigten sich damals öffentlich, dass sie die mehrfache Kapazität zur gegenseitigen Vernichtung besaßen. Chruschtschow hatte für Ende Oktober die Zündung einer atomaren 50-Megatonnen-Superbombe angekündigt. Offensichtlich brauchten die Sowjets das für ihr Prestige; militärisch war es jedenfalls vollkommen sinnlos, da keine Rakete eine so schwere Bombe tragen konnte, auch wenn vier Wochen zuvor eine sowjetische mehrstufige Trägerrakete erfolgreich im Pazifik getestet worden war und im Westen immer noch von einer amerikanischen „Raketenlücke" die Rede war – die es de facto nicht gab. Mit diesem „ticket" hatte Kennedy aber u. a. seinen Wahlkampf geführt. Er hielt es daher jetzt für notwendig, die wirklichen Verhältnisse offenzulegen – allerdings nicht durch ihn selbst oder McNamara, sondern durch den stellvertretenden Verteidigungsminister Roswell L. Gilpatric, um die Dinge nicht zu sehr zu dramatisieren. Die Rede, die Gilpatric am 21. Oktober in Hot Springs in Virginia hielt* – vier Tage nach Eröffnung des KPdSU-Parteitages in Moskau –, hatte Kennedy zuvor Zeile für Zeile redigiert. Die Warnung an Chruschtschow war deutlich. Die USA, so Gilpatric, verfügten über eine atomare Vergeltungskraft von so tödlicher Wirkung, dass jeder feindliche Angriff ein Akt der Selbstvernichtung für den Angreifer wäre. Und dann zählte er auf: Hunderte von Interkontinentalbombern, die mit Kernwaffen jederzeit die Sowjetunion erreichen könnten; sechs mit 96 Atomraketen ausgerüstete Polaris U-Boote, Dutzende von Interkontinental-Raketen, Flugzeugträger, zehntausende Atomwaffenträger etc.[82]

Gilpatric sagte logischerweise nichts davon, was Kennedy bereits Mitte September erfahren hatte: dass nämlich das sowjetische Frühwarnsystem gegenüber tieffliegenden Bombern nahezu wirkungslos war. 21 US-Bomber hätten demnach die 42 sowjetischen Raketenabschussbasen zerstören und die Sowjetunion praktisch wehrlos machen können – bei relativ geringen zivilen Opfern. Nach dem Abwurf der ersten amerikanischen Bomben, nachdem klar war, dass die Sowjetunion angegriffen würde, würden die Sowjets eine bis drei Stunden benötigen, um ihre Interkontinentalraketen abschussbereit zu machen – mehr als genug Zeit für die SAC-Bomber, sie zu zerstören. Ein entsprechender Plan soll in Washington für den Fall einer sowjetischen Berlinaktion ausgearbeitet worden sein.[83]

Chruschtschow erfuhr von der Rede Gilpatrics am 22. Oktober. Am nächsten Tag ließ er Verteidigungsminister Malinowski antworten. Der bestritt nicht Gilpatrics Zahlen, nannte die Zahlen für die Sowjetunion und meinte dann, die Imperialisten schmiedeten Angriffspläne gegen die Sowjetunion. „Was soll man dazu sagen? Nur einen Satz: Vor dieser Drohung haben wir keine Angst."[84]

Drei Tage später standen sich sowjetische und amerikanische Panzer mit scharfer Munition auf Schussweite am Checkpoint Charlie in Ber-

* Hot Springs war nicht zufällig gewählt worden. Nur wenige Kilometer westlich, in White Sulphur Springs, war das „Project Greek Island" unterhalb des Hotels „The Greenbrier" fertig gestellt worden: die Kommandozentrale für die US-Regierung im Falle eines Atomkrieges. Angeblich hatten die Sowjets davon nichts gewusst. Die Zentrale war 30 Jahre lang voll funktionsfähig und galt bis zum 31.5.1992 als „top secret". An jenem Tag lüftete die „Washington Post" das Geheimnis, auf das sie durch Zufall gestoßen war. Heute ist „The Former U.S. Government Relocation Facility at the Greenbrier", wie die Anlage jetzt offiziell heißt, eine Touristenattraktion – Eintritt 15 US-Dollar.

lin gegenüber. War das der Beginn des von allen befürchteten Showdown?

4. Planungen für den Ernstfall

Besonders spannend im Zusammenhang mit der Berlinkrise ist natürlich die Frage, inwieweit es bei den militärischen Planungen eine nukleare Option gab. Mit anderen Worten: Hätte es wegen Berlin tatsächlich zum Atomkrieg kommen können?

Dabei fällt auf, dass unter Eisenhower die nukleare Abschreckung einen größeren Stellenwert hatte als unter seinem Nachfolger. Es galt die Doktrin der „massiven Vergeltung". Das änderte sich relativ schnell unter Kennedy. Von nun an sollte der Westen flexibel reagieren können. Die neue Strategie hieß „flexible response". Kennedys Rede vom 25. Juli konnte man auch so interpretieren, dass der Präsident nicht an einen sofortigen Nukleareinsatz dachte. Von daher hielt er auch nicht viel von einem „Testvorstoß" auf der Autobahn nach Berlin, bei dem dann sofort Atomwaffen eingesetzt werden müssten. Trotz seiner Anti-Atom-Einstellung („anti-nuclear bias") forderte Kennedy im August – nach dem Mauerbau – das Pentagon auf, nukleare Optionen für den Fall auszuarbeiten, dass es wegen Berlin trotz allem zu einer militärischen Auseinandersetzung mit der Sowjetunion kommen würde.

Die wenigen freigegebenen Akten ermöglichen nur ein ganz unzureichendes Bild dieser Planungen. Am meisten erfahren wir noch vom damaligen stellvertretenden Verteidigungsminister selbst, Paul Nitze.[85] Demnach hat es in der Administration Vertreter gegeben – u. a. auch Nitze –, die für einen nuklearen Präventivschlag plädiert haben für den Fall, dass bei einer militärischen Eskalation der Krise die sowjetische Bereitschaft zum Einsatz von Atomwaffen erkennbar war.

Kennedy wurde darüber informiert, dass bei dem dann zu erwartenden sowjetischen Gegenschlag mit zwei bis drei Millionen Toten in den USA und Zigmillionen in Europa zu rechnen sei. Bei einer Krisensimulation in Camp David wurde erkennbar, dass dies offensichtlich keine ernsthafte Option war, wie auch immer sich die Berlinkrise entwickeln würde. Der britische Stabschef, Earl Mountbatten, machte Verteidigungsminister McNamara klar, dass aus britischer Sicht „unter gar keinen Umständen" wegen Berlin Atomwaffen eingesetzt werden sollten. In diese Richtung ging auch McNamaras Empfehlung an Kennedy.[86]

Am 10. Oktober fand im Weißen Haus eine wichtige Sitzung statt, in der es um militärische Maßnahmen im konventionellen, aber eben auch im nuklearen Bereich ging. Teilnehmer waren: Kennedy, Rusk, McNamara, Lemnitzer, Gilpatric, Kohler, Nitze, Hillenbrand, Taylor und Bundy. Beraten wurde ein Papier „U.S. Policy on Military Actions in a Berlin Conflict", das das Pentagon ausgearbeitet hatte. Es war ein Vier-Stufen-Plan, mit dem auf eine sowjetische Blockade Berlins reagiert werden sollte. Das Original ist nicht auffindbar; der Plan wird aber von Nitze beschrieben.[87] Mit geringen Änderungen wurde er am 20. Oktober von Kennedy gebilligt. Dieses Exemplar liegt vor. Im Einzelnen sah das so aus:

Stufe I: Behinderungen beim Berlin-Verkehr (noch keine vollständige Blockade).

Reaktion: Testvorstoß auf der Autobahn; Jagdschutz für Flugzeuge.

Stufe II: Erkennbare Blockademaßnahmen.

Reaktion: NATO-Wirtschaftsembargo, Maßnahmen zur See, Einschalten der UNO, Verstärkung des westlichen Militäraufbaus.

Stufe III: Fortsetzung der Blockade.

Reaktion in Europa: Verstärkte militärische nicht-nukleare Maßnahmen, um die Lufthoheit zurückzuerobern; Vorstoß auf DDR-Territorium mit Luftunterstützung. Damit sollte den Sowjets gezeigt werden, dass man einen Punkt erreichen könnte, an dem es kein Zurück mehr geben würde. „Das Risiko wird größer, genauso wie der militärische Druck auf die Sowjets."

Reaktion weltweit: Seeblockade. Sie wurde als militärisch nicht besonders wirksam bezeichnet, allerdings würde damit der Atomeinsatz hinausgezögert. Die Stabschefs forderten begleitende weitere militärische Aktionen in Europa.

Danach kam die entscheidende

Stufe IV: Fortsetzung der sowjetischen Angriffe auf lebenswichtige Einrichtungen der Alliierten.

Reaktion: Einsatz von Nuklearwaffen in drei Stufen.

Stufe A: Angriff auf ausgewählte Ziele, um zu demonstrieren, dass man entschlossen war, Atomwaffen einzusetzen.

Stufe B: Begrenzter Einsatz taktischer Atomwaffen, um taktische Vorteile zu gewinnen.

Stufe C: Weltweiter Atomkrieg.

Dazu lautete der Kommentar: Die Alliierten könnten Einsatz und Umfang der Nuklearwaffen nur teilweise kontrollieren. Die Sowjets könnten damit beginnen – nach Einsetzen der Feindseligkeiten; begrenzter alliierter Einsatz von Atomwaffen könnte einen ähnlichen Einsatz auf sowjetischer Seite zur Folge haben – oder aber zu einem umfassenden Präventivschlag der Sowjets führen.[88]

In der Runde am 10. Oktober wollte Kennedy wissen, ob es IV A und B ohne IV C geben könne. McNamara und Nitze äußerten konträre Ansichten. McNamara meinte, das Ergebnis von IV C sei so furchtbar, dass man erst IV A und B durchführen müsse, auch wenn das sehr schnell zu IV C führen werde.

Nitze vertrat eine andere Meinung. Bei IV A und B würden die Sowjets sehr wahrscheinlich in die große Versuchung geraten, einen nuklearen Präventivschlag zu führen. Von daher wäre es wohl am besten – wenn man schon Atomwaffen einsetzen wolle –, selbst diesen strategischen Präventivschlag zu führen. Bei dem sich daraus ergebenden atomaren Schlagabtausch könnte man siegen; würde man einen sowjetischen Schlag zulassen, würde man wohl verlieren. (Dies wohl auch mit Blick auf die Septembererkenntnisse über das sowjetische Frühwarnsystem.)

McNamara, der schwächere Nerven hatte, widersprach. Keine Seite könne davon ausgehen zu siegen, egal, wer zuerst zuschlagen würde. Und die Folgen wären so furchtbar, dass beide sehr großes Interesse daran hätten, es erst gar nicht so weit kommen zu lassen.

Rusk meinte zu Stufe IV insgesamt, die Seite, die zuerst Atomwaffen einsetze, müsse sich im Klaren sein über die damit verbundene große Verantwortung und die Folgen für die übrige Welt.

Eine Entscheidung über die Stufen III und IV wurde nicht getroffen; insbesondere die Meinungsunterschiede bezüglich Stufe IV wurden nicht beseitigt. Das Pentagon sollte gemeinsam mit dem State Department einen neuen Entwurf für Kennedy ausarbeiten, der dann als „klare Instruktion“ an NATO-Oberbefehlshaber General Norstad gehen sollte.[89]

Den nahezu unveränderten – und von ihm gebilligten – Entwurf schickte Kennedy dann am 20. Oktober tatsächlich an Norstad.[90] Monate später zeigte McNamara seinen drei westlichen Kollegen Kopien dieses Entwurfes, bei dem allerdings die Stufe IV fehlte. Die Dinge waren offensichtlich immer noch extrem heikel; selbst diese Kopien wurden nämlich von McNamara sofort wieder eingesammelt.

Kennedy war es dann, der Adenauer bei dessen Besuch in Washington am 20. und 21. November über die amerikanischen Pläne eines möglichen Nukleareinsatzes informierte. Die Dolmetscher wurden aufgefordert, ihre entsprechenden Notizen zu zerreißen; den „Deklassifikations-Beamten“ war das offensichtlich immer noch nicht genug: 18½ Zeilen des Protokolls wurden von ihnen für den entsprechenden FRUS-Band nicht freigegeben.[91]

5. Reaktionen Bonns

Im Herbst 1961 war die westdeutsche Diplomatie, und hier in erster Linie Adenauer, in höchstem Maße gefordert. Liest man die Erinnerungen von Wilhelm Grewe, so ahnt man etwas von der Dramatik jener Tage. Die Deutschen, so Außenminister Home in einem Telegramm an Dean Rusk vom 8. Oktober, hätten bislang nicht zu erkennen gegeben, was sie eigentlich wollten – „und dies zu Recht; jetzt aber ist es Zeit, sie danach zu fragen“.[92]

Nachdem Grewe in der Botschaftergruppe von Kohler über die Gespräche mit Gromyko informiert worden war und seinerseits Bonn informiert hatte, erhielt er vom Auswärtigen Amt am 10. Oktober eine geheime Instruktion. Interessanterweise finden sich Auszüge dieses Telegramms in den britischen Akten. Darin hieß es u. a.:

> „Der westlichen Taktik gegenüber den Sowjets kommt eine entscheidende Rolle zu. Wenn wir uns weiterhin darauf beschränken, uns gegenüber den sowjetischen Forderungen nur defensiv zu verhalten und uns lediglich bemühen, die sowjetischen Forderungen zu reduzieren, so kann das Ergebnis nur eine mehr oder minder kaschierte teilweise Niederlage der westlichen Politik sein. Wenn man Verhandlungen mit den Sowjets von ‚fall-back positions‘ her beginnt, so ist es erfahrungsgemäß unvermeidlich, dass selbst diese ‚fall-back positions‘ nicht gehalten werden, sosehr man dazu am Anfang entschlossen sein mag. Der Druck der öffentlichen Meinung erweist sich im Allgemeinen als zu stark, um Verhandlungen daran scheitern zu lassen, dass man zu weiteren Zugeständnissen nicht bereit ist. Dies wird diesmal umso mehr gelten, als die öffentliche Meinung überwiegend davon auszugehen scheint, dass die Alternative zu einer Berlinvereinbarung mit den Sowjets der thermonukleare Vernichtungskrieg sein würde.“

Und dann hieß es unmissverständlich:

„Für das weitere Taktieren sehen wir nur zwei Möglichkeiten:

1) Entweder es wird zwischen den Verbündeten auf Außenministerebene Einigkeit über Inhalt und Taktik der weiteren sogenannten Explorationsgespräche hergestellt. Dazu wäre auch eine Entscheidung erforderlich, ob etwa die westlichen Ausgangspositionen einfach beiseitegeschoben werden sollen; denn es wird nicht möglich sein, sie auf einer ost-westlichen Außenministerkonferenz wieder zu beziehen, wenn sie vorher in den Botschaftergesprächen implizite aufgegeben worden sind.

2) Oder Botschafter Thompson erhält kein Mandat der Vier Mächte zu einer Art Vorverhandlung; dann muss er sich darauf beschränken, einige Fragen zur Aufklärung der bisherigen Äußerungen Gromykos zu stellen."

Und dann wurde das Gespräch Kennedy-Gromyko analysiert und die Forderungen Gromykos als „völlig unakzeptabel" abgelehnt. In einigen Punkten wurde das Misstrauen gegenüber den Angloamerikanern deutlich artikuliert, vor allen Dingen bei der Frage der möglichen Anerkennung der Oder-Neiße-Grenze, und den übrigen von Gromyko gestellten Überlegungen mit Blick auf die europäische Sicherheit. Für die Briten war klar: „Die Deutschen werden nicht so leicht nachgeben."[93]

Grewe war besonders frustriert und deprimiert über die neue amerikanische Haltung, fand aber in Washington niemanden, der ihm Trost spenden konnte. Selbst von Acheson erhielt er eine kühle Abfuhr. Die Bundesregierung, so Acheson, sei negativ, misstrauisch und hysterisch und würde an jeder Ecke nur Gefahren sehen, selbst aber keine positiven Vorschläge machen und auch selbst nicht reagieren. Sie sei auch nicht bereit, irgendein Risiko einzugehen („a government which was prepared to take no risk at all"). Als Grewe meinte, die Alliierten sollten notfalls eine Blockade über die Ostsee und das Schwarze Meer verhängen, war Acheson überhaupt nicht beeindruckt; das sei ein Vorschlag, den andere durchführen sollten. Und er gab den Rat, die Deutschen sollten tunlichst eine eigene Politik ausarbeiten und bereit sein, auch dazu zu stehen.[94]

Mit diesem wenig erfreulichen Ratschlag versehen flog Grewe am 11. Oktober nach Bonn, wo er sich bis zum 20. Oktober aufhielt. Es galt, eine gemeinsame Linie zu entwickeln. Die Lage wurde auch dadurch nicht erleichtert, dass Adenauer noch mitten in den Schwierigkeiten der Regierungsbildung steckte. Er wurde erst am 7. November wieder zum

Bundeskanzler gewählt. Wie die Stimmung in Bonn war, wurde auch deutlich in den Gesprächen, die Grewe und Staatssekretär Carstens mit den Briten führten, so etwa am 19. Oktober. Da wurden alle Vorschläge diskutiert, mit denen man in mögliche Verhandlungen gehen und was man dort fordern sollte, selbst wenn man wüsste, dass dies keine Chance bei den Sowjets haben würde, und zwar, so Carstens, eine Lösung für ganz Berlin, Niederreißen der Mauer, Selbstbestimmung und Bewegungsfreiheit der Menschen. Carstens machte klar – wenn auch ohne große Überzeugung („without much conviction") –, dass im Hinblick auf die Oder-Neiße-Grenze keine deutsche Regierung diese jemals anerkennen werde, auch wenn das ein „gefundenes Fressen" für die Sowjets sei.[95]

Am 14. Oktober hatte Kennedy einen Brief an Adenauer geschrieben, den Grewe in seinen Erinnerungen ausführlich wiedergibt.[96] In Bonn formulierte Grewe für Adenauer eine Antwort auf diesen Brief, den er am Vormittag des 24. Oktober Kennedy überreichte. Noch vor diesem Gespräch, das um 9.35 Uhr begann, erhielt Grewe neue Instruktionen aus Bonn, die er nun Kennedy vortrug. Die hörten sich ziemlich deutlich an: Demnach war die Bundesregierung bereit, auch im militärischen Bereich alle Verpflichtungen zu übernehmen. Die Bundesregierung sei sich im Klaren darüber, dass die gegenwärtige Situation das Risiko eines Krieges in sich berge, und sei bereit, dieses Risiko auf sich zu nehmen und an der Seite der Verbündeten Krieg zu führen, um die Freiheit Berlins zu verteidigen. Die Bundesregierung bestehe nicht weiter darauf, Seeblockademaßnahmen durchzuführen als Alternative zu größeren Boden- und Luftoperationen; allerdings sei sie der Meinung, dass solche Operationen nur überzeugend wirken würden, falls der Westen notfalls zu einem nuklearen Präventivschlag bereit sei. Die Bereitschaft, Atomwaffen einzusetzen, müsse den Sowjets klargemacht werden, genauso wie die Tatsache, dass die Sowjetunion selbst angegriffen würde.

Auf eine entsprechende Frage Kennedys antwortete Grewe, dass dies keine Änderung der Bonner Position sei, sondern einfach bedeute, dass die deutschen Vertreter bereit seien, voll bei den militärischen Planungen mitzuarbeiten. Grewe überreichte dann den Brief Adenauers und erläuterte jene zwei Punkte, die Adenauer besonders am Herzen lagen: Wiedervereinigung und europäische Sicherheit. Beim Thema Wiedervereinigung machte er klar, dass es notwendig sei, die Politik der vergangenen zehn Jahre nicht aufzugeben, worauf Kennedy nur meinte, er sehe für die absehbare Zukunft keine realistische Chance für eine Wiedervereinigung.

Beim Thema europäische Sicherheit erläuterte Grewe die Bedenken aus Bonner Sicht. Kennedys Kommentar zu dem Ganzen war der Hinweis darauf, dass die Bonner Regierung selbst Vorschläge erarbeiten solle, worauf Grewe meinte, Bonn habe solche, auch wenn sie nicht realisierbar seien, zum Beispiel eine internationale Autobahn.[97]

„Das Gespräch", so Grewe in seinen Erinnerungen, „war kaum geeignet, unser Verhältnis zu verbessern".[98] Damit hatte er zweifelsohne recht. Würde es verbessert werden durch den anstehenden Besuch Adenauers in Washington? Wohl kaum. Adenauer, so dessen enger Vertrauter, der Bankier Robert Pferdmenges, gegenüber dem britischen Botschafter Steel, „hat überhaupt kein Vertrauen in den Präsidenten"[99], während in Washington Kissinger und Bundy davon überzeugt waren, dass die Deutschen überhaupt nicht an Verhandlungen interessiert waren. Umso wichtiger sei es, so Bundy am Vormittag des 20. November – am Nachmittag fand das erste Gespräch zwischen Adenauer und Kennedy statt –, die Deutschen von der amerikanischen Entschlossenheit zu überzeugen. Er malte dann ein Szenario an die Wand, was passieren würde, falls es zu *keinen* Verhandlungen kommen würde, nämlich:

A) Separater Friedensvertrag, der bei vielen Ländern des Westens und bei den Neutralen auf Zustimmung stoßen würde.
B) „Salamitaktik" mit Blick auf den Zugang nach Westberlin.
C) Weiteres Absinken der Moral und der Hoffnung der Westberliner.
D) Offensichtlich unterschiedliche Meinungen bei den Alliierten über mögliche Gegenmaßnahmen.
E) Wachsender Nationalismus und Militarismus in Deutschland und den Vereinigten Staaten.
F) Wachsende Spannungen in ganz Europa.
G) Möglicherweise Krieg, konventionell oder nuklear – und bei alledem der weitverbreitete Glaube, dass die Möglichkeit einer friedlichen Lösung niemals versucht worden sei.

Es müsse daher zu Verhandlungen kommen, und dafür sei es von großer Wichtigkeit, zwei Dinge zu erreichen, nämlich

A) die Unterstützung des Kanzlers für solche Verhandlungen;
B) mit Adenauers Hilfe de Gaulle von der Notwendigkeit von Verhandlungen zu überzeugen.

Und dann klar und deutlich: „Wir sollten den Kanzler in keinem Zweifel darüber lassen, dass die Entscheidung zu Verhandlungen von Ihnen [Kennedy] getroffen worden und unwiderruflich ist.“[100]

Und dann ging es wieder um die Frage, worum es in diesen Verhandlungen überhaupt gehen würde. Macmillan hatte klare Vorstellungen – und machte dies in einem Telefonat mit Kennedy deutlich. Mit Blick auf Berlin müsse man die Forderungen hart und stark vertreten, aber den Sowjets auch etwas als Gegenleistung anbieten können; genau das müssten die Deutschen endlich begreifen. („I think that is what the Germans have got to realize.“) Er schlug Kennedy dann vor, soviel Druck wie möglich („as much pressure as you can“) auf Adenauer auszuüben und ihm klarzumachen, dass die Möglichkeit zu einer Vereinbarung mit den Sowjets vorhanden sei, aber dass er auch etwas geben müsse, um etwas zu erreichen. Und dann zählte Macmillan auf, was das sein sollte:

1. Anerkennung der Oder-Neiße-Grenze;
2. bis zu einem gewissen Grad De-facto-Anerkennung der DDR;
3. Aufgabe der politischen Bindungen zwischen Westberlin und der Bundesrepublik;
4. Erklärung der Bundesregierung, dass sie nicht beabsichtige und auch nicht wünsche, Nuklearwaffen zu produzieren.[101]

Adenauer wusste davon natürlich nichts, aber er hat es wohl geahnt. Am 19. November traf er mit seiner Delegation in Washington ein. Mit dabei waren der neue und alte Verteidigungsminister Franz Josef Strauß und der neue Außenminister Gerhard Schröder. Es folgten drei Tage intensiver Gespräche – 20. bis 22. November – „ohne gegenseitige Zumutungen und im offensichtlichen Bemühen beider Seiten, Verständnis für den anderen aufzubringen und zu einem vernünftigen Kompromiss zu kommen“, wie Wilhelm Grewe in seinen Erinnerungen schreibt.[102] Dieses Bemühen war in der Tat vorhanden, wie sowohl Hans-Peter Schwarz auf der Grundlage des deutschen Protokolls aufzeigt[103] als auch das amerikanische Protokoll deutlich macht.[104] Die Rücksichtnahme hatte wohl auch damit zu tun, dass Adenauer nicht in bester Form war – und noch in Washington an einer schweren Grippe erkrankte –, was den amerikanischen Gesprächspartnern nicht verborgen blieb. Sie registrierten nicht nur die Grippe, sondern gleich auch noch „Zeichen eines Machtverfalls“ bei Adenauer; jedenfalls, so Rusk zum britischen Botschafter Ormsby-

Gore, habe Adenauer nicht mit dem „üblichen Schwung“ gesprochen, und in Anwesenheit von Strauß und Schröder habe er fast gar nichts gesagt („he hardly opened his mouth“).[105]

Adenauer kam mit großen Befürchtungen nach Washington, nachdem die militärischen Berater in Bonn ihm mitgeteilt hatten, dass die Sowjets sofort 40.000 Panzer in Bewegung setzten könnten, die NATO dagegen nur 4.000. Das erwies sich dann in Washington als Fehlinformation, da bei den 40.000 alle Arten von Kettenfahrzeugen mitgezählt worden waren. Das militärische Briefing von Verteidigungsminister McNamara sowohl über die konventionelle wie auch nukleare Stärke des Westens führte zu einer merklichen Verbesserung der Stimmung bei Adenauer.

Adenauer war sich im Klaren darüber, dass, wenn der amerikanische Präsident beschlossen hatte, Verhandlungen mit den Russen zu führen, er an diesem Beschluss wohl nichts ändern konnte. Die entscheidende Frage war nach wie vor – und darüber hatte es ja schon im Vorfeld erhebliche Missstimmung gegeben –, worüber verhandelt werden sollte. Da hakte Adenauer ein und es gelang ihm – Kennedy stimmte erstaunlicherweise zu –, mögliche Sondierungsgespräche auf Berlin zu beschränken; also nicht das, was Gromyko an Forderungen gestellt hatte. Im Laufe der dreitägigen Gespräche wurde zwar das Thema „europäische Sicherheit“ in eher zurückhaltender Form von der amerikanischen Seite eingebracht, aber die entsprechenden Gegenargumente der deutschen Seite akzeptiert. Das betraf die Oder-Neiße-Grenze, die Frage der atomaren Bewaffnung der Bundeswehr, die Reduzierung der Truppen auf beiden Seiten usw. Rusk meinte später, dieses Gespräch sei besser gewesen als das Zusammentreffen im April.[106]

Tatsache war aber auch, dass die grundsätzlichen Unterschiede in den beiderseitigen Konzeptionen nicht wirklich angesprochen worden waren und man lediglich, wie Grewe schreibt, „kurzfristig eine gemeinsame Operationsbasis“ hergestellt hatte.[107] Das aber war für die Sowjets wenig wert. Ormsby-Gore sah das wohl richtig und meldete gegenüber Rusk seine Zweifel an. Was in Washington vereinbart worden sei, sei wenig attraktiv für die Russen. Eine Lösung, bei der ihnen weder beim Thema Oder-Neiße-Grenze noch beim Thema nukleare Bewaffnung der Bundeswehr etwas gegeben würde und bei der sie lediglich aufgefordert würden, den Zugang nach Berlin für die Westmächte zu verbessern, könnte für die Russen so wenig wert sein, dass sie von sich aus einen Friedensvertrag mit der DDR unterschreiben würden.[108] Es war klar, wie Grewe weiter schreibt, dass die Differenzen zwischen Bonn und Washington „nur notdürftig verdeckt [waren] und bei der nächsten kritischen Wende der Entwicklung wieder zum Vorschein kommen [mussten]".[109]

Adenauer hat das wohl ähnlich gesehen – und seine ganze Hoffnung auf de Gaulle gesetzt. De Gaulle war gegen Verhandlungen. Und solange er bei dieser Position blieb, würde es auch keine Viermächte-Verhandlungen geben. Auf der anderen Seite war es – selbst aus amerikanischer Sicht – unumgänglich, zu einer übereinstimmenden Meinung des Westens zu kommen. Man konnte Frankreich nicht isolieren und setzte in diesem Zusammenhang alle Hoffnungen auf Adenauer, der de Gaulle Anfang Dezember sehen würde und ihn dazu bringen sollte, möglichen Verhandlungen zuzustimmen. Adenauer gab diese Zusicherung.

Adenauer war kaum aus den USA abgereist, da empfing Kennedy in seinem Feriensitz Hyannis Port den Chefredakteur der „Iswestija" und Schwiegersohn Chruschtschows, Alexej Adschubej, zu einem ungewöhnlich langen Interview. Er wiederholte da zwar einige der mit Adenauer besprochenen Punkte, betonte aber geradezu auffällig die gemeinsamen amerikanisch-sowjetischen Interessen. Ihm sei klar, so der amerikanische Präsident, dass es keine Wiedervereinigung geben werde, solange die Sowjetunion der Ansicht sei, dass dies in ihrem Interesse liege, um gleich hinzuzufügen – und das machte deutlich, wie sehr er die Teilung akzeptiert hatte: „Ich glaube, wir könnten in unserem Jahrhundert in Mitteleuropa Frieden haben, wenn wir eine Einigung über Westberlin erzielen." Und zwar eine, in der sowohl amerikanische wie sowjetische Interessen anerkannt würden. Auch was er sonst über die Bundesrepublik sagte, war zwar richtig, aus Bonner Sicht aber nicht gerade erfreulich. Die NATO definierte er als eine Art Kontrollinstrument gegenüber der Bundeswehr; solange diese in der NATO integriert sei, „die gegenwärtig von einem Amerikaner befehligt wird", sei die Sicherheit gewährleistet. Dass er auch noch massive Vorbehalte gegen Kernwaffen und Raketen in deutscher Hand äußerte, verwunderte schon nicht mehr.[110]

6. Konfrontation am Checkpoint Charlie

Für Mitglieder des diplomatischen Corps und der Besatzungsmächte gab es nach dem Bau der Mauer nur noch einen Übergang zwischen West- und Ostberlin: die Friedrichstraße im amerikanischen Sektor –

genannt Checkpoint Charlie. Bis zum 15. Oktober konnten Angehörige der westlichen Besatzungsmächte mit ihren Fahrzeugen ohne Probleme in den Ostteil der Stadt gelangen. Als „Ausweis" reichte das Nummernschild, das die Fahrzeuge als Militärfahrzeuge auswies. Dabei spielte es keine Rolle, ob die Insassen in Zivil oder in Uniform waren. Von der Volkspolizei, die den Übergang auf östlicher Seite kontrollierte, wurden keine Ausweise verlangt. Wie auch in anderen Bereichen waren es hier die Briten, die von sich aus den Volkspolizisten ihre Ausweise zeigten – allerdings zu keinem Zeitpunkt übergaben. Für Amerikaner und Franzosen waren – wenn überhaupt – nur die Sowjets zuständig, nicht jedoch die Volkspolizei.

Ab dem 15. Oktober begann das Ulbricht-Regime damit, diese Praxis infrage zu stellen. Amerikaner in Zivil mussten sich ausweisen. Am 15. Oktober wurde vier amerikanischen Wagen – jeweils mit Fahrer in Zivil – die Einfahrt in den Ostsektor verweigert. Ein Fahrzeug wurde durchgelassen, nachdem ein Fahrer in Uniform das Steuer übernommen hatte. Am 17. Oktober protestierte der amerikanische politische Berater in Westberlin, Howard Trivers, bei seinem sowjetischen Kollegen Oberst Lazarev gegen dieses Vorgehen. In seiner Antwort war Lazarev, so die CIA in ihrem wöchentlichen Bericht, „außergewöhnlich höflich". Er erklärte das Vorgehen mit einer unvollständigen Liste jener Fahrzeuge, die von den Amerikanern benutzt würden. Er bat um eben eine solche Liste. Er würde dann dafür sorgen, dass die Volkspolizei entsprechende Fotokopien erhalten würde.

Trivers interpretierte diese Antwort als implizite Anerkennung der Rechte der Alliierten auf Bewegungsfreiheit in ganz Berlin und schickte die entsprechende Liste sofort an die Sowjets. Er hatte sich geirrt. Am Abend des 22. Oktober, Sonntag, wollte Edwin A. Lightner zusammen mit seiner Frau zu einem Theaterbesuch nach Ostberlin fahren. Lightner trug keine Uniform, aber das Kennzeichen seines Volkswagens machte deutlich, dass es sich hier um ein amerikanisches Militärfahrzeug handelte. Beim Übergang Friedrichstraße wurde der Wagen von Volkspolizisten gestoppt. Sie forderten Lightner auf, sich auszuweisen. Damit setzte eine Entwicklung ein, die in den folgenden Tagen zu der wohl gefährlichsten Konfrontation während der gesamten Berlinkrise führte. Sie erhielt noch größere Bedeutung dadurch, dass kurz zuvor Gilpatric die erwähnte Rede in Hot Springs gehalten hatte und alles während des XXII. Parteitages der KPdSU geschah – und von Moskau als Provokation interpretiert wurde.

Lightner war nicht irgendjemand, sondern der stellvertretende Chef der US-Mission in Berlin, ein Mann, der vor allem auch einen Namen in den USA hatte, wie Außenminister Rusk meinte. („His name was today a household word in the US.“). Aus Sicht der Amerikaner – vor allem jener „vor Ort“ in Berlin und Bonn – war das, was die Volkspolizisten da vorführten, eine Anmaßung der DDR und der Anfang vom Ende der alliierten Rechte in Berlin – mit all den sich daraus ergebenden Konsequenzen. Dies konnte nicht hingenommen werden. So verlangte Lightner, einen sowjetischen Offizier zu sehen. Als die Volkspolizisten dies ablehnten, kontaktierte Lightner Lucius Clay, der seit Mitte August 1961 als persönlicher Vertreter von Präsident Kennedy in Berlin residierte. Auf Befehl Clays wurde Lightners Wagen dann von bewaffneten amerikanischen Militärpolizisten in den Ostsektor bis zur Leipziger Straße eskortiert. Um sicherzugehen, dass auf östlicher Seite alle verstanden, was gemeint war, wurde dieser Vorgang dann noch einmal wiederholt. Lightner kehrte um und kam dann mit acht amerikanischen Soldaten zurück, die ihn mit aufgepflanzten Bajonetten begleiteten. Um die Sache noch deutlicher zu machen, waren vier M-48-Panzer am Checkpoint aufgefahren. Die Volkspolizisten machten keine Schwierigkeiten. Alles schien ein Missverständnis zu sein, denn unmittelbar nach diesem Vorfall tauchte der sowjetische politische Berater an der Friedrichstraße auf, um mit dem Chef der amerikanischen Militärpolizei, Oberstleutnant Robert Sabolyk, zu sprechen. Er gab zu, dass die Ostdeutschen einen Fehler gemacht hätten, der korrigiert werden würde. Daraufhin fuhr Lightner noch einmal mit seinem Wagen über die Sektorengrenze – ohne Schwierigkeiten.

Am nächsten Tag sahen die Dinge anders aus. In einer Mitteilung der DDR-Nachrichtenagentur ADN verurteilte das DDR-Innenministerium den Vorfall vom Abend und stellte fest, dass alliiertes Personal in Zivil von der Volkspolizei kontrolliert werde.

Clay sah die ganze Aktion im großen Zusammenhang der Berlinkrise. Am 24. Oktober machte er gegenüber Rusk klar, dass die von der DDR angekündigten Maßnahmen nur der erste Schritt auf dem Wege seien, westalliierte Rechte zu unterminieren. Als Nächstes würden alle Mitglieder der Alliierten kontrolliert werden. Dies konnte aus seiner Sicht auf keinen Fall hingenommen werden. Clay war gegen Verhandlungen mit der Sowjetunion, und von daher bot sich für ihn jetzt *die* Gelegenheit, es dazu auch nicht kommen zu lassen, bevor die Angelegenheit nicht eindeutig geklärt war. Botschafter Dowling sah das ähnlich. Würde man die von der DDR angekündigten Maßnahmen akzeptieren, dann, so am 24. Oktober in einem Telegramm an Rusk, „wird das größte Nachteile für unsere Position in Westdeutschland haben“.[111]

In den nächsten Tagen gingen die amerikanischen „Testfahrten“ weiter. Am 25. Oktober konnte um 6.30 Uhr ein Wagen unbehelligt nach Ostberlin fahren. Wie es hieß, seien die Volkspolizisten wohl überrascht gewesen. Etwa eine Stunde später wurde einem zweiten Fahrzeug die Fahrt in den Ostsektor verweigert. Sobolyk protestierte sofort und verlangte, einen sowjetischen Offizier zu sprechen. Inzwischen gab es einen neuen sowjetischen politischen Berater in Ostberlin, der um 8.40 Uhr erschien und betonte, dass dieses Verfahren einem Beschluss der DDR-Regierung entspreche. Die DDR sei für die Kontrollen an der Friedrichstraße verantwortlich, und alliiertes Personal in Zivil müsse sich beim Übergang nach Ostberlin ausweisen. Inzwischen war auch Trivers am Checkpoint eingetroffen und machte klar, dass es sich hier um eine grundsätzliche Angelegenheit handle. Um etwa 10.45 Uhr fuhr das amerikanische Fahrzeug, eskortiert von drei Jeeps mit jeweils vier bewaffneten Soldaten, etwa 200 Meter nach Ostberlin, vorbei an den Volkspolizisten. Es gab keine Schwierigkeiten. Das hatte offensichtlich auch etwas damit zu tun, dass bereits um 7.00 Uhr zehn M-48-Panzer 400 Meter vom Checkpoint Charlie entfernt aufgefahren waren. Um 11.00 Uhr ließ Clay in einer dramatischen Aktion diese Panzer bis an die Sektorengrenze am Checkpoint Charlie vorrücken. Eine Stunde vorher waren die amerikanischen Truppen in Westberlin in Alarmbereitschaft versetzt worden. Nachdem das amerikanische Fahrzeug unbehelligt aus dem Ostteil der Stadt zurückgekommen war, machte Trivers gegenüber seinem sowjetischen Kollegen eindeutig klar: „Dies war das letzte Mal, dass wir so nach Ostberlin fahren.“ Gleichzeitig teilte er die Bereitschaft des amerikanischen Kommandanten General Albert Watson mit, seinen sowjetischen Kollegen Andrej Soloview um 15.00 Uhr zu treffen. Um 14.15 Uhr wurden zwei amerikanische Busse mit Amerikanern in Uniform und in Zivil etwa 100 Meter nach der Einfahrt in Ostberlin von Volkspolizisten gestoppt und eineinhalb Stunden festgehalten. Sie verlangten hier Ausweise von den Fahrgästen in Zivil und stellten fest, der Bus sei überbesetzt. Der Bus kehrte nach Westberlin zurück.

Soloview nannte dann gegenüber Watson die Aktion am Vormittag „eine offene Provokation“; die US-Garnison in Alarmbereitschaft zu setzen, sei „Säbelrasseln“. Und er fuhr fort:

„Ich bin autorisiert festzustellen, dass solche Aktionen notwendigerweise verhindert werden müssen. Sie können zu ähnlichen Aktionen auf unserer Seite führen. Wir haben auch Panzer. Wir hassen die Vorstellung, eine solche Aktion durchzuführen, und wir sind sicher, dass Sie Ihre Politik überdenken werden.“

Watson machte klar, dass die gegenwärtigen Schwierigkeiten „äußerst ernst“ seien; es gehe um ein entscheidendes Prinzip. Für den Oberbefehlshaber der NATO, General Norstad, war die Lage ernst. Dem amerikanischen Generalstabschef Lemnitzer telegrafierte er am Abend des 25., es sehe so aus, als ob es zum Showdown kommen könne. („It appears that we may be faced with a Showdown.“) Die Regierung solle sofort unterrichtet werden („should be made aware of this at once“).[112]

Lucius D. Clay wollte diesen Showdown. Seit seiner Ankunft in Berlin war er mehr und mehr enttäuscht über die seiner Meinung nach zu schwache Haltung des Westens. Aus seiner Sicht gab es nur eine Antwort auf die sowjetische Berlin-Politik: Härte. Das hatte er 1948/49 als Militärgouverneur so gehalten – und hatte es aus seiner Sicht erfolgreich durchgeführt. Um diese Härte zu demonstrieren, gab es für ihn nur ein Ziel: Die Mauer musste weg! So führte er Mitte Oktober eine Operation unter höchster Geheimhaltung durch: Er ließ in Berlin eine Mauer nachbauen, um Techniken zu erproben, wie sie am besten niedergerissen werden konnte. Dafür wurden Panzer mit Bulldozerschaufeln ausgestattet. Als der amerikanische Oberkommandeur in Europa, General Bruce Clarke, von Clays geheimer Maueroperation hörte – die ohne sein Wissen, geschweige denn seine Zustimmung durchgeführt worden war –, wurde die Operation sofort gestoppt. Clarke war zwar verärgert über Clay, berichtete den Vorfall aber nicht nach Washington.

In Washington wusste daher niemand etwas von diesem Vorgang. Dafür hatte der sowjetische Geheimdienst die Aktion sorgfältigst registriert, Clays Mauer und die speziell präparierten Panzer sogar fotografiert. Am 20./21. Oktober wurde Moskau von den Ereignissen informiert. Die zehn Panzer, die seit dem 25. Oktober am Checkpoint Charlie standen, waren jene Panzer, die Clay für seine Aktion benutzt hatte: ausgestattet mit Bulldozerschaufeln, bereit, die Mauer niederzureißen. Genau dies wollte Clay mit den Sperren; an der Friedrichstraße sollte offensichtlich der Anfang gemacht werden. Am 25. Oktober schickte er ein entsprechendes Telegramm an Rusk und Dowling. In diesem Telegramm Nr. 824 hieß es u. a.:

„Falls wir bereit sind, einen schnellen gewaltsamen Vorstoß nach Ostberlin durchzuführen und beim Rückzug die Sperren niederreißen, wird das zur Konfrontation mit den Sowjets führen. Alles andere bringt zurzeit nichts."[113]

In der Nacht vom 25. auf den 26. Oktober verlegten die Sowjets 33 Panzer – genau so viele, wie die Amerikaner in Berlin hatten – nach Ostberlin. Damit gab es zum ersten Mal seit dem 17. Juni 1953 wieder sowjetische Panzer in der Stadt. Offensichtlich gingen die Sowjets davon aus, dass von höchster amerikanischer Stelle ein Showdown herbeigeführt werden sollte. Die Rede Gilpatrics war gerade mal fünf Tage alt und noch gut in Erinnerung. Dass Clays Eigenmächtigkeiten in Washington nicht bekannt waren, wussten die Sowjets nicht. Inzwischen ahnte allerdings Rusk, was Clay vorhatte, auch wenn er zunächst dessen Telegramm Nr. 824 nicht richtig verstanden hatte. Er sah keinen Sinn in dem von Clay darin vorgeschlagenen Vorgehen. („I am unable to see what national purpose would be accomplished by the proposed raid in force. I had not realized that this was a proposal on your part in 824.") Und dann stellte er unmissverständlich klar: „Der Zugang nach Ostberlin ist für uns nicht von lebenswichtigem Interesse, das Gewaltanwendung rechtfertigt." Mit dem Bau der Mauer habe man das stillschweigend akzeptiert.[114] Gleichzeitig teilte Rusk mit, dass er Thompson in Moskau angewiesen habe, klarzustellen, dass das Vorgehen in Berlin nicht akzeptabel sei. Clays Vorschlag, alle diplomatischen Gespräche mit Moskau einzustellen, hielt er für eine „fragwürdige Sache" („questional concept").[115] Clay war nicht überzeugt; er glaubte nicht daran, dass die Démarche in Moskau irgendetwas bringen würde, und befürchtete eher, dass sich die sowjetische Haltung noch versteifen werde („do not believe demarche at Moscow in form of protest will serve any useful purpose and may indeed force hardening of Soviet backing of East German action").[116]

Am Nachmittag des 27. Oktober, um 16.30 Uhr, wurden drei Soldaten in Zivil in einem amerikanischen Militärfahrzeug bei der Einfahrt nach Ostberlin von Volkspolizisten angehalten und aufgefordert, ihre Ausweise zu zeigen. Als sie einen sowjetischen Offizier verlangten, lautete die Antwort: „Ein sowjetischer Offizier hat hier nichts verloren." Die Amerikaner drehten um und kamen dann mit drei Jeeps zurück, begleitet von gefechtsmäßig ausgerüsteten Soldaten. Ohne behindert zu werden, fuhren sie etwa 200 Meter nach Ostberlin und kehrten dann um. Ein Fahrzeug mit neun Volkspolizisten war ihnen gefolgt, machte

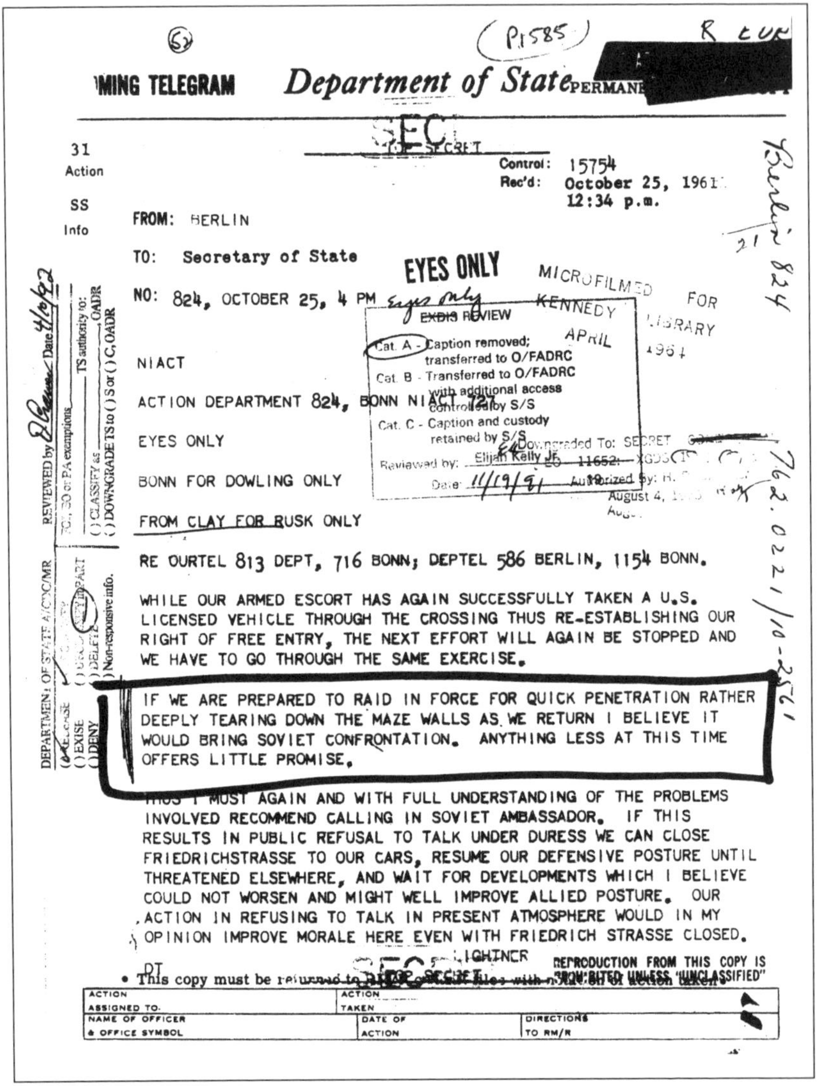

(P1585) R EUR

MING TELEGRAM Department of State PERMANE [redacted]

SECRET

31 Action

SS Info

Control: 15754
Rec'd: October 25, 1961
12:34 p.m.

FROM: BERLIN

TO: Secretary of State

EYES ONLY

NO: 824, OCTOBER 25, 4 PM

NIACT

ACTION DEPARTMENT 824, BONN NIACT 727

EYES ONLY

BONN FOR DOWLING ONLY

FROM CLAY FOR RUSK ONLY

RE OURTEL 813 DEPT, 716 BONN; DEPTEL 586 BERLIN, 1154 BONN.

WHILE OUR ARMED ESCORT HAS AGAIN SUCCESSFULLY TAKEN A U.S. LICENSED VEHICLE THROUGH THE CROSSING THUS RE-ESTABLISHING OUR RIGHT OF FREE ENTRY, THE NEXT EFFORT WILL AGAIN BE STOPPED AND WE HAVE TO GO THROUGH THE SAME EXERCISE.

IF WE ARE PREPARED TO RAID IN FORCE FOR QUICK PENETRATION RATHER DEEPLY TEARING DOWN THE MAZE WALLS AS WE RETURN I BELIEVE IT WOULD BRING SOVIET CONFRONTATION. ANYTHING LESS AT THIS TIME OFFERS LITTLE PROMISE.

THUS I MUST AGAIN AND WITH FULL UNDERSTANDING OF THE PROBLEMS INVOLVED RECOMMEND CALLING IN SOVIET AMBASSADOR. IF THIS RESULTS IN PUBLIC REFUSAL TO TALK UNDER DURESS WE CAN CLOSE FRIEDRICHSTRASSE TO OUR CARS, RESUME OUR DEFENSIVE POSTURE UNTIL THREATENED ELSEWHERE, AND WAIT FOR DEVELOPMENTS WHICH I BELIEVE COULD NOT WORSEN AND MIGHT WELL IMPROVE ALLIED POSTURE. OUR ACTION IN REFUSING TO TALK IN PRESENT ATMOSPHERE WOULD IN MY OPINION IMPROVE MORALE HERE EVEN WITH FRIEDRICH STRASSE CLOSED.

LIGHTNER

DT

REPRODUCTION FROM THIS COPY IS PROHIBITED UNLESS "UNCLASSIFIED"

Konfrontation am Checkpoint Charlie im Oktober 1961. „Secret. Eyes only"-Telegramm von General Lucius D. Clay an Außenminister Dean Rusk.

aber keine Schwierigkeiten. Inzwischen hatte sich auf Westberliner Seite eine große Menschenmenge angesammelt; eine kleinere Gruppe auch auf Ostberliner Seite. Als das amerikanische Fahrzeug durch die Sperren fuhr, nutzte ein Ostberliner die Verwirrung der Volkspolizei und flüchtete nach Westberlin, wobei er mehrmals rief: „Ich bin frei! Ich bin frei!"

Die Dinge schienen zu eskalieren. Um etwa 16.45 Uhr hatten die amerikanischen Panzer den Befehl erhalten, den Checkpoint zu verlassen. Kaum hatten sie sich zurückgezogen, da tauchten um 17.07 Uhr sowjetische Panzer auf der gegenüberliegenden Seite auf. 20 Minuten später verschwanden sie wieder. Daraufhin wurden die zehn amerikanischen Panzer zurück an den Checkpoint beordert – mit scharfer Munition. Sie kamen dort um etwa 18.00 Uhr an; wenige Minuten später standen ihnen zehn sowjetische Panzer gegenüber – ebenfalls mit scharfer Munition, aber abgestellten Motoren. Um 20.33 Uhr schilderte Lightner in einem Telegramm an Rusk die Entwicklung und schloss mit dem Satz, die Lage sei schon irgendwie gespannt, aber man halte sie nicht für gefährlich. („Situation somewhat tense but not considered dangerous.")[117] Und in einem zweiten Telegramm meinte er, im gegenseitigen Nervenkrieg sei man in ein neues Stadium eingetreten; man habe jedenfalls gute Nerven. („We are just in a new phase of the war of nerves, and ours are in good shape.")[118]

In Washington sah man das offensichtlich etwas anders. Für den Nachmittag des 27. Oktober war eine Sitzung im Weißen Haus angesetzt, in der über das weitere Vorgehen beraten werden sollte. Ein Ergebnis war ziemlich klar: Es würde keine weiteren Testfahrten nach Ostberlin mehr geben, und vor allen Dingen würde es keine Fahrten von amerikanischem Personal in Zivil geben. Damit schien das Problem zumindest ansatzweise entschärft. Entsprechende Anweisungen gingen unmittelbar an Clay. Clay war nicht begeistert. Wenn man solche Konzessionen mache, so liege man vollkommen falsch; man habe die Sowjets einschüchtern wollen und nicht sich selbst. („Our idea was to intimidate Sovs not ourselves.")[119]

16 Stunden lang standen damals zehn amerikanische Panzer zehn sowjetischen gegenüber, jeweils mit scharfer Munition. Der spätere sowjetische Botschafter in Bonn, Valentin Falin – damals im Außenministerium in Moskau tätig –, erinnerte sich, dass, hätten die Amerikaner etwas gegen die Mauer unternommen, die sowjetischen Panzer das Feuer eröffnet und damit die USA und die Sowjetunion „näher als je

zuvor an den Rand des 3. Weltkrieges gebracht hätten. Hätte das Duell der Panzer damals in Berlin begonnen – und alles sah so aus, als ob es dazu kommen würde –, dann wären die Ereignisse wahrscheinlich außer Kontrolle geraten."[120] Am Morgen des 28. Oktober, Freitag, verschwanden die sowjetischen Panzer vom Checkpoint. Etwa eine halbe Stunde später zogen sich auch die amerikanischen Panzer zurück. Die Konfrontation am Checkpoint Charlie war zu Ende. In Berlin gab es erkennbar eine Viermächte-Verantwortung, vor allem aber in Ostberlin keine DDR-Kompetenz gegenüber den drei westlichen Alliierten. Der sowjetischen Regierung sei es in den vergangenen Tagen darum gegangen, so Clay in einer Analyse am 30. Oktober, höchst vorsichtig zu agieren, um ihr Prestige aufrechtzuerhalten. Dem Westen sei es darum gegangen, die Sowjets zu zwingen, Verantwortung zu übernehmen.[121] Für die Öffentlichkeit sah es jedenfalls so aus, als ob die Sowjets nachgegeben hätten.

Erst heute wissen wir, dass die Dinge damals etwas anders abgelaufen sind. An jenem 27. Oktober aktivierte Kennedy, der von Clays Aktion überhaupt nichts hielt, einen Kontakt, der ein Jahr später bei der Kuba-Krise noch wichtiger werden sollte und den er schon im Juli benutzt hatte – Georgij Bolshakow. Über seinen Bruder Robert ließ er Chruschtschow durch Bolshakow eine Botschaft zukommen, in der er ihn bat, die Panzer zurückzuziehen, mit der Zusicherung, dass unmittelbar danach auch die amerikanischen Panzer zurückgezogen würden. Es war eine Botschaft, in der es um gegenseitige Zurückhaltung ging, wobei Chruschtschow den ersten Schritt tun sollte. Chruschtschow stimmte dem zu, da aus seiner Sicht damit die Gefahr einer Eskalation beseitigt wurde – und zwar von ihm. Die Konfrontation in Berlin wurde beendet – im gegenseitigen Einverständnis zwischen Chruschtschow und Kennedy.[122]

Über das Verhalten der Briten während der Krisentage war Clay besonders enttäuscht, ja geradezu empört. Darüber kam es am Abend des 1. November bei einem privaten Essen im Hause des britischen Oberbefehlshabers, General Sir R. Delacombe, zum Eklat. Clay konnte sich nicht zurückhalten und beschuldigte die Briten lautstark mangelnder Kooperation, insbesondere nachdem festgestanden habe, dass die Sowjets Panzer nach Ostberlin verlegt hatten. Als General Delacombe darauf hinwies, dass er sofort Panzer ans Brandenburger Tor geschickt habe, weigerte sich Clay, dies zu glauben und sagte dies auch ganz offen. Die Stimmung war dahin. Nachdem Clay und seine Frau gegangen waren, sprach Botschafter Christopher Steel denn auch sofort General Watson auf diesen Auftritt Clays an. Watson spielte die Angelegenheit herunter und meinte nur, Clay werde am nächsten Morgen schon alles wieder vergessen haben.[123] Im Foreign Office war man nicht so gnädig und betrachtete das Verhalten Clays geradezu als skandalös („absolutely disgraceful"). Er sei immerhin der persönliche Vertreter Kennedys in Berlin. Eine Zusammenarbeit mit ihm sei unter diesen Umständen wohl kaum noch möglich. Macmillan sah das genauso und fragte Außenminister Home, ob er Kennedy bitten solle, Clay abzuberufen. Ihm schien der General eine Gefahr für die Allgemeinheit zu sein. In selten drastischer Sprache, die auch etwas von seiner Geisteshaltung offenbart, machte er klar, was er von Clay hielt: Er sei immer schon ein „Scheißkerl" gewesen, jetzt sei er ein „verbitterter Scheißkerl". („Do you think I might ask President Kennedy to recall General Clay? He seems to me a public danger. He was always an ass; now he is an embittered ass.")[124]

Clay war möglicherweise verbittert, mit Sicherheit aber war er zutiefst deprimiert über die Zukunft Berlins („profoundly depressed at the prospects for Berlin"), wie Christopher Steel Anfang Dezember nach einem Essen mit ihm in Berlin nach London berichtete. Clay sprach von Uneinigkeit und Zögern der Westmächte, dass es ihnen nicht gelungen sei, auch nur in einem einzigen Punkt gegen die Russen Flagge zu zeigen, und dass das nukleare Patt schon bald zum Zusammenbruch der westlichen Position in Berlin führen werde. Auf die Frage von Steel, was denn das Richtige sei, was die Westmächte in der gegenwärtigen Situation tun sollten, kam seine klare Antwort: „Die Mauer niederreißen." Steel antwortete, das sei noch keine Niederlage der Sowjets, weil sie wahrscheinlich die Mauer wenige Meter weiter östlich wieder aufbauen würden und man im Grunde nicht weitergekommen wäre. Und er fragte, was der Westen dann tun solle. Clay antwortete nicht.[125]

Vier Monate später verließ Clay Berlin. Für Männer seines Schlages – oder Kalibers – war in der neuen amerikanischen Politik kein Platz mehr. Als die Briten im April 1962 erfuhren, dass Kennedy ihn abberufen würde, waren sie besonders erfreut („very welcome to us"). Macmillan wurde allerdings empfohlen, beim bevorstehenden Treffen mit Kennedy dies nicht allzu offen zu zeigen. („The Prime Minister will not want to overstress our satisfaction".)[126]

Unter den Westalliierten blieb in jenen Wochen und Monaten die Frage weiter ungeklärt, was für Gegenmaßnahmen inner- und außerhalb Berlins ergriffen werden sollten, falls ihnen der Zugang nach Ostberlin verwehrt würde. General Norstad und die Vereinigten Stabschefs waren auf der Seite von Clay gewesen: Die Grenzsperren an der Friedrichstraße sollten mit Panzern oder Bulldozern niedergerissen werden. Dafür hatte es keine Zustimmung gegeben.[127] Jetzt hieß die Devise: abwarten.

7. London: Westberlin eine „unabhängige Stadt"?

Im Foreign Office wurde damals eine Variante zur Lösung der Berlin-Frage diskutiert, über die, so der langjährige stellvertretende britische Kommandant in Berlin, F. S. Tomlinson, „Herr Brandt genauso entsetzt sein würde wie die Bundesregierung in Bonn" – hätten sie denn davon erfahren.[128] Aus Westberlin sollte eine „unabhängige Stadt" werden, was der sowjetischen „Freien Stadt" ziemlich nahe kam.

Ausgelöst hatte die Diskussion der britische Botschafter in Washington, David Ormsby-Gore, am 14. November mit einem geheimen Schreiben an Außenminister Lord Home. Ausgangspunkt war ein Gespräch zwischen Lord Home und dem amerikanischen Botschafter in London, David Bruce. Darin war die Rede gewesen von einer Lösung für ganz Berlin oder von einem internationalen Korridor quer durch die DDR. Für Ormsby-Gore waren diese Überlegungen aus Propagandagründen in Ordnung, aber er glaubte nicht einen Moment daran, dass die Sowjets das akzeptieren würden. In dem Gespräch war es auch darum gegangen, Westberlin zum Sitz der UNO zu machen.

Für Ormsby-Gore stellte sich die Frage, ob die UNO-Verwaltung und möglicherweise auch UNO-Truppen den Westberlinern das notwendige Vertrauen geben würden, nicht von den Russen überrannt zu werden. Er bezweifelte das und fügte hinzu, er persönlich würde jedenfalls dieses Vertrauen nicht haben. Gleichzeitig war er aber auch davon überzeugt, dass das bisherige Besatzungsrecht der Westalliierten nicht aufrechterhalten bleiben könne; und wenn es wirklich hart auf hart komme in Berlin – und das war für ihn auch vollkommen klar –, würden die Briten auf keinen Fall deswegen einen Atomkrieg riskieren, und, so fügte er hinzu, „das gilt wohl auch für die übrigen europäischen NATO-Verbündeten und für Kanada" – womit er vermutlich recht hatte. Und dann kam seine Idee, nämlich Westberlin in eine „unabhängige Stadt" zu verwandeln, denn „mit einer Bevölkerung von 2¼ Millionen intelligenten Menschen hat es genauso ein Recht auf eine unabhängige Existenz wie Zypern, Mauretanien oder Kuwait". Dieses unabhängige Westberlin könne dann die drei Westmächte bitten, nicht mehr als 10.000 Soldaten – ohne Atomwaffen – in Berlin zu stationieren; es könnte die Vereinten Nationen einladen, Nebenstellen zu errichten, was ein zusätzliches Element der Sicherheit für die Bevölkerung sein würde; und es könnte schließlich mit der DDR eine Vereinbarung über den Zugang treffen, und damit gleichzeitig die Bundesrepublik von dieser unangenehmen Geschichte befreien.

Er nannte dann zwei Hauptpunkte, die gegen diesen Plan vorgebracht werden könnten, nämlich 1. dass man Deutschland damit in drei Teile teilen werde und von daher 2. eine Wiedervereinigung noch unwahrscheinlicher würde. Den ersten Punkt akzeptierte er, den zweiten nicht. Deutschland sei bereits dreigeteilt, und was die Wiedervereinigung betreffe, so sei sie nur möglich – wenn überhaupt –, wenn sich die Gesamtlage in Mitteleuropa geändert habe. Ein erster Schritt dazu aber sei eben eine friedliche Lösung der Berlinfrage.[129]

Interessant sind die Reaktionen auf diesen Vorschlag. Evelyn Shuckburgh sah sich in seinen eigenen Überlegungen für eine Lösung der Berlinfrage bestärkt. Ormsby-Gores Vorstellung „fits in very closely with my own thoughts". Willy Brandt sei dafür möglicherweise eher zu gewinnen als z. B. Karl Carstens oder der neue Außenminister Gerhard Schröder.[130] Immerhin wollte er noch die Meinung von Botschafter Christopher Steel in Bonn und Frank Roberts in Moskau einholen. Roberts bezweifelte, ob die Sowjets diesen Ansatz akzeptieren würden, vor allen Dingen die Überlegung, dass die Westberliner Regierung die Westmächte einladen sollte, Truppen in Westberlin zu stationieren. Eine entscheidende Frage für die Sowjets, aber auch für die Westmächte, war aus seiner Sicht, wer letztlich Macht und Verantwortung in Westberlin ausüben würde. Immerhin hielt er es für ganz gut, bei Beginn der Verhandlungen mit den Sowjets den Plan der unabhängigen Stadt im Hinterkopf zu behalten und notfalls in die Verhandlungen mit einzubringen.[131]

Christopher Steel hielt wenig davon, dass westliche Truppen nur aufgrund einer Einladung der Westberliner Behörden in Berlin sein würden; mit dem Recht der Alliierten auf Präsenz dürfe nicht herumgespielt werden: „Our line must surely be that our presence and efforts there will ensure that there is no monkey business." Er hielt auch nichts davon, Westberlin eine „unabhängige" Stadt zu nennen. Seiner Meinung nach würden die Westberliner dies als den Anfang vom Ende der moralischen und wirtschaftlichen Unterstützung des Westens betrachten. Wenn schon, so solle man eher von einer „vorübergehenden Autonomie“ sprechen. Russische Truppen konnten seiner Meinung nach nur in ganz geringer Zahl in Westberlin akzeptiert werden, etwa zum Schutz ihres Ehrenmals und als Wachen im Gefängnis in Spandau. Er teilte auch nicht Shuckburghs Überlegung, dass Willy Brandt möglicherweise diesen Plan akzeptieren würde. Er konnte sich bei Brandt eher das Gegenteil vorstellen („shrink back“).[132] P. H. Scott im Foreign Office betrachtete diesen Plan aus der Sicht der Sowjets und wies auf die Ähnlichkeit in der Konzeption hin: „Freie Stadt“ bei den Sowjets, „unabhängige Stadt“ jetzt bei den Briten. Von daher hielt er es eher für realistisch, das UNO-Hauptquartier nach Berlin zu verlegen – was sowieso nur unter der Voraussetzung geschehen würde, dass Westberlin eine unabhängige Einheit war.[133]

Den Vergleich „unabhängige Stadt“ und „Freie Stadt“ griff dann der schon erwähnte Tomlinson am 23. November auf. Er verband dies mit einer vollkommen negativen („wholly unconstructive“) Analyse. Die Westberliner, so Tomlinson, „wollen in ihrer exponierten Lage nicht unabhängig sein. Sie wollen vor allem das Gefühl haben, dass sie Teil eines größeren Ganzen sind.“ Die Westalliierten seien aus souveränem Recht in Westberlin; Verwaltung, Wirtschaft und Gesetzgebung beruhten auf dieser Voraussetzung. Wie sollte Westberlin, so fragte er, eine vollkommen separate und unabhängige Einheit sein, solange die DM dort gelte und solange westdeutsche Gesetze übernommen würden usw. usw. Und wenn die Westberliner keinen bundesdeutschen Pass mehr benutzen könnten oder im Ausland keine westdeutschen Botschaften und Konsulate aufsuchen könnten, dann würde dies ihr Gefühl der Isolation noch verstärken, und dies sei für ihre Moral ein „schwerer Schlag“.[134]

Diese harsche Kritik überzeugte letztlich auch Shuckburgh, der die Rechte der Alliierten in Westberlin mehr und mehr schätzte. („I am becoming more jealous of our rights than I was when I wrote my minute.“) Inzwischen hatte Außenminister Home allerdings schon einen Brief an Ormsby-Gore geschrieben und Zustimmung zu dessen Idee signalisiert. („Personally I like the ‚Independent City‘ approach.“) Der Botschafter solle die nächste Gelegenheit nutzen, um sie mit Rusk oder Kennedy zu besprechen („to float this idea“).[135] Shuckburghs Reaktion auf die Analyse von Tomlinson führte dazu, dass Ormsby-Gore dieses Thema dann in Washington nicht weiter verfolgte.

8. Charles de Gaulle sagt Nein

Kennedy wollte Verhandlungen, Macmillan wollte Verhandlungen, Adenauer hatte sich in seinen Gesprächen in Washington amerikanischem Druck mit Blick auf Verhandlungen notgedrungen gebeugt und schien nun auch für Verhandlungen zu sein. Einer war von Anfang an dagegen – und blieb es auch: General Charles de Gaulle. Ohne eine gemeinsame westliche Position konnte man aber schwerlich mit den Sowjets verhandeln. Das sah selbst Kennedy so. NATO-Generalsekretär Spaak dagegen wollte notfalls ohne Frankreich in Verhandlungen eintreten und Paris isolieren. Adenauer lehnte dies in Washington mit Nachdruck ab; Kennedy stimmte ihm zu. Adenauer sollte versuchen, de Gaulle auf „Verhandlungskurs" zu bringen. Für Anfang Dezember war eine Begegnung des Kanzlers mit de Gaulle vorgesehen.

Vorher standen dreitägige Gespräche zwischen Macmillan und de Gaulle an. Vom 24. bis 26. November besuchte de Gaulle Großbritannien. Im Mittelpunkt der Gespräche stand die Berlinfrage. Um bei den Briten keine Illusionen aufkommen zu lassen, ließ de Gaulle zwei Tage vor Beginn dieser Gespräche durch Botschafter Jean Chauvel im Foreign Office klarmachen, wie er die Sache sah. Demnach war er überzeugt davon, dass Chruschtschow Deutschland neutralisieren und die NATO zerschlagen wolle, und dass der Westen klarstellen müsse: bis hierher und nicht weiter. Falls der Westen einen Kompromiss in der Berlinfrage akzeptieren werde, würde dies nur dazu führen, dass die Sowjets in anderen Bereichen weiter Druck ausüben würden. De Gaulle, so Chauvel, sei der Meinung, dass „die Briten die Nase voll haben von Berlin" und das Problem so schnell wie möglich loswerden wollten. Seine Hauptsorge gelte der weiteren Entwicklung Europas und der Bundesrepublik, die daran gehindert werden müsse, in die Neutralität abzudriften.[136]

Der britische Botschafter in Paris, Sir Pierson Dixon, hatte bereits wenige Tage vorher ein Psychogramm des Generals beigesteuert, das sogleich an Macmillan weitergereicht wurde. Er sah den Charakter des Generals dadurch geprägt, dass de Gaulle durch eine kompromisslose Haltung oft das bekommen habe, was er haben wollte. Es sei ein Prinzip des Generals, keinem Druck nachzugeben. Er selbst sehe sich wahrscheinlich – ohne dass das so stimme – als einen hervorragenden Verhandler, aber „er wird nicht unter Druck verhandeln. In Verhandlungen mit den Russen ist er bereit, sehr hoch zu pokern. Seine Nerven sind wahrscheinlich genau so gut, wenn nicht noch besser als jene von Chruschtschow."

Was bedeutete das für Berlin? Für Dixon sah de Gaulle die Geschichte relativ simpel („rather simple attitude"): Im Kern wollten die Russen Berlin kassieren, und das musste wegen der daraus folgenden katastrophalen Konsequenzen für die Deutschen und damit für Europa verhindert werden. Die Russen hatten die Krise ausgelöst; es konnte daher keine Verhandlungen geben, solange die Russen nicht aufhörten, den Westen zu bedrohen.[137]

Wenn Macmillan trotzdem geglaubt hatte, de Gaulle auf Verhandlungskurs bringen zu können, so wurde er bitter enttäuscht. De Gaulle machte mit starken Worten klar, worum es ihm in erster Linie ging – mehr noch als den Briten und Amerikanern –, nämlich die Bundesrepublik fest im westlichen Lager zu halten. Für ihn war Berlin nur ein Teil eines Problems und an sich kein Problem von besonderer Bedeutung. Und wenn Adenauer nun bereit sei zu Gesprächen, so wünsche er, de Gaulle, dies von Adenauer selbst zu hören. Es sei zweifelhaft, ob die Konzessionen, die die Deutschen akzeptieren würden, ausreichten, um die Russen zu befriedigen. Wenn man erst mit Verhandlungen beginne, dann sei die Position der Westalliierten sowieso schon geschwächt. Von daher war er gegen Verhandlungen zum gegenwärtigen Zeitpunkt. Und wenn die neue Bundesregierung bereit sei, die von den Westmächten gewünschten Zugeständnisse zu akzeptieren, würde dies im deutschen Volk als Verrat angesehen. Was auch immer die Vereinigten Staaten und Großbritannien tun würden, Frankreich werde daran nicht teilnehmen, auch wenn es nicht vorschlage, einen Krieg mit den Russen zu beginnen. Die Deutschen würden dann jedenfalls das Gefühl haben, dass wenigstens ein Freund im Westen übrig geblieben sei.

Macmillan erwähnte dann jene Punkte, über die mit den Sowjets verhandelt werden sollte, nämlich stärkeres Zusammenarbeiten zwischen der Bundesrepublik und der DDR, die Grenzen Deutschlands, die Bindungen zwischen Westberlin und der Bundesrepublik, Atomwaffen. De Gaulle hielt dies für grundfalsch, da dies Zugeständnisse an die Russen involviere, die nicht notwendig seien. Aus seiner Sicht hatten die Russen keinerlei Konzessionen gemacht, und von daher sei die Zeit für Verhandlungen mit ihnen noch nicht gekommen. Er hatte nichts gegen weitere Sondierungsgespräche – allerdings ohne französische Beteiligung. Und gewissermaßen als Warnung für solche Gespräche stellte er noch einmal klar, was aus seiner Sicht unumstößlich war, nämlich keinerlei Anerkennung der DDR. Alles, was man anerkennen könne, sei die Tatsache, dass ein Teil Deutschlands von den Sowjets kontrolliert werde; dies sei aber kein Zustand, den der Westen als dauerhaft betrachte. Auch wenn die Besatzungsmächte betont hätten, dass Westberlin kein Teil der Bundesrepublik Deutschland sei, sei die Stadt in den vergangenen Jahren doch genauso behandelt worden. Adenauer werde dort z. B. als Bundeskanzler begrüßt, und der Regierende Bürgermeister Brandt sei immerhin der Vorsitzende der SPD.

Und dann kam ein Punkt, der bei den Briten, aber auch bei den Amerikanern für besondere Nachdenklichkeit sorgte, nämlich Atomwaffen für die Bundesrepublik. Darauf sollte die Bundesregierung ja verzichten – in Ergänzung jener Zusicherung, die Adenauer in Zusammenhang mit den Pariser Verträgen im Herbst 1954 gegeben hatte. Dies, so de Gaulle, sei ein großzügiges Geschenk für die Russen. Und dann kam es: Frankreich habe zwar zurzeit nicht die Absicht, den Bau von Atomwaffen betreffende Kenntnisse mit den Deutschen zu teilen, aber: „Das muss nicht ewig so bleiben. Für Frankreich ist die russische Gefahr zu groß und der Rhein zu nahe bei der Elbe, als dass es eine solch dauerhafte Versicherung abgeben kann."[138] Für Pierson Dixon stand fest:

> „De Gaulle ist bereit, Risiken auf sich zu nehmen, d. h. auch das Risiko eines Krieges mit den Russen wegen Berlin. Er ist überzeugt davon, dass wir nicht mit den Russen verhandeln sollen, weil er befürchtet, dass dadurch die Moral der Deutschen langfristig beschädigt wird. Ein weiterer Grund ist der, dass er im tiefsten Inneren die Vorstellung ablehnt, zu Verhandlungen gezwungen zu werden – in denen unausweichlich Zugeständnisse gemacht werden müssen – durch eine Macht, die diese Krise selbst heraufbeschworen hat. Er würde am liebsten die Russen ignorieren, das Risiko, dass die Russen losschlagen – bis hin zum Krieg –, akzeptieren und fortfahren mit dem Aufbau eines neuen Europas, in dem aus seiner Sicht Deutschland eine entscheidende Rolle spielt."[139]

Zurück in Paris machte de Gaulle gegenüber leitenden Beamten des Quai d'Orsay deutlich, was er von den Briten hielt (und kam darin Adenauer sehr nahe): Sie seien nur allzu bereit, auf Kosten der Deutschen Zugeständnisse zu machen und nicht bereit, gegenüber den Russen eine harte Position einzunehmen. Wenig später wussten das dann auch die Briten – die darüber nicht besonders erfreut waren.[140]

„Was sollen wir jetzt tun?" fragte Macmillan Kennedy am 27. November und schlug zwei Möglichkeiten vor:

1. Wie geplant das NATO-Ministerratstreffen Mitte Dezember abwarten, in der Hoffnung, dass man dort etwas erreichen würde; oder 2., sollte das nicht der Fall sein, ein Gipfeltreffen der westlichen Regierungschefs einberufen. Ein solches Treffen würde allerdings die Probleme im westlichen Lager deutlich machen und von daher den Russen in die Hände spielen. Macmillan: „Wir haben ein Problem, so oder so." Und dann wies er darauf hin, dass er noch ein Problem hatte, nämlich den Hinweis de Gaulles, auf dem Gebiet der Nuklearwaffen möglicherweise mit den Westdeutschen zusammenzuarbeiten.[141]

Würde es Adenauer gelingen, de Gaulle umzustimmen und für Verhandlungen zu gewinnen? Für die Briten war klar, dass die Deutschen alles tun würden, um die Zusage Adenauers in Washington zu verwässern, wie Shuckburgh am 5. Dezember meinte. Möglicherweise ahnte Adenauer etwas von diesem Misstrauen. Jedenfalls bemühte er sich nach Auskunft des Politischen Direktors des Quai d'Orsay, Charles Lucet, sehr darum, de Gaulle von der Notwendigkeit von Verhandlungen mit den Sowjets zu überzeugen. Aber auch er konnte de Gaulle nicht von seiner Haltung abbringen. In der dem NATO-Ministerrat vorgeschobenen Außenministerkonferenz kam man denn auch keinen Schritt weiter. Couve de Murville brachte die Haltung seiner Regierung auf den Punkt: „Frankreich verhandelt nicht unter Druck."[142] Da half auch kein Telefonat, das Kennedy noch am Abend des 12. Dezember mit de Gaulle führte.[143] Frankreich hatte nichts gegen weitere Sondierungsgespräche in Moskau, würde sich allerdings nicht daran beteiligen. Für die Amerikaner war diese Haltung vollkommen negativ („completely negative"), für die Briten nahm sie mehr und mehr bedrohliche Ausmaße an („increasingly ugly proportions").[144] Lord Home war geradezu verzweifelt. Er unterstützte mit Nachdruck Rusk. Man müsse jede Möglichkeit für eine Verständigung mit den Sowjets eingehendst prüfen, denn sonst sei die Katastrophe unausweichlich („disaster stares us in the face").[145]

Macmillan war besonders irritiert und frustriert – über de Gaulle, aber auch über die Bundesregierung. Das wurde besonders deutlich bei seinem Treffen mit Kennedy auf den Bermudas am 21. und 22. Dezember. Es ging um die Frage, welche Instruktionen Botschafter Thompson in Moskau für sein Gespräch mit Gromyko erhalten sollte. Macmillan beteiligte sich zunächst gar nicht an der Diskussion, saß schweigend und nachdenklich da, bis es plötzlich aus ihm herausbrach, dass „dies alles sehr verwirrend" sei. Es gehe um Folgendes: „Wollen wir eine Vereinbarung mit den Russen, oder wollen wir keine?“ Großbritannien werde jedenfalls auf gar keinen Fall in einen Krieg gehen, bevor nicht vorher Verhandlungen geführt worden seien. Was seien die Fakten? „Ostdeutschland existiert. Es ist Unsinn, wenn die Westdeutschen so tun, als ob es nicht existiere, aber gleichzeitig Handel mit den Ostdeutschen in einer Größenordnung von 300 Millionen Pfund im Jahr treiben.“ Die Geschichte mit der Nichtanerkennung der Existenz Ostdeutschlands sei „reine Fiktion“. Es gehe darum, Ostdeutschland anzuerkennen,

> „nicht zu viel und nicht zu wenig. [...] Die Franzosen wollen keine Wiedervereinigung, die Russen wollen sie nicht, und ich bin nicht sicher, ob die Deutschen sie wirklich wollen. Wir müssen nur am Anfang der Gespräche sagen, dass Deutschland eines Tages wiedervereint wird, und die Russen werden das so lange akzeptieren, als sie sicher sein können, dass nichts geschehen wird.“[146]

Die Oder-Neiße-Grenze war ein weiteres Thema. Lord Home meinte, Stikker (der neue NATO-Generalsekretär) habe ihm gesagt, Adenauer sei bereit, diese Grenze anzuerkennen, könne das aber natürlich nicht öffentlich sagen. Rusk erwiderte, das sei eine der wenigen Karten, die die Deutschen im Spiel um ganz Deutschland hätten – und die wollten sie sich aufbewahren.

Bei der Zufahrt nach Berlin stellte Kennedy eine besonders vielsagende Frage. Es ging um eine mögliche Internationalisierung der Autobahnen auf DDR-Gebiet. Könnte man nicht den Sowjets anbieten, so der amerikanische Präsident, in der BRD genauso viele Kilometer Autobahn wie in der DDR zu internationalisieren? Home winkte ab: Die Sowjetunion würde einer Internationalisierung der DDR-Autobahnen nicht zustimmen.

Macmillan hatte nichts für die Deutschen und rein gar nichts für Adenauer und dessen Politik übrig. Auch andere waren frustriert, so z. B. der altgediente US-Diplomat George F. Kennan, inzwischen Botschafter in Belgrad. Er hielt es für keine gute Sache, von Verbündeten abhängig zu sein, deren Erlaubnis man einholen musste, um über Dinge zu sprechen, die für den Weltfrieden von größter Bedeutung waren. Schließlich war man ja Weltmacht! Nach allem, was er erfahren hatte, wusste er nicht mehr, worüber man mit den Russen überhaupt reden wollte. Man habe Adenauer zugestanden, mit den Sowjets nichts zu diskutieren, was irgendwie von Interesse für sie sein könne; mit anderen Worten:

„Wir haben die Franzosen und Deutschen dazu überredet, dass sie uns erlauben, schwimmen zu gehen und sogar unsere Kleider auszuziehen, aber wir haben Mutter Adenauer die Versicherung gegeben, dass wir nicht ins Wasser gehen."[147]

Das war Sarkasmus pur. Pierson Dixon sah das ähnlich, hatte aber auch kein Rezept. Würde man de Gaulle nicht von seiner ablehnenden Haltung abbringen, dann, so argumentierte er schließlich, würde es möglicherweise das Beste sein, zumindest für die nächsten Wochen, einfach abzuwarten („to wait and see"). „Es gibt Anzeichen dafür, dass Chruschtschow jetzt, wo er die Mauer gebaut hat, kein Interesse mehr an Verhandlungen hat."[148] Diese Voraussage schien sich zu bewahrheiten. Als Thompson am 2. Januar 1962 Gromyko traf, war er überrascht von der Tatsache, dass Gromyko mit Blick auf die neue Gesprächsrunde weder Eile noch Interesse zeigte, wie lange sie wohl dauern werde.[149]

Auch Ulbricht hatte inzwischen begriffen, dass Chruschtschow wohl keinen separaten Friedensvertrag mit der DDR schließen würde, auch weil man sich inzwischen im Kreml über die möglichen wirtschaftlichen Konsequenzen klar geworden war. Eine Sache erregte dabei den besonderen Unwillen des sowjetischen Parteichefs. Bei jedem Treffen des Warschauer Pakts bat Ulbricht die Sowjetunion und die übrigen kommunistischen Länder um Hilfe. Als der offizielle Antrag auf 40.000 „Gastarbeiter" vorlag, stellte sich heraus, dass die DDR 22.500 unqualifizierte, einfache Arbeiter wollte. Chruschtschow war außer sich und machte Ulbricht überdeutlich klar: „Angehörige des siegreichen Sowjetvolkes werden keine deutschen Toiletten reinigen."[150]

Ulbricht blieb aber auch in der Folgezeit bei seinen Forderungen, ganz im Sinne seines Schreibens vom 30. Oktober an Chruschtschow, in dem er darauf hingewiesen hatte, dass der Volkswirtschaftsplan der DDR von 1962 durch den Nichtabschluss des Friedensvertrages gefährdet sei. Er hatte um Hilfe gebeten und das Schreiben mit folgendem Satz beendet: „Es zeigt sich, dass die Sicherung der DDR als Bastion des Friedens kostspielig ist sowohl für die Bevölkerung der DDR wie für die Sowjetunion und die Staaten des sozialistischen Lagers."[151]

VIII. 1962/63: Von Berlin nach Kuba und zurück

1. Direkte Gespräche zwischen Bonn und Moskau?

Der deutsche Botschafter in Moskau, Hans Kroll, rühmte sich damals bei jeder passenden und unpassenden Gelegenheit seiner besonderen Beziehungen zu Chruschtschow. Kroll sprach fließend Russisch und wurde von Chruschtschow auch sichtbar „besser behandelt" als die übrigen westlichen Botschafter. So wurde er regelmäßig von Chruschtschow nach Sotschi am Schwarzen Meer eingeladen, wo der sowjetische Parteichef seinen Urlaub verbrachte. Seine westlichen Kollegen in Moskau begegneten Kroll nicht ohne ein gewisses Misstrauen, das bei Thompson besonders stark ausgeprägt war. Für ihn machte Kroll Politik „auf eigene Faust" („operated freely on his own"); so hatte er schon Anfang 1961 zu Harold Caccia gesagt, Kroll sei ein Mann, der den Ehrgeiz habe, den Lauf der Nachkriegsgeschichte zu verändern; in Bonn gelte er nicht als besonders verlässlich („an unrealiable reporter").[1] Am 9. November 1961 hatte Chruschtschow Kroll wieder einmal eingeladen. Daraus wurde der berühmte „Alleingang" Krolls, der in Bonn wie eine Bombe einschlug. Kroll hatte Überlegungen für eine mögliche Lösung der Berlin- und Deutschlandfrage eingebracht, die man so in Bonn vorher noch nie gehört hatte. Dort wurde allgemein erwartet, dass Kroll, der offensichtlich seine Kompetenzen überschritten hatte, entlassen würde. Nichts dergleichen geschah: Kroll wurde zwar nach Bonn zitiert, aber nicht entlassen.[2] In London hieß es damals, der Grund dafür liege offensichtlich in der Tatsache, dass das, was Kroll erwähnt hatte, möglicherweise Adenauers Ideen waren. Gleichzeitig beklagte man, dass man von Adenauer noch nicht gehört habe, was er wirklich denke.

Erkennbar war jedenfalls Krolls Bemühen, ein Treffen zwischen Chruschtschow und Adenauer zu arrangieren. Dies wurde in den folgenden Wochen geradezu zu einer fixen Idee bei ihm, zumal er auch immer wieder betonte, Chruschtschow habe einen entsprechenden Wunsch geäußert. Aus der Sicht Krolls würde oder musste dieses Treffen im Jahr 1962 stattfinden. Am 7. Dezember 1961 empfing Adenauer den sowjetischen Botschafter in Bonn, Andrej Smirnow. Am nächsten Tag unterrichtete er Heinrich Krone, nunmehr Minister für besondere Aufgaben, über dieses Gespräch. Anschließend notierte dieser in sein Tagebuch: Für den Rest seines Lebens halte Adenauer für das Wichtigste, das er noch tun wolle, „unser Verhältnis zu Russland in eine erträgliche Ordnung zu bringen".[3]

Am 27. Dezember wurde Kroll dann ins sowjetische Außenministerium gerufen. Dort empfing ihn der Leiter der Westeuropa-Abteilung, J. Ilychew. Er hatte darauf bestanden, dass Kroll allein kommen sollte, d. h. an dem Gespräch nahm außer diesen beiden niemand teil, nicht einmal ein Dolmetscher. Ilychew überreichte Kroll ein 22-seitiges Memorandum, das nicht adressiert war und keine Unterschrift trug. Kroll fühlte sich geschmeichelt, als ihm Ilychew vertraulich mitteilte, dass das Memorandum von Chruschtschow stamme, für Kroll persönlich bestimmt sei und er damit machen könne, was er wolle. Es enthalte Chruschtschows Vorstellungen über die zukünftigen deutsch-russischen Beziehungen.[4] Am 5. Januar wurden die westlichen Botschafter in Bonn über das Memorandum informiert. Für Botschafter Steel war es ein „durchsichtiger und fast schon demagogischer Versuch eines Appells an das deutsche Volk mit dem Ziel, Misstrauen zwischen Bonn und den westlichen Verbündeten zu säen".[5]

Die sowjetische Denkschrift enthielt keine grundsätzlich neuen Gesichtspunkte. Sie erinnerte in ihrer weitschweifigen und phrasenreichen Diktion an Teile des sowjetischen Memorandums vom 17. Februar 1961, das unter unmittelbarer Mitwirkung Chruschtschows verfasst worden war. In einer Analyse des Auswärtigen Amts hieß es dazu am 5. Februar:

> „Der Ton der Denkschrift ist gemäßigt; sie enthält keinerlei Drohungen oder ultimative Forderungen. Im Gegenteil spricht aus ihr die Tendenz, dem deutschen Nationalgefühl zu schmeicheln. Die Denkschrift ist taktisch geschickt abgefasst. Sie enthält kein direktes Verhandlungsangebot, lässt jedoch deutlich den Wunsch nach deutsch-sowjetischen Gesprächen erkennen."[6]

Für den 8., 9. und 10. Februar berief Außenminister Schröder eine erste Botschafterkonferenz nach Bonn ein. Mit dabei waren aus Moskau Kroll, aus London Hasso von Etzdorf, aus Rom Herbert Blankenhorn, aus Paris Manfred Klaiber und NATO-Botschafter Gebhardt von Walther. Neben Schröder nahmen noch die Staatssekretäre Carstens und Lahr teil.

Hauptthema war die Antwort der Bundesregierung auf das sowjetische Memorandum.[7] In dieser Runde war Kroll mit seinen Ansichten isoliert. Kroll, der aus Sotschi kam, wo er zwei Tage mit Chruschtschow und dessen Familie verbracht hatte, zeichnete ein Bild von Chruschtschow und dessen Absichten, das von den übrigen Botschaftern nicht geteilt wurde. Aus seiner Sicht war Chruschtschow ein Mann des Friedens, „charmant, intelligent und tolerant". Kroll machte sich als Einziger für ein Treffen zwischen Adenauer und Chruschtschow stark; Chruschtschow sei möglicherweise bereit, etwas anzubieten, das die Tür zur Wiedervereinigung offen lasse. Aber dies sei nur auf allerhöchster Ebene zu entscheiden. Adenauer könne möglicherweise die Forderung stellen, in der DDR ein liberaleres System einzuführen, Ulbricht fallenzulassen und der DDR den gleichen Status zu geben wie Polen; im Gegenzug müsse es eine Art Anerkennung der DDR geben und verstärkte Kontakte zwischen den beiden Staaten. Das wiederum, so die übrigen Botschafter, werde die Frage nach der Mauer aufwerfen; dafür aber, so Botschafter von Etzdorf, sei die Zeit noch nicht reif, genauso wenig wie für ein Treffen zwischen Chruschtschow und Adenauer.

Kroll sah damals dennoch seine große Stunde gekommen. Er war überzeugt davon, dass Chruschtschow das Gespräch mit Adenauer wollte, und Adenauer es auch wollte. Aber die Dinge mussten reifen, es durfte nichts überhastet werden, zumal einigen in Bonn alles zu schnell ging, etwa Heinrich Krone, der am 9. Februar in sein Tagebuch schrieb: „Mir geht das alles zu schnell; ich bremse und will erst noch größere Klarheit." Er sah eine große Gefahr, nämlich: „Wir können uns zwischen beide Stühle setzen."[8] Klar schien aber auch, dass dieser Versuch gemacht werden musste. Ganz in diesem Sinne fiel die Antwort auf das sowjetische Memorandum aus, die Kroll am 21. Februar in Moskau überreichte: keine Direktgespräche mit Moskau, weiter Viermächte-Verantwortung für Berlin und Deutschland. Allerdings wurde die Möglichkeit eines direkten Gespräches nicht ausgeschlossen. Der letzte Satz lautete daher: „Wir hoffen, dass der nunmehr begonnene Gedankenaustausch uns in seinem weiteren Verlaufe diesem Ziele (der Herstellung guter Beziehungen zwischen der Sowjetunion und dem ganzen deutschen Volk unter Berücksichtigung der offensichtlichen Lebensinteressen beider Völker) näher bringt."[9]

Zu diesem Zeitpunkt hatte es bereits vier ergebnislose Gespräche zwischen Botschafter Thompson und Außenminister Gromyko gegeben: jenes bereits erwähnte am 2. Januar, dann am 12. Januar, am

1. Februar und am 9. Februar. Man redete dabei vollkommen aneinander vorbei. Thompson schlug die Schaffung einer internationalen Zugangsbehörde vor, die den freien Verkehr von und nach Westberlin überwachen und garantieren sollte – ein Vorschlag, den Kennedy schon vorher gemacht hatte, u. a. gegenüber Adschubej im November. Die Sowjets hatten diesen Vorschlag allerdings bereits abgelehnt. Gromyko bestätigte diese Ablehnung jetzt und wiederholte die bekannten sowjetischen Forderungen, u. a. sowjetische Truppen in Westberlin, „Freie Stadt" Westberlin etc. Es war überhaupt kein Fortschritt erkennbar, die Gespräche degenerierten am Ende zu einem „formalistischen Ritual", wie Rusk das formulierte.[10]

Kennedy war – „wie wir alle" („like all of us"), wie der britische Botschafter Ormsby-Gore am 5. Februar in einem persönlichen Top-secret-Schreiben an Außenminister Home berichtete – ziemlich ratlos, was zu tun sei („perplexed as to what to do next"). Der Frust richtete sich vor allen Dingen gegen das State Department, dem es z. B. nach Meinung von Robert Kennedy vollkommen an Phantasie oder Inspiration fehlte („totally devoid of inspiration or imagination"). Das ging so weit, dass er dem Sonderberater von Außenminister Rusk, Charles E. Bohlen, eines Abends vorwarf, das State Department habe in den vergangenen neun Monaten nicht eine einzige neue Idee produziert. Neue Ideen waren demnach gefragt. Gromyko hatte in seinem Gespräch mit Thompson am 1. Februar klargemacht, was die Sowjetunion interessiere: Nichtverbreitung von Atomwaffen, Grenzen in Europa, europäische Sicherheit usw. Alles Dinge, die bereits im Herbst diskutiert worden waren und deren Verwirklichung nur auf Kosten der Westdeutschen gehen konnte.

Kennedy war aber zu diesem Zeitpunkt – Ende Januar, Anfang Februar – nicht bereit, den Sowjets mehr anzubieten, als mit den Verbündeten vereinbart worden war. Er wollte sich nicht dem Vorwurf von Franzosen und Westdeutschen aussetzen, Zugeständnisse auf Kosten der Westdeutschen gemacht zu haben. Hinzu kam, dass er solche Vorwürfe auch innenpolitisch fürchtete. Von daher fand er mehr und mehr Gefallen an dem Gedanken, die Deutschen selbst ins Spiel zu bringen, falls sie es denn wollten. Er war geradezu fasziniert („intrigued") von entsprechenden Hinweisen aus Bonn. Jedes Mal wenn er mit Ormsby-Gore sprach, drückte er sich besonders drastisch aus. So auch in diesem Fall. Er bemühte ein Bild aus der Welt der Schweine: Wenn die Deutschen ihre Schnauze in den Berlin-Trog stecken wollten, dann, so Kennedy Anfang Februar 1962, wäre er dafür. („If they want to get their snouts into the Berlin trough I would be in favour of it.") Auf die Frage von Ormsby-Gore, ob er „echte Beweise" dafür habe, dass Adenauer oder ein Mitglied der Bundesregierung direkt mit den Russen verhandeln wolle, musste er zugeben, dass es nichts gebe, was man als „echte Beweise" bezeichnen könne, aber er habe wenig Zweifel daran, dass, falls der Westen die Westdeutschen entsprechend „ermutigen" würde, diese das auch tun würden.[11]

Als Macmillan Ormsby-Gores Brief vorgelegt wurde, bat er Home um eine Aussprache. Die fand am Vormittag des 8. Februar statt. Das Ergebnis war ein elf Seiten langer Top-secret-Brief von Home an Ormsby-Gore, in dem Home nicht nur Gedanken zu möglichen deutsch-sowjetischen Gesprächen äußerte, sondern auch Grundsätzliches zur Deutschlandfrage. Dazu wird unten mehr gesagt (s. Kap. VIII, 2). Interessant ist, dass die Idee direkter deutsch-sowjetischer Gespräche schon vorher im Foreign Office ventiliert worden war: Bonn sollte allerdings nicht unabhängig, sondern als Sprecher des Westens in Moskau auftreten. Die Risiken lagen natürlich auf der Hand („obvious"): vor allen Dingen Misstrauen im westlichen Lager, nicht zuletzt in Großbritannien. Dennoch sah Staatssekretär Shuckburgh Vorteile bei einem solchen Unternehmen – und das waren genau die Punkte, die Bonn davon abhielten, zu diesem Zeitpunkt den direkten Draht nach Moskau zu knüpfen. Wenn die Westdeutschen mit Zustimmung des Westens in Moskau verhandeln würden, so Shuckburgh, dann würden jene Stimmen in Bonn zum Schweigen gebracht werden, die für bilaterale Gespräche seien. Als weiterer Vorteil wurde genannt, dass zu einem späteren Zeitpunkt die Deutschen selbst Verantwortung zu übernehmen hätten, wenn es darum gehen würde, den Sowjets gegenüber Zugeständnisse zu machen, um eine akzeptable Berlin-Lösung zu erreichen. Dies würde mithelfen, eine spätere Legendenbildung zu verhindern, wonach der Westen deutsche Interessen aus Eigennutz oder Dummheit verraten und Bonn die Sache besser gemacht hätte, hätte es denn alleine mit Moskau verhandelt. Und dann schon eher zynisch: Die Westdeutschen müssten so oder so unangenehme politische Nachkriegsfakten zur Kenntnis nehmen; und von daher sei es nicht notwendig, dass die Westmächte sich unbeliebt machen würden, um ihnen das beizubringen, wenn die Russen es für sie tun würden („if the Russians will do the work for us").[12]

Shuckburghs Versuchsballon („kite-flyer") stieß bei den um ihre Meinung gebetenen britischen Botschaftern auf wenig Gegenliebe. Paul

Mason, Botschafter bei der NATO, wies auf die übrigen Bündnispartner hin. Die Idee, deren Schicksal in die Hände eines deutschen Unterhändlers in Moskau zu legen, sei nicht sehr attraktiv. Das seien immerhin Gespräche, in denen es um Krieg oder Frieden gehe.[13] Sein Kollege Pierson Dixon von der britischen Botschaft in Paris wies auf die reservierte Haltung der Franzosen hin. An anderer Stelle hieß es, die Franzosen vertrauten den Deutschen nicht. Frank Roberts in Moskau sah die Dinge in größerem Zusammenhang. Er befürchtete zwar kein neues Rapallo – was seit dem deutsch-sowjetischen Vertrag von 1922 als eine Art Synonym für Verrat der Deutschen am Westen stand –, war aber der Meinung, dass mögliche deutsch-russische Verhandlungen für die Deutschen eine Nummer zu groß seien. Die deutsche Frage sei im Übrigen nicht nur eine Angelegenheit der Deutschen, ganz unabhängig von irgendwelchen technischen Fragen mit Blick auf ganz Deutschland oder Berlin, denn: „Deutschland ist der Hauptstreitpunkt in der weltweiten Auseinandersetzung zwischen dem Westen unter Führung der USA und dem kommunistischen Block unter Führung der Sowjetunion geworden." Von daher könne es kaum zum „Fahnenträger des Westens" werden. Und noch etwas kam hinzu: „Die Russen verstehen, was Macht bedeutet, und es ist sicherer, wenn sie es bei entscheidenden Verhandlungen mit jenem Land zu tun haben, das wirkliche Macht besitzt."[14] Und das waren die USA.

Aus Bonn berichtete Christopher Steel, Außenminister Schröder habe ihm gegenüber die Möglichkeit direkter deutsch-sowjetischer Gespräche mit allem Nachdruck („most emphatically") ausgeschlossen. Schröder hatte gemeint, die ganze Angelegenheit sei geradezu „lächerlich". Wer würde denn glauben, dass die Deutschen mehr Erfolg hätten bei den Russen als „big brother" USA? Auch wenn die Geschichte damit zunächst erledigt war, hielt es Steel für möglich, dass Adenauer, wenn es hart auf hart kommen würde, in die Verhandlungen eingreifen würde. Den gegenwärtigen Zeitpunkt halte der Kanzler allerdings für vollkommen inopportun.[15]

Interessant war, dass in all den Rückmeldungen wenig bzw. gar nicht vor einem neuen Rapallo gewarnt worden war. Und so war auch Shuckburgh der Meinung, dass „am Ende der Straße kein Rapallo liegen wird". Die „wenig aufregende Schlussfolgerung" für ihn lautete: abwarten, die Deutschen genau beobachten und sehen, wie sie ihren Weg finden würden („neither push nor pull the Germans but let them find their own way forward, while we watch them closely").[16]

2. London: „Wir wollen keine Wiedervereinigung."

Das bereits erwähnte Schreiben von Botschafter Ormsby-Gore vom 7. Februar 1962 an Außenminister Home (s. o., S. 313) nahm Premierminister Macmillan zum Anlass einer grundsätzlichen Aussprache mit Lord Home über die deutsche Frage. Diese Aussprache fand am Vormittag des 8. Februar statt. Das Ergebnis war das erwähnte Top-secret-Schreiben von Home an den Botschafter, in dem es auf elf Seiten um Grundsätzliches zur Deutschlandfrage ging. Da kann man dann – mit oder ohne Erstaunen – Antworten auf die Frage erhalten, inwieweit die Briten hinter den Verträgen vom Herbst 1954 standen, in denen auch sie sich zu einer Politik der Wiedervereinigung verpflichtet hatten. An diese Verpflichtung wurde zuletzt im Frühjahr 1990 erinnert, als Premierministerin Margaret Thatcher nicht gerade glücklich über die Entwicklung in Deutschland war und versuchte, die Wiedervereinigung zu blockieren.

An dieser Verpflichtung hatte Macmillan offensichtlich schon Ende 1957 seine Zweifel. Man habe zwar immer gesagt, dass man für die Wiedervereinigung Deutschlands auf der Grundlage freier Wahlen sei, aber, so hatte er am 17. Dezember 1957 Außenminister Selwyn Lloyd gefragt: „Was wollen wir wirklich? Ein wiedervereintes Deutschland unter jedweden Bedingungen, die wir im nächsten Jahrzehnt oder so bekommen? („[…] we have always said that our aim is a re-unified Germany, with free elections […]. What is the real view? Do we want a united Germany on any terms that we are likely to get in the next decade or so?")[17] Wenn man jetzt diesen Brief von Home liest, bekommt man eine Ahnung davon, dass dies offensichtlich eine lange Tradition der Briten war. Alle Befürchtungen bei Adenauer und anderen Bonner Politikern waren mehr als berechtigt. Erstaunlich ist nur, dass das Foreign Office ein solches Dokument freigegeben hat. Wahrscheinlich ist, dass es aus Versehen ans Public Record Office abgegeben worden ist.

Home beantwortete zunächst die Frage nach den essenziellen sowjetischen Interessen in Osteuropa mit besonderem Blick auf die DDR. Demnach ging es den Sowjets um Stabilität und internationale Anerkennung des ostdeutschen Regimes, um die Aufrechterhaltung der Teilung Deutschlands so lange wie möglich und um eine Anerkennung der Grenzen von BRD, DDR und Polen. Und er stellte die Frage: Wie weit sind wir bereit, den Sowjets dabei zu helfen? Und dann kam die Antwort. Was man auf deutscher Seite immer vermutet hat, kann man erstmals schwarz auf weiß nachlesen. Die Briten wollten keine Wiedervereinigung, auch wenn sie natürlich weiter Lippenbekenntnisse dafür und für das Recht auf Selbstbestimmung abgeben würden. Home wörtlich: „We do not ourselves want to see Germany reunited, though we will never deny the right of self-determination." Daraus folgte, dass sie nicht wirklich an einer Destabilisierung der DDR interessiert waren. Das Beste wäre es, es bliebe alles so wie es war, mit der DDR als sehr schlechtem Aushängeschild für den Kommunismus und Belastung für die Sowjetunion. („It suits us best that it should remain as it is. Very bad advertisement for Communism and a burden to the Soviet Union.") Wenn sie könnten, wie sie wollten, würden die Briten noch einen Schritt weiter gehen, nämlich mit der DDR die gleichen Beziehungen aufnehmen wie mit den übrigen sowjetischen Satellitenstaaten. Was hielt sie davon ab: 1. Die Furcht, dass die Westdeutschen („our own Germans") aus dem westlichen Lager ausscheren würden, wenn sich die Briten offen für die Teilung aussprechen würden, und 2. der besonders abstoßende Charakter des Ulbricht-Regimes. Diese beiden Hindernisse auf dem Wege zur „Normalisierung" der Lage konnten aus der Sicht Londons leichter beseitigt werden, falls die Russen mithelfen würden.

Wenn die Russen nämlich die Teilung des Landes aufrechterhalten wollten – wovon ausgegangen wurde –, so war es aus der Sicht Homes das Beste, wenn sie in der Ostzone einigermaßen humane Bedingungen schaffen würden (Beseitigung der schlimmsten Auswüchse an der Grenze und an der Mauer und kontrollierter Besucheraustausch). Voraussetzung dafür aber war, dass sie zuerst Walter Ulbricht „feuern" mussten. Home hatte keinen Zweifel, dass die Sowjets Ulbricht fallen lassen würden, falls sie für ihn einen „Ersatz" finden würden, der nicht ganz so unpopulär war. Die Gefahr dabei war, dass es möglicherweise zu Unruhen kommen würde. Dennoch hielt es Home für notwendig, den Sowjets entsprechende Hinweise zu geben, weil damit das Problem, die Teilung und damit zwei deutsche Staaten anzuerkennen – und damit eben auch die Souveränität der DDR –, enorm vereinfacht würde. Dann könnte man die DDR als stabiles Element in Europa behandeln und mit deren Regierung normale Geschäfte tätigen (ein Szenario, das wenige Jahre später gespielt wurde).

Das führte dann wieder zu grundsätzlichen Fragen: Was war mit dem Prinzip, Deutschland als Ganzes zu behandeln, und dem Recht der Deutschen auf Selbstbestimmung? Die Russen hatten akzeptiert, dass der Westen diese Formel nicht aufgeben konnte und von daher die DDR auch nicht de jure anerkennen würde. Wenn die Sowjets allerdings auf die Möglichkeit der Wiedervereinigung hinweisen würden – auch wenn diese in noch so weiter Ferne lag –, dann, so Home, könnte man auch über andere Punkte sprechen, z. B. Anerkennung der deutschen Grenzen insgesamt. Daraus würden dann andere Dinge folgen, nämlich die Anerkennung der übrigen Grenzen in Europa, die Nichtverbreitung von Atomwaffen und ein möglicher Nichtangriffspakt zwischen NATO und Warschauer Pakt – alles Dinge, die für die Sowjets von größtem Interesse waren.

Dieses aus britischer Sicht wunderschöne Szenario wurde nur von einem gestört, nämlich Adenauer. Von allen deutschen Politikern würde er zwar am ehesten seine Landsleute mit der Realität vertraut machen und entsprechende Opfer von ihnen verlangen können, das Problem mit Adenauer sei nur, dass er sich nicht in die Karten schauen lasse und nicht sage, was er wirklich wolle. („The trouble here is that Adenauer who is probable more able than any other German to induce realism and impose sacrifices on German opinion is not giving us the benefit of his real thoughts.") Und dann kam etwas ganz Schönes. Home meinte nämlich, es sei oft die Rede davon gewesen, dass die Deutschen eher vergewaltigt werden müssten, als dass sie ihre Ambitionen betreffend Wiedervereinigung freiwillig aufgeben würden. Jetzt sei offensichtlich die Zeit gekommen, in dieser Angelegenheit an Adenauer heranzutreten – ihn quasi zu „vergewaltigen" – und ihn für die weiteren Schritte und Zugeständnisse verantwortlich zu machen, die man den Sowjets anbieten könne, falls die Gesprächsrunde Thompson-Gromyko im Sande verlaufen würde („runs into the sand") – ganz im Sinne Kennedys, wonach die Deutschen ihre „Schnauzen" in den „Schweinetrog" Berlin stecken sollten.[18]

3. Krise zwischen Bonn und Washington

Am 9. Januar waren Macmillan und Home zu Gesprächen in Bonn. Zentrales Thema war die Berlinkrise und hier an einem Punkt die viel zitierte „contingency"-Planung, d. h. die Planungen für den Ernstfall. Für diesen Ernstfall hatte Adenauer zweimal wieder die bedingungslose Unterstützung der Bundesrepublik zugesagt, tatsächlich aber hatte er einen Horror vor dem dann in letzter Konsequenz stattfindenden Atomkrieg, auch weil er befürchtete, dass Deutschland das Schlachtfeld werden würde. Er verwies auf den Sommer 1961, als Strauß in Washington angeblich den Eindruck hinterlassen hatte, dass bei einem militärischen Vorstoß der Amerikaner nach Berlin die Deutschen nicht helfen würden. Adenauer betonte jetzt, dass diese Hilfe selbstverständlich gewährt würde, um im gleichen Atemzug auf die Sinnlosigkeit eines solchen Unternehmens hinzuweisen angesichts der Überlegenheit der Sowjets im konventionellen Bereich: 20 Divisionen in Ostdeutschland, weitere 60 bis 70 Divisionen in Polen, der Tschechoslowakei und im westlichen Teil der Sowjetunion. Als Macmillan meinte, jeder Krieg in Europa würde zu einem Atomkrieg werden, ergänzte Adenauer, dass ein Atomkrieg wegen Berlin zu einem globalen Nuklearkrieg führen würde, und das sei sehr unangenehm („very unpleasant"), um dann auf seine Lieblingsidee zurückzukommen: Seeblockade. An dem Punkt sei die Sowjetunion zu treffen; deren Wirtschaft sei in schlechtem Zustand und in großem Umfang abhängig von westlichen Lieferungen. Macmillan meinte nur, dies sei ein Thema für die Experten.[19]

Kennedy teilte er wenig später mit, er habe nicht so ganz genau verstanden, was Adenauer eigentlich wolle. Einerseits sei er für Verhandlungen in der Berlinfrage, andererseits habe er für eine vierwöchige Pause plädiert; Adenauer werde offensichtlich immer mehr zum Opportunisten und habe im Übrigen mehr Verständnis als je zuvor für die Russen aufgebracht.[20] Adenauer seinerseits schrieb wenig später Macmillan einen Brief („Lieber Freund!"), in dem er noch einmal auf seine militärstrategischen Überlegungen zurückkam und den folgenden Satz offensichtlich mehrfach umgeschrieben hatte. Das Ergebnis lautete nämlich folgendermaßen:

> „Besonders glücklich war ich über Ihr Verständnis für die Notwendigkeit, unter den NATO-Mitgliedstaaten eine Einigung über wirtschaftliche und maritime Maßnahmen im Falle einer Sperrung oder Behinderung des Zugangs nach Berlin unverzüglich ergriffen werden können." [sic!]

Wie Adenauer dies aus den Äußerungen Macmillans herausgelesen hatte, blieb sein Geheimnis. Adenauer fuhr fort (in besserem Deutsch):

> „Mir scheint allerdings, als ob in dieser Frage noch verschiedene Missverständnisse bestehen. Ich halte eine Einigung über die maritimen Gegenmaßnahmen des Westens deshalb für so wichtig, weil wir gegenüber dem Osten hinsichtlich der konventionellen Waffen so unterlegen sind, dass wir gezwungen wären, sofort zu den großen nuklearen Waffen überzugehen – während die maritimen Gegenmaßnahmen, bei denen der

> Westen überlegen ist, geeignet sind, den Osten zur Vernunft zu bringen, ohne die verheerenden Folgen eines nuklearen Krieges. Darüber hinaus haben die maritimen Maßnahmen den Vorteil, je nach dem Verhalten des Ostens verstärkt oder abgeschwächt werden zu können."

Er bat Macmillan, für die Botschaftergespräche in Washington Ormsby-Gore in diesem Sinne zu unterrichten. Er werde Grewe entsprechend instruieren.[21]

Interessant ist, wie man in London diese Überlegungen des Kanzlers interpretierte. Da hieß es ziemlich unverblümt, dies spiegle die traditionelle deutsche Ignoranz in maritimen Fragen und den Wunsch wider, einen Krieg in Deutschland zu verhindern. In seinem Antwortschreiben an Adenauer war Macmillan nicht so direkt, sondern meinte nur, der Vorschlag des Kanzlers sei eine Angelegenheit von großer Komplexität. Er wies insbesondere auf die sowjetischen Unterseeboote hin, die bei einer Konfrontation auf hoher See zu einer sehr ernsten Bedrohung der alliierten Verbindungswege werden könnten. Und im Übrigen sei die erfolgreiche Durchführung einer Seeblockade extrem schwierig; die Mittel, die man dafür brauche, würden an anderer Stelle fehlen.[22]

Was Macmillan hier höflich formulierte, hatte Acheson schon im Oktober sehr direkt zu Grewe gesagt[23] – und sagte Henry Kissinger jetzt genauso direkt und geradezu undiplomatisch zu Adenauer. Bei seinem Gespräch mit dem Kanzler am 16. Februar in Bonn hatte dieser nämlich wieder von der Seeblockade gesprochen. Nun meinte Kissinger, man könnte aus diesem Vorschlag auch den Schluss ziehen, dass es der Bundesrepublik nur darum gehe, die Lasten auf andere abzuwälzen und selber kein Risiko zu übernehmen. Man könnte meinen, dass die Bundesrepublik nicht bereit sei, für Berlin zu kämpfen, falls es zu militärischen Aktionen oder einem Atomkrieg kommen werde. Adenauer verneinte das zwar vehement, konnte aber vorhandene Zweifel nicht ausräumen.[24]

Inzwischen war auch das vierte Gespräch zwischen Thompson und Gromyko am 9. Februar ergebnislos zu Ende gegangen. Gromyko hatte mit Nachdruck auf den sowjetischen Vorschlägen beharrt und das amerikanische Angebot einer internationalen Zufahrtsbehörde für Westberlin abgelehnt – und gleichzeitig erneut klargemacht, welche Themen für die Sowjetunion von Interesse sein würden. Und die liefen den Bonner Interessen diametral entgegen. Am 22. Februar machte Adenauer daher seine Haltung klar. Den Regierungen in London und Washington wurde ein Memorandum übergeben, in dem es unmissverständlich hieß:

> „Wir sind dagegen, in die derzeitigen Moskauer Gespräche neue Substanz einzuführen. Unsere Einschätzung der derzeitigen sowjetischen Haltung in der Berlinfrage lässt uns die Einführung der ‚broader questions' durch den Westen als taktisch falsch und sachlich gefährlich erscheinen."

Nach Bonner Auffassung wollten die Sowjets, dass sich die Amerikaner auf ein Gespräch über diese Fragen einlassen und ihre Position in einzelnen dieser Fragen abschwächen würden. Davor wurde gewarnt:

> „Die eventuellen amerikanischen Konzessionen würden von den Sowjets ‚kassiert', ohne dass sie sich dafür zu einer ausgehandelten Berlinlösung, in der sie den Berlinhebel aus der Hand zu geben hätten, bereit fänden. Der Gewinn für die Sowjets bestünde vielmehr darin, dass bei späterem einseitigen sowjetischen Vorgehen in der Berlinkrise die Positionen bereits geschwächt wären."

Für diese Auslegung spreche auch, dass Gromyko sehr starken Nachdruck auf die Oder-Neiße-Linie lege; dies sicher nicht deshalb, weil eine westliche Konzession in dieser Frage die westliche Position so attraktiv für die Sowjets machen würde, dass sie dafür den Berlinhebel aus der Hand gäben:

> „Wir glauben vielmehr, dass Gromyko die westliche Haltung zur Oder-Neiße-Linie als einen der schwächsten Punkte in der westlichen Position ansieht, in denen bei entsprechendem Druck ein gewisses Einlenken des Westens zu erwarten ist."

Es falle auch auf, dass Gromyko sehr stark auf der Respektierung der Souveränität der SBZ insistiere; dies könne seinen Grund darin haben, „dass er auch die westliche Haltung in der Anerkennungsfrage für verhältnismäßig schwach hält".

In dem Zusammenhang wurde auch die Ausweitung von Kontakten zwischen BRD und SBZ nachdrücklichst abgelehnt; diese Frage eigne sich nicht zur Erörterung in den gegenwärtigen Sondierungsgesprächen. Die Sowjets würden das nämlich zum Anlass nehmen, um „massiven Druck auf die westliche Position in der Frage der Anerkennung der SBZ auszuüben". Das war deutlich, aus britischer Sicht sogar „totally negative". Die Westdeutschen, so die Analyse im Foreign Office, hätten sich auf die Seite der Franzosen geschlagen und sich auf ihr altes Argument zurückgezogen, wonach allein schon die Tatsache, „dass man mit den Russen spricht, bedeutet, dass man Zugeständnisse macht".[25]

Inzwischen hatten die Sowjets ihre am 14. Februar begonnenen Störmanöver in den Luftkorridoren nach Berlin eingestellt. Seit dem 22. Februar war es ruhig in und um Berlin. („All has been quiet in Berlin.") In Washington war Kennedy nicht nur über das eigene State Department frustriert, sondern vor allen Dingen über die Verbündeten in Bonn und Paris: „Die sitzen ruhig da, tun nichts und hoffen, dass alles gut geht", wie er gegenüber Ormsby-Gore meinte. Er trage die Verantwortung, werde aber das französische und deutsche Spiel nicht länger mitmachen und habe beschlossen, die Berlinfrage jetzt entschlossen selbst in die Hand zu nehmen („Take a personal day-to-day responsibility"). Kennedy war überzeugt davon, dass Adenauer den Schlüssel zur Lösung des Problems in Händen hielt. Ende Februar hatte er noch nicht entschieden, wie er vorgehen wollte, meinte aber, er werde Adenauer direkt mit der klaren Alternative konfrontieren, ernsthafte Gespräche abzulehnen und sich damit letztlich auf einen Krieg vorzubereiten, oder aber sich für Verhandlungen auszusprechen in der Hoffnung auf einen Erfolg. Die Briten waren auf jeden Fall für diesen Ansatz; die Bundesregierung sollte mehr Verantwortung übernehmen, um schmerzhafte Entscheidungen zu treffen.[26]

Anfang März hatte Kennedy sein neues Berlin-Konzept fertig. Was für die Sowjets daran möglicherweise interessant war, war die Tatsache, dass es weit über Berlin hinausging. Die Taktik, die dahinter steckte, hatte Macmillan beim Treffen auf den Bermudainseln schon im Dezember formuliert, und Kennedy zitierte dies nun in einem Telegramm an Macmillan am 10. März. Man müsse Chruschtschow deutlich zeigen, was er alles bekommen könnte, wenn er Berlin in Ruhe lassen würde („must be given a good smell of the dinner he can have if he leaves Berlin alone"). Das Problem sei allerdings, wie das zu bewerkstelligen sei, ohne dass es bei den Deutschen zu einem Aufstand kommen würde („without getting the Germans in an uproar").[27]

Was hätte Chruschtschow alles bekommen können? Wie sah Kennedys Konzept aus? Er wollte das Verhältnis zur Sowjetunion auf der schriftlich fixierten Basis eines, wie er das nannte, „Modus Vivendi" regeln – und dies ohne zeitliche Begrenzung. Im Kern lief das darauf hinaus, den Status quo zu erhalten, während gleichzeitig eine permanente Konferenz westalliierter und sowjetischer Außenminister-Stell-

GEHEIM

BUNDESREPUBLIK DEUTSCHLAND
DER BUNDESKANZLER

Bonn, den 22. Januar 1962

Lieber Freund!

Haben Sie vielen Dank für Ihren Brief vom 11. Januar 1962. Auch ich habe unsere Gespräche in Bonn am 9. Januar als sehr wertvoll empfunden, und ich hoffe, daß wir in den kommenden Monaten in engem Kontakt bleiben werden.

Die Gespräche über die Möglichkeiten zur Erleichterung der britischen Zahlungsbilanzschwierigkeiten, die durch die Stationierung britischer Truppen in der Bundesrepublik verursacht werden, werden am 22. Januar beginnen. Ich hoffe sehr, daß eine für beide Teile befriedigende Lösung gefunden wird.

Besonders glücklich war ich über Ihr Verständnis für die Notwendigkeit, unter den NATO-Mitgliedstaaten eine Einigung über wirtschaftliche und maritime Maßnahmen im Falle einer Sperrung oder Behinderung des Zugangs nach Berlin unverzüglich ergriffen werden können.

Mir scheint allerdings, als ob in dieser Frage noch gewisse Mißverständnisse bestehen. Ich halte eine Einigung über die maritimen Gegenmaßnahmen des Westens deshalb für so wichtig, weil wir dem Osten hinsichtlich der konventionellen Waffen so unterlegen sind,

Seiner Exzellenz
dem Königlich Britischen Premierminister
Herrn Harold Macmillan
London

- 2 -

daß wir gezwungen wären, sofort zu den großen nuklearen Waffen überzugehen - während die maritimen Gegenmaßnahmen, bei denen der Westen überlegen ist, geeignet sind, den Osten zur Vernunft zu bringen, ohne die verheerenden Folgen eines nuklearen Krieges. Darüberhinaus haben die maritimen Maßnahmen den Vorteil, je nach dem Verhalten des Ostens verstärkt oder abgeschwächt werden zu können.

Da ich höre, daß die Beratungen über beide Fragenkomplexe in der Botschaftergruppe in Washington in Kürze wieder aufgenommen werden sollen, wäre ich Ihnen sehr dankbar, wenn Sie Ihren Botschafter in Washington in diesem Sinne unterrichten würden. Ich werde den deutschen Botschafter im gleichen Sinne anweisen.

Mit herzlichen Grüßen
verbleibe ich Ihr ergebener
K. Adenauer

Konrad Adenauer an Harold Macmillan.

vertreter regelmäßig in Berlin tagen sollte. Und da sollten dann andere Fragen diskutiert werden, nämlich internationale Zugangsbehörde nach Berlin, amerikanisch-sowjetische Vereinbarungen über die Nichtweitergabe von Kernwaffen; Austausch von Nichtangriffsvereinbarungen zwischen Ost und West; Einrichtung von gesamtdeutschen Ausschüssen zur Regelung technischer Fragen; Anerkennung von Grenzen in Europa usw.

Auf der bevorstehenden 18-Mächte-Abrüstungskonferenz in Genf sollte Außenminister Rusk Gromyko ganz informell auf diese Möglichkeiten hinweisen, wobei nicht alles sofort gesagt werden sollte. Wenn die Gesamtlage auf dieser Basis stabilisiert werden könne, dann, so Kennedy, „können die Russen ihren Friedensvertrag haben, ohne dass unsere Position davon ernsthaft berührt wird; wir haben allerdings nicht vor, ihnen das so direkt zu sagen." Und mit Blick auf die Anerkennung der DDR sollte argumentiert werden, die Zeit sei das beste und sicherste Instrument, das die Sowjets hätten, obwohl echte und schnelle Fortschritte auf andere Weise zu haben seien, nämlich „Ulbricht zu feuern und einen zivilisierteren Mann an seine Stelle zu setzen". Kennedy war gleichzeitig bereit, einen britischen Vorschlag zu akzeptieren, nämlich noch im Jahre 1962 auf einer Gipfelkonferenz diese Dinge abzusegnen.[28] Gegenüber Rusk meinte er, all diese Überlegungen könne man natürlich nicht exakt schriftlich formulieren, „weil dies für unsere Alliierten ein Schock sein könnte".[29] Um einen möglichen Bruch unter den Alliierten zu vermeiden, sollte Rusk Schröder und Home die amerikanischen Vorstellungen mündlich in groben Zügen erläutern.

Adenauer war damals nicht nur voller Misstrauen gegenüber den Briten, sondern jetzt auch gegenüber den Amerikanern. „Trauen Sie den Amerikanern nicht; sie bringen es fertig, sich auf unserem Rücken mit den Russen zu verständigen", so formulierte er es gegenüber Kroll, und Krone schrieb das so in sein Tagebuch, um zu ergänzen: „Ich fürchte, er sagt so ein Wort auch anderen."[30] Misstrauen gegenüber der amerikanischen Politik: Das konnte man damals in der Presse lesen und in Gerüchten hören. Als Rusk mit Schröder am 11. März in Lausanne zusammentraf, begann Schröder das Gespräch mit dem Satz, er habe nicht den leisesten Zweifel („the slightest doubt") mit Blick auf die amerikanische Berlin-Politik. Rusk hörte das gerne, meinte aber sofort, in Washington sei man besorgt über die deutschen Verdächtigungen gegenüber der amerikanischen Politik. „Diese Dinge zerstören die Beziehung zwischen den Alliierten."[31]

Grewe schreibt in seinen Erinnerungen mit einer gewissen Entrüstung, dass das, was zwischen Rusk und Schröder in Lausanne besprochen worden sei, der Botschaft nie mitgeteilt worden sei.[32] Die entsprechenden Protokolle liegen jetzt vor. Sie zeigen, dass das Treffen – an dem im Übrigen noch Carstens teilnahm – in größter Harmonie stattfand. Rusk erläuterte, was man vorhabe: Konferenz der Außenministerstellvertreter, Nichtangriffspakt, Nichtweitergabe von Kernwaffen, gesamtdeutsche Ausschüsse; insgesamt Modus Vivendi für Berlin. Von Schröder kam kein Einwand.[33] Der Konflikt mit Adenauer war vorprogrammiert.

In den folgenden Tagen traf Rusk sechsmal mit Gromyko zusammen. Gromyko zeigte zwar Interesse an der Modus-Vivendi-Idee, aber einen Durchbruch gab es nicht. Immerhin informierte Rusk Kennedy am 23. März, dass Gromyko die Gespräche nicht abbrechen wolle. Am 26. März fand dann das letzte Gespräch statt. Zwei Tage später berichtete Rusk im Nationalen Sicherheitsrat, man sei sich in der Berlin-Frage zwar nicht näher gekommen, aber der Gesprächston habe sich geändert; die Gespräche seien „höflich und nüchtern“ geführt worden. Gromyko sei umgänglich und freundlich gewesen.[34]

Am 16. April sollten die Gespräche in Washington zwischen Rusk und dem neuen sowjetischen Botschafter Anatoly Dobrynin fortgesetzt werden. Kennedy war der Meinung, dass man den Sowjets noch etwas mehr anbieten müsse. Am Vormittag des 7. April traf er die entsprechende Entscheidung. Was da beschlossen wurde und wie die Dinge dann weiterliefen, führte zur bis dahin schwersten Belastung der deutsch-amerikanischen Beziehungen. Die amerikanischen Vorstellungen bewegten sich im Grunde auf jener Linie, die Rusk mit Schröder in Lausanne besprochen hatte – mit zwei Ausnahmen. Nunmehr sollte den Sowjets vorgeschlagen werden, drei gesamtdeutsche Ausschüsse einzusetzen, von denen der dritte den Entwurf eines Wahlgesetzes oder andere Schritte in Richtung Wiedervereinigung Deutschlands erörtern sollte. Noch wichtiger aber schien das zweite Dokument, in dem es um die internationale Zugangsbehörde für Berlin ging. Hier hatten die Amerikaner Einzelheiten eingebaut, u. a. einen Gouverneursrat aus 13 Mitgliedern, der verantwortlich sein sollte. Die Zusammensetzung dieses Gouverneursrats war interessant: fünf aus dem Westen, fünf aus dem Osten – dabei jeweils einer aus Westdeutschland und Westberlin bzw. Ostdeutschland und Ostberlin –, und jeweils ein Vertreter aus Österreich, Schweden und der Schweiz.[35] In einem *briefing paper* für

Macmillan interpretierte das Foreign Office diesen Tatbestand folgendermaßen: „Die Ostdeutschen erhalten damit den gleichen Status wie die Vertreter der Großmächte. Dies ist ein attraktiver Köder, weil die DDR damit erheblich an Prestige gewinnt." Man sah allerdings Probleme – die dann ja auch kamen, nämlich: „Bonn wird über die gleichberechtigte Beteiligung der Ostdeutschen in der Zugangsbehörde nicht gerade glücklich sein."[36]

Am Nachmittag des 9. April, Montag, übergaben Kohler und Bohlen den westlichen Botschaftern in Washington die entsprechenden Dokumente und baten um Stellungnahme, falls möglich, bis Mittwoch, 11. April. Gegenüber dem britischen Vertreter meinte Kohler, die Deutschen würden sich möglicherweise etwas an den Formulierungen stoßen, „die Vorschläge insgesamt aber akzeptieren". Er meinte auch – und sagte dies dann auch später ausdrücklich zu Grewe –, dass Kennedy persönlich um allergrößte Geheimhaltung gebeten habe.[37]

Grewe schreibt in seinen Erinnerungen, dass es zwischen diesem 9. April und der Rückkehr Rusks aus Genf in Washington keine Kontakte mit der deutschen Botschaft und somit auch keine ausreichende Unterrichtung über den Verlauf der Genfer Gespräche gegeben habe.[38] Das ist so nicht ganz zutreffend. Am 3. April wurde Grewe von Kennedy empfangen, am 6. April hatte Grewe eine längere Unterhaltung mit Kohler. Grewe war auf das vorbereitet, was kommen würde. Kennedy und auch Rusk hatten in gutem Glauben und im Vertrauen auf Schröder gehandelt, von dem in Lausanne grundsätzlich Zustimmung signalisiert worden war. Damit schien jenes deutsche Memorandum von Ende Februar keine Gültigkeit mehr zu haben, in dem eine Ausweitung der Gespräche abgelehnt worden war. Umso überraschter, ja geradezu geschockt waren Kennedy und Rusk über das, was sich nun in Bonn abspielte.

Adenauer war über die, wie er das sah, amerikanische Appeasement-Politik entsetzt, vor allen Dingen aber auch darüber, dass ihn weder Außenminister Schröder noch Staatssekretär Carstens über die Entwicklung informiert hatten. Was dann geschah, ist weitgehend bekannt. Adenauer unterbrach seinen Urlaub in Cadenabbia und lud für den Nachmittag des 12. April, Donnerstag, in einer dramatischen Aktion zu einer Sitzung der Fraktionsvorsitzenden im Bundeshaus im Dienstzimmer Brentanos ein. Schröder und Carstens sollten Rechenschaft ablegen. Beide waren gegen diese Sitzung, die dennoch stattfand. Es kam dann dort zu einem schweren Zusammenstoß. Brentano und Krone äußerten nicht nur Bedenken, sie hielten die amerikanischen Pläne für gefährlich und bezeichneten sie als „eine Schwenkung der amerikanischen Politik". Krone notierte in sein Tagebuch: „Wenn es zu einem Abschluss mit den Sowjets auf dieser Basis käme, würden die Möbelwagen in Berlin nicht ausreichen; Berlin würde eine tote Stadt." Krone weiter:

> „Das Gespräch in Brentanos Zimmer war die Sensation des Tages. Dass es sich um Berlin handelte, das Gespräch mit den Sowjets, wurde als selbstverständlich angenommen. Wahres, Falsches, Kombinationen mancher Art, vor allem, dass es Fragen von entscheidender Bedeutung sein müssten, wenn der Kanzler die Fraktionsvorsitzenden in dieser aufsehenerregenden Form zusammenbat und unterrichtete – das alles ging wie ein Lauffeuer durch den Bundestag."

Brentano brachte das auf den Punkt, was auch Adenauer dachte, und notierte weiter:

> „Die Amerikaner sind nicht mehr die Amerikaner, die sie vor Jahren waren. Man will sich verständigen, und das geht eben nicht anders als auf dem Rücken der Deutschen. Auf die Dauer geht es aber auch auf Kosten des Westens und der Vereinigten Staaten."[39]

In diesem Sinne verlief denn auch das Gespräch, zu dem Adenauer am nächsten Tag Paul Nitze empfing. Da sagte er, er sei „schockiert", um dann auf die Zugangsbehörde einzugehen. Das bedeute die Anerkennung der Sowjetzone; die Sicherheit des Zugangs werde von Schweden, der Schweiz und Österreich abhängen; die ganze Idee sei einfach „unmöglich".[40]

Am Abend zuvor hatte der Deutschlandfunk bereits über die Sitzung der Fraktionsvorsitzenden berichtet; als Nitze beim Kanzler vorsprach, konnte man die amerikanischen Vorschläge in den deutschen Zeitungen nachlesen – mit entsprechend negativen Kommentaren. Das Ganze war im Grunde ein ungeheuerlicher Vorgang. Für den FDP-Vorsitzenden Erich Mende war klar, wer verantwortlich war, nämlich Heinrich von Brentano. Der, so Mende gegenüber Botschafter Steel, habe in der Sitzung erst den Kopf und dann die Fassung verloren und die Amerikaner massiv beschuldigt. Es sei ihm, Schröder und Ollenhauer nicht gelungen, ihn zu beruhigen. Brentano habe dann in höchster Erregung den Raum verlassen. Es sei vollkommen klar („perfectly clear"), wer für die undichte Stelle („leak") und warum verantwortlich sei – nämlich Brentano mit seiner wahnsinnigen Eifersucht auf Schröder und der

Absicht, sich dadurch wieder ins Spiel zu bringen, indem er sich als „Ultra" gebärde.[41]

Je mehr Einzelheiten über die Affäre bekannt wurden, umso schockierter und frustrierter waren Kennedy und Rusk über diese aus ihrer Sicht fast schon typisch deutsche Aktion. Kennedy vermutete, dass auch Grewe seine Hand im Spiel hatte, und ordnete an, dass von nun an die Kommunikation nur noch über Botschafter Dowling in Bonn laufen sollte. Das bedeutete das Ende von Grewe als Botschafter in Washington. Rusk schrieb einen scharfen Brief an Schröder, in dem er die Bundesregierung für dieses „Leck" verantwortlich machte und von „ernstem Vertrauensbruch" sprach. Schröder beeilte sich, sich für den ganzen Vorgang zu entschuldigen. Das Telegramm war kaum im State Department angekommen, da kam ein zweites Telegramm von ihm, in dem es hieß:

> „Der Herr Bundeskanzler hat mich beauftragt, Ihnen folgendes mitzuteilen: Nach zehnjähriger einträchtiger Zusammenarbeit zwischen der Regierung der Vereinigten Staaten und der deutschen Bundesregierung empfindet er den Vorwurf eines ‚ernsten Vertrauensbruches', der zudem noch bei völlig ungeklärtem Tatbestand erhoben wird, als sehr verletzend. Er weist ihn entschieden zurück. Schröder."

Adenauer hatte dieses Telegramm verfasst und den Außenminister angewiesen, es „sofort und ohne jede Milderung" abzusenden; gleichzeitig hatte er von Schröder unverzügliche Meldung gefordert, „dass und wann" seine Weisung durchgeführt worden sei.[42] Schröder führte die Weisung durch – und setzte dann seine auf Übereinstimmung und enger Kooperation mit Rusk beruhende Politik fort. Er schickte nämlich gleichzeitig – ohne Wissen Adenauers – ein persönliches Schreiben an seinen amerikanischen Kollegen, in dem er die aufrichtige Hoffnung äußerte, dass die ausgezeichneten persönlichen Beziehungen zwischen ihm und Rusk durch diese Geschichte nicht belastet würden. Rusk lud Schröder daraufhin zum Abendessen bei der NATO-Ministerratstagung in Athen am 3. Mai ein.[43]

Wie sehr man sich auch in Washington aufregen mochte, eines war klar: Ohne die Zustimmung Adenauers konnte man keine neue Berlin- und Deutschlandpolitik betreiben. Es ging langfristig darum, so wie das Kohler vom State Department gegenüber Sam Hood von der britischen Botschaft in Washington ausdrückte, die Deutschen bei einer möglichen neuen Politik bei der Stange zu halten und sie dazu zu bringen, diese Politik mitzutragen („It was essential to keep the Germans ‚on board'"). Keinesfalls, so Kennedy gegenüber Macmillan bei dessen Besuch in Washington am 28. April, dürfe man es zulassen, dass sich die Deutschen aus der Berlinfrage genauso heraushalten würden, wie das die Franzosen getan hätten. Es bestünde sonst nämlich die Gefahr, dass die Deutschen irgendwann in der Zukunft behaupten würden, die Angloamerikaner hätten sie verraten. Adenauer müsse in die Verantwortung genommen werden und unangenehme Entscheidungen mittragen. In der ihm eigenen Art fand Kennedy wieder einmal eine besonders drastische Formulierung dafür, nämlich, man müsse Adenauer dazu bringen, selbst mit Hand anzulegen, wenn die bisherige Deutschland- und Berlinpolitik zu Grabe getragen würde („to put his hand upon the coffin and help to carry it"). Nach Meinung Macmillans hatte die Bonner Geschichte auch etwas Gutes; für ihn war es ermutigend, dass einige der jüngeren Politiker – und da dachte er eben auch an Schröder – offensichtlich bereit seien, den unangenehmen Tatsachen ins Auge zu blicken.[44]

Zwecks „Schadensbegrenzung" flog Heinrich von Brentano nach Washington und führte dort am 30. April ein ausführliches Gespräch mit Kennedy, anschließend sprach er mit Rusk und Bundy, während Schröder und Carstens in Athen gegenüber Rusk und Kohler am 3. Mai jene Position bestätigten, die sie schon in Lausanne eingenommen hatten.[45]

Die Dinge schienen sich wieder beruhigt zu haben – da holte Adenauer am 7. Mai zu einem Rundumschlag aus. Auf einer Pressekonferenz in Berlin machte er Äußerungen, die, so Grewe in seinen Erinnerungen, „die schärfste öffentliche Distanzierung von der amerikanischen Politik enthielten, die man bis dahin von einem deutschen Regierungschef erlebt hatte, und für die es auch später kein vergleichbares Beispiel mehr gegeben hat".[46]

Botschafter Dowling war entsetzt, Carstens deutete an, dass er und Schröder genauso wenig eine Antwort auf diesen Ausbruch hatten und noch unglücklicher waren als die Amerikaner.[47] Im Weißen Haus war man zwar ziemlich irritiert, realisierte aber, dass die Dinge in Bonn viel mit politischen Grabenkämpfen („political in-fighting") zwischen Schröder und Adenauer zu tun hatten. Von daher nahm man die Dinge jetzt nicht mehr allzu tragisch, wie Hillenbrand am 10. Mai gegenüber Ormsby-Gore meinte.[48]

Am 14. Mai kam es zu einer zweistündigen Aussprache zwischen Dowling und Adenauer. Der Kanzler empfing den amerikanischen Botschafter ungewöhnlich herzlich; Dowling hatte den Eindruck, dass Adenauer die „beleidigte Unschuld“ spielte, so wie ein Kind, das beim Naschen erwischt worden sei. Was folgte, war ein Meinungsaustausch, den Dowling in dieser Form bei Adenauer noch nie erlebt hatte. Man sagte sich offen und ehrlich die Meinung. Am auffälligsten war dabei der Wunsch Adenauers, das Verhältnis zu Kennedy und Rusk wieder in Ordnung zu bringen. Das Gespräch war offensichtlich so offen, dass ungefähr 20 Prozent des entsprechenden Telegramms von Dowling weder für den entsprechenden Band der Foreign Relations noch später deklassifiziert worden sind.[49]

Kennedy schrieb am 15. Mai einen freundlichen Brief an Adenauer,[50] den dieser am 25. Mai beantwortete.[51] Einen Tag vorher hatte sich die Bundesregierung zu den amerikanischen Überlegungen geäußert. Und dies war *Adenauers* Stellungnahme, die von Schröder notgedrungen übernommen worden war. Der von den Amerikanern vorgeschlagene dritte gesamtdeutsche Ausschuss, der den Entwurf eines Wahlgesetzes oder anderer Schritte in Richtung auf eine Wiedervereinigung Deutschlands hätte erörtern sollen, wurde abgelehnt. Begründung:

> „Ein solches Mandat würde einen rein politischen und nicht-technischen Charakter haben. Die Bundesregierung würde sich mit der Annahme eines solchen Mandats auf die Linie der Forderung der sowjetischen Deutschlandpolitik ‚Deutsche an einen Tisch‘ begeben.“

Mit am wichtigsten war die Änderung beim Gouverneursrat, der geplanten internationalen Zugangsbehörde für Berlin. Hier wurden zwei Alternativvorschläge gemacht:

a) Vier Gouverneure: je einer für die vier Großmächte; Entscheidungen durch Mehrheitsbeschluss.
b) Fünf Gouverneure: je einer für die drei Westmächte, ernannt auf Vorschlag der USA; einer für die Sowjetunion, einer für die Schweiz. Entscheidungen durch Mehrheitsbeschluss. Dabei sollte klargestellt werden, dass der Schweizer Gouverneur an keinerlei Weisungen gebunden sein durfte und für eine zeitlich befristete Amtsdauer ernannt werden müsse.[52]

Adenauer hatte diese Änderungen durchgesetzt, obwohl der sowjetische Botschafter in Bonn, Smirnow, Mende bereits klargemacht hatte, dass die sowjetische Regierung eine wie auch immer geartete Zugangsbehörde, in der keine Ostdeutschen vertreten seien, nicht akzeptieren würde.[53] Aus der internationalen Behörde wurde nichts. Zum Glück, kann man nur sagen. Bei möglichen Verhandlungen hätte Kennedy wahrscheinlich seine Idee von der Internationalisierung der Autobahnen in der BRD – gleich viele Kilometer wie in der DDR – reaktiviert. Auch wenn Adenauer von Smirnow keine gute Meinung hatte – „ein gefährlicher Mann, dem man nicht trauen kann", wie er gegenüber Macmillan am 9. Januar gesagt hatte – [54], empfing er ihn am 6. Juni und machte ihm jenen Vorschlag eines zehnjährigen „Waffenstillstands" zwischen der Sowjetunion und der Bundesrepublik, dessen Grundidee er Anfang 1959 entwickelt hatte.[55] Smirnow überbrachte die Antwort am 2. Juli: Der sowjetische Ministerrat wies den Vorschlag in aller Form zurück und beharrte auf den bisherigen Positionen.[56] Auch gegenüber den Amerikanern beharrten die Sowjets auf ihren alten Forderungen. Sie waren offensichtlich nicht an einer Einigung interessiert, und so ergab sich beinahe von selbst das, was Adenauer schon im Februar vorgeschlagen hatte: in den Gesprächen wurde eine Pause eingelegt.

Adenauers Verhältnis zu Kennedy und dessen Administration war nur an der Oberfläche wieder das alte. Die Erfahrung insbesondere vom Frühjahr 1962 führte beim Kanzler mehr und mehr dazu, sich jenem Mann zu nähern, der von Anfang an gegen die angloamerikanische Berlinpolitik gewesen war, nämlich General de Gaulle. Frankreich hatte die amerikanischen Pläne schon am 1. Mai mit allem Nachdruck abgelehnt. Sie würden den Eindruck vermitteln, als ob der Westen seine Position mit Blick auf die Wiedervereinigung Deutschlands aufgeben wollte.[57] Im Foreign Office war man zu diesem Zeitpunkt der Meinung, dass „two old gentlemen", nämlich Adenauer, 86 Jahre, und de Gaulle, 72 Jahre, die Entwicklung und den Fortschritt in Europa verzögern würden – dies auch und gerade mit Blick auf Berlin.[58] Wenn Hans-Peter Schwarz schreibt, dass es Adenauer gelungen sei, Westberlin unversehrt durch vier Jahre scharfer sowjetischer Pressionen hindurch zu retten und er es verdienen würde, deswegen als Retter des freien Berlin gefeiert zu werden, so gilt das wohl nur zur Hälfte. Die zweite Hälfte ist General de Gaulle zu verdanken. Und dies auch nur, weil die Sowjets „mitspielten". Ihnen reichte offensichtlich die Mauer. Sie übten dort jedenfalls keinen besonderen Druck mehr aus und warteten ab. So interpretierte Frank Roberts denn auch die Rede Chruschtschows vom 18. August: Fest, aber nichts, was auf neue Schwierigkeiten deuten würde. („Firm but did not convey a new sense of urgency.“)[59]

4. Bevölkerungsaustausch und Aufgabe Westberlins?

Bei den Überlegungen über das Recht der westlichen Besatzungsmächte in Bezug auf ihre Präsenz in Berlin wurde auch immer wieder auf die Situation im Sommer 1945 verwiesen. Damals waren angloamerikanische Truppen weit nach Thüringen und Sachsen in die für die Sowjets vorgesehene Besatzungszone vorgestoßen. Sie hatten dieses Gebiet Anfang Juli 1945 aufgegeben und im Gegenzug ihre Sektoren in Berlin übernommen. Möglicherweise haben diese Überlegungen auch eine Rolle in dem „Top Secret and Guard“-Memorandum gespielt, das der Staatsminister im Foreign Office, Joseph Godber, am 1. Oktober 1962 Außenminister Lord Home vorlegte. Wenn man dieses Memorandum heute liest, kommen einem Zweifel, wie ein Staatsminister so etwas überhaupt denken, geschweige denn aufschreiben konnte. Andererseits hat es natürlich etwas damit zu tun, wie man sich in London die Zukunft Deutschlands vorstellte: auf Dauer geteilt oder wiedervereinigt? Und natürlich auch mit der immer noch möglichen Unterzeichnung eines separaten Friedensvertrages zwischen der Sowjetunion und der DDR.

Godber listete noch einmal kurz die Geschichte der Berlinkrise auf und dass man unterscheiden müsse zwischen kurz- und langfristigen Lösungen. Genauso wie schon Außenminister Rusk verstand er die Aufregung über den Abschluss eines separaten Friedensvertrages zwischen der Sowjetunion und der DDR überhaupt nicht. Für ihn war das eine interne Angelegenheit zwischen Russland und einem seiner Satelliten, solange die Westmächte den Russen klargemacht hätten, dass sich damit für sie in Westberlin nichts ändern dürfe. Möglicherweise wäre das sogar für Chruschtschow ein Ausweg, den er gerne beschreiten würde. Wenn der Westen so handeln würde, wäre das natürlich eine De-facto-Anerkennung der DDR. Godber sah darin nichts Dramatisches, während auf der anderen Seite Chruschtschow zu Hause sagen könne, er habe den Friedensvertrag unterzeichnet.

Für Godber war das allerdings keine langfristige Lösung. Die sah anders aus und hing seiner Meinung nach von der grundsätzlichen Frage ab, ob es zu einer Wiedervereinigung Deutschlands kommen würde.

Nur in dem Fall sei eine fortdauernde Präsenz der Westmächte in Westberlin zu rechtfertigen: „Falls wir aber davon ausgehen, dass es in absehbarer Zukunft zu keiner Wiedervereinigung Deutschlands kommen wird, dann lohnt sich das ganze Berlin-Unternehmen überhaupt nicht.“ Da man aber Westberlin als Vorposten des Westens zu einem Symbol des westlichen Widerstands gegen kommunistische Erpressung in Europa gemacht habe, sei eine Kursänderung ohne größeren Gesichtsverlust sehr schwer. Er zählte dann all die Versuche auf, um zu einer erträglichen Berlinregelung zu kommen: die internationale Zugangsbehörde, die mehr oder weniger De-facto-Anerkennung der DDR, Anerkennung der Oder-Neiße-Grenze usw. Dies sei alles „bis zum Erbrechen“ („ad nauseam“) diskutiert worden. Es gehe um eine langfristige Lösung. Und die stellte sich Godber dann folgendermaßen vor:

Man musste von zwei Dingen ausgehen, die auseinanderzuhalten waren, nämlich einmal die *Stadt* Westberlin als solche und zum anderen die *Bewohner* Westberlins. Daran knüpfte sich die Frage, wie wichtig Berlin für die Westdeutschen sei. Als Hauptstadt, so Godber, sei Berlin sicherlich wichtig; auf der anderen Seite sei es schon ziemlich lange nicht mehr Hauptstadt; und im Übrigen sei Berlin bis vor gar nicht allzu langer Zeit die Hauptstadt Preußens gewesen, und von daher sei die patriotische Anziehungskraft für die Mehrheit der Westdeutschen nicht überwältigend groß.

Wenn das so war, ging es seiner Meinung nach in Wahrheit nur um die Bevölkerung Westberlins. Man spreche ja nicht umsonst immer wieder von der Freiheit jener zweieinhalb Millionen Menschen, um derentwillen man in Berlin sei. Für Godber lautete die Konsequenz daraus:

> „Falls wir akzeptieren, dass es uns in erster Linie um die Menschen und weniger um die Stadt geht, dann dürfen wir wohl auch feststellen, dass eine Stadt zwar nicht bewegt werden kann, Menschen allerdings sehr wohl.“ („If we accept that it is the people rather than the city that is our main concern then we are entitled to consider that while a city cannot be moved, people can.“)

Die Bewohner Westberlins würden eine ziemlich künstliche Existenz führen; ihre wirtschaftliche Lage sei hoffnungslos; aus Bonn kämen enorme Zuschüsse usw. Und dann äußerte Godber Kritik an der Politik des Westens. Die Wahrheit sei nämlich die, dass sich der Westen in den letzten 15 Jahren in Berlin in eine extrem künstliche Lage hineinmanövriert habe. Man halte jetzt einen Teil der Stadt – einzig und allein als

Symbol des Widerstandes gegen den Kommunismus. Wenn man einen Weg finden würde, bei dem die Interessen der Menschen gewahrt würden, dann könnte man auch ein Symbol für den antikommunistischen Widerstand des Westens finden, das weder zu viel Geld koste noch so verwundbar sei wie Westberlin. Und weiter:

> „Ich sage das, weil ich davon überzeugt bin, dass, falls wir davon ausgehen, dass Deutschland geteilt bleibt, wir dann auch akzeptieren müssen, dass Westberlin irgendwann aufgegeben werden muss." („I say this because I am convinced that if we accept that Germany is to continue divided, then we must face up to the fact that at some stage West Berlin will have to be given up.")

Aus seiner Sicht sollte das nur bei einem lohnenden Gegengeschäft gemacht werden; und danach sollte man seiner Meinung nach suchen. Er hatte es schon gefunden. Das Zauberwort hieß: Gebiets- und Bevölkerungsaustausch. Damit dieses Geschäft von den Westdeutschen akzeptiert würde, musste es um ein Gebiet an der innerdeutschen Grenze gehen, mit – falls möglich – etwa gleichviel Einwohnern wie Westberlin. Die Westberliner hätten dann die Möglichkeit, in dieses Gebiet zu ziehen – oder irgendwo anders hin in Westdeutschland, während die Bewohner des von den Sowjets aufgegebenen Gebiets in andere Teile Ostdeutschlands – jetzt inklusive Westberlin – umsiedeln könnten. Das sei zwar alles sehr kompliziert, aber „ich glaube wirklich nicht, dass wir eine westliche Enklave so weit hinter dem Eisernen Vorhang auf Dauer halten können" – während die Aufgabe Westberlins ohne Gegenleistung eine größere diplomatische Niederlage sei und die Westdeutschen mit Sicherheit das Vertrauen in den Westen verlieren würden. Auf jeden Fall, so Godber, müsste der Westen mit Blick auf Berlin seine Politik insgesamt neu überdenken. In einer handschriftlichen Notiz für Außenminister Home meinte er dann noch, sein Memorandum solle nicht zu ernst genommen werden, aber es beinhalte eine Moral, und sei es auch nur die, dass logische Lösungen selten mit politischen Lösungen übereinstimmten.[60]

Godbers Memorandum wurde im Foreign Office kommentiert. Die von ihm als kurzfristige Lösung genannte Überlegung – Friedensvertrag – wurde als einigermaßen vernünftig akzeptiert, aber bei dem eigentlichen Plan – Bevölkerungsaustausch – befürchtete man die schlimmsten Dinge. In erster Linie die „vollständige Zerstörung" der Moral der Westdeutschen. Würde Godber antworten, die Alternative sei der Atomkrieg, dann, so Shuckburgh, „stimme ich dem zu, aber ich glaube nicht, dass es dazu kommen wird". Es werde entweder einen Friedensvertrag geben oder irgendeine Art von Internationalisierung, wenn man die UNO nach Berlin bringen werde.[61] Das Memorandum von Godber lag auch Außenminister Home vor. Sein Kommentar – falls es einen gegeben hat – war nicht bei den Akten.

Auf den zweiten Blick sind die Überlegungen Godbers nicht so weit hergeholt, wie man zunächst meinen könnte. Auch von anderen Leuten wurden damals ähnliche Überlegungen angestellt, z. B. von Paul Nitze, dem stellvertretenden amerikanischen Verteidigungsminister und zur Zeit der Kubakrise Vorsitzender des von Kennedy eingerichteten NATO-Unterausschusses für Berlin. Er legte Kennedy Anfang November – nach Beendigung der Krise – ein Papier vor, in dem er Gedanken entwickelte, die, wie er es selbst formulierte, „in der Vergangenheit undenkbar" gewesen seien. „Berlin im Lichte von Kuba", wie er sein Memorandum überschrieb, sah Lösungen vor („thinking the unthinkable"), die so drastisch waren, dass sie nicht einmal ansatzweise den Deutschen zur Kenntnis gebracht werden sollten.

Für den Fall, dass es zu keiner Wiedervereinigung kommen würde – und auch zu keiner Lösung für ganz Berlin –, schlug auch Nitze die Aufgabe Westberlins vor. Im Einzelnen sah das so aus: Ein erheblicher Teil des DDR-Territoriums, und zwar die Gebiete südlich und westlich der Elbe von Magdeburg bis zur tschechischen Grenze, d. h. das industrielle Kernland der DDR, sollte in den Besitz der Bundesrepublik übergehen – als Gegenleistung für die Aussiedlung der Westberliner. Die Bewohner Berlins und der DDR sollten dann die Möglichkeit erhalten, entweder in der DDR zu bleiben oder in die vergrößerte Bundesrepublik zu übersiedeln.[62] Das von Nitze bezeichnete Gebiet entsprach in etwa jenem Gebiet, das die angloamerikanischen Truppen 1945 besetzt hatten.

Man könnte argumentieren, dass sowohl bei den Überlegungen von Godber wie auch bei Nitze letztlich jenes Gebiet an jene Mächte zurückgegeben werden sollte, die es 1945 erobert hatten: den Sowjets Berlin, den Angloamerikanern ein Großteil der Gebiete westlich der Elbe. Aus all dem wurde nichts – wohl auch dank Adenauer. Im Nachhinein kann man nur sagen: Gott sei Dank. Die Berlin-Regelung des Jahres 1971 hatte mit den angloamerikanischen Überlegungen des Jahres 1962 nicht mehr viel gemein.

5. Im Schatten der Kubakrise

Für den 22. Oktober, 18.00 Uhr, berief Paul Nitze den militärischen Unterausschuss der Washingtoner Botschaftergruppe zusammen. Er informierte über die Lage in und um Kuba, über die bevorstehende Rede von Präsident Kennedy und antwortete auf die Feststellung des französischen Vertreters, wonach Chruschtschow mit ziemlich hohem Einsatz spielte, dies sei ein „Quantensprung" auf Seiten Chruschtschows. Die Frage war, ob die Sowjets als Reaktion auf die amerikanische Quarantäne Kubas Gegenmaßnahmen in Berlin durchführen würden. (Die Amerikaner sprachen absichtlich von „Quarantäne" und nicht von „Blockade", um nicht entsprechende Assoziationen mit Blick auf Berlin hervorzurufen.) Nitze hielt das für möglich. („High on the list of probabilities is some move in Berlin.") Damit verbunden waren alle möglichen Vorbereitungen für einen Ernstfall. Nitze meinte nicht ohne Humor, man könne davon ausgehen, dass man im Unterausschuss demnächst ziemlich viel Arbeit haben werde („our business here will boom").[63]

Würden die Sowjets eine Berlin-Blockade durchführen? Am 23. Oktober lag ein erstes amerikanisches Memorandum vor, das von dieser Prämisse ausging. Wie sah die Lage aus? Die Vorräte in Westberlin würden für etwa sechs Monate ausreichen. Kritisch wurden die psychischen Auswirkungen auf die Westberliner Bevölkerung eingeschätzt.[64] Am selben Tag richtete Kennedy einen Nato-Unterausschuss Berlin ein – unter Vorsitz von Paul Nitze –, dessen Aufgabe es war, die sich aus beiden Krisen gemeinsam ergebenden Probleme zu analysieren und eine auf beide Krisen anwendbare Strategie zu entwickeln – unter Berücksichtigung aktueller Maßnahmen. Die erste Sitzung fand am 24. Oktober statt.[65] In zahlreichen Memoranden untersuchte dieser Unterausschuss mögliche sowjetische Aktionen in Berlin und die Reaktion des Westens darauf. Dabei konzentrierte man sich auf militärische Maßnahmen, in erster Linie auf die Frage, wie viele Soldaten man wie schnell bereitstellen könnte etc.[66]

Am 28. Oktober schien alles vorbei. Chruschtschow erklärte sich zum Abbau der Abschussbasen und Raketen auf Kuba bereit. In Washington hielt man es zu diesem Zeitpunkt für unwahrscheinlich, dass Chruschtschow als Ausgleich für diese Niederlage in der Berlinfrage aktiv werden würde. (Es gab solche Überlegungen in Moskau. Einen entsprechenden Vorschlag von Wassily Kuznetzow, Gromykos Stellvertreter, hatte Chruschtschow allerdings als „weiteres Abenteuer" scharf abgelehnt.[67]) An militärische Aktionen glaubte man sowieso nicht; das hieß, letztlich würde es wieder zu Verhandlungen kommen, für die aber in Moskau offensichtlich zurzeit kein Interesse vorhanden sei. Die Frage war also, ob der Westen die Initiative ergreifen sollte.[68]

Genau diese Frage stellten sich auch die Briten. Auch wenn Chruschtschow nachgegeben hatte – es gab immer noch Castro auf Kuba und damit ein Problem für die USA. Dies hatte Kennedy im Gespräch mit Botschafter Ormsby-Gore bereitwillig eingestanden. Ormsby-Gore ergänzte das mit dem Hinweis, dass es einflussreiche Kreise in Washington gegeben habe, die für eine Invasion gewesen waren. Was nicht geschehen war, konnte demnach immer noch geschehen – und von daher war Kuba ein Faustpfand („is at our mercy"), das man nutzen sollte. Ormsby-Gore schlug am 28. Oktober vor, die dauernde Unverletzlichkeit Kubas mit der Unverletzlichkeit Westberlins direkt zu verbinden. Die Westmächte würden demnach zusagen, keine Offensivwaffen in Berlin zu lagern und die Bereitschaft erklären, dies von den Vereinten Nationen überprüfen zu lassen. Im Gegenzug sollten die Sowjets die Unverletzlichkeit Westberlins garantieren; irgendein Druck auf Westberlin würde zur Beseitigung des Castro-Regimes führen – und dies innerhalb von Stunden („within a matter of hours").[69]

Macmillan war nicht gerade begeistert von dieser Idee: „Ich glaube nicht, dass diese beiden Orte für uns von gleich großer Bedeutung sind." Außerdem befürchtete er, dass bei einem solchen Unternehmen Chruschtschow Berlin kassieren würde, da er keinen Atomkrieg, sondern jetzt nur noch den Verlust Kubas riskiere. Westberlin musste seiner Meinung nach weiter durch die gesamte Macht des Westens abgesichert werden und nicht nur durch die „Geisel" Kuba. Außerdem könnte es ja zu einer Revolution auf Kuba kommen und Castro gestürzt werden – ohne Zutun des Westens. Was würde man dann sagen, wenn die Russen Berlin besetzen würden? Beide Gebiete konnte man seiner Meinung nach neutralisieren und entmilitarisieren als Teil einer langfristigen Lösung, die zu einer Art Détente führen könne. Den Vorschlag von Ormsby-Gore hielt er auch in diesem Zusammenhang nicht für sehr klug, da er möglicherweise sogar zu einem Bruch zwischen Amerikanern und Europäern in der NATO führen würde.[70]

Schon zuvor hatte Außenminister Home den Vorschlag von Ormsby-Gore als eine zu isolierte Einzelmaßnahme abgelehnt. Mit Blick auf Berlin hielt er es für das Beste, sich so ruhig wie möglich zu verhalten

(„keep as quiet as possible"). Möglicherweise könne man UN-Beobachter nach Berlin bringen – dies aber in einem größeren Zusammenhang, d. h. Verhinderung von Überraschungsangriffen, oder aber im Zusammenhang mit dem Atomtestabkommen, der Abrüstung und möglicherweise auch einem Nichtangriffspakt zwischen NATO und Warschauer Pakt.[71] Auch Frank Roberts plädierte dafür, in der Berlinfrage nicht aktiv zu werden; würde man es dennoch, möglicherweise mit dem Hintergedanken, aus dem Kuba-Abenteuer Chruschtschows Kapital zu schlagen, würde das für Chruschtschow, und nicht für ihn allein, so aussehen, als ob der Westen glaube, der Sowjetführer sei in der Defensive und man könne daher nun ungestraft mehr aus ihm herausholen. („He was on the run and could therefore be squeezed with impunity.") Chruschtschow habe in der Vergangenheit immer wieder betont, dass die Sowjetunion keine zweitrangige Macht sei und sich nicht einfach herumstoßen lasse; und von daher würde er entsprechend reagieren („dig his toes in"), mit dem Ergebnis, dass es in Berlin eine Krise geben könne, die bedeutend gravierender sein würde als die in Kuba. In Berlin seien die Sowjets in einer sehr viel besseren Position als auf Kuba, und dort stünden größere Interessen auf dem Spiel. Von daher sei mit einem Rückzug wohl nicht zu rechnen. Wenn Chruschtschow etwas aus dem Kuba-Abenteuer gelernt habe und für Berlin anwenden könne, dann die Tatsache, „dass er nicht mehr glauben kann, dass die Amerikaner auf gar keinen Fall in Berlin Atomwaffen einsetzen werden".[72]

Auch Christopher Steel in Bonn war dafür, erst einmal abzuwarten („keep things quiet"), um zu sehen, ob Kuba wirklich zu einer Verbesserung der Atmosphäre führen würde, in der andere Fragen, Abrüstung etc., gelöst werden könnten. Mit Blick auf Berlin war seiner Meinung nach Kuba gar nicht so wichtig; es gehe um etwas ganz anderes, nämlich die Anerkennung der DDR – zumindest bis zu einem bestimmten Grad. Das aber stehe in direktem Gegensatz zu dem, wie er es nannte, „Gebilde aus Illusionen und Heiligen Kühen, das die deutschen Politiker um ihre Wiedervereinigungshoffnungen herum aufgebaut haben" („edifice of illusions and shibboleths"). Tatsache sei aber nun einmal – „und ganz privat kann man das manchmal sogar sagen" –, dass Deutschland nicht durch irgendwelche Verträge geteilt wird, „sondern durch 22 sowjetische Divisionen". Es gebe sehr viele Deutsche – „und ich glaube, ihre Zahl nimmt zu" –, die sich darüber vollkommen im Klaren seien, aber „es braucht ein besonderes Schockereignis, um diesen künstlichen Stillstand zu überwinden".[73]

Einen Tag nach diesem Telegramm, am 31. Oktober, sprach Steel im Auswärtigen Amt mit Staatssekretär Carstens und fragte ihn ganz direkt, ob nicht der Moment gekommen sei, um eine Berlin-Initiative zu ergreifen. Carstens wies auf die bevorstehende Reise Adenauers nach Washington hin und meinte – als seine persönliche Meinung –, es sei in der Tat ein günstiger Moment für die Amerikaner, das zu tun; er gestand dann aber, dass er selbst keine Idee hatte, wie eine solche Initiative aussehen könnte. Nur eines wusste er ganz genau: Die Berlinfrage könne nicht isoliert behandelt werden; wenn schon, müsste zur gleichen Zeit die gesamte deutsche Frage auf den Tisch.[74]

Wenige Tage vorher hatte Kennedy mit Ormsby-Gore gesprochen. Der Botschafter hatte den Eindruck, dass Kennedy über Vorschläge nachdachte, die den Westdeutschen überhaupt nicht gefallen würden („greatly disliked"); er sprach jedenfalls von der Notwendigkeit, dass sie „Realitäten" akzeptieren müssten.[75] Steel meinte, eine dieser „Realitäten" sei wohl das alte Thema „mögliche Anerkennung der DDR". Offensichtlich ahnte man in Bonn zu diesem Zeitpunkt, was hinter den Kulissen in Washington und London wieder gesagt und gedacht wurde. Nur so ist es wohl zu verstehen, dass das Auswärtige Amt am 1. November Briten und Amerikanern ein Memorandum übergab, in dem „nochmals unser bekannter Standpunkt" zu „Äußerungen über die angebliche Existenz zweier deutscher Staaten" festgehalten wurde. Da hieß es u. a.:

„1. Es gibt keine zwei deutschen Staaten […]. Erst im Verlauf der Jahre hat die Sowjetunion durch einseitige Maßnahmen die gegenwärtige faktische Teilung Deutschlands rechtswidrig herbeigeführt.
2. Die SBZ ist kein selbständiger Staat. Das dortige Regime herrscht gegen den Willen der Bevölkerung, gestützt auf die Bajonette der 20 Divisionen der sowjetischen Besatzungsmacht. […]
3. Es ist irreführend, allein von der ‚Tatsache' der deutschen Teilung zu sprechen! Es gibt andere Tatsachen, z. B. die Entschlossenheit des gesamten deutschen Volkes, an dem Gedanken der deutschen Einheit festzuhalten, ferner die Tatsache, dass die SBZ kein selbständiger Staat ist. Sie wird deutlich dadurch illustriert, dass kein kommunistischer Staat mit Pankow diplomatische Beziehungen aufgenommen hat.
4. Der Gedanke, eine ‚realistische Betrachtung' – d. h. eine Hinnahme und Anerkennung – der bestehenden, durch Gewalt rechtswidrig

herbeigeführten Teilung Deutschlands könnte die internationale Lage bessern, ist abwegig. [...] Eine Anerkennung der sog. ‚DDR' und der von ihr bezüglich Berlins angemeldeten Ansprüche könnten nur den Appetit Pankows reizen und damit zu einer Verschärfung der Berlinkrise führen. [...]"

Im Foreign Office reagierte man eher gelangweilt. Die Kommentare waren bezeichnend: „Nichts Neues" („Nothing new") der eine, „Nicht überzeugend" („nor winning") der andere.[76]

Auch in Washington machte man sich Gedanken über das weitere Vorgehen. Kennedy hatte Nitzes Unterausschuss am 29. Oktober beauftragt, dringend alternative Lösungen zur Berlinfrage auszuarbeiten. Nitze entwickelte dann solche Überlegungen („unthinkable in the past"),[77] während Botschafter Thompson dafür plädierte, abzuwarten.[78] Anfang November war das Department of State der Meinung, dass es im Zusammenhang mit Kuba zu keiner Berlinkrise kommen werde. Rusk meinte: „Moskau scheint ängstlich darum bemüht zu sein, dass die durch die Kubakrise hervorgerufenen Spannungen nicht auf Berlin übergreifen."[79] Er schien recht zu behalten. Aus Moskau kamen keine neuen Forderungen; es blieb ruhig um Berlin.

Am 14. und 15. November 1962 waren Adenauer und Schröder zu Besprechungen in Washington. Im Gespräch unter vier Augen mit Kennedy fand Adenauer starke Worte. Chruschtschow war demnach für ihn ein „echter Krimineller", den man genau beobachten müsse. Grundsätzlich aber plädierte er dafür, keine Initiative in der Berlinfrage zu unternehmen und abzuwarten, um zu sehen, was die Sowjets tun würden.[80] Bei seinem zweiten Gespräch am Nachmittag des 14. November, an dem auch Schröder und Staatssekretär Carstens teilnahmen, erwähnte er dann erstmals den Amerikanern gegenüber seinen Vorschlag eines Stillhalteabkommens von zehn Jahren. Kennedy hatte im Prinzip nichts dagegen, meinte allerdings, dass die Sowjets das nicht akzeptieren würden. Der Westen würde mit diesem Vorschlag alles bekommen, was er haben wolle, ohne den Sowjets viel zu geben.[81]

Chruschtschow hatte am 30. Oktober in einem Brief an Kennedy gemeint, Berlin sei „die Brutstätte internationaler Spannungen in der Mitte Europas"[82]; am 11. Dezember schrieb er einen weiteren Brief und meinte da, die Lösung dieses Problems werde von einem alten Mann verhindert, der „moralisch und physisch mit einem Fuß bereits im Grabe steht".[83] Möglicherweise hat Kennedy das auch so gesehen. Die Amerikaner suchten in den folgenden Wochen das Gespräch mit dem Kreml, mussten aber schon sehr bald feststellen, dass die Sowjets von ihrer Position nicht abgingen, während sie selber auch nicht bereit waren, ihre Position aufzugeben. Im Brief vom 11. Dezember hatte Chruschtschow kein Datum genannt, kein Ultimatum erwähnt, nichts. Von daher war offensichtlich jene Alternative Realität geworden, die Nitze auch erwähnt hatte, nämlich das Klima auf anderen Gebieten zu verbessern. Ausdruck dafür waren die Einrichtung des „Heißen Drahtes", einer direkten Fernsprechverbindung zwischen Weißem Haus und Kreml, sowie im August 1963 das Abkommen über ein Verbot von Kernwaffenversuchen in der Atmosphäre, im Weltraum und unter Wasser. Auch die DDR unterzeichnete dieses Abkommen. BRD-Bedenken, dass dies eine Aufwertung des Regimes bedeute, wurden angeblich durch amerikanische und britische Zusicherungen zerstreut.

IX. Der Mauerfall

Mit dem Bau der Mauer wurde das „Schaufenster“ Westberlin, „das große Loch inmitten unserer Republik“ – wie Ulbricht die Stadt genannt hatte[1] –, geschlossen, der Flüchtlingsstrom aus der DDR gestoppt. Damit schienen die Voraussetzungen zur wirtschaftlichen und auch politischen Stabilisierung der DDR, des „ersten Arbeiter- und Bauernstaates auf deutschem Boden“, wie sie sich selbst nannte, geschaffen. Ihre Bewohner konnten nicht mehr flüchten, mussten sich irgendwie einrichten und auf die neuen Realitäten einstellen. Man fand sich mit den bestehenden Verhältnissen ab und versuchte, das Bestmögliche aus einer bedrückenden Lage zu machen. Viele hofften dabei auf bessere Zeiten, die aber auf sich warten ließen. Nach Errichtung des „antifaschistischen Schutzwalles“ – wie die Mauer im SED-Jargon hieß – wurde es zunächst einmal schlechter, vor allem für die Gegner der von der DDR durchgeführten „Maßnahmen“.

Gravierender aber war die Tatsache, dass auch noch ein Jahr nach dem Mauerbau die Wachstums- und Versorgungsschwierigkeiten nicht beseitigt werden konnten. Davon aber hing die Existenz der DDR-Diktatur ab. Hier setzte nun erstaunlicherweise SED-Chef Walter Ulbricht mit weitgreifenden Reformen insbesondere in der Wirtschaftspolitik an. Auf dem VI. Parteitag der SED vom 15. bis 21. Januar 1963 kündigte er das an, was in Führungsgremien der SED diskutiert worden war: Neuorientierung der Wirtschaftspolitik nach dem „Grundsatz des höchsten ökonomischen Nutzeffekts“ und der „materiellen Interessiertheit“. Ein halbes Jahr später beschlossen das Zentralkomitee der SED und der Ministerrat die „Richtlinie für das Neue Ökonomische System der Planung und Leitung der Volkswirtschaft“ (NÖS). Von nun an ging es um Steigerung der Arbeitsproduktivität, Nutzung von Wissenschaft als unmittelbarer Produktivkraft und „Meisterung“ der „wissenschaftlich-technischen Revolution“ als Beweis der endgültigen Überlegenheit des Sozialismus gegenüber dem Kapitalismus, insbesondere jenem der Bundesrepublik. Als die Entwicklung hinter den Erwartungen zurückblieb, wurde eine neue Formel erfunden: ÖSS „Ökonomisches System des Sozialismus“.

Hatte es vorher noch mit Blick auf die Bundesrepublik „einholen und überholen“ geheißen, so lautete die Formel jetzt „überholen ohne einzuholen". Die Propaganda deckte die Realität zu. Und wenn Chefpropagandist Karl Eduard von Schnitzler, genannt „Sudel-Ede", am Montagabend im DDR-Fernsehen – in seinem „schwarzen Kanal" – die Realität vollständig auf den Kopf stellte, schalteten die meisten sowieso auf Westfernsehen um.

Gleichzeitig baute das Ministerium für Staatssicherheit (MfS) seinen Repressionsapparat weiter aus. Der Staatssicherheitsdienst war „ein Hauptpfeiler der Politbüro-Diktatur".[2]

Damals schlug die Stunde des Erich Mielke. Mit ihm begann ein neuer Abschnitt in der Geschichte des Ministeriums. Er übernahm 1957 14.000 hauptamtliche Mitarbeiter, zehn Jahre später waren es 33.000, 1977 66.000, 1989 91.015, und dazu kamen noch 170.000 sogenannte Inoffizielle Mitarbeiter (IM). Am Ende der DDR kamen damit auf 180 Bürger ein hauptamtlicher Stasi-Mann und zwei inoffizielle Mitarbeiter. Der Sicherheitswahn der SED-Führungsclique war nahezu grenzenlos – und half am Ende doch nicht. In keinem anderen Land des Ostblocks gab es bezogen auf die Einwohnerzahl mehr Spitzel als in der DDR.

Mielkes „VEB Greif und Horch" war das „Schild und Schwert der Partei", das Daten von etwas sechs Millionen Menschen sammelte. Die Aktenbestände betrugen 1989 aneinandergereiht 200 Kilometer.

In den siebziger und achtziger Jahren ging in der DDR alles seinen, wie es hieß, „sozialistischen" Gang. Die Kluft zwischen Theorie und Praxis wuchs. Immer mehr Bewohner befanden sich auf der mentalen Ausreise, immer mehr stellten Anträge auf Ausreise. Sie wollten der Weltanschauungsdiktatur der DDR entfliehen und nicht länger Opfer der Gängelung sein, die der Staatsmarxismus ihnen auferlegte. Die Zahl der Ausreiseanträge stieg, alle Ausreisewilligen konnte man nicht einsperren. Sogenannte politische Gefangene wurden als „menschliche Sonderangebote" an die BRD verkauft – das brachte auch noch Devisen –, andere einfach „ausgebürgert". Wahlfälschungen wurden immer offensichtlicher. Damit zerfiel die Legitimität dieses Staates mehr und mehr. Trotz aller Repression war es am Ende nicht mehr möglich, das System zu retten.

Das wurde deutlich, als im Sommer 1989 die Fluchtbewegung dramatische Ausmaße annahm. Die von den SED-Bonzen zu späte Wahrnehmung der Krise wird am besten illustriert durch die angstvolle Frage von Erich Mielke in einer Dienstbesprechung im Ministerium für Staatssicherheit am 31. August 1989, die zeigt, was in den Köpfen der alt gewordenen SED-Funktionäre 36 Jahre lang präsent gewesen war, nämlich: „Ist es so, dass morgen der 17. Juni ausbricht?" Der so angesprochene

Oberst versuchte, seinen Minister zu beruhigen und antwortete: „Der ist morgen nicht, der wird nicht stattfinden, dafür sind wir ja auch da.“[3] Er sollte sich täuschen.

Der Bankrott lag offen zutage: Die DDR hatte auch jede wirtschaftliche Überlebenschance aufgebraucht. Der Leiter der ZK-Abteilung Planung und Finanzen, Günter Ehrensperger, brachte es in der ZK-Sitzung am 10. November 1989 auf den Punkt, nämlich, „dass wir mindestens seit 1973 Jahr für Jahr über unsere Verhältnisse gelebt haben und uns etwas vorgemacht haben. Wir haben Schulden mit Schulden bezahlt.“[4] Die DDR, die nach offiziellen Statistiken der Weltbank jahrelang auf dem 10. bis 12. Platz in der Reihe der führenden Industriemächte rangiert hatte, war in fast allen Wirtschaftszweigen auf den Stand eines Entwicklungslandes zurückgefallen. Nur um die Verschuldung zu stoppen, hätte der Lebensstandard allein im Jahr 1990 um 25 bis 30 Prozent gesenkt werden müssen. Das aber, so Planungschef Gerhard Schürer und Devisenbeschaffer Alexander Schalck-Golodkowski, würde die DDR „unregierbar machen“.

Die DDR war aber bereits unregierbar. Am 8. Oktober hieß es in einer Analyse des MfS, dass „progressive Kräfte“, darunter insbesondere Mitglieder der SED, mit Blick auf die Lage in der DDR so argumentierten, dass sich die DDR „bereits jetzt in einer Situation wie kurz vor den konterrevolutionären Ereignissen am 17. Juni 1953 (befände)“.[5] Hunderttausende waren bereits auf die Straßen gegangen. Das Schlüsseldatum für die spätere Entwicklung ist Montag, der 9. Oktober, mit den Ereignissen in Leipzig, wo 70.000 Menschen in der von Kampfgruppen und Bereitschaftspolizei belagerten Innenstadt mit dem Schlimmsten rechnen mussten und dennoch demonstrierten – mit Parolen, die an den Aufstand vom Juni 1953 erinnerten, wie etwa: „Wir sind das Volk!“, „Wir sind keine Rowdys“, „Lasst die Gefangenen frei“, „Keine Gewalt“, und vor allem „Freiheit, freie Wahlen“, „Pressefreiheit“. Von diesem Datum an, so Stefan Wolle, „begann ein neues und zugleich das letzte Kapitel in der Geschichte der DDR“.[6]

Es klingt fast wie ein Treppenwitz der Geschichte, dass das Zentralkomitee das Schicksal der DDR eher beiläufig besiegelte, indem es dem vom neuen Generalsekretär der SED, Egon Krenz, vorgeschlagenen Reisegesetz zustimmte, ohne auch nur zu ahnen, dass einige Stunden später aufgrund eines Missverständnisses bei der Verkündung dieses Gesetzes durch Günter Schabowski die Mauer in der Nacht des 9. November 1989 fallen würde.

An jenem 9. November 1989 um 18.57 Uhr versetzte Schabowski im Pressezentrum in der Mohrenstraße vor laufenden Fernsehkameras der SED-Herrschaft den Gnadenstoß. Es war ein historischer Moment. Am Ende einer Routine-Pressekonferenz erkundigte sich der italienische Korrespondent Riccardo Ehrmann nach dem Entwurf für das Reisegesetz. Was dann kam, ist inzwischen oft im Fernsehen gezeigt worden. Schabowski wühlte in seinen Papieren und teilte mit, das ZK habe beschlossen, „… heute … äh … eine Regelung zu treffen, die es jedem Bürger der DDR möglich macht, … äh … über Grenzübergangspunkte … äh … auszureisen".

Aus dem Auditorium wurde nachgefragt: „Ab wann tritt das in Kraft? Ab sofort?" Schabowski kratzte sich am Kopf, setzte sich, während er weitersprach, seine Brille auf und ordnete seine Unterlagen:

> „Also, Genossen, mir ist das hier also mitgeteilt worden, dass eine solche Mitteilung heute schon … äh … verbreitet worden ist. Sie müsste eigentlich in Ihrem Besitz sein. Also [liest sehr schnell vom Blatt] … Privatreisen nach dem Ausland können ohne Vorliegen von Voraussetzungen (Reiseanlässe und Verwandtschaftsverhältnisse) beantragt werden."

Dann machte Schabowski weitere Ausführungen zur Beantragung von Pässen; jemand hakte nach: „Wann tritt das in Kraft?" Schabowski blätterte wieder in seinen Papieren und teilte schließlich mit: „Das tritt nach meiner Kenntnis, ist das sofort, unverzüglich [blättert weiter in seinen Unterlagen] … [leise] … unverzüglich." In dem folgenden Stimmengewirr murmelte er zweimal resigniert: „Ich habe nichts Gegenteiliges gehört", um noch einmal präzisierend zu wiederholen: „Ja, ich habe nichts Gegenteiliges gehört. Ich drücke mich nur so vorsichtig aus, weil ich nun in dieser Frage nicht, also, ständig auf dem Laufenden bin, sondern kurz, bevor ich rüberkam, diese Information in die Hand gedrückt bekam."

Während einige Journalisten eilig den Raum verließen, stellte jemand die Frage: „Herr Schabowski, was wird mit der Berliner Mauer jetzt geschehen?" Schabowski wies darauf hin, dass es 19.00 Uhr und die Pressekonferenz damit abgeschlossen sei, stotterte weiter herum und meinte dann abschließend:

> „Und … Herr … sicherlich wird die Debatte über diese Frage … äh … positiv beeinflusst werden können, wenn sich auch die BRD und wenn sich die NATO zu Abrüstungsschritten entschließt und sie durchsetzt,

so oder ähnlich wie die DDR und andere sozialistische Staaten schon mit bestimmten Vorleistungen getan haben. Herzlichen Dank!"[7]

„Sofort" und „unverzüglich": Das waren die Signalworte, mit denen die Nacht der Nächte begann. Die Pressekonferenz war live im DDR-Fernsehen übertragen worden; entscheidend wurde jetzt aber die Berichterstattung in den westdeutschen Medien, in Rundfunk und Fernsehen. Tausende Ostberliner machten sich auf den Weg zur Mauer, um zu sehen, was los war. Die Grenzsicherungsorgane wurden völlig überrascht und blieben zunächst ohne Befehle. Ein Befehl kam dann doch: die Auffälligsten rauslassen – mit Stempel im Pass, der bedeutete (was nur die Grenzer wussten): keine Wiedereinreise. Aber es war zu spät.

Fassungslos und von der ahnungs- und hilflosen Führung im Stich gelassen, wichen die Grenzsicherungsorgane den Massen. Was sie jahrelang gesichert hatten, war nicht mehr. Und dann trafen sie eine kluge Entscheidung. Genau um 23.14 Uhr stellten sie in der Bornheimerstraße alle Kontrollen ein. „Wir fluten jetzt!" kündigte der leitende Offizier der Passkontrolle an. Dann wurden die Schlagbäume geöffnet, der „Wahnsinn" begann: Abertausende strömten von Ost- nach Westberlin, wo sich unbeschreibliche Freudenszenen abspielten. Es war eine historische Nacht, die man im Fernsehen mit bewegtem Herzen und emotional aufgewühlt verfolgen konnte. Es war etwas Unglaubliches, Unfassbares geschehen.

Schlussbetrachtung

Im Herbst 1958 löste Chruschtschow die Berlinkrise aus. Sie dauerte in unterschiedlichen Phasen bis zum Frühjahr/Sommer 1963. Berlin war der schwächste Punkt des Westens. Chruschtschow ging es nicht einfach darum, die Westmächte aus Westberlin zu vertreiben, die Stadt zu erobern und sie der DDR einzuverleiben. Er wollte die Schwachstelle Westberlin als Hebel benützen für seine damit verbundenen Ziele: die Anerkennung der durch den Zweiten Weltkrieg geschaffenen Situation in Europa, d. h. des Status quo und damit in irgendeiner Form auch Anerkennung der DDR und Anerkennung der bestehenden Grenzen, auch der Oder-Neiße-Grenze. Ansatzpunkt sollte die „Freie Stadt“ Westberlin sein, mit der gleichzeitig das Schlupfloch für DDR-Flüchtlinge gestopft werden würde. Konnte man dabei die Stadt vielleicht später kassieren – umso besser. Aber es ging Chruschtschow nicht nur darum. Es ging vor allen Dingen auch darum, die atomare Bewaffnung der Bundeswehr zu verhindern und das westdeutsche Militärpotenzial zu reduzieren. Nach Auffassung des amerikanischen Botschafters in Moskau, Llewellyn Thompson, hatte der Kreml eine tief sitzende Angst davor, dass die Bundeswehr eines Tages marschieren und Moskau damit vor die Wahl Weltkrieg oder Rückzug aus Ostdeutschland stellen würde.[1]

Ähnlich – und das überrascht schon etwas (oder auch nicht) – dachte man aber auch in Washington. In einer Studie der „Weapons Systems Evaluation Group“ (WSEG) des Pentagon hieß es 1961, die Schwierigkeit („crux“) des explosiven deutschen Problems sei die wachsende militärische Stärke Westdeutschlands und ihre mögliche Auswirkung auf die instabile Lage in Osteuropa. In dieser Studie wurde dann die Antwort Chruschtschows auf die Frage des bekannten amerikanischen Journalisten Walter Lippmann, warum er es so eilig habe, die deutsche Frage zu lösen, zitiert, nämlich: „Ich bin gezwungenermaßen in Eile. Die deutschen Grenzen müssen festgeschrieben sein, bevor Hitlers Generäle Atomwaffen bekommen.“[2]

Immer wieder wiesen die Sowjets auf dieses Problem hin – und hatten vor allem bei den Briten verständnisvolle Zuhörer. Der britische Premierminister Harold Macmillan war in jenen Jahren in vielfacher Hinsicht der beste Verbündete Chruschtschows.

Adenauer ahnte das und entwickelte eine geradezu „psychopathische Angst“ vor dem, was er als „britische Schwäche“ bezeichnete, wie es Präsident Eisenhower nach einem Gespräch mit ihm im Mai 1959 einmal nannte.[3]

Macmillan mochte die Deutschen und Adenauer nicht, nannte den Kanzler einen Opportunisten und fragte sich, wie viele Ex-Nazis es an führender Stelle in der Bundesrepublik gab. Er war von Beginn der Krise an für die De-facto-Anerkennung der DDR (und gegen eine Wiedervereinigung – auch wenn er öffentlich weiter dafür eintrat). Und er war gegen jede Art von atomarer Aufrüstung der Bundeswehr. In dem Punkt waren sogar die Franzosen mit ihm einig, auch wenn de Gaulle Ende 1961 einmal etwas anderes gesagt hatte. Als die Amerikaner im Frühjahr 1963 über eine multilaterale Atomstreitmacht innerhalb der NATO nachdachten, damit, wie der britische Außenminister Lord Home meinte, die Westdeutschen „nicht mehr so nach eigenen Atomwaffen jammern“, war sein französischer Kollege Couve de Murville geradezu aufgebracht und warnte nachdrücklich („emphatic“) vor dem wachsenden Verlangen der Deutschen nach Atomwaffen, das unter dem Einfluss der Militärs noch größer würde. Macmillan nahm diesen, wie er das nannte, „incipient appetite for the nuclear“ der Deutschen zum Anlass, die Amerikaner auf die Haltung der Franzosen hinzuweisen. Aus seiner Sicht war es sowieso naiv von den Amerikanern, zu glauben, dass mit der geplanten multilateralen Atomstreitmacht die Deutschen ruhig gestellt („bought off“) werden könnten.[4]

Die Westdeutschen wurden „ruhig gestellt“ – und das sogar ohne multilaterale Atomstreitmacht. Die Sieger – alle vier – waren sich in einem Punkt einig: Die Deutschen durften – in welcher Form auch immer – keinen Finger am Atomknopf haben. Sie waren sich auch darin einig, dass Deutschland in zwei Staaten geteilt und an eine Wiedervereinigung in absehbarer Zukunft nicht zu denken war, wobei die Sowjets und – wie wir jetzt wissen – auch die Briten noch einen Schritt weiter gingen: beide wollten überhaupt keine Wiedervereinigung mehr. Bei den Sowjets verwundert das nicht; bei den Briten verwundert es wohl auch nicht, ist aber auch aus heutiger Sicht noch ein Skandal. Schließlich hatten sie sich vertraglich zu einer Wiedervereinigungspolitik verpflichtet.

Unter solchen Umständen war es für Adenauer extrem schwer, die Westmächte auf dem bis dahin in der Deutschlandpolitik gefahrenen Kurs zu halten. Mit John Foster Dulles ging es noch so eben, mit dem

Scheitern der Gipfelkonferenz im Mai 1960 hatte man noch einmal „fies Jlück jehabt", mit Kennedy wurde es schwieriger. „Selbstbestimmung" wurde auch in Washington Ersatzwort für Wiedervereinigung. Beides hielt man für unrealistisch. Die „neuen Realitäten" wurden immer öfter erwähnt. Und die lauteten: De-facto-Anerkennung der DDR, Anerkennung der Oder-Neiße-Grenze, keine Atomwaffen für die Deutschen, Nichtangriffspakt zwischen NATO und Warschauer Pakt, Westberlin kein Teil der Bundesrepublik.

Der anschwellende Flüchtlingsstrom aus der DDR im Sommer 1961 war damals die „aktuellste" Realität, die zu extremem Handlungsbedarf führte – mit ausgelöst durch Walter Ulbrichts Satz auf der internationalen Pressekonferenz am 15. Juni: „Niemand hat die Absicht, eine Mauer zu errichten!"

Angesichts der harten Haltung der Amerikaner mit Blick auf ihre Rechte in Westberlin blieb den Sowjets letztlich nur die Mauer, eine Maßnahme, mit der – mit Ausnahme der DDR-Bewohner – alle Beteiligten am Ende ganz gut leben konnten. Die Mauer war eine Niederlage des Ostens – und in jedem Fall besser als Krieg, wie Kennedy es einmal formuliert hatte. Sollte ursprünglich Westberlin als „Freie Stadt" gegenüber der DDR abgeriegelt werden, so wurde jetzt die DDR gegenüber Westberlin abgeriegelt. Der Mauerbau und die Reaktion des Westens führten allerdings in Bonn zur „Stunde der großen Desillusion", wie der Vorsitzende der CDU/CSU-Bundestagsfraktion, Heinrich Krone, am 18. August 1961 in sein Tagebuch schrieb.[5] Und er ergänzte Ende Dezember 1961, der August-Tag habe

> „das Dunkel der Stunde erhellt und uns für alle sichtbar den Blick in die deutsche Zukunft ermöglicht. An der Mauer entlang ist Deutschland getrennt, verläuft die Grenze des kommunistischen Ostens gegen die freie Welt. Und – was wir immer nicht glauben wollten, die amerikanische Politik nimmt diese Grenze zur Kenntnis."[6]

Nach dem Mauerbau wollten Amerikaner und Briten beinahe um jeden Preis mit den Sowjets über die „neuen Realitäten" verhandeln, was nur auf Kosten der Deutschen gegangen wäre. Gegen Ende September 1961 machte John McCloy den Deutschen klar, dass es nun an der Zeit sei, sich mit den Realitäten abzufinden, die die Briten bereits im Herbst 1958 und der Planungsstab des State Department erstmals im April 1961 formuliert hatten. „Im Interesse des Ost-West-Friedens" sollte die Bundesregierung Angebote machen; es gehe „um die Oder-Neiße-Linie als Grenze, um die Anerkennung Pankows, um Berlin als Freie Stadt". Die Westdeutschen würden viele Dinge schlucken müssen, die sie für unmöglich gehalten hatten, wie der amerikanische Außenminister Dean Rusk schon am 5. August 1961 seinem britischen Kollegen Lord Home anvertraut hatte (s. o., S. 23). Kommentar von Heinrich Krone: „Unmöglich! Wir können niemals ja zu diesen Forderungen sagen."[7] Mithilfe de Gaulles gelang es Adenauer, Verhandlungen mit den Sowjets zu verhindern. Mitentscheidend aber war, dass die Sowjets nach dem 13. August keine große Eile für einen Friedensvertrag mit der DDR an den Tag legten. Ihnen ging es um „größere" Dinge, um das, was Rusk gesagt hatte. Allmählich wurde erkennbar, dass der Mauerbau Höhepunkt und Ende der eigentlichen Berlinkrise war. Der britische Botschafter in Bonn, Sir Christopher Steel, beschrieb das in einer geheimen Analyse im Januar 1962 folgendermaßen:

> „Ich bin mir ziemlich sicher, dass die Russen von den Auswirkungen der Mauer selbst überrascht und gleichzeitig zufrieden sind. [...] Im Rahmen ihres großen Ziels – Stabilisierung der DDR – haben sie etliche Ziele erreicht: Der Flüchtlingsstrom wurde gestoppt, das Schaufenster [Westberlin] wurde geschlossen.
>
> Auf der anderen Seite ist Ulbricht wenig erfolgreich („flop") und noch dazu ein Stalinist. Die Russen werden sich selbst die Frage stellen, [...] ob er sein Land mit einem Friedensvertrag besser regieren wird. Wenn er ihn bekommt, muss er direkten Kontakt, möglicherweise sogar Beziehungen mit dem Westen aufnehmen. Die Russen werden mit Sicherheit nicht begeistert sein bei dem Gedanken, dass dieser ideologische Spinner („ideological crackpot") es dann in der Hand hat, auf der Autobahn einen Krieg zu beginnen."

Steel erwartete für die Zukunft zwar jede Menge Verwaltungsschikanen, Behinderungen und Spannungen in und um Berlin („harassments and tensions of all kinds"), hoffte aber gleichzeitig, dass man die Sache solange unter Kontrolle halten konnte, bis beide Seiten bereit waren, miteinander ins Geschäft zu kommen („to do business").[8]

Das war unterm Strich keine schlechte Voraussage. Sie lief letztlich auf jene sieben- bis zehnjährige Pause hinaus, die der amerikanische Botschafter in Moskau, Thompson, schon Anfang 1961 empfohlen hatte.

Am Ende der Krise blieb festzuhalten: Gewisse Realitäten waren „erkennbar" geworden: Deutschland war tatsächlich geteilt, die DDR existierte tatsächlich. Aber: Der Status quo wurde lediglich festgeschrieben, nicht verändert. Ulbricht musste sich von Chruschtschow sagen lassen, dass Maßnahmen, die die Lage verschlechtern würden, insbesondere mit Blick auf Berlin, „vermieden werden sollten".[9]

Für Paul Nitze war die Berlinkrise gefährlicher als die Kubakrise: wegen der Gefahr von Fehleinschätzungen, insbesondere von sowjetischen Fehleinschätzungen amerikanischer Ziele in Berlin.[10] Wir wissen heute, dass auf Kuba taktische Atomwaffen eingesetzt worden wären – wäre es zur Invasion durch die Amerikaner gekommen. Auf lokaler Ebene hätte die Kubakrise außer Kontrolle geraten und zum globalen Konflikt werden können. Ähnlich war es auch in Berlin vor dem Mauerbau und dann vor allem im Oktober 1961, als sich am Checkpoint Charlie amerikanische und sowjetische Panzer gegenüberstanden. General Lucius D. Clay wartete nur auf den Befehl aus Washington, die Mauer niederzureißen.

Dieser Befehl kam nicht. Niemand spielte va banque in Washington, allerdings auch nicht in Moskau. Das wiederum wusste man in Washington, auch wenn sich die Reden des Roten Diktators manchmal anders anhörten. Kennedys Sicherheitsberater McGeorge Bundy berichtet in seinen Erinnerungen von einem Gespräch zwischen Averall Harriman und Chruschtschow im Juni 1959, das im Magazin „Life" veröffentlicht worden war.

> „Eure Generäle wollen Berlin mit Gewalt halten. Das ist ein Bluff. Wenn Ihr Panzer schickt, werden sie brennen. Täuscht Euch da nicht. Wenn Ihr Krieg wollt, könnt Ihr ihn haben; aber denkt daran, es wird Euer Krieg sein. Unsere Raketen werden von alleine fliegen."

Die sowjetischen Vertreter am Tisch wiederholten im Chor: „Von alleine." Harriman ließ in seinem Bericht das aus, was anschließend geschah, nämlich:

> „Ich lachte. Er fragte: ‚Worüber lachen Sie?' Ich sagte: ‚Was Sie da gerade geschildert haben, würde Krieg bedeuten, und ich weiß, dass Sie zu vernünftig sind, um einen Krieg auszulösen.' Er hielt für einen Moment inne, schaute mich an und sagte: ‚Sie haben recht.'"[11]

Beide – Chruschtschow und Kennedy – waren für „ihre" Deutschen so weit wie möglich gegangen. Wären sie weiter gegangen, hätte das möglicherweise die Zerstörung der eigenen Städte bedeutet – und das wegen jener Stadt, die beide Völker sechzehn Jahre zuvor gemeinsam im Kampf gegen die Deutschen zerstört hatten. Das war absurd. Kennedy empfand das so und äußerte sich dazu wenige Stunden nach seinem Treffen mit Chruschtschow in Wien im Juni 1961 folgendermaßen:

> „Es wirkt doch einfach idiotisch, dass wir wegen eines Vertrages mit der Gefahr eines Atomkrieges konfrontiert sind, der Berlin als zukünftige Hauptstadt eines wiedervereinten Deutschland vorsieht – wo wir doch alle wissen, dass Deutschland wahrscheinlich nie mehr wiedervereinigt wird! [...] Ich bin bei Gott kein Isolationist, aber es erscheint mir wirklich mehr als idiotisch, das Leben von einer Million Amerikanern aufs Spiel zu setzen für das Recht, eine Autobahn zu benutzen [...] oder weil die Deutschen Deutschland wiedervereinigt haben wollen. Wenn ich Russland mit einem Atomkrieg drohe, dann muss das wesentlich triftigere Gründe haben als so etwas."[12]

Nach einer Phase der harten Auseinandersetzung begannen die USA und die Sowjetunion, sich zu arrangieren, nachdem es Adenauer gelungen war, die Anerkennung der „neuen Realitäten" zumindest zu verzögern. Das Atomteststoppabkommen vom Sommer 1963 war ein erstes sichtbares Zeichen für das neue Verhältnis zwischen Washington und Moskau. (Das änderte nichts an der Tatsache, dass die Kennedy-Administration mit der Berlinkrise „den größten Rüstungswettlauf in der Geschichte der Menschheit" eingeleitet hatte, wie Stephen Ambrose meint – auch ein Ergebnis der Berlinkrise, das Chruschtschow wohl nicht beabsichtigt hatte.[13]) Adenauer störte bei dieser Entwicklung nur – und in gewisser Weise auch Ulbricht. Mit Willy Brandts Ostpolitik und Erich Honecker anstelle von Walter Ulbricht wurden die „neuen Realitäten" in und um Deutschland und Europa dann anerkannt und festgeschrieben. Der 13. August war auch dafür der Ausgangspunkt. Insofern war dieser Tag nicht nur ein Schicksalstag der deutschen Nation, sondern auch der Beginn einer neuen Phase der europäischen Nachkriegsgeschichte, an deren Ende allerdings der 9. November 1989 stand.

Anhang

1. Anmerkungen
2. Abkürzungen
3. Archive
4. Literatur
5. Personenregister

1. Anmerkungen

Zur Neuauflage

1 Rolf Steininger, Der Mauerbau. Die Westmächte und Adenauer in der Berlinkrise 1958–1963, München 2001.
2 Rolf Steininger, Die Berlin-Krise und der 13. August 1961, in: Rainer Eppelmann/Bernd Faulenbach/Ulrich Mählert (Hrsg.), Bilanz und Perspektiven der DDR-Forschung, Paderborn u. a. 2003, S. 63.
3 Matthias Uhl/Armin Wagner (Hg.), Ulbricht, Chruschtschow und die Mauer. Eine Dokumentation herausgegeben und eingeleitet von Matthias Uhl und Armin Wagner (Schriftenreihe der Vierteljahrshefte für Zeitgeschichte, 86), München 2003.
4 Hope Harrison, New Evidence on the building of the Berlin Wall. Cold War International History Project, *Bulletin* 2002.
5 Gerhard Wettig, Chrustschows Berlin-Krise 1958 bis 1963. Drohpolitik und Mauerbau, München 2006.
6 Matthias Uhl, Krieg um Berlin? Die sowjetische Militär- und Sicherheitspolitik in der zweiten Berlin-Krise 1958 bis 1962, München 2008.

Einleitung

1 Streng vertraulich. Protokoll über die Dienstbesprechung am 11.8.1961. Zwei Exemplare, davon 1 für Mielke, 1 für Ablage Sekretär des Kollegiums. Kopie in: BSTU/MfS, SdM 1902, 250–296.
2 Tagebucheintragung vom 30./31. Dezember 1961, in: Adenauer-Studien III, hrsg. von Rudolf Morsey und Konrad Repgen, Mainz 1974, S. 165.
3 Honoré M. Catudal, Kennedy and the Berlin Wall Crisis. A Case Study in U.S. Decision Making, Berlin 1980; dt. Ausgabe: Kennedy in der Mauer-Krise. Eine Fallstudie zur Entscheidungsfindung in USA, Berlin 1981.
4 Hans-Peter Schwarz (Hrsg.), Berlinkrise und Mauerbau, Bonn 1985.
5 McGeorge Bundy, Danger and Survival: Choices about the Bomb in the First Fifty Years, New York 1988.
6 Marc Trachtenberg, History and Strategy, Princeton 1991 (darin: The Berlin Crisis, S. 169–234).
7 Joachim Arenth, Der Westen tut nichts! Transatlantische Kooperation der zweiten Berlin-Krise (1958–1962) im Spiegel neuer amerikanischer Quellen, Frankfurt/Main – Berlin – Bern u. a. 1993.
8 Hope M. Harrison, Ulbricht and the concrete „Rose“: New archival evidence on the dynamics of Soviet-East German relations and the Berlin Crisis, 1958–1961 (Cold War International History Project, Working Paper No. 5), Washington 1993. So jetzt auch in ihrer Dissertation Driving the Soviets up the Wall: Soviet East German Relations, 1953–1961, Princeton/Oxford 2003.
9 Hartmut Mehls (Hrsg.), Im Schatten der Mauer. Dokumente 12. August bis 29. September, Berlin 1990.
10 Michael Lemke, Die Berlinkrise 1958 bis 1963. Interessen und Handlungsspielräume der SED im Ost-West-Konflikt, Berlin 1995.
11 Wilfriede Otto, 13. August 1961 – eine Zäsur in der europäischen Nachkriegsgeschichte, in: *Beiträge zur Geschichte der Arbeiterbewegung* 39 (1997), Heft 1, S. 40–74, Heft 2, S. 55–92.
12 Hans-Peter Schwarz, Adenauer. Der Staatsmann: 1952–1967, Stuttgart 1991.
13 Henning Köhler, Adenauer. Eine politische Biographie, Frankfurt/Main – Berlin 1994.
14 Wilhelm Grewe, Rückblenden 1976–1951, Frankfurt/Main 1979.

15 Michael Beschloss, The Crisis Years. Kennedy and Khrushchev, 1960–1963, New York 1991.

16 Vladislav M. Zubok, Khrushchev's Motives, Conference paper, Essen 1994, u. ders./Constantine Pleshakov, Inside the Kremlin's War, Cambridge/Mass. 1996.

17 Werner Filmer/Heribert Schwan, Opfer der Mauer. Die geheimen Protokolle des Todes, München 1991.

18 Peter Przybylski, Tatort Politbüro. Die Akte Honecker, Berlin 1991. Von den älteren Darstellungen – großteils auf der Basis von veröffentlichten Dokumenten, Presseartikeln etc. – seien genannt: Jack Schick (1971); Walter Stützle (1973); Robert M. Slusser (1973); H. Gerlach (1977); C. Cate (1980), sowie die Dokumentesammlung von J. Rühle und G. Holzweißig (1981). (Einzelangaben im Literaturverzeichnis.)

19 Christian Bremen, Die Eisenhower-Administration und die zweite Berlin-Krise 1958–1961 (Veröffentlichungen der Historischen Kommission zu Berlin, Bd. 95), Berlin – New York 1998.

20 Christof Münger, Ich bin ein Westberliner. Der Wandel der amerikanischen Berlinpolitik während der Präsidentschaft John F. Kennedys (Zürcher Beiträge zur Sicherheitspolitik und Konfliktforschung Nr. 49), Zürich 1999.

21 John P.S. Gearson, Harold Macmillan and the Berlin Wall Crisis: The Limits of Interests and Force 1958–1962, Basingstoke 1998.

22 Steury, Donald P. (Hrsg.), On the Front Line of the Cold War: Documents on the Intelligence War in Berlin, 1946 to 1961 (CIA History Staff, Center for the Study of Intelligence), Washington, D.C. 1999.

I. Kapitel

1 Wortlaut nach Übersetzung des Auswärtigen Amts in „Stellungnahme der Bundesregierung zur Rede des sowjetischen Ministerpräsidenten Chruschtschow vom 10.11.1958. (Vorbehaltlich der Billigung durch das Kabinett)". PA, AA, 700-84-20.
2 Köhler, Adenauer, S. 1012.
3 „Betr.: Kündigung des Berlin-Abkommens durch Chruschtschow"; Aufzeichnung v. 10.11.1958. PA, AA, 700-84-20.
4 Telegramm van Scherpenberg, Citissime mit Vorrang an deutsche Botschaft Moskau, 11.11.1958. Ebd.
5 Wie Anm. 1.
6 Nachrichtenspiegel v. 11.11.1958. PA, AA, 700-84-20.
7 FRUS, 1958–1960, VIII, S. 124.
8 Thompson (Moskau) an Department of State, 11.11.1958. Ebd., S. 47 f.
9 Department of State, Circular Telegram to Certain Diplomatic Missions, 13.11.1958, Ebd., S. 57–60.
10 Herter an Eisenhower, 13.11.1959. Ebd., S. 60 ff.
11 Thompson (Moskau) an Dulles, 18.11.1958. 762.0221/11-1858 (762.0221 = the status of Berlin).
12 s. u., S. 38.
13 US-Botschaft Paris an Department of State, Tel. 1950, 25.11.1958. 762-0221/11-2558.
14 S. Kap. I, 3.
15 Memorandum of Conversation, 17.11.1958. FRUS, 1958–1960, VIII, S. 76–80.
16 Trimble (Bonn) an Department of State, 20.11.1958. Ebd., S. 93.
17 US-Mission Berlin an Department of State, 15.11.1958. Ebd., S. 71. Trimble (Bonn) an Department of State, 17.11.1958. Ebd., S. 75.
18 US-Mission Berlin an Department of State, 15.11.1958. 762.00/11-1558.
19 Secretary's Staff Meeting, 18.11.1958. FRUS, 1958–1960, VIII, S. 84.
20 Memorandum of Conversation, 18.11.1958. Ebd., S. 84 f.
21 Record of Press Conference. Ebd., S. 121–127.
22 Tagebucheintragung Bruce, 26.11.1958. Ebd., S. 127 ff.
23 US-Mission Berlin an Department of State, Tel. 412, 27.11.1958. 762.0221/11-2758.

24 US-Mission Berlin an Department of State, 28.11.1958. FRUS, 1958–1960, VIII, S. 138.

25 Department of State an US-Botschaft Bonn, Tel. 1115, 26.11.1958. 762.00/11-2658.

26 Immediate. Secret. FO an UK-Botschaft Washington, Tel. 8113, 15.11.1958. PRO, FO 371/137333/WG 10713/42. In deutscher Übersetzung bei Jürgen Weber, Die Bundesrepublik zwischen Stabilität und Krise 1955–1963, München 1993, S. 149 ff.
Die Bezeichnungen FO, PREM und CAB beziehen sich auf die entsprechenden Bestände im Public Record Office in London.

27 Immediate. Secret. FO an UK-Botschaft Washington, Tel. 8112, 15.11.1958. FO 371/137333/WG 10713/42.

28 Department of State an US-Botschaft Bonn, Tel. 1036, 20.11.1958. 762.00/11-2058.

29 US-Botschaft London an Department of State, Tel. 2753, 19.11.1958. 762.00/11-1958. (S. auch FRUS, 1958–1960, VIII, Anmerkung 4, S. 88 und Tel. 2767, 20.11.1958. 762.00/11-2058).

30 Secret. Reilly (Moskau) an Rumbold (FO), 17.11.1958. FO 371/137337/WG 10713/142.

31 FO an Viscount Hood (Washington), 5.12.1958. FO 371/137340/WG 10713/244.

32 Vgl. Schwarz, Adenauer, S. 533.

33 Ebd.

34 Trimble (Bonn) an Department of State, Tel. 1065, 18.11.1958. 762.00/11-1858. Vgl. auch FRUS, 1958–1960, VIII, 18.11.1958.

35 US-Botschaft Paris an Department of State, Tel. 1862, 19.11.1958. 762.0221/11-1958.

36 Department of State, Memorandum, 20.11.1958. 762.00/11-2058.

37 Whitney (London) an Department of State, 19.11.1958. FRUS, 1958–1960, VIII, S. 86 ff.

38 Immediate. Secret. Lloyd an UK-Botschaft Washington, 19.11.1958. FO 371/137339/WG 1013/199 und Immediate. Secret. Lloyd an UK-Botschaft Bonn, 19.11.1958. Ebd.

39 Trimble (Bonn) an Department of State, 20.11.1958. FRUS, 1958–1960, VIII, S. 95 f.

40 Adenauer an Dulles, 20.11.1958. Ebd., S. 110 f.

41 Streng geheim. Persönlich. Botschaft Adenauers an Macmillan, 20.11.1958. FO 371/137338/WG 10713/178.

42 12-Seiten-Memorandum; am 22.11.1958 von Botschafter Hans v. Herwarth an Macmillan übergeben. Original in: FO 371/137 338/ WG 10713/168.

43 Aufzeichnung A. Rumbold für Außenminister Lloyd, 23.11.1958. Ebd.

44 Dieser letzte Satz wurde für den FRUS-Band 1958–1960, VIII, S. 104, nicht deklassifiziert.

45 So Bruce am 5.12.1958 gegenüber Wilkinson, dem Leiter der Kanzlei in der britischen Botschaft Bonn. Priority. Top Secret. Steel (Bonn) an FO, 6.12.1958. FO 371/137347/WG 10713/2.

46 Bruce (Bonn) an Department of State, 21.11.1958. FRUS, 1958–1960, VIII, S. 103 ff.

47 Department of State an US-Botschaft Bonn, 22.11.1958 (auch an Paris, Moskau, London, Berlin). Ebd., S. 112 f.

48 Department of State an US-Botschaft Bonn, 24.11.1958. Ebd., S. 119 ff.

49 Norstad an Twining, 23.11.1958. Ebd., S. 115 ff.

50 Memo Telefonunterhaltung, 24.11.1958. Ebd., S. 119.

51 „Secret: Outline of a covering paper for the Cabinet about Berlin" von A. Rumbold, und „Secret: Draft Cabinet Paper on Berlin", 27.11.1958. FO 371/137340/WG 10713/225.

52 Reilly (Moskau) an Rumbold (FO), 24.11.1958. FO 371/137339/WG 10713/206.

53 So Adenauer gegenüber Steel am 28.11.1958. Immediate. Secret. Steel (Bonn) an FO, 28.11.1958. Ebd., WG 10713/190.

54 Reilly (Moskau) an FO, 9.12.1958. FO 371/137342/WG 10713/289.

55 Dokumente zur Deutschlandpolitik, IV/1, 1958/59, S. 163–177.

56 Memorandum of Conversation, 28.11.1958. FRUS, 1958–1960, VIII, S. 138.

57 Telephongespräch mit Merchant, 12.12.1958. DDEL, Dulles papers, telephone call series, Box 13.

58 Houghton (Paris) an Department of State, 28.11.1958. FRUS, 1958–1960, VIII, S. 141.

59 Whitney (London) an Department of State, 9.12.1958. Ebd., S. 159.

60 Immediate. Secret. Steel (Bonn) an FO, 9.12.1958. PRO, FO 371/137341/WG 10713/28.

61 Thompson (Moskau) an Department of State, 3.12.1958. FRUS, 1958–1960, VIII, S. 148–152.

62 Memorandum George A. Morgan, Policy Planning Staff, Department of State, 8.12.1958. Ebd., S. 158 f.

63 US-Mission Berlin an Department of State, 28.11.1958. Ebd., S. 139.
64 US-Mission Berlin an Department of State, 30.11.1958. Ebd., S. 144.
65 Ebd., S. 154 f.
66 Reilly (Moskau) an FO, 29.11.1958. FO 371/137338/WG 10713/185.
67 Secret. Murray (Paris) an Rose (FO) nach Gespräch mit Jürgensen (Quai d'Orsay), 30.11.1958. FO 371/137339/WG 10713/192.
68 Reilly (Moskau) an FO, 29.11.1958. FO 371/137338/WG 10713/186.
69 Memorandum A. Rumbold: „The Questions about Khrushchev's Note which the Four Foreign Ministers must discuss in Paris", 3.12.1958. FO 371/137340/WG 10713/244.
70 General Rome (UK-Mission Berlin) an FO, 6.12.1958. FO 371/137341/WG 10713/261.
71 Vgl. Anm. 69.
72 Secret. Steel (Bonn) an FO, 9.12.1958. FO 371/137341/WG 1073/284.
73 Secret. Steel (Bonn) an P. F. Hancock (FO), 1.12.1958. FO 371/137340/WG 107173/240. Diese Idee ging auf eine Überlegung zurück, die der britische Militärgouverneur Brian Robertson erstmals 1948 intern propagiert hatte, wobei er von Steel nachhaltig unterstützt worden war. Vgl. hierzu Rolf Steininger, Deutsche Geschichte seit 1945, Bd. 2, 1948–1955, Frankfurt/Main 1997², S. 27–36.
74 Aufzeichnung Hancock, 8.12.1958. FO 371/137340/WG 10713/221.
75 Geheim. Persönliche Botschaft Adenauers an Macmillan, 11.12.1958. Original in: FO 371/144310/WG 10713/370.
76 Secret. Jebb (Paris) an FO, 13.12.1958. FO 371/137343/WG 10713/336.
77 Memorandum of Conversation, 11.12.1958. FRUS, 1958–1960, VIII, S. 188 ff.
78 McCloy an Merchant, 10.12.1958. Ebd., S. 164–168.
79 Conant an Dulles, 10.12.1958. Ebd., S. 168–171.
80 Tagebucheintragung v. 10.12.1958. Ebd., S. 171.
81 Memorandum of Conference With President Eisenhower, 11.12.1958. Ebd., S. 172–177.
82 Department of State an US-Botschaft Bonn, 11.12.1958. Ebd., S. 177–180.
83 Adenauer an Dulles, 11.12.1958. Ebd., S. 180–183.

84 Dieser Halbsatz im FRUS-Band 1958–1960, VIII, S. 194, nicht freigegeben, ebenso zwei weitere Zeilen, in denen die britische Position erwähnt wird.
85 Memorandum of Conversation, 13.12.1958. FRUS, 1958-1960, VIII, S. 193–196.
86 Vgl. Anm. 80.
87 Dulles (Paris) an Department of State, 15.12.1958. FRUS, 1958–1960, VIII, S. 203-219.
88 Dokumente zur Deutschlandpolitik IV/1 (1958/59), S. 382 f.
89 Memorandum of Conversation, 17.12.1958. FRUS, 1958–1960, VIII, S. 219.
90 Eintragung v. 19.12.1958. Ebd., S. 220.
91 US-Botschaft Paris an Department of State, Tel. Secto 25, 18.12.1958. 396.1-PA/12-1858.
92 Memorandum of Conversation, 5.1.1959. FRUS, 1958–1960, VIII, S. 233-239, und 17.1.1959. Ebd., S. 276–281.
93 Dokumente zur Deutschlandpolitik IV/1 (1958/59), S. 543 ff.
94 Aufzeichnung FO, 12.1.1959. FO 371/145815/WG 1073/2.
95 Der Brief wurde überreicht, nachdem das Weiße Haus das Treffen Eisenhower-Mikojan angekündigt hatte.
96 Bruce (Bonn) an Department of State, 13.1.1959. FRUS, 1958–1960, VIII, S. 253 ff.
97 Text der Pressekonferenz in Department of State Bulletin, 2.2.1959. Ebd., S. 156–162.
98 Immediate. Top Secret. Caccia (Washington) an FO, 13.1.1959. FO 371/145815/WG 1073/3.
99 Aufzeichnung FO, 15.1.1959. Ebd.
100 Bruce (Bonn) an Department of State, 14.1.1959. FRUS, 1958–1960, VIII, S. 258 f.
101 Grewe, Rückblenden, S. 375.
102 Department of State an US-Botschaft Bonn, 29.1.1959. FRUS, 1958–1960, VIII, S. 296–299.
103 Adenauer, Erinnerungen 1955–1959, S. 467–472.
104 Macmillan, Riding the Storm, S. 580 f. (Tagebucheintragung v. 16.1.1959).
105 Schwarz, Adenauer, S. 477.
106 Vgl. Anm. 104.
107 Zu Churchill vgl. Rolf Steininger, Deutsche Geschichte seit 1945, Bd. 2, Frankfurt/Main 1997[2], S. 232 ff.

108 „Secret. Introduction to a new policy about Germany." Memorandum von A. Rumbold, 14.1.1959. FO 371/145821/WG 1073/99.

109 „Secret. German Neutrality." Aufzeichnung P. F. Hancock, 16.1.1959. FO 371/145819/WG 1073/73.

110 Secret and Personal. Norman Brook (Kabinettssekretär) an F. Hoyer Millar (FO), 23.1.1959. FO 371/145816/WG 1073/19.

111 Ebd.

112 „Secret. German Reunification by Integration"; Memorandum P. E. Ramsbothan, 21.1.1959; mit Kommentar von C. M. Rose, 27.1.1959. Hancock hatte offensichtlich am 14.1.1959 ein Memorandum über Deutschland fertiggestellt. FO 371/145818/WG 1073/65. Interessant auch ein Memorandum des Foreign Office Research Department (German Section) v. 22.1.1959: „Is there any form of association which might at any time be acceptable both to the East and the West German Government?" Ebd.

113 Bishop an Philip de Zulueta, 18.2.1959. PREM 11/2708.

114 Secret. Aufzeichnung A. Rumbold, 17.2.1959, sowie Bericht P. F. Hancock „The Four Power Working Group on German Reunification and European Security" vom 16.2.1959. FO 371/145818/WG 1073/70.

115 „Top Secret. Germany and European Security. Directive given by Prime Minister at Chequers on February 14th." Aufzeichnung von A. Rumbold, 16.2.1959; und „Immediate and Top Secret". Rumbold an Sir Richard Powell, Ministry of Defence, 16.2.1959. FO 371/145819/WG 1073/75, sowie „Top Secret. Berlin. A Possible Compromise Solution." Aufzeichnung von P. F. Hancock, 18.2.1959. Ebd., WG 1073/87, und Secret. Aufzeichnung A. Rumbold, 17.2.1959, sowie Bericht P. F. Hancock „The Four Power Working Group on German Reunification and European Security" vom 16.2.1959. FO 371/145818/WG 1073/70.

II. Kapitel

1 Memorandum of Conversation, 4.2.1959. FRUS, 1958–1960, VIII, S. 315 ff. (davon 14 Zeilen nicht deklassifiziert).
2 Dulles (London) an Department of State, 5.2.1959. Ebd., S. 317–320.
3 Vgl. Rolf Steininger, Deutsche Geschichte seit 1945, Bd. 2, 1948–1955, Frankfurt/Main 1997[2], S. 232 ff. S. auch Anm. 29.
4 Vgl. FRUS, 1958–1960, VIII, S. 321.
5 Secret. Memorandum of Conversation, Dulles (London) an Department of State für Eisenhower, 5.2.1959. Department of State, Conference Files: Lot 64 D 560, CF 1202. Siehe auch den Bericht bei Macmillan, Riding the Storm, S. 587 f.
6 Dulles (Paris) an Department of State für Eisenhower, 5.2.1959. FRUS, 1958–1960, VIII, S. 324 f.
7 Dulles (Paris) an Department of State für Eisenhower, 6.2.1959. Ebd., S. 325–328.
8 Dulles (Paris) an Department of State für Eisenhower, 6.2.1959. Ebd., S. 331 ff.
9 Memo by Dulles of conversation with Couve de Murville, 7.2.1959. 762.00/2-759.
10 Dulles (Paris) an Eisenhower, 6.2.1959. FRUS, 1958–1960, VIII, S. 334 f.
11 Adenauer, Erinnerungen, S. 475–481.
12 Top Secret. Memorandum of Conversation, Dulles (Bonn) an Department of State für Eisenhower, 8.2.1959. Department of State, Conference Files: Lot 64 D 560, CF 1202.
13 Schwarz, Adenauer, S. 490.
14 Köhler, Adenauer, S. 1017.
15 Schwarz, Adenauer, S. 494.
16 Ebd.
17 Diese Zeilen wurden für den FRUS-Band nicht deklassifiziert (vgl. Anm. 19).
18 Was er in seinen „Erinnerungen“ nicht erwähnt; vgl. Köhler, S. 1020.
19 Top Secret. Memorandum of Conversation, Merchant, 8.2.1959. 762.0221/2-859; mit Auslassung auch in: FRUS, 1958–1960, VIII, S. 345–348.
20 Adenauer-Studien III, S. 148 f. (Eintragung vom 23.1.1959).

21 Vgl. Schwarz, Adenauer, S. 487.
22 S. Kap. VIII, 5.
23 Brandt, Begegnungen, S. 84.
24 Top Secret. Personal and Private. Memorandum of Conversation zwischen Dulles und Eisenhower, 9.2.1959. FRUS, 1958–1960, VIII, S. 354 ff.
25 Vgl. Eleanor Lansing Dulles, John Foster Dulles: The Last Year, New York 1963, S. 227 ff.
26 So wurde die Reise in den Medien bezeichnet; so lautet auch Kapitel 18 in Macmillans Memoiren, Riding the Storm.
27 CAB 128/33.
28 5.2.1959. NA, RG 59, 762.00/2-559.
29 Churchill hatte auch von einer „solitary pilgrimage“ gesprochen. Siehe dazu auch Rolf Steininger, Ein vereintes, unabhängiges Deutschland? Winston Churchill, der Kalte Krieg und die deutsche Frage im Jahre 1953, in: *Militärgeschichtliche Mitteilungen* 36 (1984), S. 105–144. S. auch Anm. 3.
30 Telephone call, Eisenhower and Dulles, 20.1.1959. DDEL, Dulles papers, telephone call series, Box 13.
31 Immediate. Secret. FO an UK-Botschaft Bonn, 2.2.1959, und UK-Botschaft Paris, 3.2.1959. FO 317/145816/WG 1073/24.
32 Immediate. Secret. Steel (Bonn) an FO, 3.2.1959. FO 371/145817/WG 1073/35.
33 Top Secret and Personal. Hancock (FO) an Steel (Bonn), 18.2.1959. FO 371/145819/WG 1073/83.
34 Wortprotokolle der Gespräche in: CAB 133/293. Vgl. auch: „Record of the Visit of the Prime Minister and the Foreign Secretary to the Soviet Union 21 February–3 March 1959“. PREM 11/2609. Macmillan behandelt den Besuch ausführlich in seinen Memoiren, Riding the Storm, S. 557–656.
35 Macmillan, Riding the Storm, S. 616 ff.
36 Immediate. Secret. FO an UK-Botschaft Moskau, 27.2.1959. FO 371/145821/WG 1073/100.
37 Immediate. Secret. UK-NATO-Delegation (Paris) an FO, 28.2.1959. Ebd.
38 Telephone conversation, Herter and Eisenhower, 24.2.1959. NSA, Berlin Crisis.
39 Immediate. Secret. Reilly (Moskau) an FO, 2.3.1959. Ebd., WG 1073/108.

40 Vgl. Anm. 34.
41 Am 16. Februar hatten die Westmächte als Antwort auf die sowjetische Note vom 10. Januar eine Außenministerkonferenz vorgeschlagen, die sich „mit dem Problem Deutschland in all seinen Aspekten und Konsequenzen befassen" sollte. AdG, 1959, S. 7562.
42 AdG, 1959, S. 7586 f.
43 AdG, 1959, S. 7588.
44 C.C. 14(59), CAB 128/33.
45 Bishop an Philip de Zulueta, 18.2.1959. PREM 11/2708. (Vgl. oben, S. 67.)
46 „Further Record of Meeting between the Secretary of State and the French Ambassador at the Foreign Office on Thursday, March 5, at 5 p. m."; FO 371/145823/WG 1073/122. Vgl. auch „Secret. Draft. Cabinet Paper. What Kind of Meeting should we go for?" Aufzeichnung von A. Rumbold, 6.3.1959. Ebd., WG 1073/125.
47 Immediate. Secret. Steel (Bonn) an FO, 9.3.1959. Ebd., WG 1073/123.
48 Vgl. Schwarz, Adenauer, S. 495 f.
49 Ebd., S. 496.
50 Immediate. Secret. Lloyd an UK-Botschaft Washington. 5.3.1959. FO 371/145823/WG 1073/124.
51 Immediate. Secret. FO an UK-Botschaft Washington, 9.3.1959; am selben Tag von Caccia an Herter weitergeleitet. Ebd., WG 1073/132.
52 Bruce (Bonn) an Director CIA, FRUS, 1958–1960, VIII, S. 478–482.
53 Ebd., S. 516.
54 Ebd., S. 513 f. Die britischen Protokolle über diesen Besuch in: PREM 11/2676.
55 Eintragung vom 16. März 1959. Adenauer-Studien III, S. 131 f.
56 „Secret. Measures of apparent agreement with the French so far." Memorandum von Jebb für Lloyd, 9.3.1959. FO 371/145826/WG 1073/158.
57 Immediate. Secret. Lloyd an Steel (Bonn), 15.3.1959 und 17.3.1959. FO 371/145825/WG 1073/152.
58 Immediate. Secret. Steel (Bonn) an FO, 25.3.1959. Ebd., WG 1073/164.
59 Vgl. Schwarz, Adenauer, S. 490.
60 Eisenhower, Conversation with Chancellor Adenauer, May 27, 1959. Diary May 1959. DDEL.

61 Ebd.
62 Zit. bei Schwarz, Adenauer, S. 489.
63 FRUS, 1958–1960, VIII, S. 469 ff.
64 Herter an Caccia, 14.3.1959. Ebd., S. 484 ff.
65 Macmillan, Riding the Storm, S. 636.
66 Protokolle in: FRUS, 1958–1960, VIII, S. 512–523.
67 Hillenbrand (Paris) an Department of State, 14.3.1959. Ebd., S. 483.
68 Vgl. hierzu insgesamt auch Grewe, Rückblenden, S. 393–399.
69 FRUS, 1958–1960, VIII, S. 482 ff.
70 Secret. Hillenbrand (Paris) an Department of State, Telegramme Nr. 3464, 3486, 3487, 20.3.1959. 762.00/3-2059.
71 Bruce (Bonn) an Department of State, 16.2.1959; 17.2.1959; 2.3.1959. FRUS, 1958–1960, VIII, S. 360–363, 373 ff., 402–407.
72 Thompson (Moskau) an Department of State, 19.2.1959. Ebd., S. 378–381.
73 Ebd., S. 404.
74 Vgl. Grewe, Rückblenden, S. 394.
75 Vgl. Schwarz, Adenauer, S. 500 f.
76 Memorandum of Conversation, 31.3.1959 u. 1.4.1959. FRUS, 1958–1960, VIII, S. 553–573.
77 Vgl. hierzu Schwarz, Adenauer, S. 497 f.
78 Memorandum of Conversation, 4.4.1959. FRUS, 1958–1960, VIII, S. 580–584.
79 Eisenhower, Waging Peace, S. 351.
80 Ambrose, Eisenhower, S. 521.
81 FRUS, 1958–1960, VIII, S. 635.
82 Abgedruckt in: AdG 1959, S. 7714–7717.
83 Vgl. Schwarz, Adenauer, S. 500.
84 Bruce (Bonn) an Department of State, 10.5.1959. FRUS, 1958–1960, VIII, S. 679 ff.
85 Ebd., S. 425 f.
86 Ebd., S. 253 ff.
87 Ebd., S. 346.
88 Ebd., S. 647.
89 Ebd., S. 312.
90 Ebd., S. 594.
91 Houghton (Paris) an Department of State, 28.4.1959. Ebd., S. 651.
92 Lyon (Paris) an Department of State. Ebd., S. 417 ff.
93 Ebd., S. 254.

94 Ebd., S. 223.
95 Memorandum of Conference With President Eisenhower, 29.1.1959. Ebd., S. 299–306.
96 Ambrose, Eisenhower, S. 518.
97 FRUS, 1958–1960, VIII, S. 421.
98 Ambrose, Eisenhower, S. 518.
99 Ebd., S. 520.
100 Herter an Eisenhower, 4.3.1959. FRUS, 1958–1960, VIII, S. 413–417.
101 Special Meeting des National Security Council, 5.3.1959. Ebd., S. 419–425.
102 Memorandum of Conference With President Eisenhower, 6.3.1959. Ebd., S. 428–437.
103 Memorandum of Telephone Conversation, 6.3.1959. Ebd., S. 437 ff.
104 Joint Chiefs of Staff an McElroy, 11.3.1959. Ebd., S. 454 ff.
105 McElroy und Herter an Eisenhower, 17.3.1959. Ebd., S. 500 ff.
106 Memorandum of Conversation With President Eisenhower, 17.3.1959. Ebd., S. 498 f.
107 Special Meeting des National Security Council, 23.4.1959. Ebd., S. 624–634. Vgl. auch Christian Bremen, Das Contingency Planning der Eisenhower-Administration während der zweiten Berlinkrise, in: *Militärgeschichtliche Mitteilungen* 57 (1998), S. 117–147.

III. Kapitel

1 Herter an Eisenhower, 11.5.1959. FRUS, 1958–1960, VIII, S. 686. Vgl. auch Grewe, Rückblenden, S. 402–410.
2 Herter an Eisenhower (wie Anm. 1).
3 Memorandum of Conversation, 12.5.1959. FRUS, 1958–1960, VIII, S. 694 ff.
4 Memorandum of Conference With President Eisenhower, 27.5.1959. Ebd., S. 766–770.
5 Wie Anm. 1.
6 Memorandum of Conversation, 18.5.1959. Ebd., S. 714 ff.
7 US-Delegation an State Department, Tel. Secto 105, 22.5.1959. 396.1-GE/5-2259.
8 Secret. Rumbold (Genf) an Hoyer Millar (FO), 16.5.1959. FO 371/145866/WG 1079/67.
9 „Top Secret. Guard. Record of Conversation between the Secretary of State and Mr. Herter in Geneva on May 22, 1959." FO 371/145831/WG 1073/221.
10 „Aufzeichnung über ein Gespräch anläßlich des Gegenbesuches des sowjetischen Außenministers Gromyko beim Herrn Bundesminister des Auswärtigen in dessen Wohnung am 23. Mai 1959 von 15.00 bis 16.30 Uhr." Auf deutscher Seite waren noch anwesend: Prof. Grewe und Ministerialdirektor Duckwitz; auf sowjetischer Seite Botschafter Smirnow und der Leiter der 3. europäischen Abteilung im sowjetischen Außenministerium, Iljitschew. PA, AA, 700-84-20.
11 „Secret. Record of Conversation between the Secretary of State and Mr. Gromyko in Geneva on May 10, 1959." FO 371/145831/WG 1079/194.
12 Immediate. Secret. Lloyd (Genf) an Macmillan, 16.7.1959. FO 371/145881/WG 1079/285.
13 Immediate. Secret. Lloyd (Genf) an Macmillan, Tel. No. 74. 21.5.1959. FO 371/145833/WG 1073/237.
14 Busk (Helsinki) an Brimlow (FO), 31.7.1959 und Antwortschreiben P. F. Hancock, 20.8.1959. Ebd.
15 Aufzeichnung Hancock (FO), 8.6.1959. FO 371/145889/WG 1079/410.
16 Memorandum of Conversation With President Eisenhower, 28.5.1959. FRUS, 1958–1960, VIII, S. 771 f.
17 DDE Diary, 28.5.1959. Zit. bei Ambrose, Eisenhower, S. 526.

18 Herter (Genf) an Eisenhower. FRUS, 1958–1960, VIII, 29.5.1959. S. 781 f.
19 Record of Conversation, 29.5.1959. Ebd., S. 783–788.
20 Herter (Genf) an Department of State. Ebd., 30.5.1959, S. 789 ff.
21 Proposal Submitted by the Soviet Delegation, o. D. Ebd., S. 810 f.
22 Eisenhower an Herter (Genf), 2.6.1959. Ebd., S. 822.
23 Herter (Genf) an Department of State, 3.6.1959. Ebd., S. 819 ff.
24 Herter (Genf) an Eisenhower, 2.6.1959. Ebd., S. 818 f.
25 Eisenhower an Macmillan, 3.6.1959. Ebd., S. 835 f.
26 Immediate. Secret. Macmillan an Lloyd (Genf), 4.6.1959. FO 371/145868/WG 1079/100.
27 Herter (Genf) an Eisenhower, 9.6.1959. FRUS, 1958–1960, VIII, S. 862 ff.
28 Herter (Genf) an Department of State, 9.6.1959. Ebd., S. 865 ff.
29 US-Delegation in Genf an Department of State, 11.6.1959. Ebd., S. 873 ff.
30 Herter (Genf) an Department of State, 12.6.1959. Ebd., S. 879–884; Herter (Genf) an Eisenhower, 12.6.1959. Ebd., S. 891 f.; Immediate. Secret. Lloyd (Genf) an Macmillan, 10.6.1959 und 12.6.1959. FO 371/145869/WG 1079/111 und WG 1079/118.
31 Herter (Genf) an Department of State, 12.6.1959. FRUS, 1958–1960, VIII, S. 884–888.
32 Lloyd (Genf) an FO, 22.5.1959. FO 371/145869/WG 1079/70.
33 Herter (Genf) an Eisenhower, 12.6.1959. FRUS, 1958–1960, VIII, S. 892 f.; Murphy an Herter, 13.12.1959. Ebd., S. 894 f.; Herter (Genf) an Department of State, 15.6.1959. Ebd., S. 895 f.; Brief Eisenhower an Chruschtschow, 15.6.1959. Ebd., S. 901 ff.
34 Macmillan (Genf) an Eisenhower, o. D. Ebd., S. 906 ff.
35 Eisenhower an Macmillan, 17.6.1959. Ebd., S. 908 ff.
36 Herter (Genf) an Department of State, 16.6.1959. Ebd., S. 905 f.
37 Neun Seiten Gedächtnisprotokoll Richter (Auswärtiges Amt) v. 15.6.1959. PA, AA, 700-84-20.
38 „Gegenwärtige Tendenzen der sowjetischen Außenpolitik." Memorandum des Auswärtigen Amts, 16.6.1959. Ebd.
39 Herter (Genf) an Department of State, 17.6.1959. FRUS, 1958–1960, VIII, S. 911 f.
40 Herter (Genf) an Department of State, 18.6.1959. Ebd., S. 917 f.
41 Immediate. Secret. Lloyd (Genf) an Macmillan, 20.6.1959. FO 371/145873/WG 1079/187.

42 Ebd.
43 Eintragungen v. 24.3.1959 und 31.3.1959. Adenauer-Studien III, S. 152 f.
44 Macmillan an Eisenhower, 23.6.1959. FO 371/14576/WG 1079/204.
45 Immediate. Top Secret. Macmillan an Eisenhower. 29.6.1959. Ebd., WG 1079/208.
46 Adenauer an Lloyd, 23.6.1959. Ebd., WG 1079/206.
47 Lloyd an Herter u. Macmillan an Eisenhower. FRUS, 1958–1960, VIII, S. 935–940.
48 Herter (Genf) an Department of State, 13.7.1959. Ebd., S. 980 f.
49 Kohler an Dillon, 22.7.1959. Ebd., S. 1035 f.
50 Herter (Genf) an Department of State, 28.7.1959. Ebd., S. 1078–1085.
51 Immediate. Top Secret. Personal. Lloyd (Genf) an Macmillan, 29.7.1959. FO 371/145888/WG 1079/374.
52 Department of State an Genf, Tel. Tocah 219 und 222, 31.7.1959. 396.1-GE/7-3159.
53 Herter (Genf) an Department of State, 31.7.1959 und 4.8.1959. FRUS, 1958–1960, VIII, S. 1100–1105.
54 Immediate. Top Secret. Lloyd (Genf) an Macmillan, 3.8.1959. FO 371/145888/WG 1079/397.
55 Herter (Genf) an Department of State, Tel. Secto 477, 5.8.1959. 396.1-GE/8-559.
56 FRUS, 1958–1960, VIII, S. 941 ff. und S. 950–953.
57 Memorandum of Conversation, 10.7.1959. Ebd., S. 976 f.
58 Brief Chruschtschows an Eisenhower, 22.7.1959, als Tel. Tocah 166 an Genf. 396.1-GE/7-2259; und Memorandum of Conversation With President Eisenhower, 22.7.1959, FRUS, 1958–1960, VIII, S. 1029–1033.
59 Herter (Genf) an Eisenhower. 26.7.1959. Ebd., S. 1051 f.
60 Macmillan an Eisenhower, 27.7.1959. Ebd., S. 1073 ff.
61 Memorandum of Conversation With President Eisenhower, 27.7.1959. Ebd., S. 1076 ff., und Eisenhower an Macmillan, 29.7.1959. Ebd., S. 1090 ff.
62 Macmillan an Eisenhower, 30.7.1959. Ebd., S. 1098 ff.; Herter (Genf) an Department of State, Tel. Cahto 187, 31.7.1959. 396.1-GE/7-3159.
63 Herter (Genf) an Department of State, Tel. Cahto 181, 29.7.1959. 396.1-GE/7-2959.
64 Tagebucheintragung Bruce, 30.9.1959. FRUS, 1958–1960, IX, S. 56.
65 Adenauer-Studien III, S. 154.

66 Memorandum Kohler, 21.8.1959. FRUS, 1958–1960, IX, S. 5 ff.
67 Memorandum of Conference With President Eisenhower, 21.8.1959. Ebd., S. 4 f.
68 Memorandum of Conversation, 27.8.1959. Ebd., S. 17–25.
69 Ambrose, Eisenhower, S. 543.

IV. Kapitel

1 FRUS, 1958–1960, IX, S. 53 f.
2 Ebd., S. 65 f.
3 Macmillan an Eisenhower, 12.10.1959. 396.1/10-1259.
4 Secret. Bruce an Eisenhower, Tel. 730, 13.10.1959. 396.1/10-1359.
5 De Gaulle an Eisenhower, 20.10.1959. FRUS, 1958–1960, IX, S. 78–81.
6 Eisenhower an de Gaulle, 21.10.1959. Ebd., S. 83 f.
7 De Gaulle an Eisenhower, 26.10.1959. Ebd., S. 96 f.
8 Secret. Department of State an US-Botschaft London, Tel. 3250, 22.10.1959. 762.00/10-2259; „Suggested Draft Declaration on Berlin", 16.10.1959. 762.00/10-1659; Hillenbrand über Unterredung Kohler-Hood, 5.11.1959. 762.00/11-559.
9 Schreiben Brentano an Herter, 23.10.1959. FRUS, 1958–1960, IX, S. 88–94.
10 Memorandum of Conversation, 10.11.1959. Ebd., S. 103 ff.
11 Memorandum of Conversation, 8.12.1959. Ebd., S. 122–126, u. Memorandum Kohler für Herter, transmitting memorandum for the President, secret, 15.12.1959. 762.00/12-1559.
12 Memorandum of Conversation, 11.12.1959. FRUS, 1958–1960, IX, S. 126 ff.
13 Meeting of the North Atlantic Council, Dec. 15, 1959. Morning and Afternoon Sessions, Verbatim Records. PREM 11/3443.
14 Britisches Memorandum, 19.12.1959 – als Tel. Cahto 13 secret, am 21.12.1959 an Department of State. 762.00/12-2159. Nur ein kurzer Bericht in: FRUS, 1958–1960, IX, S. 136 f. Berichte der Teilnehmer in deren Erinnerungen: Adenauer, Erinnerungen 1959–1963, S. 23–28; Macmillan, Pointing the Way, S. 101–115; de Gaulle, Mémoires, S. 234–237; Eisenhower, Waging Peace, S. 508 f.
15 Herter (Paris) an Department of State, 22.12.1959. FRUS, 1958–1960, IX, S. 144 ff.
16 Eintragung vom 23.12.1959. Adenauer-Studien III, S. 155.
17 Vgl. z. B.: Dowling (Bonn) an Department of State, 6.4.1960. FRUS, 1958–1960, IX, S. 277 ff.
18 Köhler, Adenauer, S. 1063.
19 Ebd.
20 Lodge (US-UNO-Mission, New York) an Department of State, 14.3.1960, nach Gespräch mit Adenauer. FRUS, 1958–1960, IX, S. 224 f.

21 Ebd., S. 239.
22 Secret. Memorandum Calhoum für Kohler, 23.3.1960. 762.001/3-2360.
23 Eintragung v. 8.3.1960. Schwarz, Adenauer, S. 556 f.
24 Memorandum of Conversation, 15.3.1960. FRUS, 1958–1960, IX, S. 677. Auf S. 662–679 die Protokolle jener Gespräche, in denen es nicht um die Berlinfrage ging.
25 General Norstad's views on an European Inspection Zone proposal. Ebd., S. 337 ff.
26 Memorandum of Conversation, 15.3.1960. Ebd., S. 225.
27 Secret. Memorandum Merchant für Herter, 15.3.1960. 762.001/3-1560.
28 Memorandum of Conference With President Eisenhower, 17.3.1960. FRUS, 1958–1960, IX, S. 239 f.
29 Memorandum of Conversation, 17.3.1960. Ebd., S. 242–245.
30 Secret. US-Botschaft Paris an Department of State, Tel. 5026, 28.4.1960. 600.00121/4-2860.
31 Unterredung zwischen Douglas C. Dillon und Couve de Murville in New Orleans, 29.4.1960. 396.1-PA/4-2960.
32 Secret. Herter (Istanbul) an Department of State, Tel. Secto 43, 1.5.1960, Tel. Secto 51, 2.5.1960, u. Tel. Secto 61, 3.5.1960. Lot 64 D 559, CF 1650.
33 Secret. Memorandum Thurston (SHAPE), 5.5.1960; als Tel. 5193 (Paris) an Department of State, 6.5.1960. 396.1-PA/5-660.
34 Schwarz, Adenauer, S. 554.
35 Ebd.
36 Memorandum of Conversation, 28.3.1960. FRUS, 1958–1960, IX, S. 258–262, und „Record of a meeting held at Camp David on Monday, 28th March, 1960, at 2.45 p.m." FO 371/179639/Z 923/2. Das Protokoll über die Berlin-Gespräche wurde nicht in den offiziellen Bericht über Macmillans USA-Reise in PREM 11/2994 aufgenommen; es ist allerdings in FO 371/152128 enthalten.
37 Macmillan an Bishop, M 118/60, 21.4.1960. PREM 11/2992.
38 Memorandum of Conference With President Eisenhower, 24.4.1960 u. 25.4.1960. FRUS, 1958–1960, IX, S. 346–357.
39 „Memorandum by Walters (White House) of Conversation between President Eisenhower and General de Gaulle, Apr. 22, 1960, top secret." Lot 64 D 559, CF 1631.
40 So Merchant am 9. Mai in seinem Bericht vor dem Nationalen Sicherheitsrat. FRUS, 1958–1960, IX, S. 381.

41 AdG, 1960, S. 8371.
42 Memorandum of Discussion, 444. Sitzung des Nationalen Sicherheitsrates, 9.5.1960. FRUS, 1958–1960, IX, S. 381 ff.
43 Ambrose, Eisenhower, S. 568.
44 „New York Times“, 6.5.1960.
45 Ambrose, Eisenhower, 572 f.
46 Stephen E. Ambrose, Ike's Spies: Eisenhower and Espionage Establishment, New York 1981, S. 285. Für das Folgende auch Beschloss, May-Day, Kap. 10 u. 11.
47 „New York Times“, 8.5.1960.
48 Memorandum of Conversation, 14.5.1960. FRUS, 1958–1960, IX, S. 406–409.
49 Vgl. Ambrose, Eisenhower, S. 574 f.
50 Ebd.
51 FRUS, 1958–1960, IX, S. 394.
52 Ebd., S. 389.
53 Siehe hierzu auch de Gaulle, Mémoires, S. 260 f., Walters, Silent Missions, S. 341.
54 Memorandum of Conversation, 15.5.1960. FRUS, 1958–1960, IX, S. 414 f.
55 Memorandum of Conversation, 15.5.1960. Ebd., S. 417–422.
56 Memorandum for the Record, 15.5.1960. Ebd., S. 422 f.
57 Ebd., S. 423.
58 Memorandum of Conference With President Eisenhower, 15.5.1960. Ebd., S. 423 ff.
59 Memorandum of Conversation, 15.5.1960. Ebd., S. 426–435.
60 Ebd., S. 453.
61 Beschloss, May-Day, S. 218.
62 Memorandum of Conversation With President Eisenhower, 16. Mai 1960. FRUS, 1958–1960, IX, S. 436.
63 Herter (Paris) an Department of State, Tel. Secto 19, 16.5.1960. 762.00/5-1660.
64 Memorandum of Conversation, 16.5.1960. Ebd., S. 438–452. Die britischen Wortprotokolle der Konferenz in: FO 371/153787 und 153788. Siehe hierzu auch Eisenhower, Waging Peace, S. 555 f.; Macmillan, Pointing the Way, S. 205 ff.; de Gaulle, Memoires, S. 263 ff., S. 454 f.; Bohlen; Witness for History, S. 467 f.
65 Von Eckardt, Ein unordentliches Leben, S. 614.
66 Horne, Vol. 2, S. 231.

67 Documents on Germany, 1944–1970, S. 492–496.
68 Ebd., S. 496–501.
69 Hearings Before the Committee on Foreign Relations, United States Senate, 86th Congress, 2nd sess., S. 7, sowie „Analysis of Soviet Behavior at the Conference", Report Prepared in the Bureau of Intelligence and Research, 25.7.1960. FRUS, 1958–1960, IX, S. 519–526.
70 US-Botschaft (Paris) an Department of State, 12.5.1960. Ebd., S. 393 f.
71 Eisenhower am 26.5.1960 im Kabinett. Ebd., S. 514.
72 Ebd., S. 493.
73 Memorandum of Conversation, 16.5.1960. Ebd., S. 455 f.
74 US-Mission Berlin an Department of State, 21.5.1960. 762.00/5-2160.
75 US-Mission Berlin, Tel. 30, 13.7.1960. 762.0221/7-1360; US-Botschaft Bonn, 16.7.1960. 762.0221/7-1660; Tel. 90 u. Tel. 127, 18.7.1960, jeweils an Department of State. 762.0221/7-1860.
76 Vgl. Rolf Steininger, Deutschlandfunk – Vorgeschichte einer Rundfunkanstalt 1949–1961, Berlin 1977, S. 177–185.
77 Secret. Dowling (Bonn) an Department of State, Tel. 357, 2.9.1960. 762.00/9-260.
78 Dowling (Bonn) an Department of State, Tel. 362, 3.9.1960. 762.00/9-360.
79 Dowling (Bonn) an Department of State, Tel. 396, 10.9.1960. 762.00/9-1060.
80 Department of State an Dowling (Bonn), Tel. 481, 13.9.1960. 762.00/9-1360.
81 JCS, Memorandum for the Secretary of Defense, Subject: Berlin Countermeasures, 28.9.1960. NA, RG 218.
82 „Memorandum by McSweeny of Conversation between Kohler (Department of State) and Lord Hood" (Britische Botschaft Washington), 9.10.1960. Lot 64 D 559, CF 1767.
83 US-Mission Berlin an Department of State, Tel. 395, 9.1.1961. 762.0221/1-961.
84 Adenauer-Studien III, S. 136.

V. Kapitel

1 Department of State, Bulletin, 13.2.1961, S. 214 f.
2 Memorandum Hillenbrand über Gespräch mit Bowles, Grewe u. a., 2.2.1961. Am selben Tag führte Grewe auch ein Gespräch mit Hillenbrand über das gleiche Thema. Hillenbrand gab die gleiche Zusicherung wie Bowles. FRUS, 1961–1963, XIV, S. 5 f.
3 Europa-Archiv, 6/1961.
4 Memorandum Kohler und Lejins über Gespräch Kennedy-Brentano, 17.2.1961. FRUS, 1958–1960, XIV, S. 8–11; Memorandum Kohler über Gespräch Kennedy-Brandt, 13.3.1961. Ebd., S. 25–30.
5 Joint United States–West German communiqué, 17.2.1961. AdG, 1961, S. 8931; Department of State Press Release 122, 9.3.1961; Erklärung Brandt, 13.3.1961. AdG, 1961, S. 8977.
6 Thompson (Moskau) an Department of State, 4.2.1961. FRUS, 1961–1963, XIV, S. 6 f.
7 Dowling (Bonn) an Department of State, 8.2.1961. Ebd., S. 7, Anm. 2.
8 Rusk an US-Botschaft Moskau, 28.2.1961. Ebd., S. 16 ff.
9 Department of State an US-Botschaft Moskau, Tel. 1410, 1.3.1961. 762.00/3-161.
10 Thompson (Moskau) an Department of State, Tel. 2147, 10.3.1961. FRUS, 1961–1963, XIV, S. 18 ff.
11 Secret. Rusk an US-Botschaft Bonn, Tel. CG-792, 9.3.1961. 762.00/3-961.
12 Rolf Steininger, Deutsche Geschichte 1945–1961, Frankfurt/Main 1983, S. 510.
13 Ebd., S. 502.
14 FRUS, 1961–1963, XIV, S. 30–33.
15 Ebd., S. 32.
16 Secret. Memorandum Rusk an Kennedy, 10.3.1961. JFKL, National Security Files, Germany.
17 Secret. Department of State an US-NATO-Vertretung in Paris, Tel. 1272, 13.3.1961. 762.00/3-1361.
18 Bulletin des Presse- und Informationsamtes der Bundesregierung, Nr. 127/1961, 13.7.1961.
19 Secret. Memorandum McGhee an Kohler, 27.2.1961. 762.00/2-2761.
20 Secret. „The Problem of Berlin“, Memorandum Hillenbrand, 23.3.1961. JFKL, National Security Files, Germany, und undatiertes

Memorandum Hillenbrand an Kohler, secret, 30.3.1961. FRUS, 1961–1963, XIV, S. 33 f.

21 Memorandum „A New Approach for the German-European Problem“, ohne Unterschrift, confidential, 10.4.1961. JFKL, National Security Files, Germany.

22 Top Secret. Memorandum Acheson für Kennedy, 3.4.1961. JFKL, National Security Files, Germany. Vgl. auch Brinkley, Acheson, S. 125 f.

23 Top Secret. Memorandum Bundy an McNamara, 17.4.1961. 762.00/4-1761.

24 Top Secret. Memorandum JCSM-287-61 an McNamara, 28.4.1961. 762.00/4-2861, u. Top Secret. Memorandum McNamara an Bundy, 5.5.1961. 762.00/5-561.

25 Secret. Memorandum of Conversation, 4.4.1961. 762.00/4-461; das britische Protokoll in: FO 371/160534/CG 1074/7.

26 Vgl. Schlesinger, Thousand Days, S. 380 f.

27 Top Secret. Memorandum of Conversation, 5.4.1961. FRUS, 1961–1963, XIV, S. 36–40.

28 Secret. Memorandum of Conversation, 6.4.1961. Ebd., S. 41–44.

29 Secret. Rusk an Botschafter Caccia, mit US-Memorandum, 18.4.1961. 762.00/4-1861.

30 Secret. Memorandum Hillenbrand über Gespräch Hillenbrand und Kohler mit Hood und Thompson, britische Botschaft, 21.4.1961, 76200/4-2161. US-Memorandum und britisches Protokoll in: PREM 11/3347. Secret. Memorandum Hillenbrand an Kohler, 25.4.1961. FRUS, 1961–1963, XIV, S. 57–61.

31 Top Secret. Steel (Bonn) an FO, 21.4.1961. PREM 11/3347.

32 Secret. Memorandum of Conversation, 12.4.1961. JFKL, National Security Files, Germany, Adenauer Visit.

33 Teilnehmer: Kennedy, Rusk, Dowling, Kohler, Lejins (Übersetzerin); Adenauer, Brentano, Grewe, Carstens, Weber (Übersetzer).

34 Secret. Memorandum of Conversation, 13.4.1961. FRUS, 1961–1963, XIV, S. 45–51. Vgl. zum Adenauer-Besuch auch Grewe, Rückblenden, S. 461–470.

35 Secret. Aufzeichnung Hillenbrand über Gespräch Rusk-Grewe, 15.4.1961. FRUS, 1961–1963, XIV, S. 51–55.

36 AdG, 1961, S. 9028.

37 Köhler, Adenauer, S. 1097.

38 AdG, 1961, S. 8931.

39 Ebd., S. 8977.
40 Kroll, Lebenserinnerungen, S. 483–489.
41 Secret. Steel (Bonn) an FO, 30.4.1961. PREM 11/3347. Am 1. Mai unterrichtete Kroll seine drei westlichen Kollegen über sein Gespräch mit Chruschtschow am Schwarzen Meer. Secret. Roberts (Moskau) an FO, 2.5.1961. Ebd.
42 Secret. Aufzeichnung Hillenbrand über Gespräche zwischen Rusk, Home, Couve de Murville u. a., Tel. Secto 13 von Oslo an Department of State, Secret, 8.5.1961. 762.00/5-861.
43 Secret. Aufzeichnung Hillenbrand über Gespräch Rusk, Home, Couve de Murville, Brentano u. a., 8.5.1961. Tel. 27. Rusk an Department of State, 9.5.1961. FRUS, 1961–1963, XIV, S. 64 f.
44 Secret. Protokoll NATO-Ministerratssitzung, Oslo, 8. und 9.5.1961. Department of State, Conference Files, Lot 65 D 366, CF 1860.
45 AdG, 1961, S. 9079.
46 US-Aufzeichnungen über Gespräch Kennedy/de Gaulle, Secret, 31.5.1961. FRUS, 1961–1963, XIV, S. 80–86. Secret. US-Botschaft (Paris) an Department of State, Tel. 5266, 31.5.1961. Department of State, Conference Files, Lot 66 D 110, CF 1893; sowie Secret, US-Botschaft (Paris) an Department of State, Tel. 5268, 1.6.1961, Lot 66 D 110, CF 1893.
47 Chruschtschow an Kennedy, 12.5.1961, überreicht am 16.5.1961. FRUS, 1961–1963, VI, S. 18–21.
48 White House Press Bulletin, 19.5.1961.
49 Secret. Department of State an US-NATO-Vertretung in Paris, Tel. 1642, 22.5.1961. 611.61/5-2261.
50 Vgl. Dobrynin, In Confidence, S. 66.
51 Thompson (Moskau) an Department of State, 24.5.1961. FRUS, 1961–1963, XIV, S. 66–69.
52 Thompson (Moskau) an Department of State, 24.5.1961. Ebd., S. 71.
53 „Berlin and Germany." Position Paper prepared in the Department of State, 25.5.1961. Ebd., S. 74.
54 Auf Antrag von M. Beschloss; s. M. Beschloss, Crisis Years, S. 194. Meine Anträge aus den Jahren 1986, 1988 und 1990 waren erfolglos geblieben.
55 Vgl. Evans, American Century, S. 488.
56 Aufzeichnung Akalovsky über Gespräch Kennedy, Chruschtschow, Rusk, Gromyko u. a., Secret, 4.6.1961. FRUS, 1961–1963, XIV, S. 87–96.

57 Text in: Documents on Germany, S. 523–527; Dokumente zur Berlinfrage, S. 413 ff. Der Kreml veröffentlichte den Text am 10. Juni.
58 Aufzeichnung über Gespräch Kennedy-Chruschtschow, Secret, 4.6.1961. FRUS, 1961–1963, XIV, S. 96 f. Siehe auch die detaillierte Darstellung bei Beschloss, Crisis Years, S. 193–224.
59 Macmillan, Pointing the Way, S. 357.
60 Zit. bei Stanley Karnow, Vietnam. A History, New York 1983, S. 248.
61 Aufzeichnung Bundy. FRUS, 1961–1963, XIV, S. 98 ff., und britisches Protokoll „Note of Points During the Discussion Between President Kennedy and Prime Minister Macmillan at Admiralty House, 10:30 a.m. to 12:45 p.m., June 5, 1961“, und „Record of Conversation at Admiralty House, 12:45 p.m., June 5, 1961“. PREM 11/3347.

VI. Kapitel

1 Secret. Home (Washington) an Macmillan, 14.6.1961. PREM 11/3347.
2 Ebd.
3 Top Secret. Macmillan an Home, 24.6.1961. Ebd.
4 Secret. Notiz Macmillan, 17.6.1961. Ebd.
5 Top Secret. Notiz Macmillan, 13.7.1961. Ebd. Hervorhebung i. O.
6 Vgl. Anm. 3.
7 Zit. bei Horne, Vol. 2, S. 310.
8 Top Secret. Roberts (Moskau) an FO, 3.7.1961. FO 371/160537/CG 1071/47.
9 Acheson an Truman, 24.6.1961. HSTL, Acheson, Private Letters.
10 Report by Dean Acheson, 28.6.1961. FRUS 1961–1963, XIV, S. 138–159. Vgl. auch Brinkley, Acheson, S. 139–144.
11 NSC-Meeting, 29.6.1961. FRUS, 1961–1963, XIV, S. 160 ff.
12 Secret. National Security Action Memorandum No. 58 von Bundy (White House) an Secretary of State, Defense, and Treasury, 30.6.1961. Ebd., S. 162–165.
13 Memorandum of Conversation, 5.7.1961. Ebd., S. 167 ff.
14 Top Secret. Interdepartmental Coordinating Group on Germany and Berlin, „A Study Regarding Berlin Prepared in Response to NSA Directive No. 58 of June 30, 1961", 12.7.1961. 762.00/7-1261.
15 Memorandum of Conversation, 12.7.1961. FRUS, 1961–1963, XIV, S. 187–191.
16 Discussion in the National Security Council; 1. Memorandum und 2. Notes. Ebd., S. 192–196. Vgl. auch Brinkley, Acheson, S. 144 f.
17 Secret. „Record of Action by the National Security Council at its 487th meeting, July 13, 1961" (National Security Council Action No. 2434). JFKL, National Security Files.
18 Top Secret. National Security Action Memorandum No. 59, 14.7.1961. FRUS, 1961–1963, XIV, S. 197 f.
19 Secret. „Outline on Germany and Berlin", 18.7.1961. Ebd., S. 207 ff.
20 Strauß, Erinnerungen, S. 388.
21 „Meeting between the Secretary of Defense and Federal Republic of Germany Minister of Defense Strauss, Memorandum of Conversation", 14.7.1961. NA, RG 218, Record of the United States Joint Chiefs of Staff, 9165/5420 Germany (West).
22 Secret. Department of State, Memorandum of Conversation, 14.7.1961. 762.00/7-1461.

23 Vgl. Grewe, Rückblenden, S. 481 (mit einer Korrektur: Es nahm nicht Lyndon B. Johnson teil, wie Grewe meint, sondern U. Alexis Johnson, Deputy Undersecretary of State).
24 Secret. Department of State, Conversation with Minister Strauss, 14.7.1961. 762.00/7-1461.
25 Handgeschriebener Brief von Acheson an Truman, 4.8.1961. HSTL, Acheson, Private Letters.
26 Schwarz, Adenauer, S. 655 f.
27 Köhler, Adenauer, S. 1106.
28 Schwarz, Adenauer, S. 657.
29 Köhler, Adenauer, S. 1106.
30 Siehe Rolf Steininger, Entscheidung am 38. Breitengrad: Die USA und der Korea-Krieg, *Amerikastudien* 26 (1981), S. 40-76.
31 Top Secret. Memorandum Bundy über Berlintreffen, 17.7.1961. JFKL, National Security Files, Germany.
32 FRUS, 1961–1963, XIV, S. 218.
33 Ebd., S. 219–222 u. S. 225 f.
34 Vgl. Anm. 25.
35 Secret. „Memorandum on Measures for Dealing with the Berlin Situation", 21.7.1961. 762.00/7-2161.
36 Secret. Department of State an US-Botschaft Bonn, Tel. 165, 21.7.1961 und Secret. Tel. 179, 22.7.1961. 762.00/7-2161 u. 762.00/7-2261; sowie Secret, Caccia (Washington) an FO, 22.7.1961. PREM 11/3348. Vgl. auch Grewe, Rückblenden, S. 484 ff.
37 Der Brief an Macmillan in: PREM 11/3348.
38 Secret. Macmillan an Kennedy, 23.7.1961. Ebd.
39 AdG, 1961, S. 9241 ff.
40 „Report on Department of State and USIA Actions on Berlin Information Program", confidential, 3.8.1961. NA, RG 59, Lot File 66 D 124.
41 Text des Interviews in „The New York Times", 3.8.1961.
42 US-Botschaft Moskau an Department of State, 28.7.1961. FRUS, 1961–1963, XIV, S. 231–234.
43 Eyes only. Confidential. Memorandum McCloy über Gespräch mit Chruschtschow, 31.7.1961. RG 59, 611.61/7-3161.
44 Secret. Roberts (Moskau) an FO, 28.7.1961. PREM 11/3348.
45 Rostow, Diffusion, S. 231.
46 Schlesinger, Thousand Days, S. 394.
47 Schwarz, Berlinkrise, S. 26.

48 Vgl. Dobrynin, In Confidence, S. 56.
49 Vgl. Evans, American Century, S. 488 f.
50 Vgl. Schecter/Deribian, The Spy, S. 205–213.
51 Siehe Wettig, Berlin-Krise, S. 174.
52 Zit. bei Uhl, Krieg, S. 118 f.
53 Ebd., S. 147.
54 Ebd., S. 135.
55 Roberts (Moskau) an FO, 8.8.1961. FO 371/160541/CG 1071/136.
56 „Secret. Possible Negotiations with the Russians." Memorandum Home für Macmillan, 10.8.1961. PREM 11/3349.
57 Secret. Hood (Washington) an Shuckburgh (FO), 23.2.1961. FO 371/161112/WG 1015/33.
58 US-Botschaft Bonn an Department of State, Tel. 76, Secret, 12.7.1961. FRUS, 1961–1963, XIV, S. 191 f. (Vier Zeilen dieses Telegramms wurden für die Veröffentlichung nicht freigegeben.)
59 Secret. Memorandum Ausland für Hillenbrand, 18.7.1961. 762.00/7-1861. Secret. Rusk an US-Botschaft Bonn, Tel. 172, 22.7.1961. 762.00/7-2261, wiedergegeben bei Ausland, Kennedy, S. 114–117; auch auf der Time Warner CD-Rom „Seven Days in August". Vgl. auch Catudal, Berlin Wall Crisis, S. 187 ff., und Abbildung auf S. 234 f.
60 Rusk an US-Botschaft Bonn, 12.8.1961. FRUS, 1961–1963, XIV, S. 324.
61 „Secret. Report of the Four-Power Working Group on Germany and Berlin, Paris, July 28–August 4, 1961", 4.8.1961. 762.00/8-461, u. Shuckburgh (Paris) an FO, Tel. 258, 260, 262, 264, 29.7.1961 und 30.7.1961. FO 371/160540/CG 1071/116.
62 Secret. Macmillan für Home, 31.7.1961. PREM 11/3349.
63 Secret. Home für Macmillan, 3.8.1961. Ebd.
64 Memorandum of Conversation, 5.8.1961. FRUS, 1961–1963, XIV, S. 269–281.
65 „Secret. Record of Conversation between the Secretary of State and Mr. Rusk in Paris on August 5, 1961." FO 371/160541/CG 1071/132.
66 Memorandum of Conversation, 6.8.1961. FRUS, 1961–1963, XIV, S. 291–309, sowie „Secret. Report of the Four Power Working Group on Germany and Berlin as Rivised in Light of Ministerial Consultation, 5./6.8.1961." Lot 65 D 330; „Secret. Record of Quadripartite Meeting at the Quai d'Orsay at 3.30 p.m. on August 5, 1961." FO

371/160542/CG 1071/142; und Secret. Home (Paris) an Macmillan, 6.8.1961. PREM 11/3349.

67 Macmillan an Home, 9.8.1961. PREM 11/3348.

68 Memorandum of Conversation, 8.8.1961. FRUS, 1961–1963, XIV, S. 312–316.

69 Secret. Rusk (Paris) an Department of State, Secto 50, 9.8.1961. 762.00/8-961; sowie Secret. Mason (Paris) an FO, 8.8.1961. PREM 11/3349.

70 „Memorandum of Conversation: Review of Paris Ministerial Consultations“, 10.8.1961. 762.00/8-1061.

VII. Kapitel

1 Rühle/Holzweißig, 13. August, S. 92.
2 FRUS, 1961–1963, XIV, S. 325.
3 Siegler, Dokumentation II, S. 688 f.
4 Dies wird von Lightner in Telegramm 187 vom 13.8.1961 berichtet. 762.00/8-1361. In FRUS, 1961–1963, XIV, wird lediglich in einer Fußnote auf dieses Telegramm verwiesen (S. 326, Fußnote 2).
5 Lightner (Berlin) an Department of State, Tel. 185, 13.8.1961. FRUS, 1961–1963, XIV, S. 326 f.
6 Secret. Lightner (Berlin) an Department of State, Tel. 187, 13.8.1961 (vgl. Anm. 4); Tel. 197, 14.8.1961. FRUS, 1961–1963, XIV, S. 332 f. Confidential. Department of State an US-Mission Berlin, Tel. 122, 15.8.1961. 762.00/8-1561.
7 Dowling (Bonn) an Department of State, 14.8.1961. FRUS, 1961–1963, XIV, S. 328; Secret. Steel (Bonn) an FO, 14.8.1961. PREM 11/3349.
8 Secret. Steel (Bonn) an FO, 14.8.1961. FO 371/160509/CG 10113/18.
9 Department of State an US-Botschaft Bonn, 14.8.1961. FRUS, 1961–1963, XIV, S. 329 f.
10 Top Secret. Personal and eyes only for the Ambassador. Rusk (Washington) an Kennan (Belgrad), 14.8.1961. 762.00/8-1461. Siehe die Abbildung auf S. 256 f. Jetzt auch in FRUS, 1961–1963, XIII, XIV, XV, Microfiche Supplement, Dok. 114.
11 Memorandum Bundy an Kennedy, 14.8.1961. FRUS, 1961–1963, XIV, S. 330 f.
12 Memorandum Kennedy an Rusk, 14.8.1961. Ebd., S. 332.
13 Sitzung der Berlin Steering Group am 15.8.1961. Minutes Bundy. Ebd., S. 333 f.
14 Rusk (Washington) an US-Botschaft Bonn, 15.8.1961. Ebd., S. 337 ff.
15 Brandt, Erinnerungen, S. 60.
16 Eintragung vom 15./16./17.8.1961. Adenauer-Studien III, S. 162.
17 Secret. Roberts (Moskau) an FO, 16.8.1961. PREM 11/3349.
18 Adenauer-Studien III, S. 162.
19 Brandt, Begegnungen, S. 17.
20 Murrow an Department of State, 16.8.1961. FRUS, 1961–1963, XIV, S. 339 ff.
21 Lightner (Berlin) an Department of State, 16.8.1961. Ebd., S. 341–344.

22 Top Secret. Dowling (Bonn) an Department of State, Tel. 354, 17.8.1961. 662a62b/8-1761. In: FRUS, 1961–1963, XIV, S. 341, wird dieses Telegramm nur auszugsweise in einer Fußnote erwähnt – ohne die o. zit. Einschätzung Dowlings.
23 Abgedruckt u.a. bei Rühle/Holzweißig, 13. August, S. 100 f.
24 Vgl. hierzu Prowe, Der Brief Kennedys, S. 383.
25 Record of Meeting of the Berlin Steering Group, 17.8.1961. FRUS, 1961–1963, XIV, S. 347 ff.
26 Secret. Steel (Bonn) an FO, 18.8.1961. FO 371/160511/CG 10113/48. Zu den „besonderen Vorkommnissen" in Ostberlin und der DDR nach dem Mauerbau vgl. Weber, Bundesrepublik, S. 170 ff.
27 Norstad an JCS, 18.8.1961. FRUS, 1961–1963, XIV, S. 350 f.
28 Die Unterlagen über diesen Vorgang in: PREM 11/3349.
29 Horne, Macmillan, Vol. 2, S. 312.
30 Macmillan an Kennedy, 18.8.1961. PREM 11/3349.
31 Grewe, Rückblenden, S. 490.
32 Köhler, Adenauer, S. 1106.
33 Ebd., S. 1111.
34 Schwarz, Adenauer, S. 665.
35 Osterheld, Ich gehe nicht leichten Herzens, Eintragung v. 15.8.1961, S. 57.
36 Bulletin des Presse- und Informationsamtes der Bundesregierung, 15.8.1961, S. 1453 f.
37 Zit. bei Schwarz, Adenauer, S. 661.
38 Adenauer, Teegespräche, S. 546.
39 Schwarz, Adenauer, S. 664.
40 Grewe, Rückblenden, S. 490.
41 Schwarz, Adenauer, S. 664 f.
42 Grewe, Rückblenden, S. 490.
43 Secret. Roberts (Moskau) an FO, 23.8.1961. FO 371/160548/CG 1071/243.
44 Dalton (Warschau) an FO, 17.8.1961. FO 371/160544/CG 1071/192.
45 „Secret. Germany and Berlin." Memorandum Macmillan für Home, 17.8.1961. PREM 11/3349.
46 „Berlin Political Planning." Memorandum Kennedy an Rusk, 21.8.1961. FRUS, 1961–1963, XIV, S. 359 f.
47 Record of Meeting, 21.8.1961. Ebd., S. 363.
48 Rusk (Washington) an Bruce (London), 26.8.1961. Ebd., S. 372.
49 Ebd., S. 365.

50 Memorandum of Conversation, 24.8.1961. Ebd., S. 366.
51 Rusk (Washington) an US-Botschaft London, 26.8.1961. Ebd., S. 373.
52 Memorandum Kennedy an Rusk, 28.8.1961. Ebd., S. 379.
53 Ebd.
54 Taylor an Kennedy, 4.9.1961. Ebd., S. 392.
55 Memorandum of Action, 5.9.1961. Ebd., S. 393.
56 George F. Kennan – US-Botschafter in Belgrad – sah das ähnlich. Eine solche Forderung – ohne eine Vereinbarung über Deutschlands militärischen Status – komme der Forderung nach einem einseitigen militärischen und politischen Rückzug der Sowjets aus Mitteleuropa gleich. Kennan (Belgrad) an Bowles (Washington), 22.9.1961. Ebd., S. 435 f.
57 Memorandum Kennedy an Rusk, 12.9.1961. Ebd., S. 402 f.
58 Notes on Meeting of the Berlin Steering Group, 7.9.1961. Ebd., S. 395–398.
59 Memorandum Kennedy; National Security Action Memorandum No. 92, 8.9.1961. Ebd., S. 398 f.
60 Taylor's Memorandum for the Record, 18.9.1961. Ebd., S. 428 f.
61 Memorandum of Conversation, 31.8.1961. Ebd., S. 385 f.
62 Ebd., S. 387.
63 Rusk (Washington) an Thompson, 3.9.1961. Ebd., S. 388 f.
64 Thompson (Moskau) an Rusk, 7.9.1961. Ebd., S. 394 f.
65 Ebd., S. 401. Vgl. auch Cyrus L. Sulzberger, The Last of the Giants, New York 1970, S. 788–805.
66 Veröffentlicht in der „Prawda“, 15.9.1961.
67 Memorandum Kennedy an Rusk, 12.9.1961. FRUS, 1961–1963, XIV, S. 402 f.
68 Memorandum of Conversation, 14. und 15.9.1961. Ebd., S. 405–424.
69 Ebd., S. 431 ff.
70 Ebd., S. 439 ff.
71 Ebd., S. 456–460.
72 Memorandum Bundy für Kennedy, 2.10.1961. Ebd., S. 460 f.
73 Memorandum Bohlen an Rusk, 3.10.1961. Ebd., S. 464–467.
74 Memorandum of Conversation, 6.10.1961. Ebd., S. 468–480.
75 „Record of a Conversation at Admiralty House at 5.30 p.m. on Tuesday, October 10, 1961, between the Prime Minister and Mr. Gromyko.“ FO 371/160556/CG 1071/405, und FO an UK-Botschaft Washington, Tel. 7368, 12.10.1961. Ebd., CG 1071/406.

76 Beschloss, Crisis, S. 325.
77 Zit. bei Zubok, Khrushchev's Motives, S. 33 f.
78 Vgl. AdG, 1961, S. 9400.
79 Steel (Bonn) an FO, 6.10.1961. FO 371/160555/CG 1071/386.
80 Aufzeichnung Hoyer Millar, 6.10.1961. Ebd., CG 1071/387.
81 Home an UK-Botschaft Washington, 5.10.1961. Ebd., CG 1071/391.
82 AdG, 1961, S. 9409; Reeves, Kennedy, S. 247; Beschloss, Crisis, S. 329 ff.
83 Friedman, Fifty-Year War, S. 273.
84 Beschloss, Crisis, S. 332.
85 Vgl. Nitze, Hiroshima, S. 198–208, u. Kaplan, Wizards, S. 291–304.
86 Vgl. Stromseth, Origins, S. 40.
87 Nitze, Hiroshima, S. 203 f.
88 Top Secret. NSAM No. 109. FRUS, 1961–1963, XIV, S. 521 ff.
89 Minutes of Meeting, 10.10.1961. Ebd., S. 487 ff.
90 Ebd., S. 520–523.
91 Vgl. Osterheld, Ich gehe nicht, S. 86, u. FRUS, 1961–1963, XIV, S. 618.
92 Home (London) an Rusk (Washington), 8.10.1961. FO 371/160555/ CG 1071/384.
93 Telegramm 10.12.1961 und Notiz Shuckburgh (FO), 12.10.1961. Ebd., CG 1071/436.
94 Memorandum of Conversation, 11.10.1961. FRUS, 1961–1963, XIV, S. 490 ff.
95 Shuckburgh (Bonn) an FO, 20.10.1961. FO 371/160558/CG 1071/443.
96 Grewe, Rückblenden, S. 506 f., und FRUS, 1961–1963, XIV, S. 493–497.
97 Ebd., S. 527–532.
98 Grewe, Rückblenden, S. 511.
99 Steel (Bonn) an FO, 14.10.1961. FO 371/160555/CG 1071/390.
100 FRUS, 1961–1963, XIV, S. 215 f.
101 „Top Secret. Record of a Telephone Conversation between the Prime Minister and President Kennedy, 9.11.61." FO 371/160561/ CG 1071/502.
102 Grewe, Rückblenden, S. 520.
103 Schwarz, Adenauer, S. 704–707.
104 FRUS, 1961–1963, XIV, S. 590–632.

105 Top Secret. Ormsby-Gore (Washington) an FO, 25.11.1961. FO 371/160564/CG 1071/557.
106 Ebd.
107 Grewe, Rückblenden, S. 521.
108 Vgl. Anm. 105.
109 Grewe, Rückblenden, S. 521.
110 Interview am 29.11.1961. Vgl. Dokumente zur Deutschlandpolitik, IV, 7, S. 996 ff.; AdG, 1961, S. 3508 ff.
111 Top Secret. Eyes only. Clay (Berlin) an Rusk und Dowling, Tel. 813, 24.10.1961. 762.0221/10-2461. Secret. Eyes only. Dowling (Bonn) an Rusk und Clay, Tel. 987, 24.10.1961. 762.0221/10-2461.
112 „Top Secret. Outgoing message by special means; personal for Gen. Lemnitzer from Gen. Norstad", 25.10.1961. 762.00/10-2561.
113 Eyes only. Clay (Berlin) an Rusk (Washington) und Dowling (Bonn), Tel. 824, 25.10.1961. 762.0221/10-2561. Siehe Abbildung S. 296.
114 Secret. Eyes only. Rusk (Washington) an Clay (Berlin) und Dowling (Bonn), Tel. 607, 26.10.1961. 762.0221/10-2651.
115 Rusk (Washington) an Clay (Berlin), Tel. 596, 25.10.1961. 762.0221/10-2561.
116 Secret. Clay (Berlin) an Rusk (Washington), Tel. 834, 26.10.1961. 762.0221/10-2661.
117 Secret. Lightner (Berlin) an Rusk (Washington), Tel. 857, 27.10.1961. 762.0221/10-2761.
118 Lightner (Berlin) an Rusk (Washington), Tel. 856, 27.10.1961. 762.0221/10-2761.
119 Secret. Lightner (Berlin) an Rusk (Washington), Tel. 848, 27.10.1961. 762.0221/10-2761.
120 Beschloss, Crisis, S. 335.
121 Secret. Clay (Berlin) an Rusk (Washington), Tel. 884, 30.10.1961. 762-0221/10-3061 u. Secret. Clay (Berlin) an Rusk (Washington), Tel. 894, 31.10.1961. 762.0221/10-3161.
122 Vgl. hierzu auch Garthoff, Berlin 1961, Spalte 152 f.
123 Top Secret. Steel (Berlin) an FO, 2.11.1961. PREM 11/3612.
124 Handschriftliche Notiz Macmillan, 4.11.1961. Ebd.
125 Top Secret. Steel (Bonn) an FO, 11.12.1961. FO 371/160569/CG 1071/631G.
126 „Secret. Prime Minister's visit to Washington, April 1962. Brief on Berlin." PREM 11/8305.

127 Vgl. Bundy an Kennedy, 22.11.1961. FRUS, 1961–1963, XIV, S. 619.
128 Aufzeichnung Tomlinson (FO), 23.1.1961. FO 371/160564/CG1071/554.
129 Ormsby-Gore (Washington) an Home, 14.11.1961. Ebd.
130 Secret. Aufzeichnung Shuckburgh (FO), 17.11.1961. Ebd.
131 Roberts (Moskau) an FO, 23.11.1961. Ebd.
132 Steel (Bonn) an FO, 23.11.1961. Ebd.
133 Aufzeichnung Scott (FO), 22.11.1961. Ebd.
134 Aufzeichnung Tomlinson (FO), 23.11.1961. Ebd.
135 Home (London) an Ormsby-Gore (Washington), 29.11.1961. Ebd.
136 Aufzeichnung Shuckburgh (FO), 21.11.1961. PREM 11/3338.
137 „Secret. General de Gaulle. His Views on Europe and Berlin." Memorandum Dixon, 16.11.1961. Ebd.
138 Top Secret. FO an britische Botschaft Washington, 27.11.1961. CAB 129/107.
139 „Secret. Visions and Illusions of General de Gaulle", Aufzeichnung Dixon, 26.11.1961. Ebd. Über den Besuch de Gaulles in London aus der Sicht Macmillans siehe dessen Erinnerungen „Pointing the Way", S. 415–425.
140 Secret. A. Rumbold (Paris) an Shuckburgh (FO), 28.11.1961. FO 371/160566/CG 1071/587.
141 Top Secret. Macmillan an Kennedy, 27.11.1961. CAB 129/107.
142 FRUS, 1961–1963, XIV, S. 661–678.
143 Ebd., S. 679 ff.
144 Dowling (Bonn) an Rusk (Washington), 18.12.1961. Ebd., S. 692, sowie Secret. Aufzeichnung J. E. Killick (FO), 18.12.1961. FO 371/160569/CG 1071/633.
145 FRUS, 1961–1963, XIV, S. 678.
146 Ebd., S. 698 ff. Das britische Wortprotokoll in: CAB 133/299 und PREM 11/3782.
147 Kennan (Belgrad) an Thompson (Moskau), 26.12.1961. FRUS, 1961–1963, XIV, S. 706 f.
148 Aufzeichnung vom 13.12.1961. FO 371/160569/CG 1071/644.
149 Thompson (Moskau) an Department of State, 3.1.1962. FRUS, 1961–1963, XIV, S. 725.
150 Vgl. Zubok, Khrushchev's Motives, S. 35.
151 SAPMO-BA, ZPA, J IV 2/202.

VIII. Kapitel

1 Secret. Caccia (Washington) an Shuckburgh (FO), 15.2.1961. FO 371/160534/CG 1074/1.
2 Vgl. Schwarz, Adenauer, S. 702.
3 Adenauer-Studien III, S. 164; und Kroll, Lebenserinnerungen, S. 524–527; Ehlert, Grusinische, S. 319 ff.
4 Secret. Roberts (Moskau) an FO, 13.1.1962 (über Mitteilung Kroll betreffend Ilychew). FO 371/163564/CG 1071/2.
5 Secret. Steel (Bonn) an FO, 6.1.1962. Ebd., CG 1071/1.
6 PA,AA, 700-84-20.
7 Vgl. auch Grewe, Rückblenden, S. 527 f.
8 Adenauer-Studien III, S. 167.
9 Vgl. Kroll, Lebenserinnerungen, S. 546–549 und S. 553 f.
10 FRUS, 1961–1963, XIV, S. 846.
11 Top Secret. Personal. Ormsby-Gore (Washington) an Home (FO), 5.2.1962. FO 371/163567/CG 1071/41.
12 Secret. Shuckburgh (FO) an die Botschaften in Paris, Bonn, Moskau, Washington, 8.2.1962. FO 371/163566/CG 1071/56.
13 Secret. Mason (Paris) an Shuckburgh (FO), 13.2.1962. Ebd.
14 Secret. Roberts (Moskau) an Shuckburgh (FO), 14.2.1962. Ebd.
15 Secret. Steel (Bonn) an Shuckburgh (FO), 13.2.1962. Ebd.
16 Secret. Shuckburgh (FO) an Steel (Bonn), 27.2.1962. Ebd.
17 Macmillan an Lloyd, 17.12.1957. FO 371/137398/WG 1071/2.
18 Top Secret. Home (London) an Ormsby-Gore (Washington), 13.2.1962. FO 371/163567/CG 1071/73.
19 Protokolle in: PREM 11/3776.
20 Immediate. Top Secret. Macmillan an Kennedy, 13.1.1962. Ebd.
21 Geheim. Adenauer an Macmillan, 22.1.1962. Ebd.
22 Secret. Macmillan an Adenauer, 6.2.1962. Ebd. Aufzeichnung FO, Ebd.
23 Siehe S. 285.
24 Dowling (Bonn) an Department of State, 17.2.1962. FRUS 1961–1963, XIV, S. 826 f.
25 Memorandum v. 22.2.1962; von Botschafter Hasso von Etzdorf im Foreign Office übergeben; sowie Secret. The German Views on Contact of Thompson/Gromyko Talks; Aufzeichnung Bernard Ledwidge (FO), 23.2.1962. FO 371/163567/CG 1071/78.
26 Cabinet. Memorandum Home, 23.2.1962. CAB 129/108.

27 Immediate. Top Secret. Guard. Kennedy an Macmillan, 10.3.1962. PREM 11/3805.
28 Ebd.
29 FRUS, 1961–1963, XV, S. 7.
30 Adenauer-Studien III, S. 168.
31 Secret. Memorandum of Conversation, 11.3.1962. FRUS 1961–1963, XIII/XIV/XV, Microfiche Supplement, Dok. 295 und 296.
32 Grewe, Rückblenden, S. 549.
33 Vgl. Anm. 31.
34 FRUS, 1961–1963, XV, S. 94.
35 Ebd., S. 100.
36 „Secret. Brief on Berlin", April 1962. FO 371/163571/CG 1071/181.
37 Secret. Ormsby-Gore (Washington) an FO, 10.4.1962. FO 371/163570/CG 1071/124.
38 Grewe, Rückblenden, S. 549.
39 Adenauer-Studien III, S. 169; Eintrag vom 14.4.1962. Schwarz, Adenauer, S. 743 f.; Grewe, Rückblenden, S. 549 f.
40 Schwarz, Adenauer, S. 743.
41 Secret. Steel (Bonn) an FO, 17.4.1962. FO 371/163570/CG 1071/129.
42 Vgl. Köhler, Adenauer, S. 1153.
43 Secret. Hood (Washington) an Tomkins (FO), 27.4.1962. FO 371/163570/CG 1071/135.
44 Top Secret. Record of Meeting at the White House, 28.4.1962. FO 371/163572/CG 1071/166.
45 FRUS, 1961–1963, XV, S. 125–140. Die britischen Protokolle über die Gespräche in Athen in: PREM 11/3805.
46 Grewe, Rückblenden, S. 555.
47 FRUS, 1961–1963, XV, S. 140.
48 Secret. Ormsby-Gore (Washington) an FO, 11.5.1962. PREM 11/3805.
49 FRUS, 1961–1963, XV, S. 145–148.
50 Ebd., S. 150 f.
51 Ebd., S. 159 f.
52 Geheim: Aide-Mémoire, 24.5.1962. FO 371/163572/CG 1071/125.
53 FO-Notes for Talk with Mr. Rusk, o.D., FO 317/163575/CG 1071/411.
54 PREM 11/3776.
55 Siehe oben, S. 74 f.
56 Siehe Schwarz, Adenauer, S. 750.

57 Vgl. Aufzeichnung Shuckburgh nach Gespräch mit M. Laloy, 1.5.1962. FO 371/163571/CG 110.
58 So Staatsminister Joseph Godber in seinem „Top Secret and Guard"-Memorandum v. 1.10.1962. FO 371/163581/CG 1071/353. Vgl. auch Kap. VIII, 4.
59 Secret. Berlin. Negotiating Position, 21.8.1962. FO 371/163578/CG 1071/297.
60 Top Secret and Guard. Memorandum Godber für Außenminister Home, 1.10.1962. FO 371/163581/CG 1071/353.
61 Kommentar Shuckburgh. Ebd.
62 FRUS, 1961–1963, XV, S. 411–419.
63 Ebd., S. 392 ff.
64 Memorandum A.B. Smith an CIA-Direktor Allan Dulles, 23.10.1962. Ebd., S. 394 f.
65 Ebd., S. 395 ff.
66 Ebd., S. 399–402.
67 Vgl. Zubok, Khrushchev's Motives, S. 36.
68 Memorandum D. Klein (nationaler Sicherheitsrat) an Bundy, 28.10.1962. FRUS, 1961–1963, XV, S. 403 f.
69 Immediate. Top Secret. Ormsby-Gore (Washington) an Außenminister Home, 28.10.1962. PREM 11/3806.
70 Top Secret. Memorandum Macmillan für Außenminister Home, 29.10.1962, und Notiz Home: „Top Secret. Possible Link Between Cuba and Berlin", 30.10.1962. Ebd.
71 Top Secret. Personal. Home an die Botschafter in Bonn, Moskau, Paris und UNO-Mission New York, 29.10.1962. FO 371/163583/CG 1071/392.
72 Immediate. Top Secret. Roberts (Moskau) an FO, 31.10.1962. Ebd.
73 Immediate. Secret. Personal. Steel (Bonn) an Home, 30.10.1962. Ebd.
74 Top Secret. Steel (Bonn) an Shuckburgh (FO), 31.10.1962. FO 371/163583/CG 1071/392.
75 Vgl. Anm. 69.
76 FO 371/163583/CG 1071/393.
77 Siehe oben, S. 335.
78 FRUS 1961–1963, XV, S. 406 f. und S. 411–419.
79 Ebd., S. 420.
80 Ebd., S. 429 und S. 431 f.
81 Ebd., S. 438.
82 Ebd., S. 407.
83 Ebd., S. 465.

IX. Kapitel

1 Auf der Tagung des Warschauer Pakts am 29.3.1961. Zit. bei Uhl, Krieg, S. 116.
2 Klaus Dietmar Henke, Staatssicherheit, in: Werner Weidenfeld/Karl-Rudolf Korte (Hrsg.), Handbuch zur deutschen Einheit, Bonn 1999, S. 721.
3 Mitter/Wolle, Befehle, S. 125.
4 Hertle/Stephan, Ende, S. 364.
5 Vgl. Dok. 22 in Rolf Steininger, 17. Juni 1953. Der Anfang vom langen Ende der DDR, München 2003.
6 Stefan Wolle, Die heile Welt der Diktatur. Alltag und Herrschaft in der DDR 1971-1989, Bonn 1998, S. 323.
7 Niederschrift der Fernsehaufzeichnung ebd., S. 169-172. „Niederschrift des Gesprächs des Genossen Egon Krenz, Generalsekretär des ZK der SED und Vorsitzender des Staatsrates der DDR, mit Genossen Michail Gorbatschow, Generalsekretär des ZK der KPdSU und Vorsitzender des Obersten Sowjets der UdSSR, am 1.11.1989 in Moskau.“ Vgl. auch Hertle, Fall (523), S. 137.

Schlussbetrachtung

1 Thompson (Moskau) an Department of State, 4.2.1961. FRUS, 1961–1963, XIV, S. 6.
2 WSEG Staff Study No. 83: U.S. Strategic Objectives and Military Deployments in NATO, as Related to the Problem of Arms Control," 30.8.1961; zit. bei Trachtenberg, History, S. 170.
3 Eisenhower, Conversation with Chancellor Adenauer, 27.5.1959. DDEL, Diary, May 1959.
4 „Extract from Record of a Conversation between the Foreign Secretary and the French Minister of Foreign Affairs at the Quai d'Orsay at 6.15 p.m. on Monday, April 8, 1963" und Personal, Minute Macmillan für Home, 12.4.1963. PREM 11/4221.
5 Adenauer-Studien III, S. 162.
6 Ebd., S. 165.
7 Eintragung vom 25.9.1961. Adenauer-Studien III, S. 163.
8 Secret. Steel (Bonn) an FO, 19.1.1962. FO 371/163564/CG 1071/2.
9 Schreiben v. 28.9.1961. Zit. bei Harrison, Rose, S. 52.
10 Nitze, Hiroshima, S. 205.
11 Bundy, Danger, S. 366.
12 Beschloss, Powergame, S. 229 f.
13 Ambrose, Rise, S. 251.

2. Abkürzungen

AA	Auswärtiges Amt
AdG	Archiv der Gegenwart
ADN	Allgemeiner Deutscher Nachrichtendienst (der DDR)
BA	Bundesarchiv
BSTU	Der/die Bundesbeauftragte für die Unterlagen des Staatssicherheitsdienstes der ehemaligen Deutschen Demokratischen Republik
CAB	Cabinet Papers
CG	circular airgram
CIA	Central Intelligence Agency
DDEL	Dwight D. Eisenhower Library
FO	Foreign Office
FOIA	Freedom of Information Act
FRUS	Foreign Relations of the United States
HSTL	Harry S. Truman Library
JCS	Joint Chiefs of Staff
JFKL	John F. Kennedy Library
KPdSU	Kommunistische Partei der Sowjetunion
MfS	Ministerium für Staatssicherheit
NA	National Archives
NASA	National Aeronautics and Space Administration
NATO	North Atlantic Treaty Organisation
NSA	National Security Archive
NSC	National Security Council
PA	Politisches Archiv
PREM	Prime Minister's Papers im PRO
PRO	Public Record Office
RG	Record Group
RIAS	Rundfunk im amerikanischen Sektor (von Berlin)
SAC	Strategic Air Command
SAPMO-BA	Stiftung Archiv der Parteien und Massenorganisationen der ehemaligen DDR im Bundesarchiv Berlin
SdM	Sekretär des Ministers
SHAPE	Supreme Headquarters, Allied Powers, Europe
UK	United Kingdom
US	United States
USIA	United States Information Agency

ZK	Zentralkomitee
ZPA	Zentrales Parteiarchiv

3. Archive

1. Department of State, Washington, D.C. (FOIA-freigegebene Akten)
2. National Archives and Records Administration (I: Washington, D.C.; II: College Park, Maryland)
3. Harry S. Truman Library, Independence, Missouri
4. Dwight D. Eisenhower Library, Abilene, Kansas
5. John F. Kennedy Library, Boston, Massachusetts
6. Lyndon B. Johnson Library, Austin, Texas
7. National Security Archive, Washington, D.C.
9. Public Record Office, Kew (London)
10. Politisches Archiv, Auswärtiges Amt, Bonn
11. Stiftung Archiv der Parteien und Massenorganisationen der ehemaligen DDR im Bundesarchiv, Berlin
12. Der/die Bundesbeauftragte für die Unterlagen des Staatssicherheitsdienstes der ehemaligen Deutschen Demokratischen Republik, Berlin

4. Literatur

a) Veröffentlichte Quellen

Adenauer, Konrad, Teegespräche 1955–1958, Berlin 1986; Teegespräche 1959–1961, Berlin 1988 (jeweils bearbeitet von Hanns Jürgen Küsters); Teegespräche 1961–1963 (bearbeitet von Hans Peter Mensing), Berlin 1992; alle hrsg. von Rudolf Morsey u. Hans-Peter Schwarz.

Baring, Arnulf (Hrsg.), „Sehr verehrter Herr Bundeskanzler!" Heinrich von Brentano im Briefwechsel mit Konrad Adenauer 1949–1964, Hamburg 1974.

Blankenhorn, Herbert, Verständnis und Verständigung. Blätter eines politischen Tagebuches 1949 bis 1979, Frankfurt/M. – Wien – Berlin 1980.

Buchstab, Günter (Bearb.), Adenauer: „... um den Frieden zu gewinnen". Die Protokolle des CDU-Vorstandes 1957–1961, Düsseldorf 1994.

Deutsche Gesellschaft für Auswärtige Politik (Hrsg.), Dokumente zur Berlin-Frage 1944–1966, München ^{4}1987.

Bundesministerium für innerdeutsche Beziehungen (Hrsg.), Dokumente zur Deutschlandpolitik. IV. Reihe, Bd. 1–9, Frankfurt/M. – Berlin 1971–1978.

Krone, Heinrich, Aufzeichnungen zur Deutschland- und Ostpolitik 1954–1969. In: Adenauer-Studien III., hrsg. von Rudolf Morsey u. Konrad Repgen, Mainz 1974, S. 134–201.

National Security Archive (Hrsg.), The Berlin Crisis, 1958–1992, bearb. v. William Burr, Washington 1992.

Steury, Donald P. (Hrsg.),	On the Front Lines of the Cold War: Doc uments on the Intelligence War in Berlin, 1946 to 1961 (CIA History Staff, Center for the Study of Intelligence), Washington. 1999.
U.S. Department of State (Hrsg.),	Foreign Relations of the United States, 1958–1960. Volume VIII: Berlin Crisis 1958–1959, Washington 1993. Volume IX: Berlin Crisis 1959–1960; Germany; Austria, Washington 1993.
	Foreign Relations of the United States, 1961–1963. Volume XIV: Berlin Crisis 1961–1962, Washington 1993. Volume XV: Berlin Crisis 1962–1963, Washington 1994. Volumes XIII, XIV, XV: Western Europe; Berlin. Microfiche Supplement, Washington 1995. Volume VI: Kennedy-Khrushchev Exchanges, Washington 1996.
U.S. Senate, Committee of Foreign Relations (Hrsg.),	Documents on Germany, 1944–1970, Washington 1971.

b) Memoiren

Adenauer, Konrad,	Erinnerungen. Bd. 3: 1955–1959, Stuttgart 1967; Bd. 4: 1959–1963, Stuttgart 1978.
Bahr, Egon,	Zu meiner Zeit, München 1996.
Birrenbach, Kurt,	Meine Sondermissionen. Rückblick auf zwei Jahrzehnte bundesdeutscher Außenpolitik, Düsseldorf – Wien 1984.
Bohlen, Charles E.,	Witness To History, 1929–1969, New York 1973.
Brandt, Willy,	Begegnungen mit Kennedy, München 1964.

Ders., Begegnungen und Einsichten. Die Jahre 1960–1975, Hamburg 1976.

Ders., Erinnerungen, Frankfurt/M. 1989.

Bundy, McGeorge, Danger and Survival: Choices about the Bomb in the First Fifty Years, New York 1988.

Chruschtschow, Nikita S., Chruschtschow erinnert sich, hrsg. von S. Talbott, Reinbek bei Hamburg 1971.

Couve de Murville, Maurice, Außenpolitik 1958–1969, München 1973.

Dobrynin, Anatoly, In Confidence. Moscow's Ambassador to America's Six Cold War Presidents, New York 1995.

Eckhardt, Felix von, Ein unordentliches Leben. Lebenserinnerungen, Düsseldorf – Wien 1967.

Eisenhower, Dwight D., Waging Peace, 1956–1961, Garden City, New York 1965 (dt.: Wagnis für den Frieden, Düsseldorf 1966).

Falin, Valentin M., Politische Erinnerungen, München 1995.

Gaulle, Charles de, Memoiren der Hoffnung. Die Wiedergeburt, 1958–1962, Wien – München – Zürich 1971.

Grewe, Wilhelm G., Rückblenden 1976–1951, Frankfurt/M. – Berlin – Wien 1979.

Hillenbrand, Martin J., Fragment of Our Time. Memoirs of a Diplomat, Athens, Georgia 1998.

Honecker, Erich, Aus meinem Leben, Frankfurt/M. 1980.

Khrushchev, Nikita S., Khrushchev Remembers: the Glasnost Tapes, transl. and ed. by Jerold L. Schecter, with Vyacheslav V. Luchkov, Boston 1990.

Kroll, Hans, Lebenserinnerungen eines Botschafters, Köln – Berlin 1967.

Kwizinskij, Jurij A., Vor dem Sturm. Erinnerungen eines Diplomaten, Berlin 1993.

Lahr, Rolf, Zeuge von Fall und Aufstieg. Private Briefe 1934–1974, Hamburg 1981.

Lemmer, Ernst, Manches war doch anders. Erinnerungen, Frankfurt/M. 1968.

Macmillan, Harold, Memoirs. Bd. IV: Riding the Storm 1956–1959, London – Melbourne – Toronto 1971, Bd. V: Pointing the Way 1959–1961, London – Melbourne – Toronto 1972. Bd. VI: At the End of the Day 1961–1963, London 1973.

Nitze, Paul, From Hiroshima to Glasnost: At the Center of Decision, New York 1989.

Osterheld, Horst, „Ich gehe nicht leichten Herzens …“. Adenauers letzte Kanzlerjahre. Ein dokumentarischer Bericht, Mainz 1986.

Roberts, Frank, Dealing with Dictators: The Destruction and Revival of Europe 1930–1970, London 1991.

Rusk, Dean, As I Saw It, New York – London 1990.

Strauß, Franz Josef, Die Erinnerungen, Berlin 1989.

Walters, Vernon A., Silent Missions, New York 1978.

c) Darstellungen, Aufsätze

Albertz, Heinrich, War die Mauer zu verhindern? In: *Der Spiegel*, Nr. 44, 24.10.1966, S. 75.

Ambrose, Stephen E., Eisenhower. Vol. two: The President, New York 1984.

Ders., Rise to Globalism. American Foreign Policy since 1938, Harmondsworth 1991[6].

Arenth, Joachim, Der Westen tut nichts! Transatlantische Kooperation während der zweiten Berlin-Krise (1958–1962) im Spiegel neuer amerikanischer Quellen, Frankfurt/M. – Berlin – Bern 1993.

Ders., „Wenn der Westen einig und stark ist …" Deutsch-amerikanische Interessenkongruenz und -konflikte während der Berlin-Krise, 1958–1961, in: *Historische Mitteilungen* 6 (1993), Heft 1, S. 1–75.

Ders., „Wenn ich in Berlin kämpfe, haben Sie dann die Wahl?" Das Chruschtschow-Ultimatum und die Entscheidungsfindung in Washington und Paris (1958–1961), in: *Historische Mitteilungen* 8 (1995), S. 265–290.

Ausland, John C., Kennedy, Khrushchev, and the Berlin-Cuba Crisis 1961–1964, Oslo 1996.

Beschloss, Michael R., Mayday: Eisenhower, Khrushchev and the U-2 Affair, New York 1986.

Ders., The Crisis Years. Kennedy and Khrushchev, 1960–1963, New York 1991 (dt.: Powergame. Kennedy und Chruschtschow. Die Krisenjahre 1960–1963, Düsseldorf u. a. 1991).

Biermann, Harald,	Kennedy und der Kalte Krieg: Die Außenpolitik der USA und die Grenzen der Glaubwürdigkeit, Paderborn 1997.
Bonwetsch, Bernd/ Filitow, Alexej,	Chruschtschow und der Mauerbau. Die Gipfelkonferenz der Warschauer-Pakt-Staaten vom 3.–5. August 1961, in: *Vierteljahrshefte für Zeitgeschichte* 48 (2000), S. 155–198.
Bremen, Christian,	Die Eisenhower-Administration und die zweite Berlinkrise 1958–1961, Berlin 1996.
Ders.,	Das Contingency Planning der Eisenhower-Administration während der zweiten Berlinkrise, in: *Militärgeschichtliche Mitteilungen* 57 (1998), S. 117–147.
Brinkley, Douglas,	Dean Acheson: The Cold War Years, 1953–1971, New Haven 1992.
Burlazki, Fjodor,	Chruschtschow. Ein politisches Portrait, Düsseldorf 1990.
Burr, William,	Avoiding the Slippery Slope: The Eisenhower Administration and the Berlin Crisis, November 1958–January 1959, in: *Diplomatic History* 18 (1994), S. 177–205.
Ders.,	New Sources on the Berlin Crisis, 1958–1962, in: Cold War International History Project, *Bulletin* 2 (Fall 1992), S. 21–24 u. S. 32.
Cate, Curtis,	The Ides of August: The Berlin Crisis, London – New York 1978 (dt.: Riss durch Berlin, Hamburg 1980).
Catudal, Honoré M.,	Kennedy and the Berlin Wall Crisis. A Case Study in U.S. Decision Making, Berlin 1980

(dt.: Kennedy in der Mauer-Krise. Eine Fallstudie zur Entscheidungsfindung in USA, Berlin 1981).

Costigliola, Frank, France and the United States. The Cold War Alliance Since World War II, New York 1992.

Ehlert, Nikolaus, Große Grusinische Nr. 17, Frankfurt/M. 1967.

Evans, Harold, The American Century, New York 1998.

Felken, Detlef, Dulles und Deutschland. Die amerikanische Deutschlandpolitik 1953–1959, Bonn – Berlin 1993.

Filmer, Werner/ Schwan, Heribert, Opfer der Mauer. Die geheimen Protokolle des Todes, München 1991.

Friedman, Norman, The Fifty-Year War. Conflict and Strategy in the Cold War, Annapolis, Maryland 1999.

Gaddis, John Lewis, We Now Know. Rethinking Cold War History, Oxford 1997.

Garthoff, Raymond L., Berlin 1961: The Record Corrected, in: *Foreign Policy* 84 (1991), S. 142-156.

Gearson, John P.S., British Policy and the Berlin Wall Crisis 1958–61, (Witness Seminar), in: *Contemporary Record* 6 (1992), S. 107–177.

Ders., Harold Macmillan and the Berlin Wall Crisis, 1958–62. The Limits of Interests and Force, London 1998.

Gelb, Norman, The Berlin Wall: Kennedy, Khrushchev, and a Showdown in the Heart of Europe, New York 1986.

Gerlach, Heribert, Die Berlinpolitik der Kennedy-Administration. Frankfurt/M. 1977.

Harrison, Hope M., Ulbricht and the concrete „Rose“: New archival evidence on the dynamics of Soviet-East German relations and the Berlin Crisis, 1958–1961 (Cold War International History Project, Working Paper No. 5), Washington 1993.

Dies., Driving the Soviets up the Wall: Soviet East German Relations, 1953–1961, Princeton/Oxford 2003.

Dies., New Evidence on the building of the Berlin Wall. Cold War International History Project, *Bulletin* 2002.

Dies., Die Berlin-Krise und die Beziehungen zwischen der UdSSR und der DDR, in: Gerhard Wettig (Hrsg.), Die sowjetische Deutschland-Politik in der Ära Adenauer, Bonn 1997, S. 105–122.

Dies., The Berlin Crisis and the Khrushchev-Ulbricht Summits in Moscow, 9 and 18 June 1959, in: Cold War International History Project, *Bulletin* 11 (Winter 1998), S. 204–217.

Hertle, Hans-Hermann/Jarausch Konrad/Kleßmann, Christoph (Hrsg.), Mauerbau und Mauerfall. Ursachen – Verlauf – Auswirkungen, Berlin 2002.

Hoopes, Townsend, The Devil and John Foster Dulles, Boston 1973.

Horne, Alistair, Macmillan. Vol. 2: 1957–86, London 1989.

Kaplan, Fred, The Wizards of Armageddon, Stanford 1991.

Kofler, Martin, Eine „Art Nabel der Welt.“ Österreich und der Chruschtschow-Besuch 1960, in: *Zeitgeschichte* 26 (1999), S. 397–416.

Ders., „Neutral“, Host, and „Mediator“: Austria and the Vienna Summit of 1961, in: *Contemporary Austrian Studies* 8 (2000), S. 487–505.

Köhler, Henning, Adenauer. Eine politische Biographie, Frankfurt/M. – Berlin 1994.

Küsters, Hanns Jürgen, Adenauer und Brandt in der Berlin-Krise 1958–1963, in: *Vierteljahrshefte für Zeitgeschichte* 40 (1992), S. 483–542.

Ders., Kanzler in der Krise. Journalistenberichte über Adenauers Hintergrundgespräche zwischen Berlin-Ultimatum und Bundespräsidentenwahl 1959, in: *Vierteljahrshefte für Zeitgeschichte* 36 (1988), S. 733–768.

Lee, Sabine, Perception and Reality: Anglo-German Relations during the Berlin Crisis 1958–1959, in: *German History* 13 (1995), S. 47–69.

Lemke, Michael, Die Berlinkrise 1958 bis 1963. Interessen und Handlungsspielräume der SED im Ost-West-Konflikt, Berlin 1995.

Mahnke, Dieter, Das Berlin-Problem 1948–1989 – die Berlin-Krise 1958–1961, in: Materialien der Enquete-Kommission, hrsg. v. Deutschen Bundestag, Bd. V/2, S. 1766–1821.

Major, Patrick, „Mit Panzern kann man doch nicht für den Frieden sein.“ Die Stimmung der

DDR-Bevölkerung zum Bau der Berliner Mauer am 13. August 1961 im Spiegel der Parteiberichte der SED, in: *Jahrbuch für Historische Kommunismusforschung der Universität Mannheim*, Berlin 1995, S. 208–223.

Maloney, Sean M., Notfallplanung für Berlin. Vorläufer der Flexible Response 1958–1963, in: *Militär Geschichte* 1 (1997), S. 3–15.

Mauer, Victor, Macmillan und die Berlin-Krise, in: *Vierteljahrshefte für Zeitgeschichte* 44 (1996), S. 229–256.

Mayer, Frank A., Adenauer and Kennedy: a Study in German-American Relations, 1961–1963, Houndmills 1996.

Menning, Bruce W., The Berlin Crisis of 1961 from the perspective of the Soviet General Staff (Conference paper Essen), 1994.

Mitter, Armin/ Wolle, Stefan, Untergang auf Raten. Unbekannte Kapitel der DDR-Geschichte, München 1993.

Müller, Werner, Die DDR und der Bau der Berliner Mauer im August 1961, in: *Aus Politik und Zeitgeschichte* B 33/34 (1986), S. 3–18.

Münger, Christof, Ich bin ein Westberliner. Der Wandel der amerikanischen Berlinpolitik während der Präsidentschaft John F. Kennedys (Zürcher Beiträge zur Sicherheitspolitik und Konfliktforschung 49), Zürich 1999.

Murphy, David E./ Kondrashev, Sergei A./ Bailey, George, Battleground Berlin: CIA vs. KGB in the Cold War, New Haven, CT, 1997.

Otto, Wilfriede, 13. August 1961 – eine Zäsur in der europäischen Nachkriegsgeschichte, in: *Beiträge zur Geschichte der Arbeiterbewegung* 39 (1997), Heft 1, S. 40–74, Heft 2, S. 55–92.

Pape, Matthias, Die Deutschlandinitiative des österreichischen Bundeskanzlers Julius Raab im Frühjahr 1958, in: *Vierteljahrshefte für Zeitgeschichte* 48 (2000), S. 281–318.

Pedlow, Gregory W., Multinational Contingency Planning during the Second Berlin Crisis (Conference paper Ebenhausen), 1991.

Penkovsky, Oleg, The Penkovsky Papers, London 1965.

Prowe, Diethelm, Der Brief Kennedys an Brandt vom 18. August 1961, in: *Vierteljahrshefte für Zeitgeschichte* 33 (1985), S. 373–383.

Ders., „Ich bin ein Berliner" – Kennedy, die Mauer und die „verteidigte Insel" Westberlin im Kalten Krieg im Spiegel der Akten, in: *Berlin in Geschichte und Gegenwart, Jahrbuch des Landesarchivs Berlin,* 1989, S. 443–473.

Przybylski, Peter, Tatort Politbüro. Die Akte Honecker, Berlin 1991.

Reeves, Richard, President Kennedy: Profile of Power, New York 1993.

Richter, James, Khrushchev, Domestic Politics, and the Origins of the Berlin Crisis, 1958 (Conference paper Essen), 1994.

Rühle, Jürgen/Holzweißig, Günter, 13. August 1961. Die Mauer von Berlin, Köln 1981.

Schecter, Jerold L./ Deribian, Peter, The Spy who saved the world. How a Soviet colonel changed the course of the Cold War, New York 1992.

Scherz, Adrian W., Die Deutschlandpolitik Kennedys und Johnsons. Unterschiedliche Ansätze innerhalb der amerikanischen Regierung, Köln 1992.

Schick, Jack, The Berlin Crisis, 1958–1962, Philadelphia 1971.

Schild, Georg, Die Kennedy-Administration und die Berlin-Krise von 1961, in: *Zeitschrift für Geschichtswissenschaft* 42 (1994), S. 703–711.

Schlesinger, Arthur M., A Thousand Days: John F. Kennedy in the White House, Boston 1965.

Schmidt, Karl-Heinz, Dialog über Deutschland. Studien zur Deutschlandpolitik von KPdSU und SED (1960–1979), Baden-Baden 1998.

Schoenbaum, Thomas, Waging Peace and War: Dean Rusk in the Truman, Kennedy and Johnson Years, New York 1988.

Schwarz, Hans-Peter (Hrsg.), Berlinkrise und Mauerbau, Bonn 1985.

Ders., Adenauer. Der Staatsmann: 1952–1967, Stuttgart 1991.

Selvage, Douglas, Khrushchev's November 1958 Berlin Ultimatum: New Evidence from the Polish Archives, in: Cold War International History Project, *Bulletin* 11 (Winter 1998), S. 200–203.

Ders., The End of the Berlin Crisis, 1961–1962: New Evidence from the Polish and East German Archives, in: Cold War International History Project, *Bulletin* 11 (Winter 1998), S. 218–229.

Siebenmorgen, Peter, Gezeitenwechsel. Aufbruch zur Entspannungspolitik, Bonn 1990.

Slusser, Robert M., The Berlin Crisis of 1961. Soviet-American Relations and the Struggle für Power in the Kremlin, June-November 1961, Baltimore – London 1973.

Steinhoff, Johannes/ Pommerin, Rainer (Hrsg.), Strategiewechsel: Bundesrepublik und Nuklearstrategie in der Ära Adenauer-Kennedy, Baden-Baden 1992.

Steininger, Rolf, Die Berlin-Krise und der 13. August 1961, in: Rainer Eppelmann/Bernd Faulenbach/ Ulrich Mählert (Hrsg.), Bilanz und Perspektiven der DDR-Forschung, Paderborn u. a. 2003, S. 63.

Stromseth, Jane E., The Origins of Flexible Response, London 1988.

Stützle, Walter, Kennedy und Adenauer in der Berlin-Krise 1961–1962, Bonn 1973.

Thoß, Bruno (Hrsg.) Vom Kalten Krieg zur deutschen Einheit, München 1995.

Trachtenberg, Marc, History and Strategy, Princeton 1991.

Ders., A Constructed Peace. The Making of the European Settlement, 1945–1963, Princeton 1999.

Weber, Jürgen, Die Bundesrepublik zwischen Stabilität und Krise 1955–1963, München 1993.

Wenger, Andreas, Living with Peril: Eisenhower, Kennedy and Nuclear Weapons, Lanham 1997.

Ders., Der lange Weg zur Stabilität: Kennedy, Chruschtschow und das gemeinsame Interesse der Supermächte am Status quo in Europa, in: *Vierteljahrshefte für Zeitgeschichte* 46 (1998), S. 69–99.

Wettig, Gerhard, Die sowjetische Politik während der Berlinkrise 1958 bis 1962: der Stand der Forschungen, in: *Deutschland Archiv* 30 (1997), S. 383–398.

Wyden, Peter, Wall. The Inside Story of Divided Berlin, New York 1989.

Zubok, Vladislav M., Khrushchev's Motives and Soviet Diplomacy in the Berlin Crisis, 1958–1962 (Conference paper Essen), 1994.

Ders./Pleshakov, Constantine, Inside the Kremlin's Cold War. From Stalin to Khrushchev, Cambridge, Mass., 1996.

5. Personenregister